アデル・ラインハルツ

ハリウッド映画と聖書

栗原詩子訳

みすず書房

BIBLE AND CINEMA

An Introduction

by

Adele Reinhartz

First published by Routledge, a member of the Taylor & Francis Group, 2013

Japanese translation rights arranged with
Taylor & Francis Group, Abingdon through
Tuttle-Mori Agency, Inc., Tokyo

ハリウッド映画と聖書　目次

ノーバート・ラインハルツ（一九二四〜二〇一一）に捧げる

〔以下、イディッシュ語〕

親愛なる私のタタ

いつもあなたを愛しています

謝辞

この本の初稿は、私がニュージャージー州プリンストン高等研究所（IAS）の歴史研究校（SHS）のメンバーになるという恩恵に浴した二〇一一年から一二年にかけて執筆されました。カナダ連邦の多くの学者と同様に、私はしばしばアメリカ合衆国を訪問します。しかしながら、この一年間の滞在によって私は初めて、合衆国と連邦の間に横たわる深遠な文化的相違に気づくことができました。一九五〇年代から六〇年代にかけての、聖書の出来事を扱った映画のみならず、聖書とは一見かかわりのないハリウッド映画もまた、アメリカ的アイデンティティの特定の要素を表現し、反映し、さらにおそらくは恒久化していますが、その表現方法や反映方法にも気づくことができました。公の生活や談話における聖書の役割について、少しずつ理解していく上で、サックヴァン・バーコヴィッチにはたいへんお世話になりました。彼は私と同じカナダ人（そしてイディッシュ文学の愛好家）ですが、合衆国に長く暮らし、そのキャリアの大部分を合衆国で築いてきた人物です[1]。

オタワ大学のモリセ図書館、プリンストン大学のファイアストーン図書館とマーカンド芸術図書館、そしてプリンストン高等研究所の人文社会科学図書館の資料に、私は大いに助けられました。また、歴史研究校のテリー・ブラムリーや人文社会科学図書館のスタッフの皆さん、とりわけキルスティ・ヴェナンツィとカレン・ダウニングとマーシャ・タッカーに篤く感謝申し上げます。ヘッティ・ゴールドマン基金の寛大なサポートによって、プリンストン高等研究所での一年間が可能になったことに感謝します。基盤的研究資金によってこの企画をサポートしてくださったカナダ政府社会人文科学評議会と、研究休暇を提供してくれたオタワ大学人文科学部への謝意を表します。

この本の執筆は、聖書と映画に関する私の他の仕事と同様に、教室で進展しました。オタワ大学の科目「宗教文化をめぐる選択科目」（SRS4107）において、多くの学生と映画について語り合う機会があることに感謝しています。この科目（二〇一三年冬）の学生たちは、映画について論じ合うにとどまらず、この本の各章の草稿を通読してくれました。とくに、各章についてのコメントを文書で提出してくれたハンナ・バーとキアラ・モリセイに感謝したいと思います。あわせてデューク大学（ノースカロライナ州ダーラム）、フラッグラー大学（フロリダ州セントオーガスティン）、カールトン大学（オンタリオ州オタワ）などにおいて、より広い聴衆層に向けて、聖書と映画について講義する機会を与えてくれたことに感謝いたします。

多くの方々が出版企画の種々の段階において必要とされる援助を提供してくれました。ウィリアム・R・テルフォードとバリー・ウォルフィッシュには原稿全体を読んでのコメントに、キム・シャイアにはコメントのみならず事実チェックに、ナタリー・ネイルには索引づくりに、ジェイソン・シムとアンドリュー・トンプソンとシムカ・ウォルフィッシュには技術的な補佐に、ラウトレッジ出版社のレズリー・リドル、キャサリン・オング、エマ・ハドソン、ジャーヤー・ダラル等の方々には出版企画を通じて励ましと助けを与えていただいたことに感謝します。家族や多くの友人が（今まで）聖書と映画にまつわる現象に関する会話につきあってくれました。とくにバリー・ウォルフィッシュは本書で取り上げた映画のほとんどを共に鑑賞し、シムカ・ウォルフィッシュはいくつかの作品について議論の相手をしてくれました。また私の家族は、今回の企画でもこれまでのすべてにおいてと同様に、愛と支持を与えてくれました。

はじめて映画の魔術に出会ったのは、両親のもとにおいてであり、映画について両親と語り合う楽しみを失ったことは、ここ数年、私が淋しく感じる種々の事柄の一部です。愛と思慕を込めて、この本を父に捧げます。この本が初期段階にあった頃、父は長く病を患った末に亡くなりました。彼の記憶が恵みに満ちたものであるよう祈ります。

別途記載がない限り、映画の台詞はすべて私自身が書き取ったものです。

別途記載がない限り、聖書からの引用はすべて一九八九年に米国の国民キリスト教会評議会（National Council of the Churches of Christ）が刊行した『共通聖書　新改定標準版』（*Common Bible: New Revised Standard Version*）からのものです。

複写や転載は厳しく禁じます。

第一～四章では、オックスフォード大学出版局の許可を得て、拙著『ハリウッドのイエス』（二〇〇七）から部分的に転載しています。

第四～五章は、二〇〇八年の拙論文「パラダイムと戯れる――今日の映画におけるキリスト的人物ジャンル」から抜き出したものです。

第八章では、新コーニンクレッカ・ブリル社の許可を得て、雑誌『聖書解釈』第十四号（「聖書と映画」特集号、二〇〇六）に掲載された拙論文「イエス映画ジャンルにおける歴史と擬似歴史」の一部分が用いられています。

1　とくにサックヴァン・バーコヴィッチの論文「アメリカの神話における聖書的基盤」（一九八三）、同氏の著作『アメリカ的自我のピューリタン的起源』（一九七五）、同『承認の儀式――アメリカの象徴的建設における変容』（一九九三）を参照のこと。

凡例

一、訳者のよる注は文中に〔 〕で挿入した。
二、日本語版では、原書にない参考図版を適宜補った。
三、ウェブ・アドレスは二〇一八年一月現在、有効と確認できたもののみ記載した。
四、聖書の人名・地名については『新共同訳』（日本聖書協会、一九八七）に基づく。
五、同様に聖句は『新共同訳』を中心に引用したが、原文が参照する『新改訂標準訳聖書』（*New Revised Standard Version of the Bible*, 1987）に日本語の既訳に欠ける表現がある場合には、『口語訳聖書』（日本聖書協会、一九五四）、『新共同訳聖書』、『新改訳聖書第三版』（新改訳聖書刊行会、二〇〇三）を参照しつつ原文から訳出した。
六、原文が『欽定訳聖書』（*King James Version*, 1611）から引用している場合は、『旧新約聖書——文語訳』（日本聖書協会、二〇〇九）を引用した。
七、聖書からの引用は（書名、章、節）の順に記した。例：（王上十九11〜12）。聖書各書は以下のように略記する。

創世記	創	ルツ記	ルツ
出エジプト記	出	サムエル記上	サム上
レビ記	レビ	サムエル記下	サム下
民数記	民	列王記上	王上
申命記	申	列王記下	王下
ヨシュア記	ヨシュ	歴代誌上	代上
士師記	士	歴代誌下	代下

ヨブ記	ヨブ
詩編	詩
箴言	箴
コヘレトの言葉	コヘ
イザヤ書	イザ
エゼキエル書	エゼ
ゼカリア書	ゼカ
マラキ書	マラ
第二バルク書	二バル

マタイによる福音書	マタ
マルコによる福音書	マコ
ルカによる福音書	ルカ
ヨハネによる福音書	ヨハ
使徒言行録	使
ローマの信徒への手紙	ロマ
コリントの信徒への手紙一	一コリ
ガラテヤの信徒への手紙	ガラ
コロサイの信徒への手紙	コロ
テサロニケの信徒への手紙一	一テサ
テモテへの手紙二	二テモ
ヘブライ人への手紙	ヘブ
ヨハネの黙示録	黙

一章　前口上・聖書映画というジャンル――「幻をもとめて」（エゼ七26）

一八九七年十一月二二日、フィラデルフィアのよろず新しいもの好きな男が、ブロード&ロクスト通りにあったアメリカ音楽アカデミーに立ち寄って五十セントを支払った。新作の活動写真《モーションピクチャー》『ホリッツ受難劇』を観るためだった。[1]その宵の看板作品は「キリストの生涯と磔刑と復活」で「オーストリアの町ホリッツで注目されたポイント集」というスライド・ショーが付随し、さらにレイシー教授による解説講演までついていた。[2]五分間の映画は、スライド、講演、オルガンの音楽と讃美歌で、一時間半にわたる楽しい興行へと引き延ばされていた。翌朝刊の『フィラデルフィア・インクワイアラー』紙の評論家の口ぶりでは、芝居の中身についてさして面白味はなかったようだが、この「活動写真」の体験は興奮気味に語られている。

この劇場表現の、疑いようもない、つまり信じるほかない率直さを、ほぼ完全に味わうことができたのは、視界に入るものが生きているように動くからこそであろう。まさに、この活動写真で私たちは目にするのだ。半裸のアダムとエバが、不思議なほど小さなエデンの園を走り回り、「命の木」の蔭に潜む悪魔や、おかしな姿をした「誘惑の蛇」が大枝から平べったい頭をのぞかせているところを。（『フィラ

デルフィア・インクワイアラー』一八九七年十一月二三日、六頁)[3]

聖書が映画で扱われる長く輝かしい歴史は、このようにして始まった。このデビューから百二十年経っても、旧約聖書と新約聖書はいまだにアメリカそして世界の映画の定番である。映画館やテレビのいたるところで、聖書全体が、あるいは聖書の一部分が、さまざまなバージョンに翻案されている。[4]

今日、私たちが「聖書映画」という語を発する場合に、極端に短い初期映画の受難劇を指すことは少なく、一九五〇年代から六〇年代初めにかけてのハリウッドで、メロドラマを盛り込んで製作されたゴージャスな大型映画を指すことが多い。他の大型映画と同様、こうした聖書映画は、人間の基本的な諸感情を、直接的で込み入らない方法で結びつける。華麗な映画スター、美しい衣装、ドラマティックな景観、ロマンチックな管弦楽は、聖書を一望するのにも、この世を創り司る全能の神の威厳にも適していた。ダビデ王と美女バト・シェバの情事、思慮深いモーセと異国風のラムセスの強烈な敵対関係、激戦と災難を経て紅海が割れる様子を観て、身震いを覚えぬ者がいるだろうか。

一九六〇年代半ばになると、聖書映画は依然として魅力的で人気があったものの突如としてアメリカの映画館からは消えた。一九六五年以降には聖書由来の長篇映画が各地のシネコンで上映されることは稀になった。目にとまるのは、ベレスフォード監督の『キング・ダビデ——愛と闘いの伝説』(一九八五)、スコセッシ監督の『最後の誘惑』(一九八八)、アニメーション映画『プリンス・オブ・エジプト』(一九九八)、メル・ギブソンが監督した『パッション』(二〇〇四)である。たしかに、聖書はキリスト教徒向けのテレビにおいて存続し繁栄しており、臨時の放送や、ケーブル放送の小さなシリーズや、『ベジー・テイルズ』のような子ども向けビデオ・アニメーション番組もある。しかし、モーセ、ダビデ、ソロモン、イエスといった人々の生涯や愛を出来事として全面的に扱うことはさして多くなくなった。

聖書物語映画は衰退したが、だからといって、聖典は銀幕から消えたわけではない。実際はその正反対で、聖書がらみではない数々の長篇フィクション映画が、聖書をふんだんに引用し、聖書の引喩《アリュージョン》を行い、聖書の枠組《パラダイム》みや主題や図像や物語を用い、そしてまた、聖書そのものを扱っている。そうした映画における聖書の役割は、一九六〇年代半ばになって急に始まったわけではない。聖書のストーリーや詩行への依拠が明白な初期の例として、チャップリンが監督・主演した『独裁者』（一九四〇）やエリア・カザン監督の『エデンの東』（一九五五）の物語構造・人物設計・会話がある。この現象は、二〇世紀後半に急速に拡大し、今日まで衰えずに続いている。『チャンス』（一九七九）はイエスの譬え話によっており、『ウディ・アレンの重罪と軽罪』（一九八九）は創世記のヨセフの逸話を想起させ、『インデペンデンス・デイ』（一九九六）は黙示録を存分に踏襲している。[5]『マグノリア』（一九九九）では、サン・フェルナンドの谷で蛙の疫病が隣人を苦しめる。七千九百匹にも及ぶ蛙はゴム製であった（インターネット映画データベースによれば、映画製作中、本物の蛙は人に近づこうとしなかったという）[6]。聖書が、ユダヤ教とキリスト教において公認の聖典用法を反映しているケースもある。ハリウッド映画には、教会（『グラン・トリノ』二〇〇八）やシナゴーグ（『シリアスマン』二〇〇九）や聖職者の手（『使徒』一九九七／本邦未公開）や聖書販売人の手（『オー・ブラザー！』二〇〇〇）に、しばしば聖書が現れる。しかし、聖書から宗教的な教えや機能が取り払われ、聖書が映画のプロット・人物設計・会話・目に見えるイメージに編み込まれた映画が大多数である。私たちが気づいているかどうかに関係なく、私たちが鑑賞するほとんどあらゆる映画に聖典を見いだせると述べても、誇張のそしりを受けることはあるまい。

「聖書と映画」の研究

映画がしばしば聖書を呼び物にしていることについては、これまでにも着目されてきた。聖書叙事詩映画の中で、イエス映画、モーセ映画といった古代活劇ものは特別な注目を獲得してきた。[7] 黙示映画やいわゆる救世主映画をはじめとする、ごく最近の聖書関連映画のサブジャンルもまた綿密に検討されてきた。[8] 聖書学の中で「聖書と映画」は、まさに、多数のエッセイや論文が毎年出される成長分野である。多くの大学や専門学部そして神学校が「聖書と映画」のコースを提供しており、多数の教員が、聖書学の導入教育や専門教育において長篇映画を用いている。聖書文芸学会のような学術組織の毎年度の大会では、「聖書と映画」のセッションが定期的に設定され、これを専門とする学術大会やシンポジウムやワークショップも頻繁に開かれている。

しかしながら「聖書と映画」の文献リストには、そうした「聖書と映画」現象についての包括的な見通しが欠けている。書かれたものや教育の場がこれだけ豊富にある以上、この欠落は、興味や専門知識の欠如のせいではないだろう。ではなぜこのような欠落があるのか？ 私の考えでは、映画の集大成《コーパス》そのものに、たえず増加する扱いにくい性質があるからだ。研究者というものは、広範囲の研究に着手する前に、関連する一次資料のすべてをマスターするように訓練されている。関連する可能性のあるすべての映画を鑑賞し、まして分析することなど不可能で、これが大きな障害となるのだ。どんな仮説や通則をたててみても、他の別の映画を観た研究者や、将来、予想できない方向性をもった映画が現れたときに、覆されてしまうリスクがある。

　このことをよく示す一例を挙げよう。一九九九年のある本は、『モントリオールのジーザス』（一九八九）がイエス映画というジャンルを終焉させると予言した。その著者によれば、この映画は諸々のイエス映画の終焉に位置していて、まさに、キリスト教的なメタ物語の可能性を終わらせるというのだ。

イエス映画を構築していた世界は終わりに来ている。というのも、ある意味で、「救世主イエス」なるイメージから組み立てられたヒューマニストの文化が消えたからだ。[9]

　しかし、それからほんの数年のうちに、『新約聖書――ヨハネの福音書』（二〇〇三）のサヴィルと、『パッション』（二〇〇四）のメル・ギブソンによって、この予言の過誤が示された。私が言葉を書きつらねている間にも、ノア（アロノフスキー監督）、モーセ（スピルバーグ監督とリドリー・スコット監督）、イエス（バーホーベン監督）といった新しい聖書映画が製作途上にあるとうわさされている。カインとアベル（ウィル・スミス監督）、ダビデとゴリアト（デリクソン監督）、ピラト（ブラッド・ピット主演）をめぐる新作のうわさにいたっては、叙事詩映画ジャンルの再興の気配さえただよっており、本書の歴史記述も丸ごと修正を要求されるかもしれない。[10]

　新しい情報なり新しい視点なりによって、お気に入りの仮説が覆される危険は、あらゆる広範囲の研究に内在しており、その恩恵は仮説が転覆されるというリスクをひきうけるに値する。「聖書と映画」は、いくつかの別々の学問分野の視点から研究できる。「聖書と映画」は、宗教学の中では「宗教と映画」の下位グループであり、宗教と現代文化[11]の理解に貢献しうる。「聖書と映画」は同様に「神学と映画」[12]の下位グループであるし、まさに映画研究それ自体[13]の一面でもある。

私の専攻する聖書研究の視点からすると、聖書映画の研究は「解釈学的な流れの遡行」[14]と呼ばれるプロセスを通じて、聖書そのものを説明すると言われてきた。「聖書と映画」に関する私の研究は（したがってこの本は）、二つの他領域に焦点を合わせている。幾世紀にもわたって個人と共同体とが省察し、解釈し、把握してきた聖書の受容史、そして巷間における聖書である。

聖書、映画、そして受容史

十九世紀末以降、映画は、文学・音楽・美術・芝居・釈義・典礼・神学と並んで、聖書について考察し聖書を解釈する一メディアたる地位を築いている。しかしながら映画は、聖書を受容する諸手段と並ぶだけではなく、各メディアを惜しみなく創造的に活用して、自ら聖書にちなんだ物語を編んでいく。

こうした用い方は、映画の作り手が、聖書物語を読む私たちの想像力が及ばない部分を埋めようとする際に、たいへん顕著である。たとえば、セシル・B・デミルは一九五六年版の『十戒』のプロローグで、ファラオの宮廷におけるモーセの青年時代といった聖書の記述のギャップを埋めるために、アレクサンドリアのフィロンやヨセフスのような一世紀の著者の書物に則ったと述べている。出エジプト記を扱った最近の映画『プリンス・オブ・エジプト』（一九九八）は、同じ目的でラビたちのミドラシュをふんだんに用いている。イエス映画の中には、イエスの子ども時代を描写するために、「ヤコブ原福音書」のような外典に立脚するものもある。映画の作り手はしばしば、自分たちの映画のビジュアル要素（衣装、室内装飾、場面構成）を決めるにあたって、ミケランジェロの「ピエタ」やレオナルドの「最後の晩餐」といった、広く知られた美術作品を模倣し、ラザロの復活のような、際立ってドラマティックな瞬間に、ヘンデルの《メサイア》のハレルヤ・コーラスのような有名曲の管弦楽版を使って、観客の注意を惹きつける。映画け、芸術、神学、その他をめぐる古代・中世・現代の省察を活用している。ここから、映画が聖なる物語を解釈する長くて大いに発展した伝統に積極的に参加するメディアであることがわかる。

巷間における聖書

映画における聖書の役柄は、別のより大きな物語、すなわち、社会・文化・政治そして公の発言において聖書が果たす役割の一部である。[15] 長篇映画は、聖書的な物語を語るにせよ、聖書的でない物語を語るにせよ、聖書の文言を引用したり、聖書になぞらえたり、聖書そのものを使ってみせたりすることによって、映画の中心となるべき社会的、文化的、政治的な事柄について考えさせ、人間の経験や感情を描き、そしてとりわけ国民としての自己認識を考えさせ、それを作り出しもすれば、恒久化さえする。多くの人々が述べてきたように、聖書叙事詩映画は、古代イスラエルのことよりも、二〇世紀半ばのアメリカについて語る。[16]

目的

本研究はこれら両方の問題に焦点をあてていく。つまり、聖書の受容史の一面としての映画と、映画の表現特性としての聖書の用例、という二つの問題である。受容史に関して、本研究では、聖書やその他の聖書受容の風潮が映画においてどう用いられているかという点を、徹底的とはいえないにせよ存分に記録する。本研究は、芸術的・礼拝的・神学的・釈義的・歴史的な表象ならびに解釈が、聖書をめぐって起源と受容の区別が困難を極めるほどに織り育んできた厚みのある布地《ファブリック》を、映画がおそらく他のいかなるメディアよりも豊かに証していることを論じる。映画に繰り返し現れる金髪で青い目をしたイエス——これはイエス自身の中東の出自よりも西洋美術が生みだしたイメージだ——はまさしくこの点の証左である。聖書が映画の中で表現特性として担う役割について、本研究は、各映画が聖典を利用することによって当該の映画作品が製作された時代の世界観を、不安・規範・価値・社会構造を含めて表明し、表現し、考察し、問いかける様々な方法について観察する。

これら二つの問題や、まさに聖書と映画の全体としての研究の下には、さらにいっそう根本的な問題が横たわっている。つまり、聖書がなぜ映画のほぼすべてのジャンルにわたって、しかも、これほど長きにわたって頂点を達成し維持したか、という点である。

すぐにいくつかの答えがうかぶ。ひとつの要素は、十九世紀末から二〇世紀初頭のアメリカにおける聖書の身近さと人気である。米国聖書協会をはじめとする諸団体の努力によって、アメリカの多くの家庭の本棚には聖書があった。アメリカ人は聖書を所有し、細心の注意を払って聖書の中に家族の歴史を記録し、さらには聖書の語りの中に彼ら自身を比喩的に位置づけた。[17] 聖書をフィクション風に翻案すると、生き生きした歴史語りや歴史フィクションさながら、それが直にふれられる出来事だという感覚が醸成された。[18] しかし映画ならば、なおのことであろう。映画には、どんな小説よりも、どんな挿絵聖書よりも、読み手を引きこむ力があった。受難劇を観るチャンスはなくとも、映画なら、誰にでもアクセス可能だった。[19] さらに、聖書映画によって、聖職者をはじめとする教師たちがポピュラーな娯楽である映画の不道徳さについて述べ立てる懸念を沈静化することができた。なぜなら聖書映画は、まさに聖なる主題を扱っていたからである。[20]

もうひとつの答えとして、映画産業の景気がある。これまですべての聖書映画が興行的に大成功だったわけではなく、商業的な失敗例の中には、グリフィスの『イントレランス』(一九一六) やスティーヴンスの

『偉大な生涯の物語』（一九六五）のように、ロードショーではまったく振るわず、その後、崇められるようになった映画もある。しかしながら、概して、聖書映画は大いに儲かるジャンルであった。一九〇七年にフランスの映画製作会社パテ兄弟社によって製作された受難劇映画は、北アメリカとヨーロッパで最も人気の高い映画であった。[21]他のメガヒットとしては、デミルによる一九二七年のイエス映画『キング・オブ・キングス』や、ごく最近の、ギブソンによる『パッション』（二〇〇四）がある。[22]最近次々に製作されつつある聖書映画の氾濫について、ギブソン作品の経済的成功との関係を見いだすのは、あながち間違いではないだろう。

聖書映画が映画製作技術の発展に果たしてきた役割からも、映画芸術において聖書映画が中心的位置を占めていることがわかる。ヴァイタグラフ製作の『モーセの生涯』（一九一〇）やグリフィスの『アッシリアの遠征』（一九一三）のような旧約映画は、受難劇映画と並んで、フィルム数巻《マルチリール》規模の映画作品の先駆けとなり、今日おなじみとなった長篇映画への路を拓いた。[23]グリフィスの『イントレランス』は、歴史上の異なる時代・物語を織り合わせるという形をもった最初の映画であるが、その中に、イエスの人生に起こった出来事をとりあげた「ユダヤの物語」がある。その数十年後に公開された『聖衣』（一九五三）は、「シネマスコープ」として知られるワイドスクリーン技術を用いた初の長篇作品であった。[24]

聖書映画ジャンル

ここで作用している他の要因として、叙事詩映画ジャンルにおいて聖書を用いることが不動の慣例として確立されたということがある。叙事詩映画ジャンルにおけるこの慣例は、ハリウッドの語りのスタイルに深く杭を打ち込み、他の映画ジャンルにまで余波をもたらし、映画の幅広い領域で通用した結果、多くのジャンル内で聖書を用いることが慣例にさえなった。こうしたジャンル規範の確立は、聖書の用例だけに見られることではなく、むしろ広範囲な現象である。たとえば、『ベン・ハー』（一九五九）の記念碑的な戦車競争の場面は、数多の映画の競争会やカー・チェイスの場面に影響を与えた。『ベン・ハー』は戦車競争という主題を用いた最初の例ではない――たとえば『クオ・ヴァディス』（一九五一）やデミルの『十戒』（一九五六）にも戦車競争は現れる――が、『ベン・ハー』の戦車競争場面はたちまち最も有名なバージョンとなり、映画のみならず生上演の場でも繰り返されるようになった。[25]

映画ジャンルは、映画から映画へと反復される慣例に依存しており、それによってジャンルは観る者にとって身近なものとなる。映画理論家トマス・シャッツは以下のように述べる。

映画は、創造の文脈でも文化的文脈でも、他から隔絶した形では製作も消費もなされない。個々の映画は、私たち一人一人に、力強くそしてかなり多様な仕方で働きかけるが、根本的には皆、集合的製作システムによって生みだされるのであり、この製作システムは、大衆市場《マスマーケット》向きに構想する上での、語りの伝統（あるいは慣例）を遵守している。[26]

慣例は意味を伝達するだけでなく、楽しみをも生みだす。ハッチオンが記しているように、映画を観る楽しみの幾分かは「習慣の心地よさに驚きの辛味をつなぎ合わせ、変奏曲のように繰り返しが起こるところに起因する」[27]のだ。

こうした観察はジャンル理論と呼ばれるものに支えられている。シャッツによれば、ジャンル的研究手法には、複数の想定や命題が含まれている。

（1）ジャンル的研究手法は、映画製作が**商業**的な営みであると想定する。したがって、映画の作り手が、チーム作業として経済的に製作するために有効だと証明されている定型に依拠すると考える。
（2）ジャンル的研究手法は、映画芸術が**観客**に直接訴えかけるもので、個々の映画に対する観客の反応のおかげで、物語定型や標準的な製作実践が次第に発達すると考えている。
（3）ジャンル的研究手法は、映画芸術をまずもって**語り**《ナラティブ》の（つまり物語を伝える《ストーリーテリング》）媒体として論じる。この媒体でおなじみの物語は、進展中の**文化的葛藤**に起因する劇的な葛藤を含む。
（4）ジャンル的研究手法は、映画芸術の**芸術性**が、作り手の、すでに確立された形式と語り《ナラティブ》の慣例を刷新する力量で評価されるような文脈をうち立てる。[28]　（強調原文）

したがってジャンルは、こうした慣例を通じて特定されうる。とはいえ、所与のジャンル内のあらゆる映画が、そのジャンルに結びついている慣例をすべて用いると言うつもりはない。むしろ、シャッツが記しているように、ジャンルとは、

作り手の側の表現の幅と、視聴者の側の経験の幅に呼応する。映画の作り手と視聴者はどちらも、ジャンルの表現の幅に敏感である。価値観依存的な語り《ナラティブ》の慣例の体系に結合しているからである。この慣例――なじみ深い《ファミリアー》価値を称揚するよくある《ファミリアー》行動を演じるよく知られた《ファミリアー》登場人物たち――の体系こそが、

そのジャンルの語りの文脈、つまりそのジャンルにおいて意味をなす文化的一体感を表すのである。[29]

聖書は長年にわたって支持されてきたおかげで、映画の作り手にとっては（いわば）神からの賜物《ゴッド・センド》といえよう。なにしろ聖書は、自分に引き寄せて翻案するのに手頃な「なじみ深い《ファミリアー》価値を称揚しよくある《ファミリアー》行動を演じるよく知られた《ファミリアー》登場人物たち」を出来合《レディメイド》いで一揃え分、提供してくれるのだ。

聖書に立脚して描くという慣例は、叙事詩映画以外のジャンルではあまり取り上げられていないが、聖書は、語り《ナラティヴ》や主題その他の映画の根本目的に寄与してきた。本書で論じるように、聖書がらみの現行の慣例の重要性は、聖書そのもの、あるいは少なくとも聖書由来だと一般に捉えられている二つの側面に帰属している可能性がある。うち一つ目は、聖書は時間的にも地理的にも遠い出来事を語っているにもかかわらず、その真実――それにしても人はこの言葉をどう理解するのだろう――は今日においても妥当であり続けているという信念であり、これは聖書の正典としてのあり方に根ざしている。二つ目は、聖書が神との繋がりだという想定で、これもまた聖書の正典としてのあり方に根ざしている。画面に聖書を提示したり、聖書の語句を引用したり、登場人物や筋書きの諸要素を聖書の物語と重ね合わせたりすると、特定の語りや登場人物が人類と結びつき、時には宇宙の大きな物語と結びついて、その映画の全体的な物語や内容《メッセージ》に深みと重みが加わる。映画芸術に聖書が登場し一定の役割を演じていることを説明しようとする試みの基礎となるのは、映画が「単なる」娯楽ではなく、多様かつ複雑な仕方で、社会的問題や文化的問題、さらにはいっそう根本的に――個人の・社会の・国家の――特性《アイデンティティ》と深く絡みあっているという前提である。[30]

範囲

映画と聖書、そしてアイデンティティの連携は、映画の作り手が聖書を自分の作品に採り入れているかぎり、原則的には、あらゆる国の映画に適用できるだろう。しかし実際上は、本書は、限定的ではないものの主として「ハリウッド」に焦点をあてる。「ハリウッド」はアメリカ映画と同義に用いられ、そこには、実際にハリウッドという地域で製作されていない映画も含まれる。スコットによれば、こうである。

ある意味でハリウッドは、南カリフォルニアの特定の場所であり、より適切には、ある地域に限定された製作仲間と、地域的な労働市場活動を指す。別の意味では、ハリウッドはどこにでもある。特定の事物をはなれた映像と語りの集合体として実現し、世界中に存在している。ハリウッドのこの地域的《ローカル》で世界的《グローバル》な現れ方は、配給・市場の複雑な仕組みによって互いに結びついている。[31]

アメリカの主要上映作品全般に焦点をあてるという決断は、ある程度、実用主義的《プラグマティック》だ。映画における聖書の世界的な使用実態を説明しようとすれば、大きな場《キャンバス》が必要になり、私の手におえなくなってしまうだろう。しかし、「ハリウッド」に焦点をあてる正当性は、学問的にも説明できる。第一に、主流の商業映画――二時間前後の長篇作品――は、合衆国で開発されて成熟を迎え、よく知られた聖書がらみの映画は、すべてではないにせよほとんどは、基本的にアメリカで研鑽を積んだ作り手によって、まずはアメリカの市場向けに製作されているという意味で、アメリカ的だからである。第二に、ハリウッド映画は、ハリウッドの中に留まることなく世界中を駆け巡る。[32]アメリカ映画が世界中に配給され、国際的に絶大な人気を博しているので、ハリウッド映画というジャンル、ならびにその映画芸術的な慣例と規範は、世界中の視聴者にとっておなじみであり、諸外国で製作された映画にも多かれ少なかれ吸収されている。アメリカ「以外の」映画自体が、アメリカを含んだ国々へ向けた配給を前提として製作されているため、アメリカ人の鑑賞力《テイスト》に訴えるべく、しばしばアメリカ的規範が用いられるのである。[33] この同質化傾向には、国際的な共同製作の増加によって、いっそう拍車がかかっている。[34] ただし、本書ではハリウッド映画のアメリカ独特の要素や、それ以外の国で製作された映画の明瞭に非アメリカ的な側面を指摘する場合もあるだろう。

映画分析

聖書学者は、寝ても覚めても、聖書とその解釈史ならびに受容史について考えているので、映画における聖書の用例を容易に記録することができる。つまり聖書学者は、聖書の引用や引喩を把握し、どんな時期（映画の歴史全体にわたって）のどんなジャンル（ほとんどのジャンル）の映画で、どう用いられているか（巧緻か素朴か、適切か不適切か、広範囲かわずかか）を論評できる。[35] しかし、映画における聖書人気を説明するには、記録するだけでなく分析せねばならない。

初めの一歩として自然な分析手順は、聖書映画の場合は、映画の筋書きと登場人物を聖書の説明と比較してみることであるが、長篇フィクション映画の場合は会話に焦点をあてる傾向がある。しかし映画分析には、筋書きや登場人物や会話だけでなく、映画の視覚的・聴覚的要素についても綿密な注意が必要である。[36] 色彩、カメラ角度《アングル》、構図設定《ミザンセヌ》（事物や人物その他の配置を含めた画面枠の構成のこと）、背景、衣装というように、まさに私たちが画面上に見いだすすべてのことが、映画における聖書の用法理解に大きく影響しうる。同様のことが音響《サウンド》にも当てはまる。サウンドトラック音楽や環境音やその他の聴覚的効果の有無は、私たちが意識するかどうかにかかわらず、私たちの映画理解と感情的反応を形成する。編集――映像・音響・登場人物・場面を並置させ、あるカットから次のカットへ、あるいはある場面から次の場面へ移行する方法とスピード――は、ある映画作品、その映画の登場人物、その映画の内容《メッセージ》、そして、そう、その映画における聖書の用法を、私たちがどう認知し解釈するかに影響する。

本書の構成

第I部　映画のかたちをとった聖書《バイブル・オン・フィルム》

本書の第I部は映画のかたちをとった聖書を検討する。つまり、聖書の物語を古代の時代背景のもとに語り直すことが明瞭に定められた映画を検討する。第二～五章で論じられる映画のほとんどは、叙事詩映画ジャンルに属するもので、実際、各映画はあらゆる意味で叙事詩的である。聖書叙事詩映画は、映画研究者や映画評論家の注意を惹いてきたが、そのすべてが好意的なものではない。叙事詩映画はしばしば、他の劇映画よりもかなり劣ったもので、真面目な批評的関心に値しないとみなされる。スコセッシ監督の『タクシードライバー』（一九七六）や『レイジング・ブル』（一九八〇）、『最後の誘惑』（一九八八）の脚本作家であり、自身も監督業を手がけるシュレイダーは、散財した割に神的なものとの真の出会いをさまたげるとして、聖書叙事詩映画を「ニセ宗教映画」とあざける。[37] アルンハイムは、叙事詩映画を「問題に取り組みも解決も提供しない」不活発なジャンルと喝破する。[38]

しかしながら学者たちが皆、叙事詩映画を相手にしないわけではない。ソブチャックは、このジャンルの「急増や豪華さや贅沢さ」は非難されるべきことではなく、むしろ聖書的過去、あるいは古典的過去と戦後アメリカという「今」の連続性を仮定する本質的な機能の中心だと述べる。これらの映画は、アメリカの観客――その多くは中流の白人男性――が、戦後の数十年における自分たちの社会的・政治的状況を経験することのできる、多方面にわたる「今としての当時《ゼン・アズ・ナウ》」の一部である。[39] ソブチャックは、「自分自身を時代の中にどう位置づけるか」という、人間の絶え間なく本質的な問いを提示する上で、ハリウッド歴史映画の役割に格別な注意を向けようとしている。叙事詩映画は、現在を投映すべく過去を構築し、映画を観る者の物理的・時代的・社会的位置と古代の時代性・場所性との歴史的距離を小さくさせ、あるいは消滅させもする。[40]

バビントン&エヴァンスもまた、このジャンルの映画としての価値を認め、真面目な批評の対象とする価値を前向きに論じている。彼らは、叙事詩映画が宗教の超越的体験を伝達しないというシュレイダーの指摘には賛成しつつも、「二〇世紀のアメリカにおける宗教と世俗主義の出会い」を浮き彫りにすると述べる。このため、叙事詩映画には「宗教的観念を背景とする世俗的関心の表現と、世俗的観念を背景とする宗教的関心の表現から現出する言外の意味が豊かに備わっている」。[41] ほとんどの叙事詩映画が、審美的な意味で傑作とは言いがたいとしても、社会―歴史的な記録としては研究に値することが多い。

したがって、私たちは主に、ソブチャックが叙事詩映画における「今としての当時」の要素と呼ぶものに焦点をあてる。つまり映画の作り手が自らの時と場に向けて語り、考察するために、聖書的語り《ナラティブ》を用いる方法である。

第二章は、ヘブライ語聖書の有名な物語や人物、たとえば解放者・立法者としてのモーセを大々的に扱った出エジプト《エクソダス》物語や、サムソン、ルツ、ダビデ、ソロモン等の大河劇を扱った映画を検討する。これから見ていくとおり、こうした映画は聖書の物語を、アメリカ的な、プロテスタント的な視野から語り直し、かなりあからさまに、聖書のイスラエル国と理想化されたアメリカを等価にし、アメリカをエジプトや他の外国支配から解放されるのみならず、他の民の自由を擁護すべく神から選ばれた民であるかのように描く。したがって本書ではこうした映画のことを、ヘブライ語聖書映画ではなく、旧約映画と呼ぶ。キリスト教徒の視点からすると、旧約聖書は新約聖書の前振りとか前座である。これと同様に、旧約聖書映画にはほとんどいつもイエス――より正確に言えば理想化されアメリカ化されたイエス――を参照・引喩する場面が含まれており、彼は最後にやってきて、聖書のイスラエルの苦難に救いを提供する。

もちろん、その下位ジャンルには、イエスその人が傑出して主役を演じる領域もある。イエス映画のことである。こうした映画は**第三章**の主題となる。イエス映画では、イエスがイスラエルをローマの支配から救うために神によって遣わされた人物として描かれる。しかし、旧約映画でモーセやダビデやソロモンが彼らの民を本当に守ったのとは異なり、イエス映画は少なくとも当面、イエスを同様の政治的役割のもとでは提示できない。同様の政治的役割をイエスに付与しようとすれば、イエス映画の主要源となっている福音書の記述と一致しないだろうし、単純な事実としても、ローマ帝国はイエスの後、数世紀にわたってイスラエルを支配しつづけたからである。このような障害にもかかわらず、イエス映画は、イエスの到来によって世界の秩序が一変したと宣言するのだ。

第四章では、聖書映画に架空要素を織り込んだバリエーションものをみていく。『ベン・ハー』や『クオ・ヴァディス』など、いわゆる「古代活劇映画」「ペプラム映画」にあたるものである。旧約映画やイエス映画が、かなりの装飾を盛り込みつつも、聖書の物語を多かれ少なかれ時系列的に伝えるのとは対照的に、古代活劇映画は、無慈悲で物質的で異教のローマ帝国にいる真面目なキリスト教徒の運命をめぐる架空の物語をメインにして、そこにイエス物語をほんの一かけらほど織り込む。そして、旧約聖書に基づこうが新約聖書に基づこうが、初期教会の経験に基づこうが、あらゆる聖書叙事詩映画は、ジェンダー関係、人種、階級、政治、アメリカ的キリスト教精神、アメリカ的仕草といった点については、共犯的に現状維持を正当化し保護している。

こうした映画の「当時と今」の次元で示される過去と現在の類推は、聖書物語を現代の話に並置する映画でも明白になっている。**第五章**では、そうした物語の二つの型を検討する。二つの物語を並べて提示する映画と、現代の物語の枠に聖書の物語を埋め込む映画である。こうした作品は、聖書の語り《ナラティブ》を明瞭に語り直しつつ、聖書からかけ離れた時間と場所で聖書の物語・人物・主題が演じられる物語を一つあるいはそれ以上含んでいるため、「映画のかたちをとった聖書《バイブル・オン・フィルム》」と「映画の中の聖書《バイブル・イン・フィルム》」の両部門にまたがっている。

第Ⅱ部　映画の中の聖書

本書の第Ⅱ部は、今日の長篇フィクション映画が聖書を用いる手法に焦点をあてる。映画の中の聖書《バイブル・イン・フィルム》の用例は、聖書を映画のかたちで描写するのとはかなり異なっているが、両者には、歴史的で全般的なつながりがある。第Ⅰ部の各章が指摘するように、聖書叙事詩映画は、叙事詩映画の全般的な慣例を引くだけでなく、聖書からの引用や聖書を引喩する方法の点で、また古代中東の――聖書の――設定の描き方の点で、独特な慣例を築きあげた。こうした慣例には、語りの枠組みとして聖書物語を用いること、聖書の人物に基づくものと認識できるような架空の人物の様式化、聖書の明らかな引用や引喩を含む。さらに聖書映画は、聖書への関連を印象づける視覚的な型を築き上げたし、この型のもとで展開してきた。たとえば両腕を大きく広げて立つ人物や、水面や水中を歩く人物は、直ちにキリスト像を思い起こさせる。物体としての聖書——冊子体あるいは巻物状——が画面に提示されるか否か、それが聖書的文書なのか、そうでないのかは不明にしても、「聖書風の」書体が聖書を思い起こさせることもある。そして、聖書は、倫理や神によって聖別された社会秩序・道徳秩序と直接的、かつ前向きに関連づけられている。こうした慣例は長篇フィクション映画に進出したが、それを用いて目指す意図はしばしば、聖書叙事詩映画そのものが支持する伝達内容とは明瞭に異なる。多くの聖書叙事詩映画がアメリカを「国々の光《ライト・アントゥ・ザ・ネイションズ》」とする観点を祝賀し流布したのに対し、最近の映画は、こうした世界観やその宗教的・聖書的基盤については批判的な場合が多い。こうしたフィクション映画は、聖書叙事詩映画が描写しやすい同質的集積《コーパス》から成るのとは異なる様相を示す。

　聖書を用いる長篇映画は、あらゆるジャンルに及んでいる。コメディ映画（『トゥルーマン・ショー』一九九八）、ドラマ映画（『グラン・トリノ』二〇〇八）、ホラー映画（『フランケンシュタイン』一九三一）、SF映画（『マトリックス』一九九九）、スパイ映画（『グッド・シェパード』二〇〇六）、超常現象映画（『シックス・センス』一九九九）、西部劇映画（『ペイルライダー』一九八五）、牢獄映画（『ショーシャンクの空に』一九九四）である。聖書の存在感がわかりやすい場合もある。映画のタイトルが聖書の引用である場合——よき羊飼い《グッド・シェパード》（ヨハ十1～9）とか、バベル（創十一）とか、命の木《ツリー・オブ・ライフ》（創二）——や、聖書の登場人物や物語、たとえばモーセ（『ライオン・キング』一九九四）やイエス（『ショーシャンクの空に』一九九四）やヨブ（『シリアスマン』二〇〇九）と明瞭な類似点がある場合である。聖書的要素が、聖書に（正確には聖書の文化的解釈に）かなり詳しい人々にだけわかる場合もある。『カラー・オブ・ハート』（一九八八）で若い女性がリンゴをかじって（創三17）カメラをじっと見つめる時や、『守護神』（二〇〇六）で登場人物が他の人のことを「人間を釣る者」（マタ四19）と呼ぶ時のように。

聖書は長篇映画のいたるところで用いられており、それは言い換えれば、北米の観客が映画を見る度にほとんどいつでも聖書の諸側面に出会うということだ。映画館に出かけるのは、そもそも費用がそれほどかからず、社会経済学的な階層や、教育・財産・知識レベルに関係なく、一般大衆にも可能なので、映画の影響は特定の階層や集団に限定されず、事実上、社会のあらゆる階層に広がる。[42] したがって銀幕に存在する聖書は、アメリカの人口の大部分に、そして世界的な配給形式を通じて、世界中の他の地域の膨大な視聴者に影響を与えうる。映画は、非キリスト教文化圏からの移民が「西洋」つまり北米やヨーロッパの社会の、聖書に重点をおいた諸規範・諸価値・基礎的物語群に溶け込んでいく上での媒介でもある。長篇映画が世界で市場を獲得することは、そのまま、聖書に依拠する映画が北米やヨーロッパのみならず世界中で消費されることを意味するのであり、その結果、インド（『恩寵の海』一九七八）やイスラエル（たとえば『ウォーク・オン・ウォーター』二〇〇四）のような非キリスト教国で製作された映画にさえ（たいていキリスト教の）聖書的イメージが顕著なほどである。

映画はたいへん人気があり、「宗教的視野や観念上の仮説、そして根本的な価値観を強固にしたり、反論したり転覆したり、具体化させたりする可能性を持っている。映画は、われわれの社会の規範や指導的な語りや公認の事実を強化あるいは疑問視[43]」し、大衆が「同一性や多様性や関係性や社会的な協定・機構の表現」を感じとることのできる「浸透力のある手段[44]」である。そうである以上、聖書の映画的用法は、社会や宗教の多くの側面に関する価値体系・世界観・認識・憶測を反映もすれば形成もしているだろう。少し見わたすだけでも、聖書は映画の中で、政治的・社会的問題や人間の基本的感情を検討する手段になっている。たとえば、死刑（『デッドマン・ウォーキング』一九九五）や環境（『人の子』二〇〇六）、人種差別（『カラー・オブ・ハート』一九九八）や戦争（『パッシェンデールの戦い』二〇〇八）のような政治的・社会的問題、そして愛と憎しみのような人間の基本的感情（『ケープ・フィアー』一九九一）である。聖書は、実存的な事柄を語るための言語的・視覚的な語彙を提供する。たとえば、善悪（『グッド・シェパード』二〇〇六）とか、存在と不在（『スリング・ブレイド』一九九六）とか、生と死（『マグノリア』一九九九）といったものだ。

第Ⅱ部の各章では、聖書映画ジャンル――すなわち「映画のかたちをとった聖書」――で確立された聖書がらみの慣例が、他のタイプの物語を伝えるために聖書を使うような映画――すなわち「映画の中の聖書」――にも影を落としていて、しかもまさに不可欠な要素になっていることを見ていく。**第六章**では筋書きや登場人物やテーマを発展させる直接・間接の方法として旧約聖書を用いる映画に、**第七章**では新約聖書とくにイエス物語を用いる映画に焦点をあてる。いわゆる「キリスト的人物像を描く映画」には、特別に興味を注ぐ。とくに、一人、時にはそれ以上の数の登場人物が他の者を生きのびさせるべく自らが死ぬという救い手の役割で直接にイエスを想起させる方法で描かれる映画のことである。**第八章**では道徳や倫理の源泉として聖書が果たす役割を観察する。今日のハリウッド映画の内部では、聖書と道徳・倫理とのつながりが、恒朽化される場合もあれば蝕まれる場合もあるが、それがどのように行われているかを観察する。**第九章**では、逆に、破壊と救済といった主題を表現するために聖書がどう用いられているのかを検討する。最後に、**結び**の章で、超越体験を形成する映画をめぐって、超越体験において聖書がどう考えられているのかを検討する。

第Ⅰ部　映画のかたちをとった聖書

二章　旧約叙事詩映画――「記されたとおり」（ヨシュ八31）

一九五一年、映画『愛欲の十字路』（原題は「ダビデとバト・シェバ」）の予告編は、目に焼きつく場面を早回ししながら、息せき切った調子で以下のように述べて、映画ファンに「活動写真《モーションピクチャー》のゴリアト」を約束した。「契約の箱にあえて触れた者は直ちに破滅する！」「不貞な妻への投石！」「異教徒の妖婦の魅惑的なダンス！」「眩い怒りの中に天が啓く！」「姦婦バト・シェバ！　激怒した暴徒が詰問する」「世界で最も波乱に満ち魅惑的な傑作恋愛物語[1]！」

ダビデとバト・シェバの大恋愛は、旧約聖書における多くの叙事詩エピソードの一つに過ぎない。しかし実は、映画の作り手にとって紛れもなく宝の箱である。ヘブライ語諸聖典は、超大国の間の凄まじい争い、上流社会における情熱的なロマンス、そして超人的な強さの驚くべき表現の可能性に満ちている。時間的には古代、地理的には異国の地が舞台となっているので、撮影技師も衣装デザイナーも創意が駆り立てられる。その状況で頑迷な国家と、力強く信念篤い愛と復讐と赦しの神との波乱に満ちた関係をベースにして、倫理的に著しい欠陥をもった族長たち、王たち、そして戦士たちが、自らの人生を生きるのである。叙事詩的な映画の「黄金時代」は、冷戦や「赤狩り」の時代と重なっている。旧約聖書の長篇歴史物語群は、二〇世

イスラエルの民を導いて葦の海を渡るモーセ　『十誡』（1923）

紀中頃にアメリカならびにハリウッドを席巻した、これら現実の大問題を検討し議論し、それについて主張する上で絶好の手段であった。

　最初期の聖書映画はイエスに眼目をおいていたが、その後すぐに、古代イスラエルの偉人たちについての映画が続いた。旧約映画の初期作品として、パテ製作の『モーセの生涯』（一九〇五）と『水からあげられたモーセ』（一九一一）、ヴァイタグラフ製作の『モーセの生涯』（一九〇九）がある。後者は五リールにわたる意欲的な大作で、「パピルスの籠からピスガー山まで」[2]をカバーしている。映画の作り手は、まもなく『アダムとエバ』（一九一二）や『エジプトのヨセフ』（一九一四）のような、他の物語にも視野を広げた。

　こうした映画作品を足がかりとして、叙事詩映画ジャンルが成立し、映画芸術の初期の数十年、とくに一九一〇年代の終わりから一九二〇年代のはじめにかけて華開いた。人気の高い作品として、『選ばれた王子』（一九一七）別名『ダビデとヨナタンの友情』、『サムソンとデリラ』（一九二二）、そして『ノアの方舟』（一九二九）などがある。しかしながら、サイレント映画の時代に最もよく知られていた旧約叙事詩映画は、セシル・B・デミルの最初の

葦の海の分割に臨むモーセ　『十戒』(1956)

バージョンの『十誡』（一九二三）である。この作品は、出エジプト物語のゆっくりとした、やや平板ともいえる描写と、現代の法律・倫理・宗教をめぐる面白味のある物語を並置している。トーキー映画の初期にも、旧約聖書に基づく幾多の映画作品が生まれた。その中には『ソドムのロト』（一九三三）や『緑の牧場』（一九三六）がある。後者はこの時代のおそらく最も異色な作品であろう。旧約聖書の中の幾つかの物語を語り直す趣向をもった同名の舞台作品に基づく映画で、その監督陣は白人系だが、出演者は皆アフリカ系アメリカ人なのである。

　このジャンルは、一九三〇年代と四〇年代には主として経済的理由で衰退した。大恐慌と第二次世界大戦の時期には、過ぎ去った時代を描くための壮大な見せ場を製作するのに散財するだけの余裕がなかったのである。[3] このジャンルは、一九四〇年代のアメリカで戦後経済が盛り返すにしたがって復活した。戦後初めての叙事詩映画として『サムソンとデリラ』（一九四九）がある。そこに『アダムとエバ』（一九五六）、『ノアと大洪水』（一九六五）、『ペルシャ大王』（一九六〇）といった人気作品や、ダビデ王とその子々孫々をめぐる『砂漠の女王』（一九六〇）、『愛欲の十字路』（一九五一）、『ダビデの物語』（一九六〇）、『ソロモンとシバの女王』（一九五九）、そして『天地創造』（一九六六）が続く。[4]

しかしながら、あらゆる時期を通じて、最も有名で最も影響力を持った旧約叙事詩映画は、デミルの代表作である一九五六年の『十戒』である。この映画は、過越祭の期間（これはキリスト教徒の復活祭《イースター》の期間とほぼ重なる）に多数のテレビ・ネットワークで放送されるため、この時期と深く結びついた文化的慣習[5]として広く共有され、それゆえ、多くの視聴者にとって出エジプト物語をめぐる知識の主要源でありつづけている。[6]劇場での商業的な上映を前提とした旧約長篇映画は、叙事詩映画時代から、極めて少数だった。その代わりに製作者たちは、ビデオ市場（たとえばTNT聖書コレクション）、テレビ市場（たとえば一九八四年の『サムソンとデリラ』や一九九五〜九七年の『語り部たち』）、そしてとりわけ『ベジーテイルズ』（一九九三年以降）や『フレンズ&ヒーローズ』（二〇〇七〜〇九）のような、子ども向けのテレビ番組（あるいはVOD）のシリーズに移っていった。[7] 例外的な作品としては、あまり広まらなかった『キング・ダビデ――愛と闘いの伝説』（一九八五）や、大いに成功したアニメーション映画『プリンス・オブ・エジプト』（一九九八）、エステル物語を生硬に翻案した『プリンセス・オブ・ペルシャ――エステル勇戦記』（二〇〇六）がある。

戦後景気だけではなく、社会的な要因もまた叙事詩映画の人気を後推しした。最も重要だったのは、おそらく冷戦だろう。聖書叙事詩映画は「赤の脅威」に対抗する道具となったのだ。下院非米活動調査委員会が着手した反共産主義の調査はハリウッドを震撼させた。この委員会は共産主義の理想に好意的なプロデューサーや監督を一掃するために、しばしばハリウッドの要人どうしを仲違いさせた。[8] 叙事詩映画は聖書叙事詩ものを含めて、冷戦期の観客に非常に強力な影響を与えた。ヘルツォークは述べている。

ポピュラー文化を礼賛することにかけて、アメリカの映画産業に勝るメディアはなかった。冷戦の初期のころ、アメリカとは映画ファンの国であり、ハリウッドとは集団的権力の座であった。B級SF映画や聖書叙事詩映画、Gメン・スリラー映画や殉教者の伝記映画、これらすべてを通じて、映画館はさながら冷戦専門の教育施設と化し、アメリカ人は反共産主義なる宗教教育を受けたのだ。[9]

もう一つの社会的な要因として、ホロコーストの余波でユダヤ人やイスラエル人への同情が高まりつつあった点を挙げてよいだろう。イスラエルの建国が、古代イスラエルや古代イスラエル人を肯定的に描く聖書映画の製作につながったと考えるむきもある。[10] バビントン&エヴァンスは、この点をスタジオシステムにおいてユダヤ系映画人が果たした役割に結びつけて、旧約叙事詩映画が民族的な誇りを表現する伝達手段であった可能性を示唆している。[11] しかしながら、この関連づけは検証し難い。なにしろ、主要なスタジオ所有者の大部分がユダヤ系であったとはいえ、監督や製作チームのメンバーの多くはユダヤ系ではなかったのだ。[12] 叙事詩映画ジャンルの復活については、テレビと競合すべく白黒テレビの小さな画面では体験しえない、大規模でスリル満点なテクニカラー体験を提供する必要性も、同じくらい重要だった可能性がある。[13] さらに付け加えるなら、映画検閲の時代、主流ハリウッド映画ではヌードやセクシーな仕草や暴力といったものは認められなかったが、叙事詩映画はこれらを提示する手だてともなっていた。[14]

叙事詩映画の黄金時代は一九六〇年代半ばに衰えた。その主要因は、言うまでもなく大規模作品の製作コストと、次第に増大するテレビの人気である。[15] ハリウッドの検閲コードが解禁されて、暴力やセクシーな仕草の提示を、古代の戦争やエキゾティックな見せ場によって言い訳する必要もなくなった。[16] さらに、ベトナム戦争、公民権運動、フェミニスト運動の動きに直面して、アメリカ社会が分裂し、叙事詩映画が伝えていた愛国的で現実確定的な視点に、ある種の緊張が発生した。[17]

聖書映画の衰退については、もう一つ原因を挙げることができる。それは聖書に関する基本的なリテラシーの低下である。二〇世紀中頃における聖書叙事詩映画の人気は、映画製作者の知識のみならず、観客の知識と理解力にも立脚していた。[18] アメリカの社会がしばしば「ユダヤ・キリスト教的である」と言えた時代には、出エジプト記の物語やイエス物語をはじめとする聖書の主要物語群への親しみを前提視してかかることができた。[19] 二〇世紀の後半には、聖書のリテラシー——聖書に何が描かれているかを把握しているという単純な意味でのリテラシー——が北米ならびにおそらく全世界的に下落した。この下落の要因は、世界中の非キリスト教地域から北米への移住者が相当数にのぼったことや、アメリカの公立学校においてキリスト教の聖書を読ませ教える慣習が、法的措置によって終結したためだろう。[20] こうした事情に加えて、映画館に通う人々の大半を占める若年層が上の世代の人々よりも聖書に通じていないという事実をみれば、とくに二〇世紀後半、映画における聖書の使用が下落あるいは消滅さえすると予想する読者もいるだろう。[21] しかしながら、本書の第Ⅱ部で見るように、聖書は叙事詩映画ジャンルからは切り離され、より断片的なかたちで、映画芸術にとって必需品でありつづけている。[22]

本章では、とりわけ叙事詩映画時代における旧約映画で力をふるう慣例を簡潔に記述したあと、これらの映画が同時代の社会的・文化的問題にどう向き合っているかを考察し、最後に、これらの映画を通じて、一九五〇年代と六〇年代のハリウッドにおいて、どのような聖書理解や聖書への態度が優勢だったかを考える。

慣例

規模、視野、程度

旧約叙事詩映画は、ほかの叙事詩映画、たとえば『風と共に去りぬ』（一九三九）、『スパルタカス』（一九六〇）、『アラビアのロレンス』（一九六二）のような叙事詩映画と多数の慣例を共有している。銀幕への道を開拓した聖書武勇伝には通常、戦争や結婚が含まれていた。前者には兵隊役として数知れないエキストラが必要であり、後者では何度も愛が告白され、嫉妬が表現される。こうした見せ場は映画の筋書きに結び付けやすかった。つまり、出エジプト記三二章での黄金の子牛の物語は、デミルが『十誡』（一九二三）・『十戒』（一九五六）に翻案した際に、見せ場を提供する好機となっている。ヴィダーの『ソロモンとシバの女王』（一九五九）はいっそう想像力豊かである。ラゴン神を讃えるさながら乱交パーティ風の祭がだらだらと続くが、それは狡猾で美しいシバの女王がソロモンと結ばれるための序奏になっている。映画製作倫理規定《プロダクション・コード》がセクシーな振る舞いの描写を禁じていた時代には、こうした見せ場は、スクリーン上に観客に人体と性的興味を提供する唯一の方法であった。しかしながら、このような場面は相反するメッセージを伝えた。これらの映画の筋書きにおいて、見せ場は「悪役」、つまりイスラエル人のただ中に居て、神の臣民の倫理性・敬神性・福祉を脅かす不道徳な異教徒に結びつけられていた。にもかかわらず、カメラも視る者も、破廉恥な過剰性をもって好色の喜びを伝えるこうした場面を楽しんだ。

他のあらゆる叙事詩ジャンル映画と同様に、旧約叙事詩映画は、あらゆる面において「大き」かった。撮影技術は、砂漠と山と空をみわたすような広大なスペースを強調していた。多くの叙事詩映画が、干魃にみまわれがちなヘブライの地を再現するために、アリゾナ州とメキシコの干魃になりがちな国境地帯、あるい

ダビデ役のグレゴリー・ペックとバト・シェバ役のヘイワード
『愛欲の十字路』(1951)

はスペイン、エジプト、南カリフォルニアのさまざまな場所で撮影された[23]。アメリカの大地を使用したことから、旧約映画の構想と製作に「西部劇」映画ジャンルが影響していたことがわかる。聖書映画の撮影セットは、初期アメリカと古代イスラエルの同一視を助長する重要な背景になっている[24]。

キャスティングと衣装

キャスティングも叙事詩映画ジャンルの典型である。『愛欲の十字路』(一九五一)に出演したグレゴリー・ペックやスーザン・ヘイワードのような、そして、『十戒』(一九五六)でモーセという当たり役をとったチャールトン・ヘストンのような、ハリウッドのビッグネームが起用されている。どんなアメリカ人のハートも摑んでしまう容姿とヘアスタイルは、どうみても「聖書的な」服装とつり合わなかった。多くの映画が、ご馳走にスパイスをきかせるようなものとして、少なくとも一人は「エキゾティックな」スターを配役している。彼らは暗くセクシーな外見と、異国情緒の香る訛りを携えている。たとえば『十戒』でファラオを演じ、『ソロモンとシバの女王』でソロモンを演じたユル・ブリンナー、そしてソロモンの相手役をつとめた魅惑のジーナ・ロロブリジーダである。また時には「真正の」中東系スターが配役されることもあり、『砂漠の女王』（一九六〇）で、情熱的なモアブ人女性ルツを演じたエラナ・エデンはイスラエル人である。すでに人気を獲得しているアメリカなり舶来なりの俳優の起用は、こうした映画の興行的な成功を拡大しただけでなく、物語と観る者との時間的・空間的な距離を橋渡しした。[25]有名人のキャスティングはまた、多かれ少なかれ聖書の物語そのものを注釈する。モーセ、ファラオ、ソロモン、シバ、ルツといった人々が聖書や聖書物語の中で、まるで二〇世紀中頃のアメリカにおいてヘストンやブリンナーといった人々が占める位置と同様に「スターたち」であることを暗示できるからだ。

エキゾティックな衣装は、旧約映画に色彩と活気を加えただけでなく、映画人たちが作り出したいと考えていた歴史的な錯覚の形成にも貢献した。聖書は、聖書各巻の「登場人物」がまとう衣類のスタイル・生地・色についての手がかりをほとんど提供しないのであり、祭司長や大祭司のように祭礼服の手がかりがあるのは例外的である。[26]衣装デザイナーはこの欠落を埋めるために、さまざまな美術や大衆文学からヒントを得る。そこでは、ほとんどの古代ヘブライ人がガウンとサンダルを纏っている。王族や権力者や裕福な人々は、多彩な生地と宝石と精巧な刺繍のある衣装を身につけ、平民や弱者や小作農や奴隷は、シンプルで粗くしばしば破れ、しかも汚れた衣服を身につけている。異国の男性（たとえばデミルの叙事詩映画におけるラムセスや若きモーセ）がしばしば上半身裸になっているのとも、異国の女性たちがアカデミー賞の赤い絨毯《レッド・カーペット》にも纏っていけるような、長くて体にぴったりした、くりの大きい精巧なガウンを着ているのとも対照的に、映画の中の古代ヘブライ人は慎ましい衣服を身につけているが、これは聖書の倫理性についてのアメリカ的感覚に合わせるためであろう。

引喩体系

こうした着衣のあり方は、「引喩体系《アリュージョニズム》」として知られる慣例の一部であり、聖書映画や叙事詩映画だけでなく、ハリウッド映画全般に見られる。この用語は、多くの映画が視覚的・聴覚的に映画外の資料——絵画・演劇・音楽そしてとりわけ他の映画——を引喩するという事実を指している。聖書叙事詩映画は、ドレが挿絵を入れた一八六六年版の英語聖書やティソの聖書画をさかんに用いた。どちらも、二〇世紀初頭までにアメリカ人に非常によく知られていたものである。[27] 一九五六年版の『十戒』の最初の予告編映像で、デミルはドレの絵画に言及した。そしてこの『十戒』や一九六〇年ごろまでの多くの映画には、ティソの聖書から構図設定《ミザンセヌ》を借りた場面が数多みられる。[28] 有名な聖書図版や宗教美術の引喩《アリュージョン》で、本物らしさの錯覚が生みだされるとともに、旧約叙事詩映画を、長きにわたる視覚的解釈の伝統や、スコットランドの画家ロバーツ（一七九六―一八六四）の有名な絵画のような現代的表現の文脈に位置づけることができた。[29]

しかしながら、美術よりいっそう重要なのは、他の映画の引喩であった。映画は周知のごとく自己参照的な媒体《メディア》であり、旧約映画も例外ではなかった。[30] その洗練された事例として、デミルの『十戒』（一九五六）から文言を引用しているヴィダーの『ソロモンとシバの女王』（一九五九）がある。『十戒』で、若きラムセス（ユル・ブリンナー）は、父である先王《ファラオ》セティがモーセに示した贔屓に憤慨して、「彼〔モーセ〕が築く都市は私の名前で呼ばれるだろう。彼が愛する女性は私の子供を生むであろう。かくのごとく記録し、かくのごとく為されるべし」と予言する。「かくのごとく記録し、かくのごとく為されるべし」という言い回しは、映画の最終クレジットの直前に、十戒の復元された碑板の映像の下に文字スクロールとして再び現われ

ロモンを、兄のアドニアの代わりに次代のイスラエル王として聖別する直前に、「記されているゆえ、かくのごとく為されよ」と宣言する。[31]

構図設定《ミザンセヌ》もこれら二つの映画を結びつける。『ソロモンとシバの女王』の終わり近く、ファラオの軍勢は、攻撃相手であるイスラエル軍の輝く盾によって目がくらみ、峡谷の崖に落ちる。彼らの苦境は『十戒』の有名な紅海分割の場面で、ファラオの軍勢が破滅する様子を彷彿とさせる。「引喩体系」はカメラ角度《アングル》やショットのレベルでさえ成立しうる。[32] たとえば、『ソロモンとシバの女王』の最後の場面では、シバの女王がカメラに向かってゆっくり進み、恋人であるソロモン王から離れていく。これは、コスターによる叙事詩映画『聖衣』(一九五三)の広く知られた最終場面、すなわちマーセラス・ガリオ(リチャード・バートン)とダイアナ(ジーン・シモンズ)がカメラ、すなわち彼らの殉教に向かって歩く場面を思い出させる。

けれども、叙事詩映画時代の聖書映画を特徴づけたのは、何より——予算、審美性、配役の問題として、つまりまさに、最終的に出来上がるもののあらゆる要素においての——贅沢さである。贅沢さは、観客にこのジャンルならではの期待を沸かせつつその期待を満たすと同時に、その慣例によって、同時代の視聴者は、旧約聖書についての格別な見地、すなわちアメリカの歴史と社会において旧約聖書が果たす形成的役割や、旧約聖書が今なお規範的に卓越していることを確認できた。これらの意味が視聴者にとって明白になるように、映画の聖書との関係は明白かつ明快でなければならなかった。この明快さは、たくさんの明示的仕掛けや暗示的仕掛けによって達成された。こうした聖書叙事詩映画の慣例は、信憑性という点では緊張をはらんでいたが、名声と娯楽性と興行収入というハリウッド的文脈において、旧約叙事詩映画の立ち位置を強固にしていたのだ。

本物らしさ（聖書面・歴史面）の目印について

タイトルと予告編

旧約映画は、タイトルを通じて最もはっきりと聖書と結びついている。旧約映画のタイトルは、聖書の代表的概念や目印になる事柄に、そしてしばしば、聖書の登場人物の名前に言及する。旧約聖書について初歩的な知識しか持たない視聴者でも、十戒、そしてアダム、エバ、ルツ、ダビデ、バト・シェバ、そしてソロモンといった人物について聞いたことはあるだろう。先行関心・先行人気を形成していく上で、タイトルと同じくらい重要なのは、映画館やテレビで、そして今日ではインターネットでも宣伝用に流される予告編映像である。デミルが一九五六年の出エジプト映画の歴史的背景を説明するために製作した、長くて衒学的なミニドキュメンタリーのように、聖書とその歴史的文脈、美術における聖書受容について、観客を教育する意図をもって製作された予告編映像もある。しかしながら大部分は、これから映画館に出かける人々の知性よりも情緒に訴えかけようとしている。「聖書」という言葉をすっかり取り払った『愛欲の十字路』の扇情的な予告編映像が好例である。

映画のタイトルと予告編映像は、旧約聖書との結びつきを明らかにするが、遮りもする。というのも両者は、聖書を知っていて、それゆえに聖書の人物たちをとりあげた映画に魅力を感じる可能性のある人々に聖書的情報源を示す一方で、聖書に馴染みがなく、聖書映画を鑑賞することにためらいを覚える可能性のある人々には、聖書の中身への道を遮ることもあるからだ（聖書に精通しているが聖書映画が嫌いな人たちに関して言えば、彼らは、おそらくこれらの映画を避けるであろう）。最も重要なこととして、タイトルや予告編映像、その他のマーケティング手法は、聖書映画の観客を劇場に引きこむべく意図されており、それゆえに聖書にアクセスする上でのあらゆる躊躇が消失した。

文字スクロールとナレーション

多くの聖書映画は、映画のまさに最初のコマから、歴史的・聖書的な本物らしさをあからさまに主張する。それはしばしば、映画の冒頭から、文字スクロールやナレーションを通じて実施される。文化的・歴史的に、聖書との結びつきの高い書体や図像を使用すると、この目的はより巧に達成される。最も多く用いられるのは、家庭聖書によく使われた古く由緒ある書体、とりわけ欽定訳聖書のような書物と関連性の高い亀甲文字《フラクトゥール》である。『愛欲の十字路』の冒頭クレジットは、彩色聖書の書体と豪華な挿絵を模倣して、主要語の最初の文字が赤く装飾的曲線を施された飾り書きなので、アメリカをはじめとする英語世界の多くの家庭において最高位を保っていた家庭聖書を思い起こさせる。[33]

冒頭でスクロールする文言については、その字面だけでなく内容も、聖書との結びつきを明瞭にする。これらの文言は時代・状況・設定を示す。たとえば『愛欲の十字路』の場合、私たちは冒頭の文字スクロールによって、時代（「三千年前」）と政治的背景（ダビデが「団結したイスラエルの民」を治める王であったこと）、参照すべき聖書の巻（サムエル記下）、状況（イスラエルの領地とアンモンの領地の戦争）、重要な登場人物（古代ヘブライ人陸軍の指揮官ヨアブ）、場所（アンモン人の拠点だった町ラバ）を知る。この冒頭テキストや同時に鳴っている軍隊風の音楽は、アンモン人と戦うために集まってきたダビデ王軍の映像を説明している。

しかしながら、最近の映画の中には、歴史性という主張を控えるような配慮もみられる。『プリンス・オブ・エジプト』の冒頭におかれた文字スクロールは、映画を歴史性に帰すことを避け、この映画が「出エジプト物語の翻案」だとはっきり述べる。そして映画が聖書を芸術的にも歴史的にも自由に扱ったことを認めつつも、映画が出エジプト物語の「本質・価値・品位に添う」と主張する文言が続く。このようにして映画の作り手は、聖書映画を製作する上での背信だという批判を回避しつつ、同時に、自らの映画が本質的に真実なのだと主張するのである。彼らはこうして、自分たちが「世界中の幾百万の人々」が出エジプト記に付与している倫理的・精神的な権威性を認めつつも、聖書的な権威を含むあらゆる権威を、自らの映画にも聖書そのものにも付与することを慎む。さらに、ユダヤ教とキリスト教にも一切言及していないので、この映画のオープニングは暗黙のうちに、ユダヤ・キリスト教的な伝統以外のもの——おそらくイスラム的な伝統——もまた、モーセと出エジプト物語に注意を向けていることへの了解を示している。細かい話ではあるが、この文言では、第一文で言及される「映画」と、最終文の語群「聖書のモーセ物語」「出エジプト記」を提示する際に、少し視覚的な間があく。観客が映画冒頭の文字スクロールの正確な言葉遣いやその複合的な意図を覚えていてくれると思うのは少々期待過剰かもしれないが、映画を観る者が歴史映画に持ち込みがちな、忠実さというものへの期待を弱めるために、映画という語と聖書の巻との間に視覚的距離が設けられているとも考えられよう[34]。

二〇世紀中頃の文字スクロールと二〇世紀終わりの文字スクロールにみられる相違は、アメリカの社会の、そしてアメリカ映画の観客の変化を物語っている。ほとんどの視聴者がキリスト教やユダヤ教の共同体の一員であると想定するのは、もはや不可能であり、したがって「旧約聖書」なり「ユダヤの聖典」なりを規準的なものとみなすのも不可能だ。多様性と多元性が期待されるだけでなく、これらを備えていれば、少なくとも理論上は高評価を獲得できる世の中になったのだ。

ナレーションが担う目的は文字スクロールとほぼ同様だが、ナレーションが用いられると、その目的はいっそう強調される。書かれた文言よりも、映像断片において、あるいは全場面にわたって聞こえてくる文言のほうが雄弁だからだ。そしてナレーションは多くの場合、低い男らしい声で「神のごとき」詠唱的な声音で語られるので、伝統的にコード化され、普遍的あるいは宇宙的な次元で、文字スクロールで伝えられる以上の権威を否応なくまとっている。[35]『砂漠の女王』（原題は『ルツの物語』）が良い例だ。カメラが暑そうな石と砂の景色をパンするとき、ナレーターはナオミの町ベツレヘムを「その名前がいつの日か地球上の遠方からも知られるようになる町」だと説明し、はるか未来を「その星が東に昇るだろう」と予測する。簡素な服装で遠方を眺めやる人影が、暗黙の話し手である。この町とベツレヘムの星への言及は、この旧約映画を福音書の記述やイエスの誕生と結びつけている。

聖書の引用

聖書に言及するのは、映画冒頭での導入テキストやナレーションだけではない。聖書映画は初めから終わりまで、多様な方法で何度も、元になっている句に引用・言及する。広範囲にわたる直接引用法を説明してくれる事例をあげよう。『砂漠の女王』では、「ルツ記」の一節がやや逐語的に翻案され（ルツ一16）、ナオミの義理の娘ルツが、実家に戻るようにと勧めるナオミを穏やかに愛情を込めて説き伏せ、ナオミに付き従ってモアブからベツレヘムへと帰ることになる。「わたしは、あなたの行かれる所に行き、お泊まりになる所に泊まります。あなたの民はわたしの民、あなたの神はわたしの神」。しかし、この場面にたどりつくまでに、聖書がたった十五節で済ませているのとは対照的に、映画は一時間近くも費している。

旧約映画は翻案元の聖書物語だけでなく、新旧の両聖書の文言を引用するのが定型といえる。イスラエルの王に関しては、他の巻から引用する場合、伝統的にその王が作者だと伝承されている巻に由来している。『愛欲の十字路』では、ダビデ王が恋人の要請に応えてハープを奏でながら物悲しく「詩篇」の一節を歌う。『ソロモンとシバの女王』では、ソロモン王がしばしば「箴言」「伝道の書」「雅歌」を引用する。

聖書の引用はたいてい欽定訳聖書からのものである。「汝を」「汝は」といった古語は、英語話者社会の文化史において、欽定訳聖書がアイコン的な役割を持ってきたために、本物らしさのオーラを帯びている。[36] 現代的なトーンをねらった映画では、欽定訳は修正されるが、なお痕跡を残している。映画の中にはヘブライ語を利用するものもある。これはユダヤ系の視聴者にアピールするためというより、本物らしさのオーラを付与するためだろう。ヘブライ語に通じていない視聴者であっても、旧約聖書がもともとヘブライ語で書かれていたことを知っている場合が多いからだ。たとえば、『砂漠の女王』の冒頭クレジットの背景には、ヘブライ語で示された聖書の一巻——そこにヘブライ文字が書かれていることは明瞭に認識できる——が置かれている。

ユダヤ教徒の礼拝

この『砂漠の女王』のオープニング映像は、ユダヤ教徒の慣習に明るい視聴者に、聖書のみならず、「七週祭」の頃のシナゴーグにおける読経をも思い起こさせる。ユダヤ教における礼拝の慣習は『ソロモンとシバの女王』でもふれられている。この映画では、危篤の床に伏すダビデ王の居室が映し出される際に、熟練味のある男声が王の回復祈願を吟唱し、映画の終わりの侍女アビシャルの葬儀でも、同様の声が伝統的な哀悼歌を聴かせる。この聴覚的手法は時代錯誤であり、聖書が成立した時代にこうした祈禱唱の実践は記録されていない。ここで歌われている旋律は、十九～二〇世紀にヨーロッパで発生し、その後ユダヤ系の移民が合衆国に持ち込んだ吟唱の伝統を反映したものだ。[37] こうした場面はヘブライ語の提示によって、感覚的には本物らしさを付与されている。しかし、聖書の登場人物の名前の発音（バト・シェヴァではなくバトシーバと発音され、アドネーヤではなくアドニアと発音されている）によって、この旧約叙事詩映画の宗教世界がまぎれもなく英語話者的なものであることは、たえず意識せざるをえない。

映画的環境音

こうした映画では、サントラ音楽と併せて周囲の環境音も歴史的・宗教的な本物らしさを醸し出す。もっとも驚かされるのは、予言的な出来事に関連してしばしば聞こえてくる雄羊の角笛の大音響である。こうした大音響は、『砂漠の女王』のオープニングの数コマで聞こえてくる。ナレーターが、映画の中の物語と聖書の壮大な歴史とがどのように関連しているかを述べる、あの場面である。この大音響は、この物語の後のほうで預言者が帰ってくる際にも響く。彼はルツの物語が、ルツにとっても、イスラエルの人々にとっても、そして暗示的には、ナオミの故郷の町ベツレヘムで生まれたイエス以降の人類にとっても、良い終わり方をするということを告げ知らせる預言者である。雄羊の角笛の音は、十戒が下る間際にシナイ山の上にかかる雲から聞こえてくる雄羊の角笛――ヘブライ語でショファル――へと、映画を結びつけている（出十九19）。ショファルは新年（レビ二三24、民二九1）や安息の年の贖罪日（レビ二五9）、典礼その他の民族的行事に用いられた。[38]

いっそう想像力を刺激するのは、他の叙事詩映画と同様、聖書叙事詩映画に巨大オーケストラや合唱の音楽が付随しているという点であろう。こうした荘厳な音響やメインテーマとなる旋律は、多くの場合、冒頭クレジットの間に耳に記憶され、その映画作品をクラシックの宗教音楽・教会音楽と結びつけて、恭しい雰囲気を築きあげる。フル・オーケストラの音響は、叙事詩映画に備わっている視覚的な巨大さとキャスティングの幅広さにもマッチしている。[39]

美術

おそらくデミルは、歴史考証的な意味での信憑性ではなく、視聴者に訴えかける本物らしさのオーラを誰よりも追い求めた監督であった。彼は多くの観客がすでによく馴染んでいると推測できる要素を活用し、引喩体系《アリュージョニズム》を巧みに活用した。たとえば『十戒』（一九五六）におけるビジュアルデザインは、ラファエロ前派の画家が中世絵画から汲みとった色やイメージを呼び起こすべく慎重に編みだしたものである。赤・緑・青の使用と、あらゆる点で壮観で細部まで意匠の懲らされたセッティングや衣装によって、このことがわかる。とくに影響があったのは、ロセッティやアメリカの画家フライバーグの諸作品である。[40] 前者は、いくつかの場面の構図設定《ミザンセヌ》の着想源となったし、後者は聖書の挿絵画家として知られていて、この映画の製作チームに参加していた。一方では、むろん、古代エジプト系のデザインも重要であることが、衣装・宝飾品・建築・装飾の細部から明白である。[41]

聖書を映画へ翻案すること

聖書の信憑性をゆるがすもの

こうした様々な技法によって聖典への忠実さや歴史的な本物らしさのオーラが生みだされるが、これらは映画という媒体によっても、こうした映画における語りや登場人物の実際的な取り扱いによっても、問われる。旧約映画は、元になっている旧約聖書を補足するが、同時に旧約聖書と矛盾している。映画の作り手は、製作した映画が「信憑性のあるもの」だと言外に主張する一方で、聖典を映画に翻案するというまさにその行為によって、その主張を打ち砕いている。この逆説は、ジャンルの批判ではない。初期無声映画から最近のTV用特別番組にいたるまで、聖書映画に共通する要点であり、まさにその品質証明とみなされうる。

あらゆる映画脚本は、その原作と重要な点で異なっている。筋書きは必ず、短くされたり単純化されたり、拡大されたり、配置替えされる。音響・音楽・設定・俳優・小道具・衣装など他の多数の要素が加えられる。諸場面は撮影された後、編集される。旧約聖書を翻案する作業は、元資料の素っ気ない語り口にも、想像に任されている登場人物の動機にも取り組まねばならない[42]。映画の作り手独自のアイディアの隙間を埋めるのは、引喩体系《アリュージョニズム》の実践として、美術的な源泉、音楽的な源泉、演劇的な源泉、そしてポピュラー文化的な源泉である。これらは当該の映画の主題と関連する場合（たとえば挿絵付聖書）もあれば、まったく関係のない場合（たとえば他の映画の引喩）もある。

聖書的語りの加除

旧約映画は、聖書という原作の筋書きや語りの流れの遵守という点では、かなり多様である。『愛欲の十字路』は、輪郭となる筋書きやアブサロムが父であるダビデ王に反乱する第二の筋書き（サム下十三〜二十）もふくめて、サムエル記下巻をかなり緻密に辿っている。しかし時には映画が聖書物語の諸要素に反して、新しい背景説明を創り出す場合もある。「サムエル記下」の十三章は、アブサロムの反逆の理由として、義妹タマルが兄弟にレイプされたことを示しているが、映画では、アブサロムがダビデ王の第一夫人ミカルの嫉妬によって立ち上がったと示唆される。

旧約映画の中には、新しい登場人物や筋を創り出すものもある。作り手がいかに否定していてもである。『十戒』（一九五六）の冒頭でデミル監督は、モーセの人生について「出エジプト記」が語っていない約三十年のブランクを埋めるために、「消失され、長い間忘れられていた死海文書のような資料」とほぼ同時代に生きていて、そうした資料を読むことのできた「フィロンやヨセフスのような古代の歴史家」に目を向けた、と説明している。ヘレニズム期のユダヤ哲学者フィロンがモーセの人生について論考を残していたとしても、彼は聖書が記述しなかった数十年間についての歴史的情報を提供したことにはならない。それをデミルの語りそのものが物語っている。[43] ヨセフスについて言えば、この紀元一世紀頃の歴史家は文書資料を用いたし、聖書以外の伝承的題材を知っていた可能性もあるが、とはいえ、その歴史的正確さは検証されえない。[44] この映画が撮影されたのは、死海文書のはじめの一群が発見されてから十年もたたない時期のことである。フィロンやヨセフスが、死海文書を読むことができたかどうかは明らかでないし、いずれにせよ、死海文書はそもそも、モーセの伝記に光をあてるものではない。[45]

聖書映画はまた、原資料の沈黙を利用して、ドラマを盛り上げたり登場人物の性格に肉付けをするような要素を筋書きに付け加える。たとえば聖書の「ルツ記」は、はじめの五節で数年間をカバーしている。すなわち、ある一家が飢饉を逃れるためにベツレヘムからモアブに移り、二人の息子が結婚し、父親と息子たちは死に、母親のナオミが残されたが、彼女には二人の嫁があった（ルツ一1〜5）。この序盤以降、ルツは物語の中心人物になるわけだが、この時点では、彼女自身の背景について一言も書かれていない。映画『砂漠の女王』（一九六〇）は、この聖書の空白に、美しいモアブの娘の子ども時代、十代になってからの向上心、そして勝ち気な性格に彩られる長い背景物語を詰め込んだ。この物語をコスター監督が描く時、ルツは美と純潔のゆえ、モアブ神キーモシュに汚れなき乙女として捧げられる役に選ばれた娘であるが、その準備期間に入る寸前に、彼女は突然理由不明の吹き出物にかかり、この聖なる役割を全うする資格を剝奪され、悲嘆にくれていた。その代わり、彼女はキーモシュへの生け贄となる若い乙女たちの準備を世話する女神官となった。彼女は仕事中に、ユダヤの金細工職人マフロンと出会う。ナオミとエリメレクの息子である。マフロンは、選ばれた乙女が生け贄となる日に身につける金の冠を飾るという、嫌な役割を果たさなければならなかった。マフロンとルツは恋に落ち、婚約を誓うが、彼らの結婚が成立する前にマフロンは死んでしまう（ここからルツが後にボアズと結婚する際には乙女として潔白だったことが保証されている）。こうした長い背景物語は、ナオミとその夫と二人の息子がベツレヘムを離れてモアブに向かうことを記した、ルツ記の最初の節（ルツ一1）と、ナオミがベツレヘムに戻ることを決断する第5節（ルツ一5）の間の空白を埋めている。聖書に沿って、ルツはナオミについてベツレヘムに赴き、ゆくゆくはナオミの親戚のボアズと結婚することになるが、このハッピーエンドにいたる道のりは、愛情の三角関係や、濡れ衣による告訴、軍事戦といった聖書にない数々のドラマや喜怒哀楽に満ちている。

『ソロモンとシバの女王』（一九五九）において、監督はたった十節分の描写から長篇映画を創りあげた。「列王記上」十章1〜10節（「歴代記下」九1〜12で再現）の物語は、シバの女王がソロモン王についての噂を聞き、彼の知恵を試すために沢山の従者とともに来訪したと述べているに過ぎない。ソロモン王が見事に難問に答えると、彼女は気前よく土産物を献上して去った。物語は以上である。このエピソードから、キング・ヴィダー監督と彼の製作チームは百三十九分にわたる映画を創りあげた。シバ国は、伝統的に女性が治めてきたラゴン神を奉じる国となり、政治的には、イスラエルと敵対するエジプトの同盟国である。女王もシバという名で、美しく狡猾で淫奔で野心家である。彼女とエジプト王《ファラオ》はイスラエルの破滅を画策する。

すなわちシバがソロモン王を誘惑し、彼の身柄を王《ファラオ》に渡すという計画だ。運命の必然の流れとして、シバはソロモンと恋に落ち、快楽主義的な偶像崇拝から、イスラエルの真の神への禁欲的な礼拝に回心する。

ロマンスと興奮を加えること

ハリウッド式の恋愛要件とは、ありえないほど魅力的で美しくて、さらにしばしば異国的な女性と、凜々しくて体軀堂々たる魅力的な求愛者とが、情熱的だが下心のない恋愛を堅実に歩んだ末に愛を達成するところで視聴者がためいきをもらす、というもので、一九五〇年代の叙事詩映画はこの要件を満たすが、今日このような映画はほとんどみられない。

聖書物語の中で欠けている語りを埋めるべく、『砂漠の女王』（一九六〇）や『ソロモンとシバの女王』（一九五九）、その他の旧約叙事詩映画のほとんどにおいて、出所がどこにも見あたらないような恋愛の機会が創り出されている。旧約映画は、一九五〇年代、六〇年代のハリウッド映画の多くと同様に、恋愛を、主人公であるか悪役であるかを問わず彼らの人生の原動力として提示している。しかし単なる愛情では十分ではなく、恋人が偶像崇拝者だとか、既婚者だとか、恋敵に悩まされているとか、しばしばその両方が一度に起こるといったかたちで、劇的な緊張感が高められなければならない。

恋愛の三角関係を描く脇筋には、数多の変化形がある。『砂漠の女王』において、モアブ人の美しい女神官はモアブの猥褻な王に探し出されるが、彼女はマフロンを愛しているので、命賭けで彼を助ける。後にベツレヘムにおいて、若い寡婦はボアズと恋におちるが、近い親類のトブが彼女に野心的に求婚する。最後はうまく収まるもので、ボアズとルツはナオミが望むとおり無事に結婚する。

ルツの後裔にあたるダビデは、『愛欲の十字路』でいっそう悲惨な――そして倫理的により深刻な――状況に陥る。ダビデは、隣家の若い女性バト・シェバに想いをよせるが、バト・シェバは、アンモン人と交戦中のダビデ軍の兵士ウリヤとすでに結婚している。ウリヤは、バト・シェバや彼女との結婚よりも軍と軍事に遥かに高い価値を見出すズボラで冷淡な夫であるが、バト・シェバが既婚であることに変わりはない。ダビデが、すでに自分の子をみごもっている恋人を獲得するには、ウリヤの死を策謀せざるをえないのだ。

聖書におけるダビデとバト・シェバの物語（サム下十一）は、とりたてて想像力を膨らませなくても映画化できるほど、恋愛的側面が味わい深い。にもかかわらず、この映画はもう一つ、命賭けの三角関係を付け加えている。前王サウルの娘でダビデの第一夫人になっているミカルは、ダビデが他の女性と交際することに激怒し、とりわけ魅惑的なバト・シェバに嫉妬している。ミカルは、ダビデの息子アブサロムに協力を頼み、ダビデとバト・シェバの不倫を告発させて復讐しようと画策する。律法は姦通のような重罪の認定は、二名からの証言があれば十分と定めているので（申十九15）、彼らの仕組んだ証言は、バト・シェバを石打ちで死刑宣告するには十分である。[46] この宣告の厳しさは、国土の干魃に対応している。干魃によって暗示されているのは、不倫と殺人の禁止を破ったダビデに対する神の怒りの表現である。いよいよという時になり、ダビデは罪を懺悔して窮地を抜け出す。神はダビデを赦し、バト・シェバは生き、干魃は終わる。

偉大な預言者モーセといえども、恋愛の三角関係――聖書の語りには一切ない――に悩まされる。『十戒』（一九五六）では、モーセと兄のラムセス二世が、二人とも（架空の）王女ネフレティリに想いをよせている。しかしモーセは、後世のイスラエル王であったダビデやソロモンと異なり、より高次の目的のために自分の気持ちを無視する能力を持っている。はじめ、彼はネフレティリのもとを去る。エジプト人を殺してしまい、逮捕・懲罰を受ける前にエジプトから逃げなければならないのだ。後に、彼はネフレティリの接近を拒む。ツィポラと結婚していたし、より重要なことには、彼の民を解放することに専心していたからである。

今としての当時

旧約叙事詩映画において、恋愛がらみの要素は二〇世紀中頃の観客の期待を満たし、あわせて叙事詩映画というジャンルの慣例をも満たしている。別の見方をすると、旧約叙事詩映画は時代的にも距離的にも遠いところで物語られているにもかかわらず、これらの映画が作られた時代における関心事について、何かを宣言し、その時代の規範を表現している。[47] こうした映画は、それによって、過去を現在のアナロジーで構築している。つまり「当時」を「今」[48]のごとく描くのである。こうしたアナロジー的構築が最もわかりやすいのは、男女の役割の明示的表現やアメリカ国家の性格の暗示的反映においてである。

ジェンダー

旧約叙事詩映画は、第二次世界大戦の余波の中で製作された。これは、アメリカが戦争から帰還した兵士をふたたび迎え入れ、アメリカの各世帯が工場から戻った女性たちを妻や母として受け入れた時期にあたる。男性も女性も、戦争の前に担っていた役割を取り戻し、男たちは稼ぎ手となり、女たちは妻・母・主婦に戻った。しかし女性たちは、家の外で働き、戦費に経済的に貢献することによって得られる自律感覚や、目的意識、経済的自立といったものを、すぐに忘れはしなかった。[49]

こうした社会的変化は、旧約叙事詩映画におけるジェンダーや男女関係の描き方に、直接的なコンテキストを提供している。旧約映画におけるジェンダー関係は、二〇世紀中頃のシチュエーション・コメディや家事用品の広告、また同時代の聖書ものではない映画とも類似し、戦後数十年間のアメリカの理念や価値体系をそのまま映し出している。[50] しかし、ハンサムで保護的で支配的な男性と、美しくて繊細で従順な女性というヒエラルキー関係の中にも、他のメッセージが巧妙に植え付けられている。弾圧に反旗を翻す女性、不正を前にして強さを発揮する女性、感情・自我・雄性ホルモン《テストステロン》で動く男性たちの衝動とふるまいを前にして徳行や分別を発揮する女性といったものである。結果的に、旧約叙事詩映画において映画内の女性主人公《ヒロイン》たちは、持ち上げられつつも足を引っ張られている。この原動力を説明するために、聖書と叙事詩映画におけるバト・シェバ像を検討しよう。

女性・男性・倫理

聖書の説明において、バト・シェバが初めて現れるのは「サムエル記下」十一章である。その記述は事細かいもので、聖書文学の簡潔な調子からは浮いている。時代はダビデ王の治世で、ある年の春「年が改まり、王たちが出陣する時期になった。ダビデは、ヨアブとその指揮下においた自分の家臣、そしてイスラエルの全軍を送り出した。彼らはアンモン人を滅ぼし、ラバを包囲した。しかしダビデ自身はエルサレムにとどまっていた」（サム下十一1）。おそらく、王は春の浮かれた気分にひたっていたか、あるいは暇をもてあましていたのだろう。なにしろ「ある日の夕暮れに、ダビデは午睡から起きて、王宮の屋上を散歩していた。彼は屋上から、一人の女が水を浴びているのを目に留めた。女は大層美しかった」（サム下十一2）というのだ。彼は、女性がエリアムの娘バト・シェバで、ヘト人ウリヤの妻だということを知る。ダビデは使いの者をやり、彼女が彼のもとに来ると「床を共にした」。今や聖書の語り部は、バト・シェバが月経後の水浴びを済ませたばかりで妊娠可能な身体だったことをも語る。彼女の妊娠についてダビデは驚いたらしいが、読み手

ダビデのもとに来たバト・シェバ　『愛欲の十字路』（1951）

にとっては当然の流れともいえる（サム下十一2〜5）。

一連の出来事が騒々しいまでに描きつくされているにもかかわらず、この物語世界のバト・シェバの感情や動機は叙述から省かれている。スタンバーグが述べたように、ここでの語りは、いくつもの疑問を引き起こし、読み手がその後を読み進めながら確認あるいは破棄すべき仮説を植え付ける。なぜダビデは、王たちが出陣する季節に王宮に留まっていたのだろうか？　バト・シェバは、ダビデが屋上から彼女の姿を目にする可能性を把握していたのだろうか？　彼女はこの情事に共謀しているのか、それとも政治上無力で王からの禁断の口説きを拒絶できなかったのか？　身ごもったことをダビデに報告する際、彼女はどんな結果を希望・心配・期待していただろうか？[51]

一連の出来事を牽引しているのは、ひとつの眼差しである。ダビデは「屋上から、一人の女が水を浴びているのを目に留めた。女は大層美しかった」（サム下十一2）。王は、単にバト・シェバを一瞥したのではない。いや彼は、彼女の美しさを心に留め、欲望を感じるに足るほど長く彼女を見つめたからこそ、やがて非難されることになる成り行きを実行に移すのである。「熟視」の概念は、フェミニズム系の映画評論でさかんに議論されてきた。マルヴェイは述べている。「映画的考察方法は、性別をめぐる映像、つまり表情なり見せ場なりの好色性を支配する社会的に構築された解釈を暴き出したり、この解釈をそのまま演じ直す場合さえある」[52]。熟視が欲望を生みだすのは、もちろん映画の登場人物の心の内にではあるのだが、同時に、男女が見つめ合う映画を観る者の心にも、欲望を生みだす。マルヴェイは記している。「映画には三種類の『目』が関わっている。撮影されている出来事を記録するカメラの『目』、出来上がった映画を見ている観客の『目』、そしてスクリーン上の映像の中で互いを見つめている登場人物たちの『目』である」[53]。ダビデはバト・シェバを見つめ、彼が眼差しを送って「すぐさま」というわけではないにしても、バト・シェバはダビデの眼差しを感じている。物語を読み進めるあいだ、そして映画を見るあいだ、私たちもまたダビデの両眼を通して彼女を見つめている。律法上はダビデとの結びつきを許されることのないバト・シェバという女性に向けられたダビデの関心に気づく時、私たちの眼差しはより大きくなっていく[54]。

聖書物語は、バト・シェバを凝視するダビデのみに言及するが、映画は相互の眼差しを描く。バト・シェバはカメラを直接見つめていたが、ダビデがバト・シェバを見ていただけではなく、バト・シェバもまた肩越しに振り返り、おそらく気をひくような危険な仕草をとりつつダビデを見ていた。なにしろ、ダビデの欲望は王たちが出陣する季節のけだるい春の午後に初めて刺激されたが、バト・シェバは、ダビデの欲望に先立って彼女の欲望があったことをダビデに知らせるのだ。ガンは、この水浴場面が「女性というものに関する一九五〇年代初期の映画・ジャンル・社会体制の曖昧表現」を典型的に示していると述べている。ガンは、バト・シェバ自身の眼差しは曖昧だと記している。彼女はカメラを振り返る時、私たちに正面を向けてはいるが、彼女はおそらくダビデを見つめ続けている。ダビデの眼差しは今や私たち自身の眼差しなのだろうか？　それとも彼女はそもそも何も見ていないのだろうか？[55]　しかしおそらく、曖昧な眼差しなど大して問われてはいない。結局、バト・シェバの感覚にまつわるあらゆる不確実さは、ダビデの愛の告白によって解決されるのだ。映画の倫理的基盤こそ曖昧で相反感情的である。バト・シェバのふるまいは、女性の役割や戦争直後の社会体制にまつわるアメリカの相反感情を反映している。バト・シェバは美しい誘惑者であるとともに道徳の代理人でもある。彼女は、危険を冒しながらも初めの役割については成功し、二つ目の役割についてはやや失敗し、最終的には愛すべき妻・母というあまりに身近な役割に入り込んでしまって大失敗を冒している。ダビデもまた曖昧な人物像である。彼は二人の関係において建前上は優位にたっている。なにしろ彼はバト・シェバの情人であるだけでなく、王でもあるからだ。しかし彼は弱い。なぜなら彼は、理性的・倫理的な自我よりも、愛や欲望を優先させてしまうからだ。

　主人公の倫理的な不確定性は、この映画全体に押し広げて考えることができる。ダビデとバト・シェバにとって、恋愛は十戒を凌駕する。姦通や殺人はむろん大罪だが、夫婦の間に愛がない場合には無理もない事柄で、ほとんど致し方ない事柄だ。この点は少なくとも、私たちがウリヤとダビデの重要な対立から知りうる。ダビデはウリヤを前線から呼び寄せ、妻のいる家に帰って眠る機会を与え、それによって、これから生まれる子の親権をとる機会を与える（サム下十一6〜13）。映画の中のダビデは、ウリヤという兵士が配偶者との面会を断ることに驚きつつも安心する。ウリヤが自分の妻を愛してもいなければ、彼女を大切に扱いもしないということが得心できたからである。ダビデはウリヤに、夫は妻と一緒に過ごして妻と語り、彼女のニーズに理解を示すべきだという二〇世紀半ばの気風を反映するような訓示をたれる（嫉妬と執念の持ち主である第一夫人ミカルは、すぐさま、ダビデとてこの訓示に従っていないではないかと指摘するが、映画的説明としては、ダビデはバト・シェバにならば愛情と配慮を雨のように与えられるが、ミカルのことはバト・シェバを愛するようには愛していない)。働き蜂で夫としてズボラなウリヤは、彼の美しい妻にはふさわしくないというわけだ。ウリヤは、ダビデが彼に用意した死の仕打ちを受けるほど悪党ではなさそうだが、彼の死への悼みは、まず起こりにくい。勇み肌で情熱的な王に共感する時、われわれは少なくとも心の中で、第六戒「殺すなかれ」をダビデが侵犯することに共謀するようになっている。登場人物の中で、ダビデが姦淫と殺人に関する戒律を犯すのを懸念する人々は、ウリヤと同様に、冷淡で好ましくない人物、敬虔というより、これみよがしに高潔なだけの人物として描かれているので、われわれは彼らの懸念に賛同することもない。この映画は、モラルに関する判断力の衰えを提示することによって、とくに男女のふるまいや性的な仕草についての、一九六〇年代以降の社会的規範や期待の変化を先取りしているとともに、そうした変化への抵抗にも関与している。[56]

後世の観客からすると、こういった映画における恋愛関係は、紛れもなく性差別主義的で時代遅れである。恋人たちはきまって白人で異性愛者であり、際だって美男美女であり、金持ちで、愛することに情熱を注ぐ。しかしながら、より多様性のあるカップルのかたちや、より微妙で、おそらくより現実的な人間関係の有り様に、私たちがどれほど馴れたとしても、一九五〇年代風のロマンスは、完璧な恋人との完全な恋愛や、愛がすべてを克服するような幸せな未来への強い憧れを喚起させるとともに充足させ、観る者はスクリーン上の主人公たちと同じぐらい美しくて愛されていて豊かであるという感じを味わうことができる。

指導者としての女性

同じような両義性は、女性の公の生活の描き方にも現れている。旧約叙事詩映画において、女性は男性と同様に政治的・軍事的な指導者になりうるものとして描かれている。しかしこの役割は、暫定的で二次的で、なんらかのかたちで不十分な役割であることが多い。たとえばモーセとアロンの姉妹であるミリアムは、デミルの『十戒』（一九五六）において完全に無視されているわけではないが、「モーセ五書」やユダヤ教の伝統におけるほど、兄弟たちと同様に指導者や預言者の役割を全うしているわけではない[57]。ヴィダーが描くシバの女王は、古代における母系家長制に基づいて統治者のふるまいをしているものの、家庭的でもあって、ソロモンと恋に落ちるやいなや偶像崇拝を捨ててイスラエルの神を礼拝し、ソロモンの子を宿してシバ国の最初の王に据えるべく帰国する。シバ国が母系家長制から父系家長制に変化するのは、多神教から一神教への移行と同時であるだけに、おそらく好ましい結果とされている。神の目、映画製作者の目、そしておそらく観客の目に映るのは、来る男性の君主こそがシバ国を正常化させるという流れである[58]。

また、典型的な聖書叙事詩映画において女性の登場人物たちは互いにいがみ合っているが、もう一つ重要な可能性を秘めている。スミスによると、デミルはしばしば「女性の登場人物を一連の劇的な出来事を引き起こす触媒として用いる。その結果、デミル映画の主要な女性登場人物たちは多くの場合に、主要な男性登場人物たちよりもはるかに良く描かれている[59]」。スミスはその例として『十戒』のネフレティリを挙げている。彼女は映画の進行に沿って変化と発達をとげる数少ない登場人物である[60]。

民《ネイション》（アメリカ）のアイデンティティ

一九五〇年代の旧約叙事詩映画は、恋愛の理想形のみならず、アメリカのアイデンティティの理想形を映し出している。米国製の叙事詩映画において、聖書中、最も流行った聖書物語が「出エジプト記」だったのは偶然ではないだろう。直接には「出エジプト記」についてのものではない聖書映画でさえも、エジプト王《ファラオ》が、イスラエルに敵意を持ちながらもしぶしぶ同盟を結んだり（『愛欲の十字路』）、イスラエルにとって長期にわたって強力な敵である（『ソロモンとシバの女王』）ことを描いて、出エジプトという重要な出来事を思い起こさせるようになっている。どの映画も神の「一団《チーム》」の勝利を描き出している。そこでは、本来のあり方とは異なって偶像崇拝の社会に生まれてしまった主人公（シバの女王やルツ）が契約の民へと組み込まれたり、本来のあり方とは異なって、姦通・殺人・偶像崇拝へと一時的に堕落した主人公（ダビデやソロモン）が、ふたたび契約の民へと組み込まれたりして、イスラエルの敵は打ち負かされるのである。

自由

イスラエル建国から十年を経た一九五九年にハリウッド黄金時代を彩る旧約叙事詩映画が公開された。イスラエル建国は、「出エジプト記」と同様に、屈従から免れる物語として語られるべき出来事であった。[61]したがって、この出来事がいくつかの叙事詩映画にさりげなく反映されているのは、驚くべきことではない。映画『ソロモンとシバの女王』は、記名されていない男性の低音の「神の声」ではじまる。この「神の声」は、イエスの生まれる一千年前、「今日」と同様に、スパイだらけで「憎しみと衝突の火で耀いていた」エジプトとイスラエルの境界地域に言及することによって、映画で扱われている主題を広範囲に及ぶ歴史に位置づける。[62]一九五〇年代の視聴者は、このオープニングによって確実に、国連がイスラエル建国を宣言した直後に勃発した戦争を思い起こしただろう。この映画の後のほうでも、同じ状況が起こっている。エジプト王《ファラオ》がソロモンの破滅についてシバの女王に協力をもちかけるのは、今やエジプトの北の領界を脅かすようになった成り上がりの国に対して支配力を回復するためである。エジプトとその同盟国は「イスラエルを踏み荒らして塵と化し」「海に追い込」まねばならないと主張するが、この言葉はイスラエルとアラブの衝突を想起させる。[63] こういった映画は、アメリカの自国理解とイスラエル建国の並行性を描く。この自国理解において、アメリカとは圧政的な帝国（英国）からの独立に成功した側であり、イスラエル建国とは、アメリカの民主主義的な独立状態への脅威を試みた敵でもある圧政的な政府（ナチス・ドイツ）との戦いに勝って、ユダヤ人を解放することをも意味した。[64]

ところで、そもそもアメリカ文化において「出エジプト記」は、二つの別々のあり方で共感を呼び起こす。清教徒にとって「出エジプト記」は、英国の弾圧から新世界における自由への旅立ちの隠喩であった。[65] 清教徒は、国家の統一体としての合衆国の政治的・社会的・文化的な起源に当時なお深く影響力を持ち続けていた。アフリカ系アメリカ人にとって「出エジプト記」は、奴隷として扱われた後の南北戦争の成果たる解放のパラダイムであり、またアメリカにおける法的・社会的な平等への現在進行形の闘争のパラダイムであった。[66] 両パラダイムは旧約叙事詩映画に反映している。こうした映画は、古代イスラエルを第二次世界大戦後のアメリカと結びつけ、アメリカが古代イスラエルと同様に世界を圧政から解放しつつ神の力で民主的国家へと導かれる国家だと暗示している。[67] 世界中の弾圧された人々にとっての自由の覇者というアメリカの役どころを暗示するヒントが、『十戒』の最後の数コマで提示されている。この場面では、モーセがヨルダン川のはるか上流からイスラエルの地を見わたしているが、それはまるで、ニューヨーク港に立って合衆国の東の海岸線を見わたす自由の女神のようである。[68]

しかしながら、もっとも直接的な比喩は冷戦であり、アメリカが立ち向かう共産主義との闘いである。デミルはこの関係を、映画のプロローグで明瞭にしている。彼はカーテンの背後から進み出て述べるのだ。「この映画の主題は、人は神の法に従うべきか、それとも人はラムセスのような独裁者の気まぐれに支配されるべきなのか、です。人は国家の所有物でしょうか、人は神の下にある自由な魂でしょうか。これと同じ闘争は、今日も世界中で続いています」[69]。ヘルツォークは記している。

アメリカの人々は、単に三千年前の聖書の物語を見ていたのではない。彼らは数百万人単位で群れをなして、おそらく無意識のうちに今日的な教訓劇を見たのだ。彼らは、神から代理人へと手渡された古代の知恵の相続人であった。神から与えられた自由は、数千年前にイスラエル人をエジプトへの隷属から救い出したのと同様に、今日世界中で共産主義にからめとられた犠牲者たちを共産主義の束縛から救い出すであろう。「神の下にある自由な魂」は、この聖なる義認で武装して確実に勝利する。[70]

デミルが映画上、古代イスラエルとアメリカを同一視し、共産主義へのアメリカの対抗を描いていることは明白である。モーセ（チャールトン・ヘストン）の話し方が、疑いの余地もなくアメリカ訛りであることは、母音の発音において明らかであり、話す時のリズムや抑揚によっても明らかだ。公平な感覚を持ってはいるが異教徒で冷淡な指導者である老王セティ（よく知られた英国俳優サー・ハードウィック）は英国訛りで話し、セティの息子で、この作品中の真の悪役であるラムセス（ユル・ブリンナー）は、不吉な味のあるヨーロッパ訛りで話す。映画視聴者の多くは、訛りは俳優の生まれ次第だと考えて、訛りを意識しないものだが、実は、声や訛りは、役柄・性格・人格を描き出すための重要な要素であり、映画俳優は与えられた役柄に要求される訛りで話すことに習熟している。したがって、モーセのアメリカ訛りは、この映画における救済者たるアイデンティティと役柄に欠かせないものであり、偶然に現れたものではない。ただしデミルが「悪い奴」を英国風にするのは単に異国風に描くことを意味する。英国は基本的にOKな他国であり、デミルは二〇世紀アメリカの敵意の矛先が英国だなどと宣言してはいない。デミルはむしろ、後代のエジプト人が本物のイスラエルをふたたび奴隷化しようと企むことがないように、アメリカが今日、共産主義の定着している東ヨーロッパに警戒せねばならないと宣言しているのだ。

公民権

アメリカが虐げられた他の諸国にとって希望の星であるなら、周辺領域との境界で弾圧されている人々に自由と平等の約束がなされるにちがいない。[71] このモチーフは——かすかにではあるが——『十戒』の中でイテロがモーセに援助を申し出る際に見いだすことができる。モーセは「逃亡奴隷を匿えば死罪になるのでは」と問いかけ、イテロの本意を確かめる。聖書の文脈で言うと、この時点でモーセは逃亡奴隷ではなく逃亡中の殺人者（出二15）だが、映画はまるでモーセがエジプトの国境を越えようとする意図を示しているかのようであり、彼の発言はアメリカの文脈で言うと、一七九三年の逃亡奴隷条例を思い起こさせる。この条例によれば、逃亡奴隷を助けることは非合法であった。しかしながら、公民権というテーマはぼやけてしまった。他国の独裁政府への対抗として認識されているアメリカの奮闘に焦点を当てたためである。こうしたことは、冷戦がアメリカ人ならびにハリウッドの意識の中心・前景にあった時期だけに驚くべきことでもない。公民権運動の始まりは、広く知られ敬愛されているマーティン・ルーサー・キングのような指導者が現れるまで待たねばならない。[72]

モーセの妻セフォラを描く際にも、デミルは、公民権という主題を直接描くチャンスを逃している。「出エジプト記」によれば、セフォラあるいはより一般的にはツィポラ（出二21）として知られる女性はミディアン人の祭司の娘である（出二16）。しかしながら民数記によればモーセの妻はクシュ人である（民十二1）。クシュ人とはエチオピア人を指す聖書用語で、つまりは黒人なのである。聖書学者の間では、モーセがミディアン人のツィポラに加えてクシュ人の妻を迎えていた可能性も想定されているが、モーセを一夫一婦主義だったと考えている後年の資料によれば、ツィポラ自身がクシュ人である（詩篇ミドラシュ七18）。二〇世紀半ばにおいて、人種事情を曖昧にした監督は、デミルだけではない。ベンショフが記すように、アメリカの映画産業は一般的に「現状」を支持し、その維持に貢献していた。[73] 一方では、「黒人」映画とは、まずもってキリスト教的テーマをそなえたミュージカル映画であって、ハリウッドの大スタジオが「芸術と自由主義の理想に参与していることを公に」[74] するべく、そうした映画を製作する場合もあった。他方では、主流映画はもっぱら白人のアメリカを規範的なものとして描き、結果的に「アフリカ系アメリカ人（およびその他一般の人種問題）への支配文化の態度」を恒久化させた。[75]

二〇世紀前半に、アフリカ系アメリカ人の体験を直截に描いた映画は、コネリー監督の『緑の牧場』（一九三六）だけである。[76] この映画は、聖書の創造から復活に至る物語を短縮して描いているが、基本的には旧約聖書の諸々の物語に焦点をあてている。物語は、恐慌期の南部における日曜学校の教区民をめぐる語りに縁どられ、また天の視点で描かれている。視点を構成する南部訛りの「主《ダ・ラオド》」――かなり人間のかたちに似た超越的存在――は、奇跡や人間の用事に関わっていない時には、天使たちと寛いでいる。この映画は、日曜日にはタバコと音楽を禁じるなど、かなり厳格な倫理規定を示してはいるものの、ユーモラスで人を惹きつける。だがこの映画は、アフリカ系アメリカ人と彼らの文化・宗教・精神性を他者の目にさらすことの危険を例示している。白人の監督であるコネリーは製作に先立って、黒人系の様々な教会を訪れてその多様性を知っていたが、「礼拝の時の彼らの歌と動きがとてもエネルギーに満ちていて心を動かされたので」[77]、諸々の差異には目をつぶり、もっとも古風な教会に焦点をあてた。また、この映画はアフリカ系アメリカ人を見下すような考え方を反映している。開始部の文字スクロールによれば、「神を信じる人々の前に神は様々なかたちで現れる。アメリカ最南部のおびただしい黒ん坊《ニグロ》が、彼らの日常的な暮らしにおいて知っている人や物事を通じて神と天を表現する。『緑の牧場』は、そうした慎ましい敬虔な考えを描く試みである」。製作意図は人種差別的なものではないにせよ——監督は「私は不可知論者であり、黒人系原理主義者の信仰にいつも敬意を払うべきだと考えている」と強調した——、結果として出てきたものは、アフリカ系アメリカ人の信心深さを均質化し類型化し歪曲している。[78]

宗教

○叙事詩映画の一神教

旧約叙事詩映画は、その映画の製作された時代の関心事や集団的なエートスを明瞭に表現するが、当該の映画が扱っているとされる事柄——聖書——が、明示的には神とイスラエルの契約関係であることは覚えておくべきである。しかし、視覚的に現れず物質的に実体がないことになっている神的なる者を、どうすれば表現できようか？　答えははっきりしている。声を通じて表現するのである。出エジプト映画の「燃える柴」の場面で最も際立っているが、数々の旧約映画において、神の声が聞こえる。神の声は、デミルの『十戒』（一九五六）やより近年の『プリンス・オブ・エジプト』（一九九八）の場合、モーセを演じる役者によって発され、神のように力強く尊重されるべき声として響くようにエコー処理と増幅処理がなされている。[79]

叙事詩映画の場合は、やや間接的な表現となり、神性を思い起こさせるために用いられるのはオーケストラの大音響と（あるいは）合唱の音響、そして白い綿雲の浮かぶ青い空である。実はこうした素材は、映画の誕生以前から存在している。音楽については、身近な賛美歌やバッハやヘンデルといったヨーロッパの作曲家の傑作に由来し、視覚要素についてはルネサンス美術に起因する。こうした慣例は『緑の牧場』で用いられ、面白げな効果をもたらしている。アダム、エバ、カイン、ノアといった人々の登場する聖書物語が天使の合唱についての語りに取り囲まれているが、天使たちは「主」とともに、典型的に神的な領域である綿雲に住まうのである。

しかし一神教と偶像崇拝の衝突は、多くの旧約叙事詩映画の筋書きや人物の性格づくりの中心におかれ、そこでは神の存在が主題的・物語的に呼び覚まされる。『ソロモンとシバの女王』（一九五九）では、聖書の記述どおり（王上三9〜10）、神がソロモンの知恵をかなえる。しかしながら映画のソロモンは、父のダビデと同じように、たった一人の女性への愛と引き換えに、知恵を、もしくは少なくとも常識や政治的手腕を犠牲にする。ソロモンはシバに心奪われ、シバが奉じる神に捧げられる異教徒の無礼講の祭儀に、参加こそしないにしても、その開催を認めている点で、今にも神を棄てようとしている。この点について映画は、聖書の文章が偶像崇拝をめぐるソロモンの傾向を厳しく批判している点に添っている。「主はソロモンに対してお怒りになった。ソロモンの心がイスラエルの神、主から離れたからである。主は二度も彼に現れ、このことについて、他の神々に従うべきでないと戒められた。しかしソロモンは主の戒めに従わなかった」（王上十一9〜10）。しかしながら映画では、結局はすべてが正常化されている。悔い改めて今や一神教徒となったシバが、権力に飢えた容赦ない兄アドニアを前にしてソロモンの無事を祈ると、神がそれに応えるのだ。偶像崇拝と一神教をめぐる同様の衝突は、モーセとラムセス（『十戒』）、ルツとマフロン（『砂漠の女王』）、サムソンとデリラの関係においても作用している。『愛欲の十字路』（一九五一）の場合は、偶像崇拝というよりも信仰の欠如——無神論かおそらく少なくとも頑なな合理主義——がイスラエルの王と神との間に立ちはだかる。

偶像崇拝と一神教の衝突がヘブライ語聖書の中心にあることを思えば、同じ衝突が旧約映画に現れるのは当然である。しかし、少なくともアイドルや様々なグッズをありがたがっているという意味で、もはや偶像崇拝など脅威ではないアメリカの映画において、なぜ偶像崇拝と一神教の衝突がこれほど大きく取り上げられるのか。[80]その答えは、古代エジプト人、モアブ人、シバ人と結びついた異教の習慣の中には見出しづらいが、異教を体現する人々（エジプトの老王セティ）や、異教に惹きつけられた人々（ソロモン）、あるいはイスラエルの神から離れた人々（ダビデ）の発言の中には見出される。彼らの発言は、多数の神を信じれば唯一の神への信仰に勝ると宣言こそしないものの、そもそも神の実在に疑いを投げかけている。偶像崇拝が賛意を表明するのは、無神論や合理主義その他、キリスト教優位の文化にとって脅威に感じられる諸力であり、とくに共産主義にかかわる無神論である。[81]ラムセス二世は、血の災いを、大洪水で赤土が吹き出した自然現象だと説明する。ダビデは、契約の箱には、それに触れた者に死をもたらす力があると信じるのを拒み、その者の死を、熱射病や脱水症状のような内科的症状の結果だと考えようとする。

いずれの映画においても、イスラエルの神が「神々の闘い[82]」に勝ち、偶像崇拝の間違いを露わにして、イスラエルの信仰の優位性と真《まこと》を擁護する。合理主義を異教と結びつけることによって、ハリウッドは事実上、合理主義と無神論を結びつけ、信仰が理性に勝ると宣言している。無神論と共産主義の繋がりからみて、こうした映画において、偶像崇拝と一神教の衝突が共産主義とアメリカ民主主義の衝突を意味しているのは明らかである。ヘルツォークは「冷戦が世間に広がっていなかった一九四七年においてさえ、アメリカ人の七割は、共産主義者は機会さえあればキリスト教を破壊するだろうと考えており、その二年後には、共産主義者の人間がキリスト教徒でもありうると考える者は十人に一人だった[83]」と記している。しかしながら冷戦が終わっても、無神論と一神教の文化的論争には、どうやら決着がついていない。その意味で、こうした旧約叙事詩映画には世俗的世界観・合理主義的世界観への批評が積み込まれており、それは戦後から今日に至るアメリカの多くの人々にとって身近である上に魅力的なのである。

○祈り

こうした旧約映画において、一神教に調和する価値は、祈りが担っている建設的役割、まさに世界を一変させるような役割と切っても切り離せない。祈りはほぼいつも、命運が大きく改善される直前に行われる。『砂漠の女王』（一九六〇）において、ナオミは、ルツが偶像崇拝の罪で死刑を宣告されないようにと祈り、予想したとおり宣告はなされない。ダビデの場合も同様で、彼がバト・シェバの命のために祈ると、彼自身の信仰の建て直しが示され、降雨を祈ることで彼の領地の肥沃さが守られる。

祈りは、神殿内か、七枝の燭台《メノラー》のようなよく知られた典礼道具の前で行われる。シバは神殿に行き、神が「御身と御民への我が大罪を許したもう」ことを祈る。彼女は神がソロモンを敵から守るように頼み、代わりに、シバの地に戻ることと偽りの神々を降下することを約束する。彼女は十戒の文言に対応させて「あなたの前に他の神がいてはなりません」と誓う。この時、栄光あふれる大オーケストラの音楽によって、彼女の祈りが通じたことが示され、同時に、ソロモンが空を見わたす様子が映し出される。シバは最後に誓いを守ってシバ国に戻り、その胎には――将来にはシバ国初の王となる――ソロモンの子が宿っている。

○民族性――あるいは非民族性

旧約叙事詩映画において、イスラエルの神への忠誠は、ユダヤ民族の肯定と等価ではない。確かに、イスラエルの民（しばしばヘブライ人と呼ばれる）は神の民であって、彼らの敵である偶像崇拝者に対しては神学的に勝っている。しかも、すでに見てきたように、ヘブライの文字や言語や祈り、その他のユダヤ教の習慣的要素を含む映画もある。しかしながらほとんどの場合、ユダヤ人の特質は取り除かれている。「出エジプト記」や出エジプト映画の筋にとってヘブライ的特質が必要不可欠なものであるはずのモーセでさえ、民族的には違いの際立たないような個人となるに至っている。逆説的なことに、デミルの一九五六年版では、モーセが自らのヘブライの出自を知る場面で、この両義性が最も前面に現れる。エジプトにおけるモーセの母ビシアは、ゴーシェンの地に赴き、モーセの生みの母ヨシャベルと彼女の他の子らに自由を与える。アロンとミリアムが荷物をまとめる間に、モーセが部屋に飛びこんできて、ヨシャベルが自分の本当の母親なのか知ろうとする。彼女はためらいながらも、ついに、自らがモーセを生んだ者だと認める。ビシアは、なぜモーセが恥ずかしげもなくヘブライ人であろうとするのか不思議がるが、モーセは、エジプト人であろうがヘブライ人であろうが自分は同じだと答える。それは『ヴェニスの商人』のユダヤの高利貸しシャイロックを思わせる台詞だ。「それで私の何が変わるというのですか？　エジプト人でもヘブライ人でも私は今もモーセです。手も腕も顔も一瞬前に私のものだったのと同じです[84]」

民族的特性の否定は、叙事詩映画が律法を扱う際にも際立っている。映画は筋書きでしばしば、姦通や偶像崇拝や殺人をめぐる律法的問題に取り組んでいる。『砂漠の女王』（一九六〇）は聖書本文にならって、レビラト婚の掟を参照している。子に恵まれなかった寡婦は、この掟により亡き夫の直近の身内に嫁ぐことになっている。この律法がなければトブとボアズとルツの恋愛の三角関係は意味をなさないし、解決もしないだろう。[85] ルツはまた他の律法、とくに、自らのもとに来た異邦人を歓待する必要性にも言及している。[86] しかしこうした律法は、デミルの『十戒』（一九五六）のような出エジプト映画のみでなく、広く旧約叙事詩映画全般で中心的役割を果たす「十戒」によって影の薄いものになっている。『砂漠の女王』では、モアブ人の女性主人公が、愛するマフロンの作ったペンダントを持ち歩いていて、そこには十戒が刻まれている。このお守り《アミュレット》は、ナオミをはじめとする人々に対するルツの思い入れを予告し象徴している。シバが神殿で神に向かって行う厳粛な祈りには、十戒を守ることへの約束も含まれている。

十戒にこれほど意識が集まる理由は容易に説明できる。十戒というものは、アメリカ文化において傑出した役割を担っており、それゆえ北米をはじめ欧米の映画好きの観客にとって身近なのである。欧米の観客を摑んでしまえば、それは全世界と捉えても大丈夫な程度には一般性を備えたことになるのだ。おそらく最も重要なのは、十戒がユダヤ教とキリスト教に共通する伝統を代弁しており、それに加え、古代イスラエルの物語と、二〇世紀半ばにおける映画群の文脈、すなわちアメリカ社会との間にかけるべき橋を提供することである[87]。しかしながら旧約映画においては、律法の他の側面が過度に厳しく無用なものとして描かれている。バビントン&エヴァンスが記すように、

ユダヤ教のいくつかの側面は消しておかねばならない。ユダヤ教は律法を表現してはいるが、この律法から民族的特性を取り除き、時代を問わない普遍的なものであろうとせねばならない。したがって、デミルのどちらの『十誡／十戒』でも、モーセがイスラエルの民に課すのは、キリスト教が採用した十の戒律がすべてである。（中略）それはヘブライ文字の代わりとしてでっち上げられた書法で碑板に刻まれ、文字どおり脱民族化されているのである。律法本体の残りの部分、つまり、食にまつわる禁忌やいけにえや性行動の規定（中略）は抹消されているのだ[88]。

十戒が支持される——時にはその違反がいつのまにか正当化されてはいるが——一方で、律法を支持する

モーセの掲げる碑板は脱民族化された書法で記されている
『十誡』(1923)

登場人物たち、たとえば『愛欲の十字路』の預言者ナタンのような人物は、法律に固執する感受性に欠けた小役人のように描かれる。[89]

○キリスト教の勝利

一九五〇年代から六〇年代の叙事詩映画は、実際のところ、イスラエルの人々にとって重要な物語を語っている時でさえ、目立たないかたちで置換神学を表現している。それがわかるのは、律法の多くを削除・批判している際だけでなく、旧約物語の至るところにイエス的解釈やキリスト論的な解釈を盛り込む際である。こうした映画群は、キリスト教こそが、当該の映画群でつねに価値づけられている思想の真の継承物にして第一の道だとほのめかす。だからといって、ユダヤ教徒がこうした物語を自分たちの物語として見るのを遮ったと言っているわけではない。たしかにこうした映画のおかげで、ユダヤ教の観客の側にとってみれば、イスラエルの民の歴史について称賛すべき前向きな見方が喚起された。[90] しかし究極的には、キリスト教信仰の肯定が表現されているのである。

キリスト教的視点は、デミルの記念碑的映画においても明らかである。『十戒』の中で、ユダヤ人から偉大な指導者にして預言者と呼ばれるモーセの到来はヨシュアによって知らされ、神から送られた救世主《キリスト》的な贖いの人という人物像に再構成されている。モーセが預言者イザヤの言葉を実現するのはまるでイエスのようだし、母ヨシャベルは「ルカ福音書」一章のマニフィカート（聖母マリアの祈り）を暗誦してモーセを讃える[91]（ルカ一46〜55）。

聖書の他の人物も、キリスト教の聖典から引用をする。ソロモンが死から救われる時、シバは敬虔な様子で「主の祈り」を代弁するかのように、「力と栄光は限りなくあなたのもの」と宣べる。彼女はまた、ほとんど復活にも値するようなことを経験している。石打ちに遭って見たところ死んでいたが、ソロモンが彼女を神殿の祭壇に運んだ途端に、即座に完全に回復する。『砂漠の女王』で、ナオミは謎めいた預言者の訪問を受け、こう告げられる。「もう心を悩ます必要はない。この時を通じて強くあれ。あなたの息子の寡婦からは、子どもたちや孫たちが生まれ、その中には、王や王族や、救世主《メシア》と崇められる預言者を数えるようになるだろう」。このような参照によって、こうした映画が「ヘブライ語聖書」や「ユダヤ教聖典」の叙事詩映画である以上に「旧約」叙事詩映画だとわかるのだ。

最後の、そしておそらく最も巧みな点は、旧約叙事詩映画が神とイスラエルの民との間の契約に関する聖書の物語を、歴史の流れを永遠に変える超生命的な人格活動の物語へと、それとなく転じている点だ。こうした人格の源はなるほど旧約物語にあるが、映画は個人に大きく焦点をあてていて、含みとしては、聖書物語そのものよりも根本的作用、そしてしばしば救済的作用を、こうした人格に付与している。こうした映画のプロテスタント的な背景は、アメリカらしさの強調と平仄が合う。デイヴィスが記すように、聖書の土地との特別の関連づけは、アメリカ人が自分たちのために構築したもので、総観的ながら極めて説得力のある一つの隠喩《メタファー》を前提としていた。この隠喩を通じて、合衆国は新しいイスラエル、特権的な民族《ネイション》のために用意された新天地、約束の地として説明される。（中略）〔エルサレムは〕歴史上のイスラエルの首都とその人々にとって、様々なかたちで存在した。アメリカの植民地開拓者にとっては、繁栄する正義の民族《ネイション》であり、聖典に由来し聖典によって預言される真なるプロテスタント教会であった。[92]

しかし、ここにはまた一つの要因として、冷戦という背景も想定できる。ベンショフが記すように、ハリウッドの監督やプロデューサーは、下院非米活動委員会の影響のもとで働いていた。共産主義と結託しているという申し立てが、反ユダヤ主義と手を結んでいたこともある。『十戒』（一九五六）のような映画において、ユダヤ人を虐げられた弱者として同情的に描くことで、ハリウッドは反ユダヤ主義から距離をおきつつ、主流派のプロテスタントとしっかり提携することができたのだ。[93]

後年の映画における叙事詩映画的慣例の利用

旧約叙事詩映画は今もって人気があり、このことは、その慣例が細部に至るまで文化的記憶に生き続けていることの証左である。これらがパロディや茶化しの対象として用いられていることから、旧約叙事詩映画

ペルシャの都市スサの王宮を舞台にした『エステル勇戦記』(2006)

の耐久性がよくわかる。[94] 最も有名な例がメル・ブルックスの『珍説世界史パート1』(一九八一)である。この映画には聖書を扱った短い章があり、モーセが神の荘厳な声を聞き、シナイに出発して三枚の碑板をイスラエルの民に与える。モーセは不器用で、碑板の一枚をうっかり落としてしまい、神が彼に与えた十五戒のうち十戒しか届けることができない。このモーセは、白い髪と長い白髭、杖、そして赤地に黒縞のあるレビ人の服をまとっていて、ロウアー・イースト・サイドの博識なユダヤ人風情をチャールトン・ヘストンに演じさせたかのようだ。イスラエルの民を茶化した最近の映画『ここはソドム』(二〇一〇)は、開放的なドタバタ喜劇であり、聖書のロトとソドムの物語や、叙事詩映画ジャンルの慣例を用いて、イスラエル人社会のあらゆる面を茶化している。

『プリンセス・オブ・ペルシャ
――エステル勇戦記』

しかしながら、真面目な旧約長篇映画は一九六〇年代以降、めったにみられない。最近の一例として『エステル勇戦記』（二〇〇六）がある。この映画は一九五〇年代の叙事詩映画と同様に、規模の贅沢さとスペクタクル性に満ちている。この映画は始まりと終わりに、モルデカイらしき人物の声によるナレーションがおかれ、ペルシャの都市スサを舞台に、巨大な王宮群の中で展開される。数千のキャストと、惜しみない馬と軍器と美観が必須の映画で、筋書きは『愛欲の十字路』や『ソロモンとシバの女王』さながら、愛と戦争を組み合わせて展開する。

『エステル勇戦記』は、「エステル記」のムードとテーマを、喜劇から悲劇に、ハーレム物語をラブストーリーに変換している。[95] 若きハダサーは、叔父のモルデカイによって育てられたが、王の祝宴の夜にエルサレムに向かう一行《キャラバン》に置き去りになる。王の妃ワシュティが居並ぶ廷臣の前に出て行くのを断ったので、王はギリシャの戦場に（この点は聖書のどこにも言及されていない）赴くまでに新しい妃を見つけねばならない。彼の部下は、妃の候補としてユダヤの若い娘たちをかき集め、同時に宦官としてユダヤの若い少年も連れてくる。十代のハダサーと恋人のジェスは、どちらも捕えられる。ジェスは「切り取」られ、ハダサー——自分のユダヤ人としての身元を隠すために異教徒風の名前エステルを名乗っている——は、宦官長により王の前での「試演」の準備に駆り立てられる。

しかしながら、宦官長自身がエステルを気にいる。彼は、エステルが数か国語を読むことができるのを知り、王と寝る役でなく、王に本を読み聞かせる役として、王の下へ行く手はずをとる。彼女は王朝の歴史から読み始めるが、すぐにその書を離れて、聖書に現れるヤコブとラケルのラブストーリーを語り始める。このようにして彼女は王への愛を示し、王は彼女と恋に落ちて結婚し、その時初めて彼らは愛で結ばれる。その頃、大臣ハマンは、先祖にあたるアマレク人の王アガグが約五世紀前にイスラエルの民の手に落ちて命を落としたことに報復する壮大な計画の終盤にさしかかっている。ハマンは街中で反ユダヤの憎しみを煽り、六週間後にユダヤ人を虐殺する計画に許可を与える。エステルは嘆願し、最後には彼女自身のユダヤの身元を明らかにし、土壇場で窮地から脱する。楽しい、ほとんど茶番じみた聖書喜劇を高貴なドラマに仕立て上げることは、最終的には成功していない。情熱にあふれ素朴だが魅力的な若きクセルクセス王は、文学上の道化風のクセルクセス王に比べてはるかに面白味に欠けるし、若きエステルが彼の褐色の身体の隣にいて、彼に何を見て取るのかは判然としない。クセルクセスを視聴者の心を惹きつける人物として描くことによって、この映画はアメリカのユダヤ人社会にとって主要問題である異民族間の結婚をめぐる議論を展開している。この物語のヘブライ語版およびギリシャ語版には、素晴らしくエロティックな意味が、描き尽くすとまではいかないものの暗示的には示されている。映画ではモルデカイ自身がエステルと結婚したがっている可能性を示すような微妙なヒントはあるが、モルデカイを年配の気むずかしい人物として描いたために、その側面を取り逃している。[96]

　往年の叙事詩映画と対照的に、この映画はユダヤの歴史に直接位置づけられており、ユダヤの信仰やユダヤの歴史に頻繁に言及しているので、少なくともはじめは、「旧約聖書」映画というよりは「ヘブライ語聖書」映画に見える。この映画では、ハマンがナチをかなり露骨に連想させる。この悪役は、イスラエル人の王サウルによって神の命令で殺害されたアマレク人の王アガグ（サム上十五）の妻によって約五世紀前に作られた、鉤十字の形をした家紋を身につけている。そのペンダントには復讐の精神が宿り、ハマンはそれを実行に移すよう運命づけられている。ハマンはヒトラーと同様に、国内の不都合をすべてユダヤ人のせいにして、群衆をユダヤの人々と対立するように仕向ける扇動政治家《デマゴーグ》である。しかし最終的にこの映画は、ヘブライ語やユダヤの典礼・習慣が描かれていた一九五〇年代の叙事詩映画と同様、キリスト教的に変貌する。映画内に到来する救世主《メシア》やメッセージは、伝統的なユダヤ的思想や典礼に確かに存在するけれども、むしろイエスと関係のあるものに聞こえるのだ。

『プリンス・オブ・エジプト』

ドリームワークスが製作したスピルバーグ監督のアニメーション映画『プリンス・オブ・エジプト』（一九九八）は、『エステル勇戦記』よりも美的にも興行的にもはるかに成功した例である。ここでも、（コンピュータ生成の）数千のキャストと覚醒的な音楽があり、そして、モーセと兄ラムセス二世が『ベン・ハー』の有名な戦車競争の場面を思わせるような戦車競争を繰り広げる。この映画には、数々の明瞭に「ユダヤ的」な要素がみられる。登場人物は有色人種でセム系の顔立ちをもち、鍵になるいくつかの歌はイスラエル系の有名な歌手オフラ・ハザによって、ヘブライ語で歌われる。

この映画は、恋愛の形やジェンダー役割を二〇世紀終わりの文脈で受け入れられやすいように再構成している。スピルバーグの映画は、モーセの妻ツィポラの役割に肉付けし、ラムセスがモーセを喜ばせるために買った勝ち気な奴隷として登場させる。モーセは初め、兄の思惑どおりに、この若く美しいミディアン人女性と情事にひたることを考えるが、彼がツィポラに無礼な態度で話しかけた時に母親が厳しくみつめていたために戸惑う。そしてモーセはこの若い女性が逃げようとしているのに気づき、彼女が逃げることができるように迂回路を用意する。モーセがミディアンの地で彼女と再会した時も、彼女は勝ち気だったが、二人は恋に落ち結婚する。王《ファラオ》となったラムセスに、モーセが彼の民の解放を頼みに行く際、初回の面会で彼に同行するのは、（デミルの映画ではアロンだが）この映画ではツィポラである。[97]

そしてもう一点傑出しているのは、モーセの姉ミリアムだ。彼女は預言者であるとともに指導者でもある。

この映画は、ユダヤ教の聖書解釈史において広く伝わるミリアム伝承に立脚している。最も有名なのはミリアムの井戸の伝説である。この井戸は四十年にわたる荒れ野の放浪のあいだ、ミリアムの死まで、イスラエル人に添って動いていたという。[98] ミリアムは、パピルスにくるまれた赤子のモーセを追いかけただけでなく、成長したモーセを判別し、彼がイスラエルを解放する運命にあるという使命をモーセに突きつける。[99] これは、弟モーセがイスラエルの民をエジプトの束縛から解放することをミリアムが知っていたというユダヤの伝承に基づいている。[100] にもかかわらず、こうした点においてさえ、この映画はキリスト教的に聞こえるメッセージを伝えている。ほとんどの視聴者は、ユダヤ教徒であるかどうかを問わず、ミリアムの預言の側面がユダヤ教的源泉をもつことに気づきにくく、したがってミリアムの宣言に、解放者モーセが救い主イエスの原型だというキリスト教的教義の反映を聴き取ってしまう。[101]

聖書に関する含意

聖書映画を作るというまさにその行為自体、映画の作り手側の自負、すなわち今まさにアメリカの文化・意識・価値体系において、聖書がどのような役割を果たすかに影響を与えようとする自負を示している。この自負には、聖書をあまり知らない視聴者や神とのつながりを個人的には信じていない視聴者、あるいは聖書を絶対究極の真理の宝庫だと考える共同体に属さない視聴者までもが、聖書が（アメリカの）歴史と固有性において、文化的に進行中のかたちで妥当であるとか、形成的役割を果たしていると認識するだろうという期待が含まれている。旧約叙事詩映画には、聖書が自分たちの起源であり参照点であることを示す様々な技術や慣例があふれている。こうした映画は、物語や登場人物や会話が聖書から引き出されていることに加えて、特殊な書体や、時にはヘブライの文字・単語・用語・歌・衣装を用いるし、アメリカの文化や社会において旧くから聖書を連想させてきた美術や写真を模倣してみせる。こうした映画はまた、聖書の特定の理解の仕方、アメリカ人の生活における聖書の目的や意味や役割を伝えている。旧約叙事詩映画は、ハリウッドの映画全般と同様に、基本的にエンターテインメント装置ではあるが、映画にふれた観客が聖書についての情報や観点を吸収することは疑いようもない。とくにデミルの『十誡／十戒』がそうである。ほかならぬデミル自身、自分は聖職者的な存在だと考えていて、自分の映画説教《ムービーミニストリー》は他の芸術よりもはるかに聖書の基本教養に貢献したと誇っている。[102]

では、叙事詩映画の黄金期が頂点をきわめた二〇世紀半ばに、デミルや他の人々による旧約叙事詩映画から何が聞き取れるだろう。一つ目に、古代イスラエルの設立をめぐる物語と、アメリカ建国の物語の特別な関連づけである。両者ともに、不道徳な独裁主義的体制に虐げられた人々の正義の闘争である。アメリカの基礎が確立された後でさえ、その民主制にはなんらかの新たな脅威が絶え間なく存続した。これは古代イスラエルが直面した闘争の発想源となり、聖書のイスラエルはアメリカの前身として提示されている。こうした映画は、民主主義の起源を独裁主義や帝国と闘うイスラエルとして描き、独裁主義や帝国はエジプトやモアブその他イスラエルが闘った国々として表現される。神がイスラエルやアメリカの側に立つ以上、民主主義の勝利、すなわちアメリカの勝利は必然のこととなる。

二つ目に、聖書とは神が記した書であり、宗教的な指標であるとともに倫理的な指標でもある。イスラエルの唯一神への信仰は、科学や理性といった他のあらゆる知識体系・価値体系に勝る。なるほど真実の信仰はユダヤ教によって具現されているが、キリスト教の信仰によってより完全に具現される。実に、旧約叙事詩映画が擁護するのは、旧約聖書を救世主としてのイエスの到来が必然的であることを示すような物語とみなし、旧約のあらゆる語りが救世主的人物の到来への待望として読まれるような物語とみなすキリスト教的な視点である。聖書がイスラエル人の宗教に由来することや、ユダヤ教とのつながりや同情も（ある程度は）意識されるが、聖書は何よりも真っ先にキリスト教的なアメリカに属するものとみなされている。旧約聖書の歴史性を信じるのが重要なのは、神と選ばれた民との関係を歴史的に説明し、アメリカ的なやり方の優越性と正しさを裏づけるのに便利だから、というわけだ。

三つ目に、理想的な社会は主に白人の、男性の、アメリカ生まれの人々で構成されている。有色人種や外国生まれの男女は、彼らがアメリカの社会と文化に順応し、アメリカ的価値を選びとるかぎりにおいて受け入れられる。アメリカ的価値とは、これら旧約叙事詩映画にならえば、個人の自由や圧迫への闘争、状況を改善するための個人の力、理性よりも信仰を優先させることを含む。アメリカの社会生活において、女性は男性に保護されているが、自分の考えを語り、夫と衝突することも認められている。女性の考えはしばしば倫理的な羅針盤として、また感情を抑えた声として働き、時には男性の良識や思考を凌駕する。婚外の性的関係は許されないが、二人が愛と情熱に動かされている場合は（二人が一流の映画スターである場合はなお）共感をもって受け入れられる。

こうした映画が表現している教義体系や理想は根本的に、清教徒に遡ることのできるようなプロテスタントの世界観と調和している。マッケンナによると、清教徒がそれ自体ではもはや政治的な力ではなくなってからのアメリカにおいて、政治や文化に影響を及ぼし続けてきた要素が五つある。アメリカは聖書のイスラエルと歴史的に並行する役割をなす特別な人々であるという観点、キリスト教は単なる瞑想的な信仰ではなく現世における実行を要求しているという信念、アメリカは神の言葉に忠実であるかぎり繁栄するだろうという契約の教義、反キリスト教徒と闘いつづける必要性、個人の罪が社会全体に有害な影響力をもつと信じる「不安な内省」の重視である。[103] これら全要素は、程度の差こそあれ、旧約叙事詩映画に存在している。叙事詩ジャンルは、内省記述の伝達力を持たないが、ダビデやソロモンの罪は干魃《かんばつ》に結びつき、この干魃は彼らが唯一の神に帰ることなくしては緩和しない。反キリスト教という言葉は映画で明示されこそしないものの、特定の人物――多くの場合エジプト王《ファラオ》――が神の最大の敵として描かれており、繁栄は信仰、そして現世における神に承認された活動と直接に結びつけられている。しかし最も重要で顕著なのは、神との関係や現世ならびに全宇宙における特別な役割に関しての、アメリカと聖書のイスラエルとの並行性への確信である。強調しておかねばならないのは、アメリカの社会・文化・宗教をめぐるこうしたイメージは、大戦直後の時期から公民権運動の最盛期にいたるまでの間に創られたという点である。後に、非ヨーロッパ系の移民や非キリスト教徒の移民が大量に流入し、さらには二〇〇一年九月十一日の深い傷跡をもった覚醒がひきおこした社会のすさまじい変化が起こる以前のことである。しかし、デミルの超傑作を頂点とするこれら旧約叙事詩映画が引き続き鑑賞されているという事実はまた、上記の視点が大小のスクリーンの外の現実とますます調和しなくなっていてもなお不朽のものとして扱われ続けているということを意味する。おそらく、私たちの恋愛観や理想とする社会観、そして世界の舞台におけるアメリカの役割についても、上記の視点が機能していると考えて差し支えないだろう。

三章　銀幕のイエス――「私は主を見ました」（ヨハ二〇18）

二〇〇四年二月二五日、北米、ニュージーランド、オーストラリアにわたって、幾千もの人々がそれぞれ地元の映画館に群がった。権力者たちの前に引きずり出され、極刑を言い渡され、拷問の上で死刑に処された男を見るためである。ギブソン監督の『パッション』は、数週間のうちに、世界中にウィルスのように広がり、二〇〇五年三月に再公開するまでに、米国内だけで約三億七千七八万ドルの収益をあげた。[1]

ギブソンの映画は、あらゆる時代を通じて最も人気のある映画テーマの一つであるイエスの生と死を扱ってひと儲けした。しかしこれが初めての例ではない。映画の最初期から今日まで、北米ならびに世界各地で何百というイエス映画が製作されてきた中で、いくつかは世界的に公開され、いくつかは地域公開に留まり、あるいはＤＶＤだけとか、テレビ公開だけに留まった。ほとんど見向きもされない作品もあれば、公開直後に派手に注目される作品も、また、毎年数千もの人々に視聴され続けている作品もある。

イエス映画の挑戦

資料

西洋の歴史・社会・文化におけるイエス物語の重要性は、どう評価しても評価し足りないほどである。福音書におけるイエス物語の映画化は、ダビデやモーセといった旧約聖書の大河ドラマを映画化するよりも容易だと考える向きがあるかもしれない。一次資料――四福音書――は、数多の聖書資料や非聖書的資料よりも扱いやすい可能性がある。なにしろ四福音書は比較的短いし、主人公に焦点をあてていて、副次的な筋書きや主人公の存在感と競合するような登場人物はほとんどいない。物語は多くの場合、生き生きしていて、そこでの出来事――治癒や悪魔払い――も劇的である。中でも受難物語はまことに鮮やかに語られており、まるで舞台用、映画用にあつらえて書かれたかのようだ。[2] しかもそれが四つもあるのだ。パゾリーニ監督の『奇跡の丘』（一九六四）、ヘイマン監督の『ジーザス』（一九七九）、サヴィル監督の『ヨハネの福音書』（二〇〇三）のように単一の福音書の台詞を扱うのは例外的で、多くの映画の作り手は四福音書から好きなように選び取っている。「ヨハネ福音書」の叙述は長い時間軸（マタイ、マルコ、ルカに描かれた年よりも二、三年分長い）を占めているが、印象深さを担うのは、四福音書からの様々な場面である。たとえば、多くのイエス映画は、マタイとルカによる幼年描写の組み合わせ、山上の垂訓における八福の教え（マタ五～七）、カナの結婚（ヨハ二1～12）、譬え話（マコ四ならびに共観福音書の各部分）、ラザロの復活（ヨハ十一）を含む。聖典以外の資料としては、幼年期福音がイエスの若い頃の空白を埋める生の情報を提供しており、ヨセフスの諸著作がイエス物語の社会的・政治的背景を再構成する。注釈書・美術・音楽・演劇・学問そして最近では映画といったかたちで表現された二千年にわたる考察もまた、空白を埋めるという目的に役立っている。おそらく最も重要なのは、視聴者がイエス映画を見る上で抱く期待である。映画はおそらく他のどんな媒体にも増して、イエスを見る機会、あるいはイエスと出会う機会を人々にもたらしている。[3]

主人公

しかし多くのイエス映画は、敬虔さこそ豊富だが、よい映画の基本的目安であるエンターテインメント性には乏しい。その理由は、主題そのものに、あるいはより正確にいうなら、主人公の二次元的な性質にある。旧約聖書の主人公たちが、善玉であるにせよ悪玉であるにせよ、変化・変貌しうる「率直な」人々であるのに対し、イエスは性格においても行動においても、人間を面白がらせるような欠陥を持っていない。福音史家はイエスがダビデを祖先にもつと主張しているが、自分の欲望を満たすために十戒に違反してしまうダビデのような軽はずみさも恋愛感情も意志も持ち合わせない。そして、イエスは「モーセのような預言者」[4]とみなされたが、杖で岩を叩き、怒りにまかせて十戒の碑板を粉砕するような衝動に駆られることがない。聖典のイエスが人間らしくイメージされなかったために、一般的なキリスト教におけるイエスは独身と無罪の拘束服に閉じ込められている。映画の作り手がこの二次元的な表象から外れようものなら、どんな災いがふりかかることか。ジョン・ソロモンが述べるように、

キリストの生涯や初期キリスト教徒の時代を描こうとする監督や俳優は、映画界の薄氷を踏むことを余儀なくされる。荘厳さと馬鹿馬鹿しさの境界、敬意と退屈さの境界である。（中略）あまりにも味付けの薄い敬意のために、ドラマが空虚になっている。[5]

ソロモンは「キリスト役の俳優が敬意とドラマ的説得力を兼ね備えて演じるよりも、らくだが針の穴を通る方がまだ易しい」[6]と締めくくっている。映画の作り手は、この（いうなれば）平板なイエスの人物像に痺れをきらし、これを覆そうと、スコセッシの『最後の誘惑』（一九八八）のように自ら危険を冒して、セックスや結婚を思い描くようなイエス描写に踏み切る。[7]

イエス映画ジャンルの概観

イエス映画は多かれ少なかれ、数の限られた資料に依拠しているが、イエス物語を伝える方法は時代によって様々である。映画技術や観客の好みや状況の変化に連動しているからである。すでに見たとおり、『ホリッツ受難劇』（一八九七）や『オーバーアマガウ受難劇』（一八九八）のような受難劇映画は、映画芸術史の最初期に製作されている。こうした受難劇映画は、『飼い葉桶から十字架まで』（一九一二）や『救世主』（一九一六）のような、もう少し長くて幅広い映画での取り扱いと同様に、レオナルド・ダ・ヴィンチやドナテッロやレンブラントといった画家による祈禱画その他の有名な絵画を、スローモーションで提示するか絵画を真似た演出としてとりいれている。[8]サイレント期のイエス映画の中には、こうした月並みな提示を越えて、イエスの生涯のいくつかの場面を強調する例もある。『ＩＮＲＩ――ユダヤ人の王ナザレのイエス』（一九二三）は、一九三四年にトーキー版『茨の冠』で復刻された際には、イエスの母の役柄を、無垢な乙女から勇気があって知恵が回り自己主張のできる女性へと変貌させており、彼女はイエスが必要とする時にはいつでも彼の傍に居ることができる。

デミル監督の『キング・オブ・キングス』（一九二七）は、サイレント期の最も有名なイエス映画にして、今日でも大いに観客を楽しませる作品である。デミルの作品は、初期のイエス映画とは対照的に、登場人物の性格描写に意を注ぎ、筋書きも第二の筋書き《サブプロット》も、説得力のある因果関係のもとに組み立てられている。インタータイトルは聖典からの引用や背景情報を提供するだけでなく、ウィットの効いた台詞や登場人物・物語をめぐるナレーターの立場からの注釈をも伝えている。デミルの作品は、イエス映画というジャンルに大きな影響を与えただけでなく、彼の後々の作品においてもしばしば直接的に引喩されている。[9]

このデミル映画を除くと、サイレント映画のイエスは、聖書物語の挿絵や祈禱画におけるイエスを画面上で動かしているにすぎないと感じられる場合が多い。デミル映画以降に克服されることになる、こうした紙芝居的な処理は、一見したところ、サイレント映画そのものの限界のためだが、公衆の感情的な規範を害すまいとの配慮による面もある。映画の作り手は、神のひとり子を表現するという挑戦に直面し、イエスからあらゆる人間的な感情を剝ぎ取り、通常の人間的関係やふるまいに携わる機会を剝奪しているのだ。

イエス映画を量産する時代は、デミルの叙事詩映画の後、三十年間のブランクに突入した。一因は、『キング・オブ・キングス』のとてつもない成功にあるだろうが、宗教的人物像や宗教的なテーマを描くことへの非難の帰結でもあろう。こうした非難は、一九三〇年から六〇年頃まで影響力を持っていたヘイズ検閲コードに集約される。一九三〇年に、アメリカ映画製作配給協会が映画製作倫理規定《プロダクション・コード》を採り入れた。一九三四年には、これがカトリック矯風団なる強力な団体によって裏書きされ、推進された。一九三〇年から六六年のあいだ、映画は映画製作倫理規定《プロダクション・コード》によって格付けされないかぎりは、アメリカ国内の映画館にお目見えできなかった。このコードに適合しない映画は検閲を課せられた。[10]イエスがふたたび、彼を描く映画に「登場」できるようになるのは、一九六〇年代のことだ。レイ監督の『キング・オブ・キングス』（一九六一）

やスティーヴンス監督の『偉大なる生涯の物語』（一九六五）である。ただしその再来は短命であった。旧約映画のサブジャンルと同様に、イエスの生涯を描く映画もまた、叙事詩映画を終焉に導いた経済的・社会的・政治的状況に影響されていた。

しかしながらイエス映画は、旧約映画とは対照的に利益を上げつつ、時には批評家の賞賛を浴びながら作られ続けた。このうちいくつかのものは、明らかに叙事詩ジャンルの特性を採用している。当初はテレビ用に製作された六時間半におよぶゼフィレッリ監督の大作（一九六四）やヘイマン監督の『ジーザス』（一九七九）、ヤング監督のテレビ・シリーズ『ジーザス――奇蹟の生涯』（一九九九）といった作品は、古典的な聖書叙事詩映画を連想させる規模と尺を備えている。しかしながらこれら以外の映画には、叙事詩映画の慣例を検討し、独創的な指針をたてて、いわばそれを拒絶・転覆したものもある。

叙事詩的ではないイエス映画の中で最も高い評価を浴びたのは、おそらくパゾリーニの低予算ながら力強いモノクロ映画『奇跡の丘』（一九六四）だろう。この映画の出演者は――基本的にはノンプロの俳優や撮影地域の村人である――たいへん多いが、熟練味あふれるハンディカムの使用、音楽の見事な活用、政治的・社会的な力強い寓意《アレゴリー》、そして「マタイ福音書」を厳格に遵守した会話《ダイアログ》によって、大多数の叙事詩映画から抜きんでたものとなっている。[11]

その他、叙事詩映画という型に適合しないイエス映画として、二つのロック・ミュージカルがある。どちらも一九七三年に公開された『ジーザス・クライスト・スーパースター』と『ゴッドスペル』である。叙事詩映画のパロディとしては、喜劇『ライフ・オブ・ブライアン』（一九七九）が目立つ。登場人物がイエスではなくブライアンになっているものの、『ライフ・オブ・ブライアン』（一九七九）はイエス映画というジャンルの常套句を用いつつ、コケにしている。[12] 架空人物のブライアンは、ふとしたことから、いやいや救世主役をするはめになり、彼の人生は公的な性格と悲劇的な死においてイエス伝と重なる人生を歩むが、そこには敬意も尊厳も、英雄としての完成も、母の純潔もない。パロディものならではの暗黙の前提として、『ライフ・オブ・ブライアン』は注意深く研究され、十分に知的な面をそなえている。この映画では、イエス自身を除けば誰も助からない。この映画にみられる抱腹絶倒は、映画とポピュラー文化におけるイエス描写の伝統に一矢放っている。

映画ににおける紋切り型のイエスに最も真正面から挑戦したのは、おそらくスコセッシの因習打破を目指す映画『最後の誘惑』（一九八八）であろう。スコセッシのこの映画は、他のイエス映画と対照的に、正統性も歴史考証も聖典への忠実さも主張していない。そうではなく、オープニングの文字スクロールが述べるとおり、この映画は、ギリシャの小説家カザンザキスのフィクション小説を映画に翻案したものである。この断言は真実からやや離れていて、他のイエス映画に登場したのと同じ配役や物語ラインを含む。しかし、歴史考証を拒否することによって、スコセッシはそれまでのイエス映画がふれずにおいた領域、とくにイエスの主観性やイエスの性意識、家庭生活へのイエスの渇望といったものを自由に開拓している。この映画のほとんどの場面において、イエス自身は、自らを操るのが神なのか悪魔なのか彼自身の悩みなのか、判然とわからずにいる。後半でイエスは、守護天使だという若い赤毛の少女によって、まだ息があるのに十字架から降ろされる。彼は結婚し、子を持ち、かなり高齢まで生きる。最後までくると私たちは、この場面が夢であり幻影であったことを知る。イエスは他のイエス伝映画と同じように、この映画内で十字架において死ぬのである。とはいえ、イエスが性的関係や家庭生活への欲求を持っていたかもしれないとただ示唆するだけで、映画公開前から抗議や怒りの手紙や物議が巻き起こるのに十分だった。[13]

しかし、因襲打破運動は長くは続かなかった。一九九〇年代は短期間ながら長篇のイエス映画の製作が途切れ、二〇〇〇年代の早いうちに、三つの新しいイエス映画が登場した。最初のものは、英国でテレビ用に製作されたクレイ・アニメの映画『奇跡をおこす人』（二〇〇〇）である。この映画はメディアのあり方としては斬新であるが、その語り口はかなり伝統的な性格を保っていた。この作品はヤイロの娘をどう描くかという点で大改革をした。ヤイロの娘とは、イエスによって死あるいは死の床から起こされた少女のことである（マコ五22〜43）。この映画は、ゼフィレッリの大作から意味深い借用を行いつつも、いっそう子どもが親しみやすく、その親にとってもいっそう親しみやすいような仕方で物語を伝えようとした。二番目のものは、グッド・ニュー・バイブル訳版の「ヨハネ福音書」全体を用いたサヴィル監督の『ヨハネの福音書』（二〇〇三）である。この映画は、言語過剰性をどうやって克服するか、という映画芸術における類いまれな挑戦の事例となっている。最後の晩餐とオリーブ園での裏切りの間に、ヨハネは五章にも及ぶ送別の場面を挿入したが（ヨハ十三〜十七）、熟練したカメラワークと俳優たちによって、この映画のイエスは――かろうじて――われわれの注意力を保たせてくれている。

イエス映画のジャンルに最近加わったものとして、もっともよく知られているのはメル・ギブソンの『パッション』（原版二〇〇四と改版二〇〇五）で、イエスの最期の数時間を説明した映画である。ユダヤの権威者たちによるあまりに強烈な暴力とあまりに否定的な表現方法がさかんに議論されたおかげもあって、この映画は興行的に大成功を収めた。ギブソンの映画は、初期映画史のイエス映画にも似て、物語をまだよく知らない視聴者にとっては分かりづらい作品である。イエスがユダヤ人やローマ人の怒りをかうような何をしたのか、なぜイエスは十字架上の死で締めくくられる過惨な暴力にさらされたのか、といったことについて、この映画は視聴者に十分な情報を提供しない。

今世紀に入ってからの他の映画は、あまり成功していない。『マリア』（二〇〇六）は、イエス物語の悲劇的な終わり方を避けるべく、もっぱら受胎と出産の物語に焦点をあてている。ラ・マーレ監督の『十字架の色』（二〇〇六）は人種問題を描くべく構想され、黒人の青年イエスの死が描かれるという珍しい前提をそなえた受難劇映画である。こうした前提は結局、歴史的には説得力がない。一世紀のユダヤ地方に、白い肌のユダヤ人と黒い肌のユダヤ人がいたと考える根拠はなく、セム系の人々は皆、同じような風貌をしていたにちがいないからだ。

叙事詩映画としてのイエス映画

叙事詩映画全盛期から後のイエス映画は、旧約叙事詩映画の慣例を大いに活用している。アメリカ西部とハリウッドのスタジオは、ガリラヤの丘とナザレの町、ベツレヘムの町、エルサレムの町の代わりとして機能する。[14] 西部劇映画ジャンルからの影響が見て取れる例として、ジョージ・スティーヴンス監督が自身の『シェーン』（一九五三）などの西部劇映画を彷彿とさせる舞台設定で『偉大な生涯の物語』（一九六五）を撮影したことが挙げられよう。[15] こういった映画においては、旧約映画の場合と同様に、身につけている服の装飾の度合いによって階級と権力が示されている。そして、ローマ人はほとんどが兵士であり、甲冑をはじめ軍事用の携行品、かぶとや帽子をまとわねばならない役柄である。一方、ユダヤの指導者たちは高位聖職者の身なりをしていることが多いが、これは「出エジプト記」の二八章と三九章における記述にやや倣って構想されてはいるものの、ティソやドレによる挿絵聖書もモデルにしている。彼らの絵は山上の説教や受難物語のような特別の出来事の舞台設定にも影響を与えている。[16]

イエス映画における美術や音楽からの影響は、旧約聖書映画の場合よりも、いっそうわかりやすい。「最後の晩餐」場面は、ミラノのサンタ・マリア・デッレ・グラツィエ教会の食堂を飾るレオナルド・ダ・ヴィンチの有名なフレスコ画（一四九五〜九八）を模倣するか、あるいはこれに敬意を表して描かれている。この絵のイメージ自体が慣例化していることを、メル・ブルックスは一九八一年のパロディ映画『珍説世界史パート1』で説明していて、この映画ではイエスと弟子たちがレオナルド・ダ・ヴィンチに向かって群像画を描いてくれるように交渉し、給仕に「最後の晩餐」の席へスープを運ばせている。レオナルドはさながら腕の良い婚礼写真家のように、全員が絵の中に登場できるよう弟子たちをテーブルの片側に並ばせるのだ。ミケランジェロの有名なピエタ像（一四九八〜九九）は、数多のイエス映画に反映している。イエスの母が息絶えた息子を腕にかき抱く最も感情に訴える場面である。イエス映画のサウンドトラックの特徴は、大規模なオーケストラ音楽と合唱音楽であり、映画用に作曲される場合もあるが、有名な楽曲を使う場合もある。おそらく最も人気があるのは、ヘンデルの《メサイア》のハレルヤ・コーラスで、『キング・オブ・キングス』（一九二七）ではこの音楽に「ヨハネ福音書」を引用するインタータイトルが付き（ヨハ六15）、『偉大な生涯の物語』（一九六五）におけるラザロの復活の場面でも、この音楽が鳴り響く。

旧約聖書の英雄をキャスティングするには、ハンサムな有名人をみつければよかったが、イエスを演じる役者を選ぶのは、もっと手のかかる仕事である。歴史上のイエスは明らかにユダヤ人であったが、映画に登場するイエスの顔は、到底セム系の人間には見えない。[17] 映画のイエスはむしろ、ワーナー・サルマン（一八九二〜一九六八）が一九四〇年に描いて知れ渡っている聖像画によく似ている。この絵のイエスは、北ヨーロッパあるいはイギリス風の顔立ちをしており、肩まで伸びた茶色の髪にはウェーブがかかり、青い目をしている。[18]

そして素晴らしい見せ場がある。最も顕著なのはデミルの見事な映画『キング・オブ・キングス』で、半裸の人々やサーカスの動物たちを映し出す場面もある。ヘロディアが洗礼者ヨハネの首を所望するヘロデの宴会の場面（マタ十四3～11、マコ六17～28）は、こうした映画において見せ場を大いに提供する機会になっている。さらにこうした映画は、旧約叙事詩映画と同様に、イエス映画をはじめとする他の映画を引喩する。ギブソン監督の『パッション』（二〇〇四）におけるピラトは、スティーヴンス監督の『偉大な生涯の物語』（一九六五）におけるローマ総督に似ている。ヤング監督の『ジーザス——奇蹟の生涯』（一九九九）で、ヨセフはイエスと洗礼者ヨハネにエルサレムを見るように促し、「イエス、ここはもうナザレではない」と叫ぶが、これは『オズの魔法使い』（一九三九）のドロシーの有名な台詞「トト、ここはもうカンザスじゃないわ」に酷似した台詞だ。

サルマンの描いたイエスの聖像画

このジャンルについて語る際の習慣となっていることだが、「イエス映画」は他の諸映画と同様、二つないしそれ以上の様々なジャンルに属しており、したがって多様な慣例に結びつけられている。グリーン監督の『ゴッドスペル』（一九七三）やジュイソン監督の『ジーザス・クライスト・スーパースター』（一九七三）はロックオペラであり、フォアマン監督の『ヘアー』（一九七九）やラッセル監督の『トミー』（一九七五）のような有名作の特徴を共有している。『パッション』はエンメリックの「幻視録」（一八三三）にかなり影響を受けているが、より近似しているのは、ギブソン自身が出演してきた現代のアクション映画ジャンルである。[19]

しかしイエス映画は、別の映画カテゴリーにも属している。つまり伝記的映画、略して「伝記映画《ビオピク》」だ。伝記映画は歴史的人物を主題として、歴史上の特定の時と場所に設定された長篇映画である。伝記映画は共通の語りの定型《テンプレート》に基づく傾向がある。はじめに、一家族ないし友人集団の中にその人物を位置づけ、次に、彼／彼女がどんな個人／集団と敵対関係にあるかを示す。続いて衝突が発生し、主人公に肉体的・精神的な苦痛をもたらす。この衝突は法的審理に持ち込まれて解決されるが、その審理は主人公の重要な使命を情熱的に要約する場となり、これが観客に満足感を与える。[20]

イエス映画の筋書きは、大体このような構造にまとめあげることが容易であり、それは福音書の語りの概略にも適合している。イエスはある家庭に生まれて成長し、社会的・宗教的な空気《ミリュー》を呼吸し、弟子たちを集め、奇跡やいくつかの行為で民衆と権力者双方の注目を集めた。こうした活動はユダヤ教の指導者たちとの敵対関係につながり、彼らはついにイエスを裁判にかけて磔刑に処する。その過程で、イエスは多大な肉体的苦痛と精神的苦悩を味わう。彼はその間じゅう、あらゆる機会を捉えて自らの使命を詳述する。この基本構造はあらゆるイエス映画に含まれている。

歴史性の要請

伝記映画と叙事詩映画の慣例には、互いにかなり重なりあう部分がある。どちらのタイプの映画も、事実に基づいている。ただし事実に基づくということの意味には幅がある。そしてどちらのタイプの映画も、部分的な資料によって空白を埋め、人物に肉付けをして、筋の通った語りを紡ぎ出す。イエス映画は旧約映画と同様に、本物らしさのオーラを創り出すために、ナレーションや文字スクロールといった様々なテクニックを用いる。いくつかの映画は、歴史性について明瞭に主張する。たとえばサイレント映画『飼い葉桶から十字架まで』(一九一二)は、冒頭で「救い主の人生を福音書の語りに沿って見直す」と宣言している。デミルの一九二七年の『キング・オブ・キングス』は決然と述べる。「この映画が描く出来事は一九〇〇年前のパレスチナで起こった。当時ユダヤ人はローマに完全に支配されており、彼らの大祭司までもがローマの法務官によって任命されるのだった」。一九六一年版の『キング・オブ・キングス』は、オーソン・ウェルズの朗々たる声によるナレーションで始まる。

そして紀元前六三年、ローマの軍団がカナンの地とユダ王国に東から襲いかかり、イナゴの災難のように荒らしたと記される。ローマ皇帝軍は丘に向かい、三か月の包囲でエルサレム城壁に打撃を与えた。

こうした主張や、登場する主人公の明白な歴史的位置づけにもかかわらず、伝記映画は根本的に架空の語りから成っている。だからこそ、その対象なり主人公なりの歴史性によどみない緊張感が生みだされ、こうした映画が示す、あるいは暗示する歴史性への広範な主張が生みだされる。したがって、伝記映画において、脚色性のある語りと、伝記その他の資料によって示された「事実」の間の比較が可能になる。この逆説的な位置づけによって、視聴者は両義的な状況におかれ、両極端な反応が引き起こされる。視聴者が伝記映画作者たちによる脚色を容認することもある一方で、こうした映画を「ほんもの」、あるいは歴史的なものとみなし、自分の知る「事実」と一致することを期待することもある。[21]

歴史性と架空性の相容れなさは、他の多くの伝記映画と同様、すでにみた旧約映画とも切り離せない問題である。しかし以下二つの要素が、イエス映画を聖書映画や伝記映画の領域からはっきりと区別している。一つ目の要因は主人公の特質である。視聴者は、アブラハム・リンカーンやジョニー・キャッシュ、モーセやソロモンといった人物に強い思い入れを抱いているかもしれないが、キリスト教徒とイエスとの関係は、まるきり別の次元にある。キリスト教徒でない視聴者であっても、社会と歴史に与えるイエスの重要性が、リンカーンやキャッシュといった人々の場合をはるかに上回る点には同意するだろう。二つ目の要因は信仰の役割である。すでに見たように、旧約映画は一神教と祈りの価値を明示的に推進しており、これに加えてキリスト教の優位を暗黙裡に推進している。イエス映画は視聴者に、事実に基づくイエスの話を伝えるだけではなく、キリスト教信仰を説き聞かせ信仰を補強することをも主張する。たとえば、デミルの『キング・オブ・キングス』は視聴者に、イエスが「彼の使命が地球の果てまで伝えられるべきことを命じた。この描写がこの大宣教命令の精神に、うやうやしく加わるように祈る」と訴えかけている。福音主義映画であるヘイマンの『ジーザス』（一九七九）は、現時点までにおいて千百七八言語で公開され[22]、全言語合わせて六百万以上の視聴者を獲得し、二百万人が「映画を見てキリストに従う決意を示した[23]」とされる。この映画は、視聴者に向かって直接に語られる長い福音的エピローグにおいて、イエスへの信仰を誓うように視聴者を説得し、ついでナレーターが定型的な信仰告白の暗誦を繰り返す。

キリスト教信仰の宣伝、あるいはより正確に言うなら、キリスト教的な刻印《ブランド》の宣伝についていえば、映画の多くは、ヘイマンの『ジーザス』には遠く及ばない。しかしながら多くのイエス映画は、イエスの人生と教えが、キリスト教徒の人生において今なお規範的な重要性を備えているという確信を言外に強める。旧約叙事詩映画もまた、叙事詩映画の黄金期に力をふるっていた映画製作倫理規定に適っていたこともあって、祈りの価値や十戒侵犯の罰を強調することで、倫理や宗教に取り組むという選択をとっている。しかしイエス映画については、倫理的・宗教的な監視がなお強い。映画がイエスとの個人的な出会いを涵養し、イエスと各人の関係が中心にくるような教養を強化するという幻想のためである。

空白を埋めること――語りと人物描写

旧約映画と同様に、イエス映画は、筋書きと人物描写の両面で資料の空白を埋めなければならない。イエスの若い頃の出来事をふくらませるために、「ヤコブによる幼年期福音」のような外典資料を用いている映画もある。たとえば、ＴＶシリーズ用に製作されたヤングの『ジーザス』では、少年イエスが自分が死んだ鳥を再生できるのを知る場面を描いている。これは、「トマスによる幼年期福音」における二つの話を連想させる。うち一つは、イエスが創世記の神のように土から生き物――ここでは鳥の一群――を作る話[24]、もう一つは、死んだ子どもを生き返らせる話[25]である。イエスが単にごく普通の幸せな子ども時代を送ったことを示すような場面を製作した映画作家もいる。パゾリーニの一九六四年の映画は、一家がエジプトからナザレに帰還する旅の合間に牧歌的な「浜辺の聖家族」を思わせる短いカットを挿入している。この場面は、毛布を広げながら夫と微笑みかわすマリアを描いている。幼児のイエスはヨセフの腕の中に、はしゃいで走り込む。[26]

イエス映画が提示する筋書き構造は、旧約叙事詩映画や伝記映画と同様の筋書き構造を呈する。前者は、抑圧された小国家が特定の預言者ないし王に導かれ、邪悪な帝国体制に立ち向かうというもの、後者は、強い信念をもった孤独な主人公が複数の存在と敵対するというものだ。旧約叙事詩映画の場合、主人公はモーセかダビデ、その国とはイスラエル、邪悪な体制とはエジプトやペリシテ、その他、代わりとなる異教の国である。イエス映画の場合、抑圧されているのはユダヤ地方やガリラヤ地方のユダヤ人の民衆であり、抑圧する体制は――ユダヤ教の宗教指導者に援護され唆されている――ローマ帝国である。抵抗側の指導者はイエスで、彼は肉体的には痛めつけられるが、精神的には勝利する。

映画の背景となっているローマ帝国の権力や植民化は多くの場合、冒頭の映像で説明される。『ヨハネの福音書』（二〇〇三）は、第四福音書、よってこの映画そのものが「ローマ帝国がエルサレムを支配していた時代に置かれている」と語る文字スクロールで始まる。この『ヨハネの福音書』は、それ以前の諸々の映画に比べると、控えめな表現の典型である。サイレント映画や叙事詩映画は、ローマの支配によって引き起こされる苦難について、しばしば鮮明かつ感傷的に描く。サイレント映画の『ＩＮＲＩ――ユダヤ人の王ナザレのイエス』（一九二三）は、物語の舞台を「百年近くにわたって支配者ローマに重税を巻き上げられる」エルサレムに置いている。サイレント映画の『ゴルゴタの丘』（一九三五）も同様に、「パレスチナのティベリウス・カエサル」やイスラエルの自由への渇望と関連させて、ローマ法の下にあるユダヤの地図を提示する。デミルの『キング・オブ・キングス』はユダヤ地方について「ローマの鉄の踵の下でうめいている」と描写している。

ローマの権力の強調はたいてい、ずっとつづく。こうした映画には、ローマ軍団がナザレの道をギャロップで駈け抜け、怯える住人の間に破壊をもたらす映像がしばしば（『ナザレのイエス』ではイエスの成人式《バル・ミツヴァー》を遮ってまで）挿入され、ローマ兵やローマのために働くユダヤ人の徴税人がガリラヤの貧しい住民から法外な税を巻き上げる場面がみられる。[27]

ローマ支配下のユダヤ人の苦しみを描くにあたって、イエス映画は三つの鍵を映画全体に張り巡らせている。神はユダヤ人をローマ支配下の苦しみから救うために息子を送る。民衆にはイエスやイエスの話すことが理解できる。ローマ人とユダヤ人の権力者はイエスが自分たちの権力を脅かすことに気づいて怖れる。こうした映画に現れるイエスは、先祖にあたるモーセとたいして異なっていない。モーセは神の子ではないが、彼の民の解放を神から委ねられて人々に受け入れられたが、敵からは恐れられ、追われた。

しかしながら、イエスはモーセと異なり、最終的に彼の解放行為を完遂できない。不幸なことだが事実として、ローマ統治は続いた。イエスの死から数十年後、ローマに対するユダヤ人の暴動は敗北に終わり、神殿も破壊された。映画をどんなに想像力豊かに作る者も、物語のこの部分を本気で改変することはできない。イエスを反乱勢力の指導者として描くなら、イエスを闘いではなく愛の支持者とみなす、より一般的な観点と対立してしまい、問題が生じる。「敵を愛しなさい」（マタ五43～44）、「左の頬をも向けなさい」（マタ五39）、「隣人を自分のように愛しなさい」（マコ十二31）といった福音書の言葉や、イエスの王国がこの世に属していないという彼の主張（ヨハ十八36）と平仄を合わせるには、他にどんな方法があるだろうか。イエスが革命をもたらせなかったとしたら、彼はどんな意味で英雄《ヒーロー》・救い主《セイヴァー》・贖い主《レディーマー》であるのか。物語的理由でも、神学的理由でも、「霊的な意味で」という答えしかありえないのだが、これは劇構成という観点からすると、満足な答えにはなりにくい。

今としての当時

イエス映画は旧約映画と同様に、過去を現在とのアナロジーにおいて構築する。それによって今日の関心や規範を時代不相応ながら過去の中に投影し、したがって、映画の作り手自身の時代と場所の問題や関心についても、聖書が今なお関与していることを示すのだ。

ジェンダー

新約聖書は全般的には男性視点であるが、女性を初期のイエスの共同体における指導者として描いている。[28] イエスの母を除くと、四福音書で最も関心が払われる女性はマグダラのマリアである。キリスト教の伝統において、マグダラのマリアは娼婦ということになってしまったが、四福音書そのものは、彼女をそのようには描いていない。[29] 実はむしろ「ヨハネ福音書」は彼女を「使徒たちの使徒」（ヨハ二十1～18）と記述している。しかしながら映画は伝統的な観点を優先させる。そうすれば、彼女が娼婦・姦婦から、敬虔で貞淑なイエスの信奉者、聖母マリアの連れへと変容する姿を描くことができるからである。こうした映画の多くでは、マグダラのマリアが使徒たちをまとめる人物だった可能性は表現されず、彼女の「私は主を見ました」という証言は無視されるか、他の弟子によって伝えられる。しかしながら例外もある。ヤングの『ジーザス』（一九九九）で、イエスの磔刑・降架後のマグダラのマリアの証言は、はじめのうち弟子たちが本当かと尋ねる場面はあるものの、民衆には真面目に受け取られる。『ヨハネの福音書』（二〇〇三）において彼女は一人前の弟子であり、最後の晩餐を含む多くの重要な場面にも参加している。

イエスの母マリアには時折、イエスの運動の指導的役割が与えられている。マリアを最も詳しく描いた例としてロッセリーニの『救世主』（一九七五）が挙げられよう。この映画で彼女はイエスの使命のパートナーとなる。彼女は少年イエスがまだ年端もいかぬうちに、彼が受け継ぐべきユダヤ的伝統を教え、ガリラヤ湖の浜辺では、網の繕いや夕食の調理をする間にも、子どもにも大人にも教える。しかしながら、この映画にはさらに驚くべき点がある。ロッセリーニのマリアは年をとらないのだ[30]。イエスが旅立つ時には、母と息子が同年代に見える。その効果は受難の場面で昂揚する。カメラは、十字架上で息子が死ぬのを見つめる彼女の苦悩の表情をじっと映し出し、また、彼女が死んだイエスを腕の中にそっと抱いている時にも、彼女を映し出す。この映画の中で「図像的に最も衝撃的な局面[31]」と言われた映像だ。このショットは、紛れもなく男女間のものと捉えられた。二人の身体が十字に交差するのを背後から見ている男の姿が緩くズームされることで、母と子の二人だけでなく、傍にいる男たちの好色な眼差しへの注意までもが喚起されるので、その効果が高められているのだ[32]。

イエス映画の中には、スコセッシの『最後の誘惑』など最近の例も含めて、伝統的なジェンダー階層を根本的に撹乱するようなものはない。マリアが子どもを世話して家を守り、ヨセフが物資面で家族を扶養するという聖家族のジェンダー役割は、一九五〇年代の核家族において申し分のないジェンダー役割と理解されていたものに見事に対応している。「家族価値」に関する指針はアメリカ合衆国において、保守系キリスト教徒とリベラル系キリスト教徒の社会的争点となるが、こうした映画は、意図的かどうかはともあれ、保守側の「家族価値」指針に応えている[33]。

アメリカ、民主主義の覇者

イエス映画は、両ジェンダーの階層的な描き方についてだけでなく、語り構造の大枠——虐げられた人々が自由を求め獲得する――についても、旧約叙事詩映画に似ている。同時にまた、この語りの構造のおかげで、共産主義の敵としてのアメリカ、自由と民主主義の覇者としてのアメリカという自国イメージを類推させるヒントを表現できた[34]。冷戦を類推させるヒントが最も明瞭なのは、一九六〇年代の二つの叙事詩映画、レイ監督の『キング・オブ・キングス』（一九六一）とスティーヴンス監督の『偉大な生涯の物語』（一九六五）である。両映画とも、デミル監督がエジプト王《ファラオ》で示したのと同様の形で、ローマを舞台にナチズムや共産主義の邪悪な帝国を合成して表現している。

ユダ王国にローマが駐留したことについて、好影響を表現しえた映画は一作品だけである。モンティ・パイソンの『ライフ・オブ・ブライアン』（一九七九）は、ユダ王国における多くの抗議運動の一つにおける会合で、ピラトの宮殿へのゲリラ襲撃を計画する様子を描いている。計画にふさわしい義憤と憤激意識を保とうとして、指導者のレグは宣言する。「あいつらは俺たちから搾り取った。くそ野郎だ。あいつらは俺たちの持っていたものを全部とりあげた。俺たちだけじゃない。俺たちの父親からも、祖父からもだ」。他の者が声を合わせる。「祖父の父からも、祖父の祖父からもだ」。しかしレグが「あいつらがお返しに何をくれた?!」と反語文で尋ねると、次々に答えが返ってくる。曰く、導水橋、下水道、道路、灌漑、医療、教育、ワイン、銭湯、公衆安全である。しまいにレグは、うんざりした調子で声を張り上げる。「わかったわかった。だが下水道や医療や教育やワインや公共秩序や灌漑や浄水設備や公衆衛生を脇におくとすると、ローマが俺たちに何をしてくれた?」するとある者が「平和になった」と言う。これにはレグも降参である。「何?平和だと？　黙れ[35]」

一九六〇年代の叙事詩的イエス映画は、公民権運動への目覚めを示している。『偉大な生涯の物語』では、ピラトがイエスを尋問するあいだ、カメラがバリケードの背後の群衆の上を通るが、アフリカ系アメリカ人の女性の顔を何度か映し出し、イエスの到来は彼女を解放するためでもあったのだと暗示する。

公民権の問題は、『十字架の色』(二〇〇六)では、直接にかつ最前面に置かれている。先述したようにイエスは黒人として描かれ、ユダ王国の権威者とローマ人たちは、彼を死に至らしめようとする人種差別主義的な白人として描かれている。こうした設定は、歴史的にはありえないにせよ、劇的な可能性においても社会的にも重要であるが、この映画そのものは多くの点で問題を抱えており、とりわけイエスの敵にあたるユダヤ教の指導的聖職者たちの描き方は問題である。ここで描かれる老齢の人物たちの容貌や発音は、見るからに二〇世紀初頭のニューヨークのロウアー・イースト・サイドに住み着いた東欧出身のユダヤ系の人々〔のステレオタイプ〕である。彼らは、会話の合間に心をこめて首肯しながら「オイー」と発声する。大祭司カイアファは議会を静粛にしようと「シャー! シャー! シャー!」と叫ぶ(「静かに」という意味で、私の記憶では一九五〇年代の終わりから一九六〇年代の初めにかけてイディッシュ語補習校の教員がよく口にしていた)。イエスのユダヤ的背景は意識されていて、彼はヘブライ語で祝福の言葉を述べ、イエスの過越の食卓には、マッツァー(過越祭用のイースト無使用のパン)だけでなく、祭儀用の装具が飾られている。しかし、すべてのユダヤ人が人種差別主義者として描かれているわけではないのに、ある人々がイエスを人種的理由でつまはじきにするのは、彼がそもそもユダヤ人であるという点と矛盾しているし、翻って、叙事詩映画の時代のイエス映画にも登場する「我々と連中」という両極化にも関与する。

ユダヤ人差別

『十字架の色』におけるユダヤ教聖職者の描写から滲み出しているのは、こうした映画を貫くきわめて困難な社会問題としてのユダヤ人差別である。そもそも新約聖書は、ユダヤ人とユダヤ教についての相反する視点を提示している。キリスト教の歴史を通じて、繰り返されてきた言葉――ファリサイ人を偽善者と呼ぶこと、ユダヤ人で悪魔を連想すること、とりわけ神殺しの責任――が、ユダヤ人への憎悪と暴力を正当化し推進するのに用いられてきた。[36] 初期映画はイエスの受難を描く際、神殺しの責任への焦点の合わせ方がまちまちだが、ホロコースト事件という悲劇がアメリカ人の意識に浸透した世界大戦の後に製作された叙事詩映画では、多かれ少なかれ明瞭に、ナチス・ドイツがローマの抑圧と関連づけて描かれ、ユダヤ人差別を控える真剣な努力が示されるようになった。

レイ監督の『キング・オブ・キングス』の冒頭には、映像に重ねて、オーソン・ウェルズによる長いナレーションが置かれている。レイが考えたナレーションは、多くの部分をヨセフスの説明に負っている。文章と映像が、一世紀の惨事と二〇世紀の惨事を類推させる。

ポンペイウス将軍に睨まれ、聖なる町は震えた。ポンペイウスの侵攻後五十年以上にわたって、民衆はローマの収穫期の小麦のように散らされ、ユダ王国の史書は、ただ街の燃える炎の光で読みうるだけだった。金は収穫できなくとも、民の富は集めるに足るものだった。ローマ帝国初代皇帝カエサル・アウグストゥスの軍勢が駐留した。ユダヤ人は、まるで羊たちが緑の牧場から散らされるように殺戮された。

ユダヤ人のイメージは屠殺場に向かう羊となり、貪欲で残虐で情け容赦ないポンペイウスはナチ政権下におけるユダヤ人の経験を呼び起こすので、ヨセフスの著作からとられた「事実」は、ローマ支配下のユダ王国の現実そのままというよりは、おまけを加えて示されている。かくしてこのイントロダクションは、ローマ帝国主義の下でのユダヤの苦悩とイエスの到来が、ナチ式の帝国主義やホロコーストとイスラエルの建国を類推させる（あるいはその逆）のである。同時に、一世紀初めの数十年間におけるユダヤ人のメシア待望は、二〇世紀前半におけるユダヤ人の故郷への夢と並行的に描かれている。この映画はこのようにして、イスラエル建国をホロコーストに対する世界からの応答として提示するとともに、イエスの到来をローマの圧政に対する神からの応答として提示する。

けれども、イエス映画は、四福音書そのものがイエスの死への過程でユダヤ教指導者やユダヤ民衆に転嫁している役割ゆえに、いたるところにユダヤ人差別的な考え方をまき散らしている。「マルコ福音書」と「マタイ福音書」は、大祭司と議会がイエスを不敬――極刑に相当する罪――のかどでピラトのもとに送り、総督を説得して彼に死刑を宣告させる様子を描いている（マコ十四55～64、マタ二七59～68）。新約聖書のどぎつい句を削除する映画もある。たとえば、イエスが律法学者やファリサイ人を痛烈に非難し、彼らを繰り返し偽善者だと述べるくだり（マタ二三25）、ピラトが自分にはイエスの死への倫理的責任がふりかからぬように手を洗い、ユダヤの群衆がその血を自身の家系にひきうけるくだり、そして、イエスの話を聞くユダヤ人（ヨハ八44）を悪魔である父祖をもつ者と断言するくだりである。

パゾリーニの『奇跡の丘』（一九六四）は、「マタイ福音書」二三章の全体を提示する稀有な映画の一つである。この映画は寓意的《アレゴリカル》である。地元住民から引き抜かれたノンプロの俳優を用い、ローマ帝国の抑圧を視覚的に強調しているために、ローマがイエスとその信奉者を抑圧していることと、イタリア国家が戦後期の貧困層を抑圧していることの間に類推が喚起される。イエスが「マタイ福音書」二三章を熱心に説く姿に重ねられた視覚的要素によって、意味の寓意的次元が明らかになる。イエスが律法学者とファリサイ人を偽善者だと熱心に非難するあいだ、カメラはユダヤ教の指導者ではなく、市井の人々を侮辱的にあしらうローマ軍の兵隊を映し出す。イタリア人の視聴者にとって、この場面は疑いようもなく、イタリア政府を力強く告発するものだ。しかしながらユダヤ人の視聴者には、敵意のこもった脅迫的文言として響く。

ユダヤ人がイエスの血を自身と子孫にひきうける「マタイ福音書」の記述は、さらに扱いにくい（マタ二七25）。それはきわめて劇的であり、それゆえ銀幕にピタリとはまるが、神殺し（キリスト殺し）の重要情報源の一つとして、ユダヤ人差別にきわめて結びつきやすい。ブコエッキーの『ガリラヤの人』（一九二一）において、大祭司カイアファは群衆を駆り立ててイエスの死を要求させる。群衆はイエスの死を求めて叫びながら、われがちにピラトの宮殿に急ぐ。ピラトは同情の色を浮かべてイエスの釈放を申し出るが、群衆はバラバの生還とイエスの死を要求する。ピラトは手を洗うことはせず、「あなたたちには彼の血が達する」と述べて、ユダヤ人に血の呪いをかける。大群衆がイエスの血を自身と子孫にひきうけるのは、「マタイ福音書」では一度だが、映画では二度だ。「われわれの上に、われわれの子孫の上に彼の血が届く。私たちはそれを自らひきうける」。この映画は血の呪いを三度も繰り返すことで、神殺しの罪状が立脚する聖典的要素を誇張している。今一つ注目したいのは、カイアファやユダヤ教指導者たちの外観である。彼らはまるで角のように見える冠り物をまとっており、これもまたユダヤ人差別に結びつくイメージになっている。[37]

ホロコースト以前の時代であっても、福音書にみてとれるユダヤ人差別の可能性を抑えようとした映画製作者もいる。彼らはそのために、様々な方策を採っている。たとえば、ユダヤの民衆全体に注意を注がずに、特定の人物、最も頻繁には大祭司カイアファに注意をひくという方策である。「ヨハネ福音書」においてカイアファは、イエスの死が必要で、それが理に適っていると述べた当人として描かれている（ヨハ十一49～52）。この句に基づいて、数々の学術書・小説・映画がカイアファをイエスと敵対した首謀者、イエスの死についての倫理的な最大責任者として扱っている。デミルは『キング・オブ・キングス』（一九二七）でこのアプローチをとり、イエスの死についてカイアファだけを直接的に非難している。デミルの大祭司は、中世の美術から直接にとられた典型的にユダヤ差別的なイメージで描かれている。彼の肉体はほとんど滑稽なほどグロテスクであり、よく目立つ冠り物をまとっている。デミル映画の他の場面において、カイアファは金銭に目がなく、イエスが神殿を支配して神殿歳入をも支配するのではないかと怯える。ピラトが「あなたたちの王をわたしが十字架につけるのか」と尋ねると、群集（ヨハ十九15のように）ではなく、カイアファが「わたしたちには皇帝のほかに王はない」と宣言する。ピラトがこの事案をめぐって手を洗った後、「マタイ福音書」で描写されている意見（マタ二七25）を宣言するのは、民衆ではなく大祭司である。「帝国のピラトよ、あなたがこの人の死に手を洗われるなら、その責任を私に、私一人に置いてください」。

　このやりとりの後、ローマ総督とユダヤ教の大祭司の対比は、他のどの場面よりも明白になる。総督ピラトは死刑の宣告こそするものの、自分には「この人の血について責任がない」と宣言して、総督室に歩いて戻って独りですすり泣く。大祭司カイアファは満足し、腕を組んでにやにやと笑い、自分の勝利を堪能する。バビントン&エヴァンスは、デミルのカイアファについて「ローマ側のユダヤ人」であると述べる。「悪意をもって夢のように戯画化されたユダヤ人差別である。肥満して冷淡で、楽しげに策略を練りながらぽっちゃりした指をすりあわせ、栄養たっぷりの悪魔のように現れ、ピラトの脇にすりよって『あいつを磔にしてください』と囁く。贖罪の山羊《スケープゴート》（中略）は、倫理的な罪の縮図そのものだ」[38]。デミルの描き方は、一九二〇年代のアメリカにおいてはごく普通の本音だった。東欧からの移民の波や就労不安におけるユダヤ人ネットワークへのごくありふれた反応が、ユダヤ差別的な戯画をあおったのだ。[39] ユダヤ人差別が神殺しの非難と切り離すことができない中で、デミルが「責任」を、ユダヤの民族全体から大祭司ただ一人に移したのは、ユダヤ人差別を小さくする一つの方策だったとみてよいだろう。[40]

ホロコースト以降のほとんどの映画においては、いわゆる血の呪いは一掃されている。しかしながら興味深いことに、ごく最近のメジャーなイエス映画であるメル・ギブソン監督の『パッション』(二〇〇四)では、「マタイ福音書」二七章が議論の中心に置かれている。彼の映画を「本物らしく」するために、ギブソンは登場人物にラテン語やアラム語を話させている。ギブソン版の裁判場面では、ピラトが手を洗うと、ユダヤ人たちがアラム語で「彼の血を我らと我らの子孫に」と叫ぶのだ。血の呪いの場面を映画に含める計画によって激しい抗議が起こり、ギブソンは映画のファイナルカット版からこの場面を取り除くよう求められた。ギブソンは取り除くのを拒否し、妥協策として、この点についての英語字幕は取り除かれた。それでもやはり、大祭司とユダヤの群衆はイエスに対して極端に敵意露わなものとして目に映る。

ギブソンの映画は、イエスがユダヤ人を非難する場面(ヨハ八44)についても、きわめて図解的な実例を提供している。たいていの映画は、この句を直接的に引用しないものだ。例外としてサヴィル監督の『ヨハネの福音書』があるが、こちらは製作元とアメリカ聖書協会との協定により、「ヨハネ福音書」のGNT版のすべての文言を映画に盛り込む必要があった。[41] しかしながらギブソンの場合は、聖書の句を引用するのではなく、きわめて明瞭に図解した。イエスの捕縛の後、ユダはあまりに強い良心の呵責を経験し、絶望して街路に座り込むことしかできずにいる。二人の子どもが何もしないでただ座り込む男に興味をもち、近づいてくる。彼らがユダとやりとりする間、カメラはこの子どもたちを、皺だらけの顔に血まみれの歯と熱っぽい眼をもった悪魔的な子どもの姿に変貌させ、それによって、イエスがユダヤ人を悪魔の子どもと述べた一節（ヨハ八44）を上演しているのだ。少年たちの変容はユダの罪や病にうかされた脳によって創り出されたものだと理解するべきなのかもしれないが、そうだとしても、ユダヤの悪魔の子どもたちという映像は、今やハリウッドの視覚的ボキャブラリーに参入されて動かぬものとなっている。

ロマンス

ロマンスは、叙事詩映画ジャンルにつきものの慣例の一つで、伝記映画ならびにハリウッド映画全般の重要な特色にもなっている。[42] イエスは、先祖のダビデ王や聖書に登場する王たちや預言者たちと異なり、ロマンスの主役をつとめる見込みは薄い。映画の作り手はイエスの苦悩や人間への憐れみを重視して、ロマンスや性欲につながるあらゆる手がかりを常に避ける。しかしながら、こういった方向性でふるまう映画もあり——スコセッシの『最後の誘惑』——、この映画は前述のとおり、イエスが結婚しセックスし子をもうけ、家族の生活を営むのをもう一つの前向きで意味深い生き方として想像する様子を描くため、公開前から深刻な抗議運動を引き起こした。

諸々の映画は、ゆっくりとだが、ロマンスの相手になりうる人物と共にすごすイエスを提示するようになってきている。一九九九年に製作されたヤング監督のテレビ映画『ジーザス——奇蹟の生涯』では、青年になった救い主がベタニアのマリアに関心をもち、心のままに生きるか神からの使命のもとに生きるか、難しい決断をしなければならない。彼は仕方なく彼女と別れる。この決断を前に、ベタニアのマリアは初めのうち取り乱すが、時が経つにつれてそれを受け入れるようになる。イエスの純潔は損なわれない。（イエスを面白おかしくダメにした人物、ナザレのブライアンについては、少なくとも彼の伝記を描いたモンティ・パイソンによれば、本物のカノジョがいたので純潔は損なわれている。）

イエスが心をよせる相手の主要候補は――候補であるから憶測がなされているのは映画の中でのみだ――マグダラのマリアである。「ルカ福音書」によると、マグダラのマリアは他の婦人たちと一緒に、おそらくは七つの悪霊を追い出してもらった経緯からイエスと弟子たちに物資を提供していた（ルカ八2）。マグダラのマリアがイエスの母マリアと共に十字架の足下にいたことから、イエスの家族と長期間にわたって親交があったのが推測できる。「ヨハネ福音書」によると、マリアは日曜の朝に独りでイエスの墓に赴き、墓が空になっているのを目撃し、その後、主が天に昇る時にも居合わせた（ヨハ二十1～18）。しかしながら、より重要なのは、彼女が正典成立後になって「墜落した女」つまり娼婦として表現され、イエスと遭ったときには人生を罪にあけ渡していたとされることである。この伝統において彼女は、イエスの足に塗油し髪で拭いた女性（ルカ七38、ヨハ十二3）と合成され、イエスが石打ちから救った姦通の女性（ヨハ七53～八11）にも合成されている。[43]

初期サイレント映画『ＩＮＲＩ――ユダヤ人の王ナザレのイエス』（一九二三）において、マグダラのマリアは自分のサロンに中庭をもつ裕福な高級娼婦である。彼女は多くの求愛者からの贈りものを受け取りはするが、よそよそしくふるまう。しかしながらイエスに遭ったとき、彼女の目はイエスに釘付けになる。イエスは群衆が彼女に石を投げようとするのを止め、彼女は感謝の思いからベッドにくずれる。他のたいていの状況なら、この場面で大恋愛物語が始まるだろうが、イエス物語としては、ロマンスは可能性に留まって達成されない。

この主題は、デミルの『キング・オブ・キングス』（一九二七）において最高潮に達する。ここでも「美しい高級娼婦」のマグダラのマリアは、大胆で横柄で官能的であり、ほとんど何も身につけていない。彼女は求愛者に囲まれているが、本命の恋人ユダの不在ばかり気にしている。他に女がいるのだろうか、と彼女は恐れるが、一緒にいるのは女ではない。求愛者の一人が明かす。「いやいや、奴を見かけたが女と一緒じゃなかった。ナザレの大工について歩く乞食どもと一緒だったよ」。これまで気だるそうにふるまっていた高級娼婦は駆り立てられる。彼女は最上級の香水を選んで「ヌビア王から贈られたシマウマに鞍をつけてちょうだい！」と召使いに命じる。彼女はユダを連れ戻し、「その大工めに（中略）マグダラのマリアから男を奪えるものか」を思い知らせるべくナザレに赴く。しかし、彼女がイエスに色っぽい眼差しを向けた瞬間、彼女の決心は雲散霧消する。イエスの強い眼差しに捉えられ放心状態になるのだ。イエスは彼女の七つの悪霊を一つ一つ追い出していく。七つの悪霊とはつまり、色欲、強欲、傲慢、暴食、怠惰、嫉妬、憤怒の七つの大罪のことである。彼女は突然、自らが半裸であることに気づき、薄衣のショールを身体に巻きつける。彼女はこの時から、忠実で無口で従順な弟子となり、煥発な才気を失う代わりに救いを得る。デミルはこのようにして、叙事詩映画ジャンルにおける慣例を――ユーモアたっぷりに見事に――満たした上で、じゃじゃ馬マリアを手なづけて、もはやイエスの貞操も観客の倫理観も脅かさないようにする。

デミル映画のイエスは、マリアの魅力に屈しない。一九六〇年代の叙事詩映画においても同じことがいえる。ここではマグダラのマリアは、サイレント期のイエス映画における挑戦的な高級娼婦ではなく苦しむ婦人であり、彼女はイエスに出会って、イエスの母と友になることで、精神が癒やされるのだ。こうした映画においても、彼女のイエスに対する愛は明らかで、また、イエスが彼女に異性としての興味を欠いていることも明らかである。大胆にもイエスとマリアに親密な関係を開拓し、同時に、歴史性など主張しないと言ったのはスコセッシだけである。

『最後の誘惑』における性欲と興奮

スコセッシの映画において、マグダラのマリアはイエスの幼馴染みであったが、イエスが彼女の愛をはねのけたときに娼婦になった。イエスは自らの魂の拠り処を求めて荒れ野に向かう直前、彼女のところに赴き、彼女のサービスを得ようとする長蛇の列が終わるまで一昼夜待つ。彼女は再びイエスに愛を告げるが、彼は悲しみながらも揺るがずに、砂漠に行かねばならないから彼女に関わるわけにいかないと言う。イエスは聖職が始まった後、彼女に再会する。彼女は姦通の罪で捕らえられ、群衆が彼女に石を投げる準備をしていると、イエスが到着する。イエスと群衆の指導者ゼベダイが衝突する。この人物は、ゼベダイの子ヨハネとヤコブの父である。ゼベダイは自らの偽善に気づいて石を手から落とす。イエスは、おびえているマリアを助け起こす。マリアは終始無言だ。二人は互いを抱きかかえるようにして歩み去り、弟子たちはうなだれて後に続く。イエスは独りごちる。「神はこれほど多くの奇跡をなさる。私が悪いことを言えばどうなるであろうか？　私が良いことを言えばどうなるであろうか？」　イエスはマリアを自らの脇に座らせ、弟子たちに近くへ来るようにと頼む。

スコセッシによるこの場面は、聖書物語の主要点を詳述し図解する。私たちは皆弱く、それゆえ他人の罪を裁くにはふさわしくない。すべてを赦したもう神だけが裁きうるのだ。この場面はまた、イエスとマリアの関係を語る上で転回点をなしている。かつてのイエスは彼女を伴うことを断ったが、この時から彼女は妻や恋人としてではなく信奉者ないし弟子として、イエスと旅するようになる。最後の幻想の場面では、その力学が完全に転向する。イエスは十字架から後ずさり、明るい牧草地を横切ってマグダラのマリアと結婚する。マリアは純潔の白を身にまとっている。二人の結婚は楽しげで、罪の複雑さを感じさせない。彼女は身ごもるが、子どもが生まれる前に死んでしまう。イエスはベタニアのマリアやマルタと一緒に暮らし、そこで数多の子どもをもうける。

イエスがマグダラのマリアや、マリアとマルタ姉妹と愛を育むという着想と映像に、多くの人が不快になった。しかし、一般には知られていないが、イエスとユダとの間に潜在する同性愛的な要素に気づいたなら、より多くの人がもっと問題だと感じるであろう。この映画の背景として、イエスとユダは幼馴染である。大人になると、ユダは反ローマの革命グループである熱心党《ゼロテ》に入り、イエスのほうは大工として生計を立て、ローマの処刑用の十字架設置をも請け負う。映画の始めのほうで、ユダは上司の指示でイエスを殺害しにでかけるが、自分にはそれができないと思い知る。ユダは、イエスがイスラエルをローマから救う「その人」であるのか、それとも邪悪な帝国に通じているのかを見きわめるため、イエスを殺害する代わりにイエスの一団に加わる。遍歴の間じゅう、二人は自由に達するにはどうするのが一番かを議論する。ある夜、彼らは連れだって一団から離れる。議論が白熱して二人の声が高まると、アンデレが何事かとやってくる。イエスは彼を去らせる。「大丈夫、ユダと私は話しているのだ」。その会話の終わりに、イエスはユダに「怖いのだ、私と一緒にいてくれ」と言って、自分を疑う友の腕に守られて眠る。カメラは二人の顔にズームアップする。イエスは起きて、ポケットからリンゴを出して食べ始める。イエスはリンゴを割り広げ、中の種を取り出して、辺りに撒く。種が落ちた場所には、奇跡的にも、すぐに一本のリンゴの木が育つ。イエス自身は気づいていないが、彼には明らかに創造主である神から賜った力が備わっている。リンゴは、「創世記」における禁じられた果実を思い起こさせ、禁じられた性欲のヒントにもなっている。背景には、腕飾りのカチカチという音と、マグダラのマリアに関連づけられた異国風のテーマ音楽が聞こえ、この性的暗示を強調している。

ユダは、友が愛の道から斧の道に身を転じる時、ついにイエスを信じるようになる。ユダはイエスに駆け寄り、膝をついてイエスの顔を見上げ「アドナイ!」(「私の神」の意味)と叫び、イエスの足に接吻する。ユダはここで深い信奉を告白し、いずれにしても、イエスがラザロを死から復活させた後、暴力を放棄する。ユダにとって、ラザロはイエスの最大の奇跡の証拠である。まさにイエスこそ、ユダが追随すべき人なのだ。ついにイエスが、十字架上で死なねばならないという「神から与えられた怖ろしい秘密」を明かす時が来た。ユダは信じられない。「死ぬ? 君は救い主《メシア》じゃないってことか?」イエスは応える。「私は救い主《メシア》だ。十字架で死なければならない。すすんで死なければならないのだ」。二人は神殿境内に戻ってくるが、イエスは気絶しそうな表情をしている。みるみるうちに、釘で穴を穿ったかのように、手や足から血がしたたる。イエスはユダに向き直る。「一緒に居てくれ、離れないでくれ」。ユダはイエスを支えて、人通りのない小径に行き、座って休む。ユダは画面の真ん中まで歩いてきて、イエスのほうを振り返り、彼のところに戻ってくる。ユダはイエスの隣に座り、熱ではないかと心配そうにイエスの額に手をあてる。イエスはユダを安心させようと「他の方法があったらよかったのだが、すまん、これしかないんだ。十字架で死なねば」。ユダの声が熱を帯びる。「お前を死なせない」。しかしイエスは、仕方がないのだ、「神と人を結ぶ」にはそれしかないのだと言う。イエスは生贄にならねばならず、ユダが彼を裏切ることに同意しなければ、救済は訪れないと言う。ユダは拒否する。「もっと強い奴を連れてこいよ」。

ユダは怖じ気づいたのだろうか、それとも愛に負けたのだろうか。最後の晩餐の間に、運命の瞬間が訪れる。イエスは血のようにみえるワインを、弟子の一人一人に分ける。最後にワインを飲むのはユダである。彼はコップの中を注意深く眺め回してから丁寧に飲むが、口から血の塊を出し、彼の手の上には血がしたたる。ユダは起き上がって立ち去る。一人の弟子が叫ぶ。「まだ終わっていないぞ」。イエスは「行かせてやれ。

私は皆に話したいことがある」。カメラは枯れた森を歩くユダを映し出す。

　裏切りの瞬間、イエスは兵士達を率いるユダの姿を見る。ユダが「ようこそ師《ラビ》よ」と言って、イエスの唇に熱く接吻する。ユダは、ペトロがある兵士の耳を切り落とすのを見る。イエスがそれを制止する。イエスは振り返ってユダを見る。「連れて行ってくれ、準備はできた」。ユダは応えない。イエスが立ち去ると、カメラは、ユダの顔を超クローズアップで映す。ユダは師匠・師《ラビ》にして神であり、唯一の愛の対象であるイエスへの愛と献身ゆえに彼を裏切る。しかしながら、十字架にかかったままイエスが見る夢あるいは妄想では、イエスの側がユダを裏切る。この夢の中で、イエスは長生きをし、寿命をまっとうする。今や七十歳のイエスが危篤の床にいると、神殿が火事になり、ユダヤの民衆は苦悩する。イエスを訪れる友の中にユダがいる。ユダは、イエスが若い「守護天使」の求めるままに十字架から降りてしまったことを、未だに怒っている。ユダが大声で話す間に、その守護天使が炎の中から浮かび上がり、実は悪魔《サタン》だったことがわかる。夢の時は終わる。イエスは、「創世記」の蛇のようにのろのろと部屋を横切り、十字架に戻る。

　物語は完成する。ユダは、イエスそして神が意図したとおり、イエスの死の媒介者であった。彼は、信仰の声となり、神がイエスに話しかけ、なすべきことをするように働きかける上での媒介者となる。ユダこそがまさに「強い奴」であった。イエスは神の計画に焦点を合わせることも、神の計画の実行もできずにいたのだから。イエスは、平凡な家庭生活や日々の楽しみという悪魔《サタン》の最後の誘惑に屈した。ユダは長い間、武力的革命の中で闘ってきたが、イエスへの愛のただ中で、イエスの死の必要性を完全に理解していた。

　隠れた同性愛的な要素は、イエスとユダが交わす身振り、いつも近くに居ること、互いに交わす優しさ、親密さ、神とイスラエルへの奉仕に団結している事実によって明らかだ。映画の公開に伴って興った抗議は、イエスがマグダラのマリアと愛し合う夢想の場面に集中していたが、大騒ぎすべき側面とはむしろ、この性的には実を結ぶことのないイエスとユダとの関係である。この関係こそ、筋書きを掘り下げ、イエスという人物を掘り下げている原動力である。

イエス映画にそうした考察の手がかりを込めた映画作家は、スコセッシが初めにして唯一というわけではない。パゾリーニ映画の裏切りの場面では、ユダが大祭司を交えた一団をしたがえてイエスに近づく。ユダが一団から一人飛び出してイエスに走りよると、二人は熱く抱き合う。そしてユダは、イエスが十字架での死に臨むのを心配そうに見つめる。同性愛的な可能性をひめた熾烈な関係の暗示は、パゾリーニ自身の同性愛的傾向からみて驚くべきことではないが、実はこのことが、他の映画でも親密さによって描かれている。まして、観客が映画で同性愛を見ることに慣れるはるか前のサイレント映画『INRI――ユダヤ人の王ナザレのイエス』（一九二三）においてさえ見いだせる。その映像は束の間のものだが、それでも明らかである。イエスがユダに近づき、彼の肩にふれ、ちらりと下をみやってから、ユダを近くに引き寄せるのだ。この暗示への扉を開くのは、ユダの接吻（マタ二六49、マコ十四45、ルカ二二47）である。

『銀河』

ブニュエルの『銀河』（一九六九）では、さらにスキャンダラスな恋愛関係が示唆されている。この映画では、マリアとイエスの関係に、あるいはより正確に言えば、息子イエスに対するマリアの感情に、完全に汚れているわけではないにしても、曖昧ながら不健全なものがあることが暗示されている。彼女は、大工であるハンサムな息子の顎髭にほれぼれと見とれることがある。まるで若い嫁が男らしい夫に見惚れるかのように。マリアはそんな若くて軽薄な女性である。他のある場面では、イエスが森に向かう道を生き生きと走っている姿が映し出される。弟子の一人が彼を止めて「師よ、客人が到着しています。あなたのお母様とご兄弟が待っておられます」と報告する。イエスは応える。「母と兄弟はここにいる」。ここで視聴者は、イエスが共観福音書に書かれたように家族観を再定義（マコ三、マタ十二、ルカ八）するのだろうと予測する。ところがそうではない。その直後、私たちは空き地で催される結婚披露宴の場面を目にする。イエスはテーブルについて、食べ、飲み、話し、笑っている。隣のテーブルには、イエスの母親がイエスの誕生の物語を話しながら、周りの人々をもてなしている。彼女は精霊によって身ごもると天使から告げられた際のことを「初めは信じなかったけれど、それからとても幸せな気持ちになった」と述べる。このマリアは、肉体的にも内面的にも決して年をとらない。彼女は、自分が生んだ有名人の息子に夢中で、ただその息子を崇めているだけの未熟な母親でありつづける。ブニュエルがここで標的にしているは、マリアとイエスの二人ではなく、美術と映画の伝統における常套句や慣例、そしてカトリックの聖母神学である。

民族性

イエスの人間性に関しては、彼がどの民族だったかという問いも提起される。イエス映画において、イエスを二〇世紀あるいは二一世紀の西洋文化に適合し、その中心でありつづけるような普遍的な救い主として描こうとする意図は、イエスが、ガリラヤ地域の他のユダヤ人と同程度に、ユダヤ法やユダヤ教の習わしを遵守するユダヤ人だった点を無視している。[44]

叙事詩映画の時代のイエス映画では、彼のユダヤ性が忘れ去られている。完全にユダヤ的なイエスを見せようとする映画がなかなか出なかったのは、キリスト教が自らをユダヤ教とは「別様の」ものと定義し、イエスをユダヤ教から一線をひくものとみなす、長い伝統の反映かもしれない。神学的にみると、イエスをユダヤ人とみなした途端に、宗教や民族を問わない普遍的な救い主《セイヴァー》にして救世主《メシア》という役割との間に緊張関係が生じる。叙事詩映画には、しばしばカナの結婚やユダヤ人たちの過越祭を描き、時折、安息日《サバト》にも言及し、福音書の記述にならってイエスがシナゴーグを訪問する場面を提示しながらも、こうした出来事のユダヤ教的背景を最小限にとどめる傾向があった。最近のいくつかの映画はユダヤ的要素を持ち込んでいる。ゼフィレッリの『ナザレのイエス』（一九七七）は、とくにヨセフとマリアの交際期間やイエス自身の青年時代を描く部分で、ユダヤ教の典礼や祭儀をたっぷりと描いている。スコセッシの結婚式の描写では、花婿が伝統的な式文を暗誦している。「汝は、モーセの律法とイスラエルにより、この指輪を通じて我にかけがえないものである」。『ゴッドスペル』（一九七三）のおどけ顔をしたイエスは、弟子たちに囲まれて床に座り、過越の正餐《セデル》を挙行する。そして、パンとワインについて、伝統的なヘブライ語の祈りの言葉を暗誦する。

　驚くべきことに、イエスのユダヤ性を最も直接的に描く映画は、イエス映画ジャンルにおいて最もコミカルな映画である。モンティ・パイソン監督の『ライフ・オブ・ブライアン』（一九七九）は、必ずしもイエス映画とはいえないが、いやいや救世主《メシア》をさせられる主人公がユダヤ人であることを強調している。諸映画におけるイエスの民族性がはっきりしないのに対し、ブライアンは明らかにユダヤ教徒であり、二〇世紀のユダヤ人差別で用いられる罵倒語のあらゆる特徴を次々に並べてみせる。母親がブライアンの父親はローマ兵だと告げると、彼はこう抗議するのだ。「俺はローマ人じゃないし、ローマ人なんかにはならない！　俺はユダヤ野郎《カイク》だ、イディッシュ野郎《イッド》だ、ヘブライ野郎《ヒービー》だ、かぎ鼻野郎《フック・ノーズ》だ。母さん、俺は戒律遵守野郎《コーシャー》だぜ。俺は紅海歩行者で、それが誇りだ！」　なおこの場面は、古代にユダヤ人が皮肉として語っていた、イエスがマリアとローマ兵の私生児だという伝承に立脚している。

キリスト論

ローマ人は、旧約映画のエジプト人やモアブ人やシバ人のようには偶像崇拝を標榜しないが、キリスト教徒の一神教を拒否しており、ハリウッドの叙事詩映画の象徴体系から見て、アメリカの民主主義をも拒否している。こうした映画は登場する異教徒たちが分別を万能視するのを非難するが、その一方で、イエスの活動の「無分別」な側面の描き方には苦心している。旧約映画では、燃える柴や紅海の分割のような奇跡が好まれるが、イエス映画からはしばしば、福音書が説明する奇跡の局面に当惑する様子が伝わってくる。[45] いくつかの映画は、奇跡場面を字義どおりに映すのを避ける。デミルの『キング・オブ・キングス』の序盤で、マグダラのマリアの求愛者たちは彼女に、ユダに言い寄る例の大工が病人を治したり死人を生き返らせたりしたらしいと告げる。『偉大な生涯の物語』（一九六五）において、イエスの奇跡は、ピラトを前に読み上げられる報告書の形で表されている。なるほど、ラザロの復活のような最大級に劇的な出来事も描かれはするが、イエス映画を全体としてみると、奇跡は、福音書の場合よりもかなり目立たなくなっている。イエス映画を支配するのは、全般的にみて、奇跡を起こすイエスではなく、説教するイエスである。

　イエス映画における描写は、イエスの人間的次元を映画的に強調している。パゾリーニ監督の『奇跡の丘』（一九六四）のイエスは、自身の共同体が霊的に病んでいる点よりもローマ政権の幹部集団に怒りを向ける若い青年である。イエスは第一福音書の記述どおり、生みの親やその家族との縁を切るが、母の家を過ぎると静かに涙をこぼす。イエスの怒りや涙は、彼の神的な性質よりもはるかに人間的側面に関わっている。悩み多く不安定で、最も一貫性のないキリストを描くのは、ギブソン監督の『パッション』（二〇〇四）

である。映画は「イザヤ書」五三章の文字スクロールで始まる。「彼が刺し貫かれたのはわたしたちの背きのためであり、彼が打ち砕かれたのはわたしたちの咎のためであった。彼の受けた傷によって、わたしたちは癒やされた」（イザ五三5）。ギブソンは映画をこのように開始することで、多くのキリスト教徒がこの句に見いだすように、救世主《メシア》を苦しむ僕《しもべ》として描く預言をイエスが実現することを示し、イエスの身体を打ち砕くことに救済的意味——映画の主題——を付与している。この映画は、イエスの苦しみとそれを耐え抜くイエスの忍耐を強調している。おそらくギブソン自身を含めて、この描き方によってイエスの神性が明白になる人もいるかもしれない。たしかにこの苦しみは、単なる人間が耐え抜くには余りある。それにしても視覚的には、ギブソン映画のイエスは、人間性よりも身体性に還元されているようだ。イエスは神的に見えないばかりか、人間にさえも見えず、生の肉塊に見える。この描き方では、イエスの神性のみならず、人間的な性格までもが消えてしまう[46]。

スコセッシ映画における、迷い苦しみ不安なイエスは、より魅力的である。このイエスは、映画における救い主の中では唯一、自分の避けられない運命への絶望とあわせて、悪に対する霊的な勝利の昂揚を、真に立体化している。すでに見たようにスコセッシ作品は、歴史的に真正だという主張も、聖典に忠実であるという主張も、明白に拒絶している。この映画は、カザンザキスの小説『キリストはふたたび十字架に』（一九四八）からの引用をスクロールし、「この映画は福音書にではなく、霊と肉との果てしない内面的衝突に関する架空の探求に基づく」と宣言して始まる。この出だしによって、イエスを二次元的にではなく三次元的に描こうとするスコセッシの決断が擁護されている。スコセッシ映画のイエスは、不安と自己不信に苛まれる。彼は自分の行い——大工としてローマの処刑用の十字架設置を専門にしていた——を恥じており、激情や声に動かされて、自分でも発生源が——神からか悪魔からか——判断できない振る舞いをする。イエスは最終的に、自分が本当に神の子であると理解するようになるが、これを知ったからといって、彼は強くなれなかったし、現世における悪魔の力を打ち負かせるようにもならなかった。実際にはむしろ、彼はこれを知って苦悶し、自らの死にざまを定めた運命を認識して苦悶する。しかし死の瞬間、彼は真に「神の子」へと変貌し、これはあらゆるイエス映画ジャンルにおいて最も昂揚すべき場面となる。神との関係をめぐるイエスの疑いは解決されたのだ。霊と肉をめぐる果てしない衝突は、今やついに勝ち取られた。

聖書についての含意

イエス映画は旧約叙事詩映画と同様に、聖書に即して進みながらも観客側が常に関心を維持していられるように配慮して製作される。イエス映画は扱う事柄こそ異なるものの、旧約映画とほとんど同じ語りの構造を持ち、ほとんど同じ慣例を採用している。ここでいう慣例には、古代の物語を伝えながら今日の問題について提言する傾向も含まれる。しかしながら、単に歴史的事柄を描こうとするにとどまらず、イエスの不変にして永久に純潔な性格（キリスト教徒独特の視点）を守ろうとする意識によって制限を受けているために、興行上求められている恋愛もの風の脇筋や、伝統的な（負け犬が超大国を下すという）語りを活用しづらい。しかも、主人公がイスラエルの王ではなくガリラヤの労働者であってみれば、叙事詩映画でエンターテインメント的価値を発揮していた絢爛豪華さを提示するのも困難である。さらにここでの資料たる福音書に提示されていた奇跡的要素を控えめに示す傾向からみてとれるように、イエス映画における聖書は、旧約映画の場合より明らかに、キリスト教の、とくにプロテスタンティズムの領域にある。

このような映画はほとんどの場合、エンターテインメントとしては出来が悪い。登場人物とりわけイエス自身がしゃべりすぎるし、行動が少なすぎる。イエス映画の語りの筋は、伝記的定型と大衆的敬虔の必要性に決定づけられており、間違いなく先が読めてしまう。イエス映画の進み方は、たいてい苦しいほどスローである。

イエスが到来しても、ローマの迫害を終わらせてくれない以上、彼の到来は何を意味しうるのだろう。イエス映画によると、外界における政治秩序が同じままであっても、イエスの到来は、内面的には根本から変質した新しい霊的秩序を意味した。またイエスの到来は、新しい人物像を、そしてアメリカの独自性を国内外に伝えうる新しい力強い物語を意味した。そもそもイエスの到来は、キリスト教の始まりを意味する。それはハリウッド的視点からみると、アメリカそのものに真っ直ぐつながる新しい主人公である。イエスが——イエス叙事詩映画において設定された語りの予想に反して——ユダ王国をローマから解放しなかった事実は、西洋史における長きにわたる見方、ならびにアメリカの自己理解におけるキリスト教の重要性によって覆い隠される。諸々のイエス映画それ自体は、キリスト教の重要性を曖昧に示しうるのみである。この問題は、次章で扱う「古代活劇もの」の映画において、いっそう具体化している。

四章　古代活劇映画とキリスト教
――「すべての民をわたしの弟子にしなさい」（マタ二八19）

叙事詩映画『聖衣』（一九五三）は、悲劇的で勝利に満ちた印象をたたえて終わる。凛々しい主人公マーセラス（リチャード・バートン演）とダイアナ（ジーン・シモンズ演）がカメラ、つまり視聴者のほうを向き、落ち着いて、しかし喜ばしげに長い中央階段を進んで、皇帝カリギュラの巨大な王座室から出ていく。その先に据えられたカメラの位置には、彼らに科せられる死と、キリスト教の天国において共に生きる幸せな来世が待っている。

『聖衣』は、「古代活劇もの」とかペプラム映画と呼ばれる映画ジャンルの古典的な事例である。このジャンルは、旧約叙事詩映画やイエス映画と同様にサイレント期に華開き、第二次世界大戦直後の二十年間にふたたび華開いた。[1] ペプラム映画という呼称は、こうした映画の衣装が一様に「ペプラム」（チュニックやトーガのような貫頭衣を意味するラテン語）と剣とサンダルを身につけていたことに由来する。旧約映画やイエス映画の出演者も同様の衣装を身につけていたが、この呼称はとくに、古代に設定されたイタリアの歴史映画を想定しており、その後、古代ギリシャや古代ローマの設定をもつ叙事詩映画にも広がった。[2]

カメラの位置には来世が待っている　『聖衣』

福音書に描かれた出来事や福音書と同時期に設定された架空の物語を扱うので、本研究においては、古代活劇映画という呼称がふさわしい。イエス映画は架空《フィクション》の物語を混ぜて加工するのに対し、古代活劇映画はまぎれもなく架空の物語であり、しばしば小説に基づいているので、正典情報にはほんの漠然と結びついているに過ぎない。こうした映画は例外なく叙事詩映画であり、したがって叙事詩映画ジャンルの典型である贅沢な規模の慣例を示している。この慣例は、『スパルタカス』（一九六〇）のような剣闘士映画をはじめ、多くのペプラム映画の主要な筋書きに現れる剣闘士というモチーフを用いている点で、かなり共通点をもっている。古代活劇映画はイエス映画と同様に、キリストと直接に個人的な関係を築く幻想を醸し出す映画という媒体《メディア》において成立している。誰もが感服するほど凜々しい主人公の人生がキリスト教信仰によって変貌し、視聴者はその主人公の目をとおして、イエスを——いつも目の前に居るのではないにしても——見いだすのである。

歴史的概略

他の聖書映画と同じく、ペプラム映画はサイレント期に遡り、『ベン・ハー』（一九〇七、一九二五）や『クオ・ヴァディス』（一九〇一、一九一〇、一

九一三、一九二四)、『暴君ネロ』(一九一四、一九三二)といった古典がある。サウンド付映画が始まると、ペプラム映画の製作熱は静まった。起源七九年のヴェスヴィオ山の噴火とイエスとを結びつける手がかりが皆無なのに製作された『ポンペイ最後の日』(一九三五)は、注目に値する例外である。[3] 聖書叙事詩映画であるリメイク版『クオ・ヴァディス』(一九五一)、より顕著には『聖衣』(一九五三)をもって、古代活劇映画は再燃した。

かつての大画面技術であったシネマスコープの草分け的作品として、『聖衣』は鳴り物入りで広く評価された。[4] シネマスコープのおかげで、これまでの技術よりも広大な距離感をもって、より大きなスクリーンに広い景色を提示できるようになり、[5] 二人以上の登場人物を画面上にミディアムショットやクローズアップショットで提示できるようになった。[6] ある記者は、シネマスコープこそ「映画《フィルム》の荒れ野」からハリウッドを導き出す「モーセ」だと洒落を述べた。[7]

この後に、『デメトリアスと剣闘士』(一九五四)や『銀の盃』(一九五四)、『聖なる漁夫』(一九五九)、『バラバ』(一九六一)、有名な『ベン・ハー』(一九五九)のような映画が続いた。こうした映画はほとんど十九世紀・二〇世紀の敬虔小説の翻案であり、たとえばルー・ウォレスによる『ベン・ハー——キリストの物語』(一八八〇)、シェンキェヴィチによる『クオ・ヴァディス——ネロの時代の物語』(一八九五)、ダグラスの『聖衣』(一九四二)、同じくダグラスの『聖なる漁夫』(一九四八)、コステインの『銀の盃』(一九五二)などが原作である。ペプラム映画は聖書叙事詩映画と同じく、資金的理由と社会的理由とにより、ハリウッド黄金期の終わりとともに廃れた。叙事詩映画と同様、ペプラム映画の製作にはあまりに費用がかかった。ワイドスクリーンへの移行は、短期的には映画館への観客動員を活性化したが、この技術は十年を待たずに中止された。観客の動向は、技術だけでは解決できない根本的な要因を抱えるものだったからだ。[8] アメリカ社会の変化、つまり世俗化や多様な宗教的・民族的背景をもつ移民の流入は、キリスト教的メッセージを公然と説いてみせる映画への嫌悪感を増すことにつながったと推測されよう。

四作品の筋書き

本章では、最もよく知られ最も愛された四つの古代活劇映画に焦点をあてる。それぞれ固有の（そして時折入り組んだ）物語を伝える『ベン・ハー』（一九五九）、『バラバ』（一九六二）、『聖衣』（一九五三）、『クオ・ヴァディス』（一九五一）の四作品である。『ベン・ハー』はイエスの時代に設定されており、ユダヤの裕福な商人（で王族でもある）ジュダ＝ベン・ハーと、ローマ軍の護民官メッサーラとの関係を中心に展開する。ベン・ハーとメッサーラは幼馴染みだった。紀元二六年にメッサーラがローマ駐屯軍の司令官としてエルサレムにやってきたとき、二人とも友情を再燃させるつもりだった。しかしながら、二人の楽しい再会は短いものにおわる。二人が政治的に目指すものの対立が露呈するのだ。この頃、ベン・ハーとその家族のもとに、奴隷身分の忠実な執事サイモニデスと、彼の美しい娘エスターが旅路から戻ってくる。ベン・ハーとエスターは互いの愛を打ち明け、ベン・ハーはエスターに自由を与える。しかし折悪しく、エスターはすでに、彼女自身ほとんど知らない相手と婚約が決まっている。不運な事故が、さらに事態をややこしくする。ヴァレリウス・グラトゥス（ピラトの前のユダヤ属州のローマ総督）がエルサレムに到着するが、ベン・ハーの妹がうっかり屋根瓦を地面に落としてしまい、グラトゥスの馬を驚かせてしまったのだ。グラトゥスは地面に投げ出される。落馬そのものは事なきを得たがメッサーラは訴追を決める。ベン・ハーは妹を守るために事故の責任をとり、ローマのガレー船での苦役を申し渡され、母と妹は収監される。海上での数々の冒険を経て、ベン・ハーはクインタス・アリウス執政官の命を助け、執政官はベン・ハーを養子にとって、彼の罪責を免除する段取りをつける。ベン・ハーはユダヤ属州への帰路で、バルタザールと彼をもてなすアラブの族長イルデリムに出会う。家に着くと、エスターが嫁がなかったことも分かる。彼は母と妹を解放しようとするが、二人は行方不明とされ、解放は失敗に終わる。メッサーラのやり口に激怒したベン・ハーは、イルデリムの馬車でメッサーラに戦車競争を挑む。ベン・ハーは競争会で優勝し、メッサーラは馬と馬車の下敷きになる。メッサーラは最期の息の中でベン・ハーに、その母と妹が「らい病の谷」で生きていることを暴露する。この頃、「山上の垂訓」を聞いたエスターは、イエスを信仰し始める。ベン・ハーは「磔刑」を目撃し、母と妹は奇跡的に快癒する。

『ベン・ハー』における諸事件はイエス物語の時代にかぶっているが、同種カテゴリーにある他のほとんどの映画は、イエスの磔刑よりも後の時代に設定されている。『バラバ』は、ピラトがイエスの代わりに解放した囚人バラバ（マタ二七16〜26、マコ十五7〜15、ルカ二三18、ヨハ十八40）を扱っている。正真正銘の暴漢バラバは、釈放されるとすぐに、友人たちや恋人ラケル《レイチェル》のもとに戻る。バラバが収監されている間に、ラケルはキリストの信奉者になっていた。彼女は後に、イエスの死を裁定したのと同じ祭司たちによって捕らえられ、石打ちに処される。バラバは彼女を助け出そうとするが、救助に失敗して裁判にかけられ、シチリアの硫黄鉱山に流刑となる。二十年にわたる苦役のあいだ、彼はキリスト教信者サヘクと鎖でつながれている。彼はバラバをゆっくりとキリスト教信仰の道へと引きこむ。二人は地震を生き延び、知事の妻ジュリアの関心を引く。ジュリアは二人をローマに連れ帰り、そこで二人を剣闘士に育てる。サヘクは、キリスト教を信じていたかどで処刑されるが、バラバは競技場で剣闘の教師たちを相手に見事な闘いを見せ、剣闘士として頂点に立つ。バラバはネロによって釈放され、サヘクの身体を、この地域のキリスト教徒が礼拝するカタコンブに埋葬する準備を整える。バラバはローマが火事になっているのをこのカタコンブから見て、この火によって世界の終わりが始まると思いこみ、たくさんの建物に火を仕掛け始める。彼は捕らえられ、そしてキリスト教信仰を理由に、ローマの兵士によって十字架にかけられる。

『聖衣』もまた、物語の始まりにイエスの磔刑を置いている。紀元三二年頃、ローマの護民官マーセラス・ガリオは、競売でギリシャ人の奴隷デメトリアスを買う際、ティベリウス皇帝の大甥で後継者となっているカリギュラに競り勝つ。マーセラスは幼馴染みで今はティベリウスの後見をうけるダイアナと恋に落ちるが、彼女はカリギュラとの婚約を定められてしまう。カリギュラはマーセラスを邪魔に感じ、また彼をそばに置くのはバツが悪いと考え、マーセラスをエルサレムに転出させる。マーセラスとデメトリアスがエルサレムに着いたのと同じ頃、イエスが輝かしいエルサレム入城をなす。デメトリアスはイエスに感銘を受けたが、マーセラスはイエスの磔刑を受け持つ兵隊の管理を任され、サイコロ勝負でイエスの衣を勝ち取った。磔刑後の豪雨から身を守るため、マーセラスはデメトリアスに手伝わせて、その衣を肩にかける。ところが、その衣は彼を雨から守るどころか、その衣のおかげでマーセラスは、肉体的にも精神的にもひどく病んでしまう。デメトリアスは苦しむ主人から衣をもぎとって消える。ティベリウスは病んだマーセラスに、その衣を見つけだして焼却するように指示し、イエスの信奉者たちの一覧を作るように命じるが、この時ダイアナを解放し、マーセラスの精神錯乱にもかかわらず、彼と結婚する許可を与える。マーセラスはカナの地に到着する。この地で彼は衣装商人になりすますが、キリスト教徒の指導者であるユストゥスとミリアムに出会って、彼らから大きな影響を受ける。彼はその後、やはりカナに来ていたデメトリアスを見つけ、件の衣を持ってくるよう頼む。しかしながら、今度はもう衣が怖くなく、それを着用しても、もう具合が悪くならないことがわかる。マーセラスは病がこの衣の力によって、つまりはキリストの力によって治ったのだと信じ、信者になる。彼はカリギュラに捕らえられ、有罪を言い渡される。ダイアナは、信仰と死と死後の栄光ある結婚への道を、彼と共にする。

『クオ・ヴァディス』は数十年後の紀元六四年に設定されている。ローマ軍の司令官マーカス・ヴィニシウスは戦地から戻り、元奴隷のキリスト教徒リジアと恋に落ちる。リジアは、退役したアウルス・プラウティウス将軍の家で、娘として育てられた。彼女はマーカスに惹かれるが、見るからに無情らしい彼の性格に接して、彼から距離をおく。ネロはローマを焼き払うという異常な計画を思いつき、キリスト教徒のせいにして実行する。キリスト教徒たちは火事から抜け出せずにいただけだが、この悲劇を招いた推定罪で虐待される。マーカスはリジアとその養父母を助けようとするが、彼らはすでに捕らえられ、競技場での死刑執行が定められている。ネロの妃ポッペアは、マーカスに言い寄った際に袖にされたことに腹をたて、競技場の真ん中で獰猛な雄牛の前で杭に縛られたリジアを見るよう、マーカスに強いる。リジアの護衛である大男ウルススは、リジアを助けるべく、素手で雄牛を殺す。皇帝ネロは、民衆とローマ元老院の求めで仕方なく彼らを解放し、ガルバ将軍から帝国を取り上げられる間際に自害する。マーカスとリジア、そしてウルススは、ローマを去って、末永く幸せに暮らす[9]。

マーカスとリジア
『クオ・ヴァディス』

叙事詩映画としてのペプラム映画

ペプラム映画は同時代の聖書映画と同様に、長くて規模が大きく、大きな空、大仰な音楽、大々的な舞台装置、そして沢山の出演者を特徴とする叙事詩映画である。ペプラム映画には、チャールトン・ヘストン（ジュダ＝ベン・ハー役）、アンソニー・クイン（バラバ役）、リチャード・バートン（マーセラス役）、ジーン・シモンズ（ダイアナ役）、デボラ・カー（リジア役）といったハリウッドの頂点をなす俳優が出演する。そして、ペプラム映画は有名な美術作品を活用しており、ミケランジェロの「アダムの創造」が『ベン・ハー』の視覚的にも神学的にも目立った主題となり、同じくミケランジェロの「ピエタ」が『クオ・ヴァディス』の喪の場面の手本となり、ティソやドレの聖書挿絵が『ベン・ハー』における「山上の垂訓」場面の原型になっている。

ペプラム映画の中身がキリスト教的であることは明瞭だが、にもかかわらず、叙事詩映画ジャンルの特質である宴会場面や無礼講のダンス場面を必ず含んでいる。こうした場面は、古代活劇映画において旧約映画の場合と同様、たいていローマの皇帝や高官が催す娯楽だから、異教徒の習わしとされている。映画がこうした異教徒的な軽率さに異議を唱えていることを伝えつつ、見せ物的なショーをだらだらと繰り広げて、観客を楽しませ、興行収入を期待できるわけである。

男性主人公はたいてい、こうした宴会の主賓である。その主人公が『クオ・ヴァディス』のマーカスのように異教徒である場合、映画の作り手は、リジアのように映画の倫理的中心にいるキリスト教徒に不賛成を表明させつつ彼に宴会を楽しむのを許可する。ジュダ＝ベン・ハーのようなユダヤ教徒の場合は、こうした異教徒の環境に居て、見るからに居心地の悪そうな態度をとる。キリスト教に回心・改宗《コンヴァージョン》しつつあるペプラム主人公は皆、同様である。カメラはだらだらと宴会を映し出し、視聴者にとっての娯楽的価値が最大化されるが、その同じ視聴者が、異教徒の馬鹿騒ぎをめぐるキリスト教的批判に共鳴し、この宴会を享受する違和感にも足並みを揃えるのである。

見せ場を提供するもう一つの機会として戦闘場面がある。活発な軍楽を伴い、馬や戦車に乗って敵に立ち向かう数百の兵士を映し出すスリル満点の戦闘場面は、このジャンルの定番になっていて、広義の戦闘映画に位置づけてもよいくらいである。[10] 剣闘士の競技は、ローマ帝国を扱った叙事詩映画でも標準化され、お約束の場面になっている。[11]『クオ・ヴァディス』では、並み居るキリスト教徒たちが獰猛な動物と戦うために競技場に送り出される。『バラバ』では、主人公バラバとその仲間が剣闘士養成場で鍛えられ、他の剣闘士たちとの数々の競技を勝ち進んでいく。『聖衣』では、マーセラスが剣闘士を専門とする奴隷市でデメトリアスを買う。

剣闘士による見せ場は、祝宴の無礼講場面と同様に、楽しみと嫌悪感を呼びさます。とりわけ『クオ・ヴァディス』（一九五一）の終盤の長い場面がそうである。カメラは、キリスト教徒の畜殺《スローター》を待ち構える膨大な数のローマの民衆を長々と映し出す。私たちは視聴者として、そんな喜びには反発しながらも、剣闘場面やそれを喜ぶ群衆の姿に釘付けになる（と映画の作り手は望んでいる）。この場面は、ポッペアがマーカスに浴びせようと仕組んだ虐待のために存在し、この虐待においては「眼差し」――沢山の眼差し――が重要である。嗜虐的なポッペアの望みは、自分を袖にした男に、愛しいリジアが獰猛な牛に角突きされる様子を見せることである。この光景は、まさに常軌を逸した耐えがたい苦悩をもたらすだろう。しかしながら、キリスト教徒は最終的には勝たねばならないので、どんでん返しが起こる。ポッペアは、リジアの護衛ウルススが牛に打ち克つところを目にせざるをえないのである。この映画が伝えようとするのは、全体主義の悪徳の帝国の支配に対するキリスト教徒の力や、回心・改宗を通じた教会の成長だが、視覚的には、明らかに非キリスト教的な娯楽の時間を提供するのである。

キリスト教的叙事詩映画における回心・改宗については、メル・ブルックスの『珍説世界史パート1』(一九八一)がこれを見事に茶化している。この映画のローマ篇はあらゆる火種に着火する。ローマの乱暴さと猥雑さ、ラスヴェガスのシーザーズ・パレスにも見まがうような派手な建築物、尊大でありながら活力がなく、妻に軽くあしらわれるローマ皇帝という底抜けに愉快な描き方をする。そこには戦車競争の場面まであり、すでにみたように、子々孫々のために最後の晩餐を絵画にするかたちで、福音書の場面も差し挟まれている。こうした場面は、一九八〇年代コメディのドタバタ喜劇の作法であり、ただただ面白いが、キリスト教叙事詩映画ジャンルの慣例に慣れた観客にも強く訴える。

聖書映画としてのペプラム映画

歴史性と本物らしさ

古代活劇映画は旧約映画やイエス映画と同様に、物語の時代と場を示すために、文字スクロールとヴォイスオーバーの技術を用いる。『ベン・ハー』は、ユダヤ属州の趣きあふれる地図と出来事の時期、つまりイエスの誕生年を示す「主の年《アンノ・ドミニ》」という字幕で始まる。[12]「神の声」風の語り手《ナレーター》が重々しく言及するのは、全住民に住民登録と納税のために各々の町ならびにエルサレムに戻ることを求める勅令である。曰く「この悩める土地の心臓、アントニアの砦が見下ろす古き都市エルサレム、不滅の内的信仰の外的表現である神殿があり、ローマの権力の座でもある場」。それから「主の年二六年《アンノ・ドミニ》」が示され、物語はイエスの誕生から受難へと、急転回する。『クオ・ヴァディス』の始まりは紀元六四年のローマで、ヴォイスオーバーが設定（帝政ローマ）と時代（磔刑の約三十年後）を厳粛に描いている。この語り手によると、帝政ローマは「鞭や剣から逃げる道のない」堕落した帝国の中心であり、堕落の例外は、三十年前に「人間を自由に」し、「愛と解放の福音を広める」ためにローマの十字架にかかって死んだ男の信仰だけである。このヴォイスオーバーは、ローマに悪党どものレッテルを貼り、キリスト教徒に英雄たちのレッテルを貼って、物語とその演じ手をどう解釈してほしいか、どう観てほしいか、視聴者にヒントを与える。

　こうした映画では、視覚的語法もまた聖書的な――より詳細にいえばキリスト教的な――背景や内容を強調している。キリスト教の印《トークン》や象徴《シンボル》を繰り返し用いるのは、視覚的語法の一要素である。『クオ・ヴァディス』における印は、リジアがマーセラスと初めて長い会話を交わす際に砂に描いていた魚の絵である。『聖衣』における印は、イエスが磔刑の直前に羽織っていた「貫頭衣《ペプラム》」である。これは、デメトリアスが愛ゆえに保管していた印、マーセラスがキリスト教の信仰にたどりつくまで彼を苦しませた印、そしてダイアナがペテロに届けた印でもある。他二つの映画における印は、十字架である。『ベン・ハー』では、ベン・ハーがメッサーラと感動的な再会を果たす部屋にかかった十字形の梁のほか、様々な場面でみられる。『バラバ』では、鉱山での友の持ち物で、彼の死後はバラバが大切に携えている円盤に刻み込まれている。

他の映画の引喩

ペプラム映画は他の映画から、伝統的な型となった場面を、とりわけ当の映画にとって重要な「山上の垂訓」や磔刑といったイエスらしい場面において再現している。しかし、これらの映画自体も、後には他の映画によって反復される象徴的な場面・映像の源泉となった。最も顕著な例が『ベン・ハー』における戦車競争である。この戦車競争は、映画の語り《ナラティブ》の内部では、メッサーラとベン・ハーの間にずっとわだかまっている対立をハラハラドキドキさせながら解決する。戦車の車輪に山形の釘をつけるといったメッサーラの不当で不法な有利さをしのいで、ベン・ハーは予想どおり勝つ。この戦車競争にはかなり時間がかかるが、(とくに大画面とサラウンド音響で視聴すると)途方もなく刺激的である。[13]

ロマンス

叙事詩映画ジャンルの他の慣例、つまりロマンスについて見てみると、古代活劇映画はイエス映画よりも大いに有利である。キリストその人よりもキリスト教徒を前面に出すので、古代活劇映画は旧約叙事詩映画と同じくらい容易に、ロマンス描写の要請を満たすことができる。

『ベン・ハー』では、ジュダとエスターとの恋愛は控えめな題材に過ぎないが、ローマ人たちを描く映画では愛が舞台の中央にやってくる。『クオ・ヴァディス』には、三つもの恋愛が描かれ、そのうち一つは本格的な三角関係の恋愛である。中心にあるロマンスは、元奴隷でキリスト教徒であることを隠したリジアに一目惚れするローマの軍人マーカスの心を捕らえる。リジアの扱い方をめぐって、彼女を売買したり捨ててしまったりできる商品として扱うローマ人の扱い方と、自らの声を持ち、求愛者の口説きを受け入れても断ってもよい愛すべき娘として扱うキリスト教徒の扱い方とが対比されているために、この映画では、キリスト教徒の倫理観と価値観が、フェミニズムの覇者ならびに奴隷解放者として優位に描かれる。そのような描き方によってこの映画は、自由と万民への正義の国であるというアメリカの自己提示がキリスト教の価値観と一致していることをも示している。

『クオ・ヴァディス』における残り二つの恋愛は、さほど発展しないものの、恋愛関係や両ジェンダーの関係についての視野を構築する上で重要な役割を演じている。この映画では、マーカスの叔父でローマ元老院の議員であるペトロニウスへの、スペイン人の奴隷ユーニスの愛情が、短いながらも描かれている。ペトロニウスははじめのうち、自分に対するユーニスの気持ちに気づかず、彼女をマーカスに与えようとする。古代ローマの（ペプラム映画に描かれている）典型的な男性と同様、ペトロニウスは美しさしか気にかけない。彼女がマーカスのところへ行くのを拒んだのを罰する際、彼女の肌に仕置きの傷がつかないようにと指示する。ユーニスは、主人の冷淡さと無関心に接しても思いとどまることなく勇気を奮い起こして、彼への愛を打ち明ける。彼はその愛に応え、映画の展開にしたがって、華々しくはないものの、二人の愛や平等が育まれる様子を垣間見ることができる。最終的には、二人は友たちと「最後の晩餐」を取りしきった上で心中する。ペトロニウスの心境の変化は信仰にまでは及ばず、最後まで無神論の異教徒のままであるが、彼は根本的に善人であり、彼の潜在的な倫理的感性は、善女の愛によって露わになった。

後宮の女性アクティの皇帝ネロへの報われぬ愛は、もう少し不吉で、あまり発展性のない愛である。アクティは二度しか現れない。一度目はネロの邸宅に招かれて不安げなリジアを迎える際であり、二度目は映画の終盤である。ローマの大火によって面目を失い失脚するネロが居室でメソメソ泣いていると、アクティが現れ、彼の悲惨な状況を高潔に解決する唯一のあり方として、愛情から彼に自害を促す。

ペプラム映画は旧約映画と同様に、異教徒とキリスト教徒の間の標準的な恋愛に三角関係を加えることでヒートアップする。『ベン・ハー』の場合、三角関係——画面に登場しないエスターの婚約者を含めて——は物語にとって控えめな要素であるけれども、他の三つの映画では、愛の三角関係が、筋書きにおいても映画全体の感情的主旨においても決定的な役割を果たす。『聖衣』において、皇帝ティベリウスの甥で、魅力がなく卑怯で執念深いカリギュラは、皇帝とダイアナという二つの欲望を抱いている。彼は前者を獲得するが後者は失う。ダイアナは凜々しいマーセラスに惚れたのだ。ダイアナはマーセラスの長い闘病中にずっと彼を世話し、彼がキリスト教徒になった後もなお、彼と共に居る。最終的には、彼女とマーセラスは殉教する。彼女は最近得た信仰を執念深い真正馬鹿のカリギュラの前で証した直後に殉教する。『クオ・ヴァディス』では、マーカスに下心を抱く、狡猾で美しいネロ妃ポッペアが、マーカスとリジアの愛に激昂する。ポッペアは、リジアに競争心を抱いているが、リジアのキリスト教徒らしい徳性をそのまま裏返した人物像で、険があり搾取的で貪欲——マーカスの言葉を借りれば「共喰いする蜘蛛」——である。リジアに夢中になっているマーカスにとってポッペアは何の魅力も持ち合わせていないが、彼女には権力があり、気まぐれにマーカスを呼び出したり、映画終盤の剣闘場面においてマーカスを容赦なく拷問したりできる。

これら四つの映画は共通するパターンをたどっている。愛の三角関係で三番手になる人物は、例外なく非キリスト教徒であり、ほぼ異教徒である。主役のカップルがキリスト教信仰によって二人の愛を揺るぎないものにするにしたがい、この三番手の彼／彼女は必然として満たされない愛に苦しむ。ほとんどの場合（『ベン・ハー』を例外として）、袖にされた恋人は、内々に自分の傷をなめるのではなく、拒絶されたことをバネに人前で虐待や報復を行う。こうした描き方は、「結婚制度や家庭の尊厳は擁護されるべきである」と要求する映画製作倫理規定に歩調を合わせたものだ。さらに言うと、この尊厳——あるいは「キリスト教徒の」

結婚の品位——を妨害する恐れのある者は、その性格・感情・振る舞いが創り出す刺激がいかに楽しみをもたらすとしても厭うべきなのであった[14]。

ペプラム映画におけるイエス

古代活劇映画において、イエスは前面で中心的に活躍するわけではないが、物語背景を形成しており、出来事のほとんどが、イエスの人生、イエスの伝えること、そしてとくに、イエスの死を動因として発生している。観る者にこの物語背景を思い起こさせるために、映画には、イエスの場面が一つかそれ以上、挿入されている。こうした場面で焦点になっているのは必ずしもイエスではなく、イエスの周囲の人々にとって、それゆえ暗に観客にとって意味深い歴史上の人物である。こうした映画は視聴者に、登場人物の目を通してイエスを見ることを促しつつ、イエスを拒絶する人に共鳴するか、イエスを受け入れる人に共鳴するかの選択を促している。皮肉なことに、こうした映画でイエスの顔そのものは、ほとんど登場しない。イエスの顔を映すのを避けているのは、製作スタジオがこうした映画を上映する予定の多様な国々の検閲上の必要性を満たすためもあろうが[15]、結果として、架空人物の眼差しが、映画を観る者とイエスとの出会いを媒介している。

囚人のベン・ハーと
イエスの一度目の遭遇
『ベン・ハー』

『ベン・ハー』

ペプラム映画が福音書の出来事を描く方法は二種類ある。架空物語の筋に直接編み込んでフラッシュバックで提示される再現劇を通じてか、ペトロのようなキリスト教徒の証言を通じてである。『ベン・ハー』は、二つの手法の両方に立脚している。この映画は、キリスト降誕と山上の垂訓と受難の再現劇を、この出来事を目撃するエスターやベン・ハーやバルタザールといった架空の登場人物を描く架空の枠組みに溶け込ませている。イエスの若い頃の架空の場面も再現されていて、これはイエスにかかわる出来事という語りのアーチをかける穴埋め作業であろう。ヨセフがナザレの大工小屋で忙しく立ち働くあいだ、ローマ軍が自分たちの存在を街中に誇示する。客が来てヨセフの息子が居ないのをいぶかしみ、「イエスは仕事をサボっているのか」と言う。ヨセフは答える。「彼は言ったよ。私の父の仕事に携わらねばならないと」。客はヨセフに「じゃあ何故、ここに居て仕事しないんだ?」と念押しする。ヨセフはイエスがまさに働いているのだと答える。カメラはガリラヤの丘を歩いて行く茶色い髪の少年の後ろ姿に切り替わり、それから素早く、ローマ兵たちに切り替わる。カメラと会話との組み合わせによって、イエスの仕事が、まだ明示されてはいないにせよ、ガリラヤのユダヤ人小作農に対するローマの圧政をめぐる何らかの対応であることを暗示する。

しかしながら、この映画の核をなす霊的なメッセージを伝えるのは、ベン・ハーがイエスと直接顔をあわせる二つの劇的な場面である。一度目の遭遇は、当時囚人のベン・ハーが、熱い不毛の砂漠で他の多くの囚人と一緒に強制行軍していた時のことである。囚人たちは疲れ切り、乾き、しきりに井戸に近寄ろうとするが、ローマの監視兵たちに追い返される。一人の女性が水を差し出すが、ローマの監視兵は囚人たちが飲む前にそれを払い落とす。それを作業場の窓から見ていたのは、ある若い大工である。ベン・ハーが救いを求めて祈ると、鳴っていた音楽が突然変化し、一つの手が、囚人の顔と両手に水を注ぐ。この手はベン・ハーの手にやさしく触れてから、彼に水を飲ませ、彼が座りなおすのを助け、その髪を撫でる。ベン・ハーは感謝の眼差しでその人物を見上げ、再び水を飲む。サウンドトラックは完全に静かになる。ローマ兵が遮ろうとするが、その人物はベン・ハーが元気を取り戻し回復するまで、水を飲ませ続ける。そしてその人物は離れる。彼の眼差しはベン・ハーに注がれているが、残念ながら観客のほうには向けられていない。彼の顔は、この場面の間じゅう、映画的視界から隠れている。

この場面の意味は明らかである。大工がイエスであることは——西洋美術やイエス映画でおなじみの——長い髪と流れるようなガウンを羽織っているために、容易に判る。彼が現れる際の光や音楽の変化によって、彼の高尚な精神が示されている。水は、ベン・ハーが肉体的に緊急に求めているもの——ちょうどイエスが井戸端でサマリアの女性と遭った時のように（ヨハ四、マコ九41）——を象徴するだけでなく、ベン・ハーが精神的に必要としているものをも象徴する。イエスは、ベン・ハーの顔と両手に水を注ぐことで、囚人の苦痛を沈めるだけでなく、ジュダ＝ベン・ハーの未来の洗礼に携わる、あるいはこれを予見している。イエスとローマ兵の静かな対決は、この若い大工が霊感をもって導くことになる解放の闘いを意味している。おそらく、最も説得力があるのは、二つの手が触れあう映像であり、それは神とアダムの手が触れあう様子を描くミケランジェロの絵画を再現している。

映画の終盤では、同じ出来事が、立場の逆転したかたちで示される。ベン・ハーは、死刑を宣告されて行進する男をイエスだと認識する。イエスが十字架の重みで転んだ時、ベン・ハーは彼に水をやろうと走り寄る。私たちは再び、二人が互いの目を見ながら、両者の手が触れあうのを目にする。イエスは跪いて水を飲もうとするが、ローマ兵はその水を道の脇に蹴り出す。イエスは、ジュダの苦痛を和らげるためにローマ兵と静かに対決して打ち克ったが、ベン・ハーはイエスに対して同じようにできなかった。この対比によって、ローマを相手に抵抗する上で、たとえ善意があっても一介の人間には為しえないことを達成するイエスの力が強調されている。

イエスは、カメラ上に――完全に見えないにしても――存在するだけでなく、イエスを目撃したという証言や、イエスが彼らの人生に与えた影響によって存在する。最も卓越した二つの証言は、賢者バルタザールと新しい回心者エスターによる証言である。バルタザールは、他の二人の賢人と共に飼い葉桶の赤子を見つけた時の様子を順を追って話す[16]。彼は、今や青年になったその赤子に再び会えると期待してエルサレムに戻ったのだ。エスターは「山上の垂訓」でイエスの平和の祈りを聴き、ベン・ハーにイエスが人間を超える存在だという確信を語る。ベン・ハーは二つの証言のどちらにも納得せず、この地を浄化するのは血だけだと明言する。ベン・ハーは闘争によって流される血に言及しているが、この言葉は逆手に現出する。映画を締めくくるのが、地面を洗い流すイエスの血――と死――だからである。磔刑の間に起こった猛烈な暴風雨が、雨水とイエスの血を混ぜ、街中に広がっていく。地が浄化され、ジュダの母と妹が癒やされ、そして象徴的には、この地がローマの抑圧から浄化されているのだ。このような浄化は、もちろん軍事的な意味では起こっていない。イエス映画の場合と同様に、歴史的に制限されていて、政治的な自由という主題は充足しえない。しかし、イエスの血が持つ精神的な衝撃は、信者となるベン・ハーの人生において明白である。彼は合理主義や懐疑論を脇において、イエスを自身のユダヤ的信念の成就として受け入れる。

　架空物語の枠組みにイエス物語の断片を統合することについては、叙事詩映画の時代の他のペプラム映画にも、同様の手法がはっきりと現れている。映画『バラバ』は、そのタイトルによって誰もが思い当たるとおり、受難物語から欠落した部分、つまり、ピラトによって釈放された後、無法者バラバの身に何が起こったかという疑問に答えようとしている。この映画は、ピラトの前で、民衆がイエスではなくバラバを選ぶ公判の場面から始まる。この場面では、ほんの短いあいだ、白い衣に身を包んだ褐色の髪のイエスの姿も見られるが、『ベン・ハー』の場合と同様、その顔は見えない。福音書の他の場面としては、イエスの鞭打ち、バラバの釈放、苦難の道《ヴィア・ドロローサ》、磔刑、降架、空の墓の発見が含まれる。こうした場面はバラバの視点から、そして／あるいは、想い人のラケル《レイチェル》の視点から、たびたび提示される。彼らがイエスの受難という事件を観るあいだ、まるで私たち視聴者自身もまたスクリーン上に居るかのようにこの事件を見守っている。

他のペプラム映画におけるイエス

『聖衣』は『ベン・ハー』と同様に、架空の人物をイエス物語の諸断片に織り込んでいる。デメトリアスを連れたマーセラスは、イエスの栄光あるエルサレム入城とまさに同じ時期に、エルサレムでの新しい職場に着任する。マーセラスは放心状態になっているが、デメトリアスは注意深くイエスを眺め、イエスその人とかなり長く眼差しを交わす。主人と奴隷は、苦難の道《ヴィア・ドロローサ》にも居合わせる。マーセラスは、イエスが苦しそうにゆっくりとゴルゴタに向かうのを、たいしたことでもなさそうな面持ちで眺めているが、デメトリアスは大胆にも騒ぎに加わる。十字架の重みで倒れたイエスを、ローマの兵士が打った時、デメトリアスは兵士にくってかかるが、むしろ叩き出されてしまうのだ。この叩き出しは、キリスト教徒の災難と殉教という主題を予兆している。キリスト教的な古代活劇映画のあらゆるところに見られるのと同様だ。この磔刑場面では、主人の無頓着さと奴隷の情熱的な関わり方が対照的である。デメトリアスはイエスの死を目にする。その間、マーセラスは、ローマ兵に混じって十字架の足下に踞り、イエスの衣をめぐってサイコロをふっている。イエスの最後の言葉——父よ、彼らをお赦しください。自分が何をしているのか知らないのです——が、ヴォイスオーバーで聞こえてくる。この場面では、『ベン・ハー』と同様、イエスの顔はよく見えない。マーセラスはイエスの衣を勝ち取る。すでに見たとおり、この衣によって彼は深刻な病に罹るが、ダイアナの愛と彼自身の回心《コンヴァージョン》・改宗によって癒やされる。

マーセラスはベン・ハーと同じく、イエスを目にし、また、大工の言葉と行いに直接ふれた人々から彼について耳にする。マーセラスはカナの地に旅立つ。皇帝は、この地ならマーセラスが病から癒えて、そこで盛んに活動するキリスト教の一団の様子を探ると期待している。ある夕暮れ、彼は、身体に麻痺のある盲目の女ミリアムが空の墓と復活について歌うのを聴く一団に出くわす。マーセラスは後にミリアムに再会する。彼女は、カナの婚礼の夕暮れに体験したことを語る。村中の人々が皆そこに招かれたが、彼女は家から出ることもできないほどの障害ゆえに、家に留まっていた。しかし彼女の両親が婚礼から戻ったとき、彼女は充たされ微笑んでいた。イエスが婚礼への道すがらこの家に立ち寄り、彼女の精神を高揚させたのだ。ミリアムはマーセラスに語る。彼女をはじめ村中が皆、マーセラスがキリスト教徒を見張りに来たのを知っているが、彼を愛しているし、彼が留まるあいだ、喜んで彼をもてなすつもりだと。マーセラスの旅路において、カナの地での経験は、キリスト教信仰への転機となり、しまいには彼の殉教につながるものとなった。

聖典のドラマ化やナレーションの手法は、『クオ・ヴァディス』にも織り込まれている。この映画でイエスの物語を伝える主な役割は、「偉大な漁師」ペトロである。ペトロは福音の物語をナレーションで語る。弟子の召命やペトロの否認、受難、復活の顕現、八福の教えといった場面は、回想風にドラマ化されている。否認の場面はとりわけ涙を誘う。なぜなら、それはペトロ自身の弱さの頂点であり、それゆえ映画を観る者を含めて、誰もが赦されうることを暗に主張しているからである。

キリスト教的な古代活劇叙事詩映画は、こうした工夫を通じて、キリスト教的メッセージを普及させる伝達手段になる。こうした映画は、福音書のよく知られた場面をよく知られた方法で描くだけでなく、異教徒(マーカス)やユダヤ教徒(ジュダ＝ベン・ハー)に変化をうながす効果を、芝居ならではの劇的な表情でいっそう強く実演し、キリスト教的メッセージの伝達手段になっている。

今としての当時

ジェンダー

ペプラム映画におけるジェンダー役割の描かれ方は、旧約映画の場合と同様に、二〇世紀中頃の通念(必ずしも現実ではなく)に対応する。男性は強くて地位も高いが、話しぶりや振る舞いはしばしば粗野であり、戦闘と取引に明け暮れている。女性は、執念深いローマ皇妃を除けば、上品で献身的でしっかり者である。彼女たちは世話をし、癒やし、常識と良識を磨いている。

ペプラム映画の女性たちは慎み深いかもしれないが、決して軽視できない。信者の女性たちや映画の中で信者になっていく女性たちは、旧約映画の場合と同様に、映画の倫理的中心をなす。彼女たちは他者への愛というキリスト教的メッセージをそなえており、しばしばこのメッセージの代弁者としての役割を果たす。もっとも意志堅強なのは、おそらく『聖衣』のダイアナであり、彼女は死が間近に迫った時でさえ堅強である。ダイアナは、愚かで執拗なカリギュラがイエスの話を信じようが信じまいが関係ないのだと言う。カリギュラやその先代の者たちは、人に重大な障害を与え、人を盲目にしたが、少なくとも、イエスには同様のことは有りえない。彼女は宣言する。「貴殿が支配する帝国になど一刻たりとも生きていたくありません。貴殿の悪意と意地悪はローマを堕落させました。私は別の王を見つけました。夫と共にその王国へ参ります」。指導的な立場を敢然と果たす女性は他にもいる。ミリアム（『聖衣』）とラケル《レイチェル》（『バラバ』）は、キリスト教の説教者ならびに指導者として描かれている。こうした描き方は、十八世紀以降のアメリカのプロテスタント教会における女性説教者の役割の大きさを知るプロテスタント系の視聴者の琴線に響いた。[17]

『クオ・ヴァディス』において、主人公である異教徒のマーカスと、慎ましいキリスト教徒の養女リジアが初めて会話する場面では、鈍感なローマ男性と洗練された女性キリスト教徒の対比が目立つ。同時に、こうした会話では、女性が浅黒くてハンサムで背の高い、女性蔑視の典型のような男性を非難しつつも、彼に惹かれていることが強調されている。マーカスが「きれいな女がそんなに深刻に考えるのは時間の無駄というものだ」と言うと、リジアは彼に向き直る。彼女は、マーカスの姿には魅せられるが、その裏が透けて見えると言う。「貴方の容姿に惹かれたのでなければ床をご一緒したでしょう。私が嫌いなのは貴方のおっしゃることです（中略）征服やら殺戮やらの醜いお話です」。彼女は辛辣に皮肉をこめて、マーカスの性差別傾向をも指摘する。マーカスが「君が奴隷なら簡単に連れ帰れるのに」と言うと、彼女は嘲笑って言う。「女性を無抵抗な家畜のように買い取って、それで女性を手に入れるなんて、征服者のなさることかしら」。

しかしリジアは、旧約聖書の映画版に登場する女性たちと同様、最後のクレジットロールが流れるまでの間には、完全に家庭的に——夫に操縦されるべく——しつけられる。愛に心奪われたマーカスが「この上なく偉大な勝利を私にくれないか」と結婚を申し込むと、彼女はうっとりとして「ええ、マーカス、もちろんよ」と答えるのだ。勝ち気な女性はローマのハンサムな武人に征服されました、というわけだ。

対照的に、それ「以外」の女性たち——多神教や猥褻さや加虐症《サディズム》と結びつくポッペアのような——は、映画のキリスト教的視点からは倫理的に非難すべきなのだが、彼女たちのおかげで映画の面白味ははるかに増している。こうした人物は、気まぐれで性的魅力にあふれ魅惑的で、反感を沸かせると共に興味深くもある。ペプラム叙事詩映画は、それらが是認しない見せ物的な場面をだらだらと描くのと同様に、嫉妬や復讐や残忍さと連携しているようにも見える、女の底なしの情熱の旨味を大喜びで描く。

病める時も健やかなる時も

心理学および精神疾患に関する一九五〇年代の見方を反映しうるモチーフも描かれている。『クオ・ヴァディス』では、リジアがマーカスの性差別的で失礼な言葉遣いについて、以下のように公然と分析する。「男らしいつもりでしょうけれど、心と精神に弱みがあるんでしょうね。マーカス・ヴィニキアス、貴方は気づかないうちに自分自身をひどく貶めているわ」。『聖衣』でマーセラスの心身両面の疾患を引き起こすのは、イエスの衣に触れた際に感じた衝撃である。ティベリウス皇帝は、「最新の《モダン》」薬学的な見識を持っているらしく、医者や占い師を信じるどころか、フクロウの内臓で治療をする「科学野郎」をしりぞけ、礫刑や刑罰への従事に苛まれているマーセラスを癒やすには、その衣を見つけだして、恐れに立ち向かうのがよかろう、と教唆する。しかしながら最終的に、正しい診断と治療法を提供するのはデメトリアスである。彼はマーセラスに言う。「貴方は病気になったのは彼の衣のせいだと思っているでしょうが、問題は貴方自身の意識、恥じる気持ちですよ」。マーセラスは自分の顔にその衣を押しつけ、その衣が自分を傷つけないことを知る。ここで急に音楽が変化し、マーセラスは天を見上げて、もはや恐れていないことを宣言する。今や彼は信者だ！　彼の信仰が彼を治した！　そして後に、信仰による癒やしの力はデメトリアスをも救う。カリギュラがデメトリアスを死の淵まで拷問した後、医者は匙を投げて言う。「科学ができることには限界があります。ボロボロの肉をつなげることも、流れてしまった血を戻すこともできません」。マーセラスが「詩編」二二章（したがってマタ二七46）にもとづくイエスの最後の言葉を言い替えて「なぜ彼をお見捨てになるのか」と祈る。するとデメトリアスは生きている。マーセラスはそもそも医者ではないのに、医学がなしえないことに成功するとは……。医者はマーセラスを魔術師だと告発し、マーセラスの父は彼をローマの敵だと宣言する。しかし、デメトリアスとダイアナ、そしてわれわれ視聴者は真実を知っている。つまりマーセラスは、キリストへの信仰を通じて、キリストがなしたのと同様に、癒やしの才を獲得したのだ。このように病気と治癒のモチーフによって、一九五〇年代における医学的見方と信仰は科学に勝るという考え方との間の緊迫関係が示されている。[18]

アメリカの特性

こうした映画は、他の聖書映画と同様、人種やジェンダーや信仰や科学についての旧来の語り口を反映している。ペプラム映画はローマを、ユダヤ領・ガリラヤ領に住む質素で真面目なユダヤ教徒やキリスト教徒、そしてローマのキリスト教集団を虐げる邪悪な帝国として描く。映画『ベン・ハー』で生みだされたローマの護民官メッサーラがぼやくのは、ユダヤ人たちが納税を拒み、「訳の分からない理由でローマへの怨恨」

を抱き、「宗教に夢中」で、偶像崇拝を嫌悪している点だ。彼の見方によれば、ユダヤ人はローマの神々の像はおろか、皇帝その人の像までをも壊す、手に負えない連中である。メッサーラは、秘かに反乱が計画されていることを知っているが、ローマがその計画を鎮圧できると信じている。メッサーラは友情を装って、時が来たらベン・ハーとその家族が難を逃れられるようにすると申し出て、その代わり、権力も人望もあるベン・ハーが同胞に、人民全体の破滅を防ぐにはローマへの反乱を断念するのが肝要だと説得するように頼む。ベン・ハーは協力を断り、自分の同胞を裏切ること以外なら、旧友メッサーラのために何でもすると言う。ローマは、国土と国民ならびに、まさに全世界を抑圧している。しかし、軍団を撤退させて、ユダヤ人に自由を与えてほしいというメッサーラへの懇願は無視される。ベン・ハーがここで提示している忠誠と愛国の価値は、アメリカという国家の性格に強く結びついたものだ[19]。

これは、映画の始まり近くでベン・ハーとユダヤ領に到着したばかりのメッサーラが初めて会う際の脚本である。この場面は、子ども時代の友情や互いの忠誠心といった背景話を埋めるだけでなく、映画の中で進み、この作品の象徴ともいえる戦車競争で見せ場を迎える政治的衝突の準備の役割をも果たしている。一世紀頃のユダヤ史に馴染んだ者にとって、この設定はおなじみのものだ。イエスの時代の出来事をめぐる主要な歴史的源泉となっている一世紀のユダヤ人歴史家ヨセフスの著作は、ユダヤ領ならびにパレスティナ地域一帯におけるローマ帝国の圧政に対する不穏な状況と、一世紀全体を通じて強まった反逆の気風を描写している。彼らの反乱は六六〜七四年のユダヤ人の反ローマ蜂起で最高潮を迎えたが鎮圧され、神殿が破壊され、多くのユダヤ人が殺されたり、ユダヤ地方から追放されたりした。

キリスト教徒を描く映画はイエス映画と同様に、ユダヤ人が彼らを導くメシアを絶えず待望していたことを表現する。たとえば『ベン・ハー』では、メッサーラの副司令官セクスティウスの台詞「反ローマに絶好ともいえる場所」という言葉で表現されている。『聖衣』でティベリウス皇帝が以下のように述べるのと同様である。「時が来ればかくなる事が始まるだろう。忘れられた土地に名も無き殉教者があり、やがて狂気が群衆に伝染し、帝国を腐らせる。その時にローマは終わる」。中でも最大の狂気は、自由を渇望する人間性である。

イエス映画なら、イエスを政治指導者として期待する誤りと、イエスの精神的な意義を意識する真実味との対比が詳らかにされるところだが、『ベン・ハー』をはじめとする古代活劇映画は、霊的な面に焦点をあてる。こうした映画が主にとりあげるのは、ローマとキリスト教の対立——ジュダ＝ベン・ハーがユダヤ的であることはさておき——である。『ベン・ハー』さえもがこの風潮を形成している。主人公は最終的にキリスト教徒になるが、彼の回心・改宗《コンヴァージョン》は、個人的なレベルにおけるユダヤ的特性を拒否することというよりは、それを再確認するとともに、政治的レベルにおいてローマに勝つことのようだ。他のペプラム映画の場合、ローマとキリスト教の対立は、闘いや戦車競争ではなく円形競技場《アリーナ》で解決される。ローマ人たちはキリスト教徒の「反逆者」を殺す権力を持っているが、彼らの表面的な勝利は、キリスト教徒にとって永遠の命、すなわち彼らの側の最終的な勝利を意味している。彼らはローマ人と異なり、信仰のために死ぬことを通じて、現世の喜びを超えた何かのために生きる人生を示す。

古代活劇映画は聖書映画と同様に、古代の物語と、二〇世紀半ばにおける政治的対立の間に、明瞭な類似点を創り出す。こうした映画は、第二次世界大戦直後の数十年間に製作された。鷲を用いてローマを表すのは、歴史的に正当ではあるが、ローマ帝国の再興が希求されていたムッソリーニ政権のイタリアや、ムッソリーニが手を組んでいたナチ政権を想起させる。アメリカ人は、自分という個を超える大きな理想、つまり自由や民主主義の理想のもとに自らを犠牲にして死ぬという——国家的・政治的・精神的に——重要なメッセージに共鳴したであろう。マーセラスのようなローマの護民官が戦地に赴いて、愛する家族と引き離されている場面は、多くの家庭にとって身近だったに違いない。すでに見たように、これはソビエト連邦との核戦争の可能性が潜在していた冷戦時代のことでもあった。ローマが表現する無神論的で帝国的で全体主義的な政体からの解放を求める闘争という着想は、勝ったばかりの戦争という意味だけでなく、多くの人が身近に差し迫ったものとして怯えていた戦争という意味でも、訴えかける力が大きかったことだろう。しかも一九五〇年代のアメリカ社会は、未だ公式にキリスト教の社会であった。アメリカ的価値観をキリスト教的価値観と同一視することができたのだ。民主主義を無神論や共産主義よりも上位に置くのは自明だっただろうし、キリスト教徒が信仰のために喜んで死ぬのは、目指すべき立派なことでもあった。[20]

反共産主義、反無神論、反偶像崇拝

こうした映画は、異教徒であるローマ帝国の偶像崇拝や無神論と、キリスト教やキリスト教徒の信仰、キリスト教の価値とをあからさまに対立させる。ローマの国家をあげての多神教が強調されるのは、たとえば『クオ・ヴァディス』の剣闘士場面で女性聖職者によって、祈禱唱が行われる際である。曰く「強大にして永遠なるローマの神々よ、ローマが世界を支配するのを助け給う神々よ（中略）あなたに礼拝するわれわれの声を聴きたまえ（中略）愛の女神ヴィーナスよ、戦いの神マースよ、天の女神ジュノよ、神々の父なるジュピターよ、そして彼の聖なる息子たるネロよ」。ネロがジュピターの聖なる息子であるという見方は、映画のいたるところで茶化されている。ネロは、取り巻きから蔑まれ気の毒がられもする、愚かで自己中心的でキザな狂人として描かれているが、その要点は実に見事に明らかである。この男はどうみても神ではありえないということだ。

ネロやカリギュラは道化者として描かれる。彼らは「悪玉」だが、極端に真面目なショーにぜひとも必要な息抜き場面を提供している。これほど華やかでなく、もう少し穏やかで共感できるローマ人の登場人物も重要である。彼らはたとえばデミル監督の『十戒』（一九五六）における老王《ファラオ》のように、二〇世紀のアメリカにおいてごく身近になっていた理性的な世界観を表現する。『聖衣』ではたとえばマーセラスの父が一連の個人主義的な価値観――ローマ的価値観――を表すべく、息子がエルサレムに行ったら念頭に置くべきこととして「信仰に関わるな。誰とも徒党を組むな。なによりローマ人であれ、息子よ、誇り高くあれ」と述べる。こうした人物は、誤ってはいても善人である。

他には、信仰そのものに反対する立場の者が居る。彼らは、イスラエルの神やイエスへの懐疑のみならず、ローマの神々への懐疑をも表現する。ガレー船での海戦前、ベン・ハー――この時点では囚人四一号としか呼ばれない――は、自分が「父たちの神によって救われる」と信じている。司令官はベン・ハーに反論する。「お前の神はお前を見捨てた。お前の神は私が祈りを捧げる諸像ほどにも力を持たない。私の神々は私を助けないし、お前の神はお前を助けない。しかし私なら助けられるかもしれないではないか。四一号よ、興味はないか」。この台詞は、不幸に際しての世俗的なローマ人の視点と、信仰篤い「ユダヤ人」の反応を簡潔に対比している。

『聖衣』において、まだ異教徒だった頃のダイアナは、司令官と同様、宗教に懐疑的である。マーセラスがデメトリアスを助けようと出て行くと、彼女は怒り、取り乱す。彼女の愛は、彼の信仰よりも彼に向かっている。「マーセラス、貴方が私に語ってくれたのは美しい話だけれど本当ではないわ。人は、正義や慈悲などという考え方を受け入れない。世界はそんなものではないわ。今までもこれからも」。同じ理由から、彼女はマーセラスの利他主義にも、「なぜ奴隷一人のために自分の命を投げ出さなければいけないの？」と疑義を提示する。彼女は好意的に描かれてはいるが、ローマ人であるだけに、回心・改宗《コンヴァージョン》後のマーセラスを突き動かしている自由や平等の価値観は眼中にない。ダイアナはマーセラスに深く恋しているので、キリスト教信仰が分別ある選択肢だとは思えないながらも、彼が神に帰依することは大目に見ようとしている。「貴方が何を信じていても妻になりたいの。千の神を分かち合わなければならないとしても結婚したいの」。もちろんマーセラスは、彼女と唯一の神を分かち合うことを望んでいるが、少なくともハリウッド式の無神論的な上流ローマ人の観点からすると、どうも「唯一の神」は、ローマの万神殿《パンテオン》に住まう数多の神々よりも難しいことのようだ。『クオ・ヴァディス』のマーカスは同じように、リジアと一緒になるためなら彼女の信仰は大目にみてもよいと思っているが、彼はキリスト教を真面目に捉えることができず、つい彼女の信仰を茶化してしまう。彼はペトロを「わかりにくい話し方をする子どもっぽい老人」と呼ぶが、リジアには「君がそうしてほしいなら、君の神を受け入れたい」と申し出る。彼はリジアの救い主《キリスト》のための特別な台座を立てようと申し出ながらも、目に見えない神に対する彼女の信仰を「このごろでは神々の群れのために幾らでも場所を空けられるから」と茶化すのだ。リジアの方は、マーセラスの回心・改宗《コンヴァージョン》を結婚の条件にはしないが、そうなったらと望んではいる。

こうした発言は、アメリカ合衆国やアメリカ人にしばしば関連づけられている理性主義や個人主義、ならびに精神の独立性を表現しているが、視聴者にすべてを信仰のもとに捉え、自分たちをキリストや他のキリスト教徒に結びつけるよう促すような映画においては反語的に響く。また、二〇世紀中頃の背景からみて、デミルの『十戒』（一九五六）のような映画は一つの武器であった。紛れもなく、共産主義、そしてアメリカならびにハリウッドのスタジオ・システムそのものにおける共産主義支持者に対する武器であった。

ユダヤ教、反ユダヤ主義、ホロコースト、イスラエル国

ペプラム映画の主人公はほとんどの場合、ローマ人か出所不明の人物——論理的にはユダヤ人に違いないバラバでさえすぐにユダヤ人と判るようには表現されない——である。注目に値する例外としてジュダ＝ベン・ハーがいる。彼についても、彼の家族や彼の愛するエスターについても、ユダヤ人としての身元は筋書きの中心にある。彼の元親友であるローマ人のメッサーラとの葛藤が起こる背景は、まさにベン・ハーのユダヤ人としての宗教的・政治的な視野である。ベン・ハーは、ユダヤ人はカエサルの意向に従いはするが、救済に導く贖い主への望みといった古代からの伝統を誇り高く守るのだと言う。メッサーラはこの地域がローマの属州となるまでユダヤ人のものだったことを知っている——一九四八年にイスラエル国が創設された直後であるだけに、彼の発言はユダヤ人にはイスラエルを祖国とする権利があるという支持表明にも聞こえる——が、ユダヤ人がローマの権威に降伏するように言い張る。

ベン・ハーは厳格なユダヤ教徒である。彼もその家族も、食事を始める前に手を洗ってパンを祝福するとか、家の出入りの際に扉の側柱にあるメズザに触れるといったユダヤ的習慣を守っている。家のドアにダビデの星を刻むのは、この時代にはありえないことではあるが、ユダヤ人としての身元を示している。ダビデの星は、アメリカではシナゴーグ建築を示す地図記号として用いられていたので、これに馴染んだ二〇世紀中頃の観客にとってはとくにユダヤ人らしく見える[21]。ベン・ハーは戦車競争において、イスラエルの国旗の色にあたる青と白をまとっている。

『ベン・ハー』には、イスラエル国の創設のみならず、ホロコーストもそれとなく示されている。映画の始まりに、画面に現れない語り手《ナレーター》がローマ治世下で苦しむユダヤ国を説明する際、ユダヤ属州内の人々に出生地での住民登録と納税を課す布告について述べる。語り手は続ける。

彼らの多くが通る道は、首都にして、この悩める土地の心臓であるエルサレムの門に通じていた。市全体が、アントニア要塞すなわちローマの権力の座と、不滅の内的信仰の外的表現である大いなる黄金の神殿によって支配されていた。この人々は、カエサルの意向には従ってはいても、古代からの伝統を誇り高く守り、いつの日か彼らを救済に導く贖い主が生まれるという預言者の約束を、たえず思い起こしていた。

この言葉が吟唱されるあいだ、私たちの目には、ベツレヘムで登録するためにローマ兵に見張られながら、おとなしく列をなすユダヤ人たちが映る。不吉さという点で、ナチ体制の最中にゲットーに駆り集められるユダヤ人の映像には及ばないものの、ここには明らかに、無力で圧迫された感覚がある。同時にこの映画では、目立たない形で置換神学が発生している。つまり、ユダヤ人の贖い主への渇望への答えはイエスであるとか、ジュダ＝ベン・ハーは満たされておらず、キリストを信じるようになって初めて幸せになったという置換神学である。

一方、ほとんどの古代活劇映画はユダヤ教そのものにはほとんど触れず、おそらくこのために、反ユダヤ主義はほとんど表現されない。古代活劇映画はイエス映画と異なり、イエスの磔刑までにユダヤ教の権威者やユダヤ人の群衆が何をしたかについて、ややこしい歴史的・神学的議論にかかわる必要がない。古代活劇映画は、受難や磔刑を描きはするが、作品内の悪玉役をローマ人に集約させて表現し、イエスの死および彼の弟子たちが虐待されたことについてユダヤ人に責を問うのを回避する。大祭司を前にした裁判は、イエス映画においては重要な場面だが、古代活劇映画では描かれない。ここで取り上げている四つの古代活劇映画の中では、『バラバ』だけが、イエスの死の責任についてユダヤの祭司たちに言及している。また『バラバ』では、同じくユダヤの祭司たちがラケル《レイチェル》を石打刑にするよう主張している。バラバは彼らと闘うが、鉱山行きという罰はローマ人から下される。こうした映画では、虐待され迫害され、ライオンの前に押し出されるのはまさにキリスト教徒なのである。したがって、彼らは儀式を公開の場ではなく内緒で行う。内緒であることの必要性が最もはっきりと描かれているのは『クオ・ヴァディス』である。この映画では、カナの地で、隠れたキリスト教徒の一団が祈り歌い、使徒パウロが新しい信者に「父と子と聖霊《ホーリーゴースト》の名において」洗礼をさずける、一種のミサのような場にマーセラスがやってくる。[22]

迫害から身を守るための秘密のミサは、『聖衣』にもやや描かれている。この映画では、キリスト教の礼拝について同様の場面があり、美しく敬虔なミリアムがハープを弾きながら受難の物語――主に「マタイ福音書」に基づく――を吟唱し、キリスト教徒の中規模の集団がそれに耳を傾けている。しかしながら、この映画は不協和音を伴っている。マーセラスはカナの地で織物商人を装っているが、「貧しいシリアの案内人」と名乗る男の援助を受けている。この男は凝った衣装とターバンを身につけており、ハリウッドの典型的な古代アラブ人だが、彼の話し方はやや東欧風の訛りをもち、彼が織物を扱う仕草は、二〇世紀初頭のニューヨークのロウワー・イースト・サイドでボロ布《シュマット》商売をしていた東欧からのユダヤ系移民を思い起こさせる。この人物は薄汚れていて、不誠実で利己的なところがある。「シリア風の」身なりと「ユダヤ人風の」訛りの混合から伝わってくるのは、まさに反アラブ的感情と反ユダヤ的感情の残滓である。

他方、ワイラー監督の『ベン・ハー』は、ユダヤ人のみならずアラブ人も好ましい描き方がなされている。ベン・ハーがメッサーラと戦車競争で対決するための馬を所有する族長が実例であろう。この族長は、人柄が暖かく、他人の話に傾ける耳を持ち、知的であって、このユダヤ人に無条件の友情をさしのべ、侮辱され

読者カード

みすず書房の本をご愛読いただき，まことにありがとうございます．

お求めいただいた書籍タイトル

ご購入書店は

・新刊をご案内する「パブリッシャーズ・レビュー　みすず書房の本棚」（年 4 回 3 月・6 月・9 月・12 月刊，無料）をご希望の方にお送りいたします．

（希望する／希望しない）

★ご希望の方は下の「ご住所」欄も必ず記入してください

・「みすず書房図書目録」最新版をご希望の方にお送りいたします．

（希望する／希望しない）

★ご希望の方は下の「ご住所」欄も必ず記入してください

・新刊・イベントなどをご案内する「みすず書房ニュースレター」（E メール配信・月 2 回）をご希望の方にお送りいたします．

（配信を希望する／希望しない）

★ご希望の方は下の「E メール」欄も必ず記入してください

・よろしければご関心のジャンルをお知らせください．
（哲学・思想／宗教／心理／社会科学／社会ノンフィクション／教育／歴史／文学／芸術／自然科学／医学）

（ふりがな） お名前　　　　　　　　　　様	〒
ご住所　　都・道・府・県　　　　市・区・郡	
電話　　（　　　　　）	
E メール	

ご記入いただいた個人情報は正当な目的のためにのみ使用いたします．

ありがとうございました．みすず書房ウェブサイト http://www.msz.co.jp では刊行書の詳細な書誌とともに，新刊，近刊，復刊，イベントなどさまざまなご案内を掲載しています．ご注文・問い合わせにもぜひご利用ください．

郵便はがき

料金受取人払郵便

本郷局承認

2074

差出有効期間
2019年10月
9日まで

113-8790

東京都文京区
本郷2丁目20番7号

みすず書房営業部
行

通信欄

(ご意見・ご感想などお寄せください．小社ウェブサイトでご紹介させていただく場合がございます．あらかじめご了承ください．)

戦車競争を前にしたベン・ハーとアラブ人の族長　『ベン・ハー』

たのがアラブ人であろうとユダヤ人であろうと立腹する。こうした姿勢はとくに、来たる戦車競争の賭けを申し込むために、上流階級向けの風呂《スパ》に入ってくる時に明らかになる。男たちはベン・ハーが族長の戦車を操縦すると聞いて驚愕する。彼は男たちをおだてる。「名高い司令官殿がガレー船の奴隷だった一介のユダヤ人に勝てないとでもお考えですかな」。ついにある者がメッサーラ支持で「4対1」という倍率《オッズ》を申し出る。「4対1だ。ローマ人とユダヤ人の差、ローマ人とアラブ人の差だからな」。族長とその付き人は、人種差別を感じながらも快活にかわして「よくぞ言われた」と述べる。ベン・ハーが競争会に入場する際、族長はベン・ハーの衣に大きなダビデの星を留めて言う。「ダビデの星が君らの民とわれらの民のために輝き、ローマの目をくらますだろう」。この映画は、二人の友情と信頼関係に焦点をあてることによって、アラブ人とユダヤ人を互いに友情を結ぶことができる人々、邪悪なローマ帝国をはじめ、歴史上のあらゆる全体主義政府と協力して闘うことのできる人々として描いている。この描写は、現代の中東地域におけるアラブとイスラエルの共存に希望をかけた表現である。

キリスト教信仰

ペプラム映画は旧約映画と同様に、十戒以外の聖書の戒律に言及しない。両ジャンルで対立や暴力が果たす主な役割からみて驚くことでもないが、このジャンルで述べられる主要な律法的教義は「汝殺すなかれ」である。抑制は『バラバ』でも『聖衣』でも説明されている。主人公はローマ人との闘いに勝ち、よって主人公は相手を殺害することも可能だが、殺さないと決めるのだ。

しかしキリスト教の核をなす信仰は、イエスが死によって世の悪を身にひきうけたという教えである（ヨハ一29）。ベン・ハーは磔刑を目にして、バルタザールに語る。「彼は私が生きるための水と心をくれた。彼が、こんな報いを受けるような何をしただろうか」。バルタザールは答える。「彼はわれわれの罪の世を引き受けたのだ。彼はこのために生まれたと言った。私が初めて彼を見たあの馬小屋で生まれたのがそのためだったと。そのために彼はこの世に来たのだ」。来世の確信も表現されている。エスターはベン・ハーに、もし彼の母や妹がイエスに会って信仰すれば、死は恐れるに値しないことがわかるだろうと言う。『バラバ』のラケル《レイチェル》は聖職者であり、「神の子」が神から起こり、世界が「神の子」の王国となる時、痛みや悲しみが葬り去られた新しい世を描写する。ベン・ハーは、今はローマに虐げられているが「われわれは再び立ち上がる《ライズ・アゲイン》」とメッサーラに宣言する。キリストの復活を思わせる語調である。ベン・ハーは政治を語っているのだろうが、映画のもつ回心・改宗《コンヴァージョン》という主題によって、身体の復活という二次的意味の次元が暗示されている。

『クオ・ヴァディス』では、キリスト教徒の来世への確信と苦難は重要だと、ペトロも語る。ローマの群衆の前で殺される間際の殉教者たちと共に、彼らのために、彼はこう祈る。

殉教者たちに平安を。御身の子らを召したまえ、主よ、彼らの痛みを和らげたまえ。イエスの名において死ぬ子らは祝福される。私はあなたに言う、この日あなたたちは彼と共に天国に居る。ネロが今日を支配するこの場所を、キリストは永遠に治める。

こうした映画は、西暦紀元《コモン・イーラ》のはじめの数世紀に設定されているために、結局のところ、歴史に束縛されていて、四世紀にコンスタンティヌス帝下のローマ帝国がキリスト教を公認するに至るまで実現しなかった「神の国」への帰着なり、キリスト教徒の容認なりを、この時点では仮定することができない。そうしたなか、どうにかこうにか、キリスト教信仰が個人の救済や万民の自由への前段階《プレリュード》であるという考え方を一貫させている。

キリスト教倫理

こうした映画において、キリスト教徒たちはキリスト教的な倫理や道徳を体現している。重要視される原理として、倫理的な職業慣行がある。『聖衣』では、キリスト教指導者のユスタスは、カナの地に住む良きキリスト教徒の住民に、マーセラスに衣服を売って得た金額のうち過剰な分を彼に返すように求める。キリスト教徒の少年ヨナタンが恵まれない少年にロバをやる場面では慈善が表現されている。『クオ・ヴァディス』では、使徒パウロが奴隷制度に反対しており、パウロはリジアに「人間を買うことはできない」と述べる。しかしこれは、正典のパウロ書簡で彼がとる立場とは異なる。[23]

しかし、ペプラム映画において最も際立つキリスト教原理は、「愛せよ」の教えであろう。『ベン・ハー』においてエスターは、家族に危害を加えられたジュダがメッサーラに復讐したがることに気をもむ。彼女はジュダに、憎しみに集中すれば何が起こりうるか、憎しみに身を焦がした父を見て知っていると語る。また彼女はジュダに「赦しは大きく、愛は憎しみよりも力強いと語る若いラビのことを聞きました」と言う。加えて、「山上の垂訓」におけるイエスの声が「揺るぎない意図で伝わってきた」と驚嘆している。彼はもちろん、この世の人を超えている。

愛という主題は『バラバ』のラケル《レイチェル》にもこだましている。ラケルはバラバに、空になった墓で目にしたことを語る。バラバは彼女を嗤う。「俺の目には本当のことしか見えないぜ」。しかしラケルは言い張る。「彼は互いに愛し合いなさいと言ったわ」。バラバは嘲笑を込めて笑う。「奴はそんな理由で十字架にかけられたってわけかい？」『聖衣』においてミリアムはこの主題を拡張する。

彼は魔術師ではなかったわ、マーセラス。彼は呪文など使わなかった。私たちに二つのことを望んだだけよ。神を愛し、互いに愛し合いなさいと言っていたわ。彼が愛せよと言うのは、ユダヤ人のことだけではないわ。ローマ人も、ギリシャ人も、奴隷も兵隊も、強い者も弱い者もみんなよ。彼は、私たちの人生をこの愛、この慈悲の上に築いて、新しい世界を築くようにと、私たちに求めたわ。

「愛せよ」の教えは、ローマ人の登場人物が不信を表明する度にむしろ強調される。マーカスはデメトリアスのことを「神にすがる泣き虫乞食」と呼んで、「権力よりも大きな力を認められる愛って何だよ」と不思議がる。『クオ・ヴァディス』のポッペアは、ペトロニウスがキリスト教徒となったかどで告発する。彼はそれを否定するためにこう言う。「キリスト教徒は隣人を愛するように教えていると聞きましたが、私は、人間というものを見ていて、自分の人生をかけてまで他人を愛せません」。

愛と同様に、赦しも重要だ。この価値観の最も劇的な表現は『聖衣』で現れる。この映画では、ペトロとマーセラスが、イエスにより甚大な悪事を働いたのはどちらかと、まるでそれが「栄誉」ででもあるかのように競う。ペトロのようにイエスを否定するのと、マーセラスのようにイエスを十字架にかけるのと、どちらが悪いのだろう？　しかし、どちらの罪についても、神の赦しが約束されている。マーセラスがペトロに赦しを請うと、ペトロがマーセラスに言う。「彼が十字架の上から赦したのだ。その赦しを無になどできようか」。ペトロの赦しによって、マーセラスは回心・改宗《コンヴァージョン》への最後の一歩を踏み出す。彼はローマ人としての誇りを脇にやって、自らの剣と宝と人生をイエスに捧げる。ここでは、カリギュラの視点とは反対に、キリスト教徒であることが帝国への忠誠と完全に両立するという教訓が示される。

こうした事例からうかがえるように、ペプラム映画は、イエスその人から発していると広く捉えられている中心的な倫理指針に焦点をあて、主人公たちがキリスト自身の教えに直接連なるキリスト教徒の一例としての資格を主張する。こうした主人公たちが現代のアメリカをも代表している以上、アメリカがキリスト教徒の国として、イエスその人の価値観や原則の上に建てられているという主張が、暗黙ながらも明らかである[24]。

回心・改宗《コンヴァージョン》

回心・改宗《コンヴァージョン》は、政治的な筋書きにおいても、恋愛上の筋書きにおいても、映画の中心的な主題として流れている。主人公は『ベン・ハー』や『バラバ』のようにユダヤ人であるにせよ、『聖衣』や『クオ・ヴァディス』のようにローマ人であるにせよ、キリスト教徒になる。ベン・ハーは、自分や家族にもたらされたイエスの治癒力を前にして回心・改宗《コンヴァージョン》する。恋人エスターの証言によって強化された経験である。『聖衣』では、マーセラスがミリアムと遭って、最終的には真に愛するダイアナと共に回心・改宗する。『バラバ』では、イエスの血を望む群衆によって十字架から救われた暴漢バラバが、恋人ラケルや収監時代の友人に影響されて回心・改宗する。『クオ・ヴァディス』では、マーカスが、リジアへの愛とローマ皇帝ネロへの軽蔑から回心・改宗する。回心・改宗という主題は、こうしたキリスト教映画に特有のものに見えるが、実は、旧約叙事詩映画にも共通する。旧約叙事詩映画では、善良な心をもった異教徒の女性（モアブ人ルツやシバの女王）が自分の恋人の信仰を選んで、生まれ故郷における不信仰や偶像崇拝を退けていた。

ペプラム映画において、『聖衣』の脇役であるカナのヨナタンのような小さな子どもを除けば、むろんキリスト教徒として生まれた登場人物はいない。これらの映画が西暦紀元一世紀に設定されていることを思えば、これは驚くに値しない。したがって物語は、非ユダヤ人のキリスト教信者と非ユダヤ人の非キリスト教信者の結婚に関する、パウロの指図を例解している。

> ある信者に信者でない妻がいて、その妻が一緒に生活を続けたいと思っている場合、彼女を離縁してはいけない。また、ある女に信者でない夫がいて、その夫が一緒に生活を続けたいと思っている場合、彼を離縁してはいけない。なぜなら、信者でない夫は、信者である妻のゆえに聖なる者とされ、信者でない妻は、信者である夫のゆえに聖なる者とされているからである。そうでなければ、あなたがたの子供たちは汚れていることになるが、実際には聖なる者である。（一コリ七12〜15）

映画におけるキリスト教徒の恋人たちは、相手を競技場での死からは救えないにしても、少なくとも偶像崇拝からは必ず救いぬく。

これらペプラム映画の物語において、回心・改宗は、あちこちにみられる要素というだけでなく、このジャンルの映画に不可欠の要素でもある。『聖衣』の続編にあたる『デメトリアスと剣闘士』（一九五四）を見ると、回心・改宗がいかに不可欠かがよくわかる。マーセラスの奴隷であるデメトリアスは、イエスの栄光の入城の際にイエスの瞳に釘付けとなり、信者になる。そして映画『聖衣』は、異教徒の司令官とキリスト教徒の奴隷の対比によって映画的な力とドラマ性を展開する。ところが続編で、デメトリアスは恋人のルチアの死――昏睡――に際して信仰を失い、彼女が昏睡から覚めたときに信仰を取り戻す。続編を「効果的」にする上で、キリスト教徒の主人公は、もう一度回心・改宗できるように、いったん棄教する必要があったのだ。

このジャンルのほとんどの映画において、恋愛上・宗教上・政治上の筋書きは、キリスト教徒の主人公の殉教によって完結する。『ベン・ハー』はこのパターンの例外である。おそらく、磔刑の時期からローマ帝国がキリスト教徒を組織的に迫害し始めるまでに数十年が経過しているという事実によるものだろう。こうした映画において、射撃隊（『聖衣』の弓矢）によるのであれ、磔刑（『バラバ』）によるのであれ、競技場（『クオ・ヴァディス』）によるのであれ、迫害されたキリスト教徒の主人公たちには、互いに、また迫害者に向かって、自らの信仰を語るチャンスが与えられている。

この点で『聖衣』は最も劇的である。カリギュラは、彼の愛を受け入れないダイアナに怒り、あたかも妻であるかのように脇に腰掛けるように命じた上で、マーセラスを召喚する。カリギュラはマーセラスに、敬礼した上で忠誠を誓うように命じる。マーセラスは一旦従おうとするが、カリギュラが、忠誠を誓ったからには、続いて公開の席でローマの神々への献身を示さなければならないと述べると、それを止める。これぱかりは、マーセラスにはできない。カリギュラは、司令官マーセラスを反逆罪への加担者に定めるよう議会を促す。この時、ダイアナが声を挙げる。傍らに座りたいただ一人の人はマーセラスなのである。これに続く彼女のスピーチは、世俗主義と独裁主義に対する批判を要約し、イエス殺害はローマの犯した最大の過ちだったと宣言する。ダイアナとマーセラスはゆっくりとカリギュラから歩み去り、音楽は不吉で重い調子から喜びに満ちたものに変わって、死による終わりを、永遠なる神の王国での永遠の命の勝利に一変させている。殉教者のダイアナとマーセラスは花嫁と花婿でもある。ダイアナの白い衣装と祝宴用に結い上げられた髪型がそれを裏付けている。

全世界的な力としてのキリスト教

こうした映画は、キリスト教の最終的な勝利を予言する。キリスト教徒は、ローマ時代には迫害される一団であったが、まもなく世界的な力となり、その座に留まるだろうというわけだ。映画内のローマ人たちはキリスト教徒を、逃げ隠れする周縁的で小さな一団として退ける。『バラバ』において聖職者ラケルは、キリストの教えをあまり開け広げに語らないよう警告されている。「何を語るか気をつけたほうがよい。人に聞かれたらどんな目にあわされるか知らないのか？　神の子だとか、救い主とかいったことを触れ回る者は捕えられて、国家の敵という判決が下り、死ぬまで石打ちだ」。表現の自由の異教徒による抑制は、冷戦の文脈を意識した対比だ。

秘密を守ることは、『クオ・ヴァディス』においても重要な主題である。美しいリジアがキリスト教徒であることを知った途端、マーカスは述べる。「キリスト教徒か。死んでしまった大工を崇拝する連中のことだろう？　国家の反逆者で、どうこうと呼ばれたユダヤ人」。叔父のペトロニウスが結論する。「救世主だよ。私の記憶ではパレスティナの地で十字架にかかった。この団体は秘密結社で、ユダヤ人もギリシャ人もそれ以外の人々も混じっている。連中は内緒で会って、ローマ人の間にも迷信を広めている」。

ネロが街を焼き、この災害をキリスト教徒のせいにしようと目論んだ後、ペトロニウスは、これが正しい措置だったか慎重に考えるようにネロを促す。ペトロニウスは、中庸と同情と世俗主義の価値観を示すローマ帝国の、穏健で高潔な一面を代表している。

ネロ殿、この布告に署名なさる前に、しばしお待ちを。ローマは世界に正義と秩序をもたらしました。その布告に署名なされば、ローマの正義は打撃をうけて二度と立ち直れないでしょう。この件でキリスト教徒を非難なされば、彼らを殉教者にまつりあげ、彼らの不滅を保証することにつながります。彼らを非難なされば、歴史の目で見たときに、貴殿ご自身が非難されることになります。

ペトロニウスの予言は実現する。しかしながらネロは、目の前で起こっている出来事の本当の意味を理解できず、ペトロニウスの助言の知見も理解できない。ネロは「ペトロニウス、これらキリスト教徒を封じ込めてしまえば、歴史はそもそも彼らが存在したかどうかも知りえまい」と予言するのだ。

これは、言わずもがなの皮肉である。観る者は皆、キリスト教が消えなかったことを知っているからだ。まさに、二〇世紀半ばにこの映画やそれを見たがる観客がいるということ自体、キリスト教の目覚ましい成功を物語っている。

五章　叙事詩映画と寓喩——「イエスならどうなさるか?」

一九二二年、『アダムの肋骨』を取り終えたデミルは、尋常ならざる決断をした。観客にアイデアを募って自作に盛り込むというのだ。『ロサンゼルス・タイムズ』紙が助成し、一等の賞金は千ドルであった。デミルは述べる。

あらゆる社会的地位の、あらゆる宗派の、あらゆる職業の男女から手紙が届いた。主題については非常に聖なるものから非常に冒瀆的なものまで、価値としても馬鹿馬鹿しいものから傑出したものまで、いろいろあった。私は宗教的な主題を扱った投稿の多さに驚いた。そして一つの投稿は、主題の点でも表現力の点でも、編集者たちの選考の度に残ったし、私の心にも繰り返し帰来した。それはプロの書き手によるものではなく、ミシガン州のランシングで潤滑油の製造業を営んでいる人からのものだった。彼の名前はF・C・ネルソンといい、初めの頁にはこう書かれていた。「誰も十戒を破壊できない。十戒が人を破壊するのだ[1]」

聖書映画の慣例の再考

ネルソン氏は、はからずも聖書叙事詩映画の最も目立った慣例を突き止めていた。つまり、当時と今の類比である。当時と今はジェンダーや人種や社会階層については現状を優先するが、今日的な脅威と感じられるもの——共産主義——にも向き合う。聖書映画は、それまでの（そしておそらくそれ以降の）あらゆる映画と同様、当の映画が製作された時期の規範と心配事とを表現しており、しかも、しばしば映画の作り手自らの関心についても語っている。

聖書映画には、すでに見てきたように、他にもいくつか慣例が見て取れる。こうした慣例のいくつか——巨大な場面設定・音楽・配役・見せ場——は、そのまま叙事詩映画ジャンルにも当てはまる。こうした映画の視野と程度は、扱っている事柄の大きさにも壮大な興行見込みにもふさわしい。しかしながら、こうした映画を聖書という源泉に結びつけている慣例は、聖書映画ジャンルに特定のものである。

今述べた慣例は、大別すると四つに分けられる。第一の部門は、聖書とその諸側面の視覚的描写から成り、そこには画面上の巻物や書体やヘブライ文字の使用といったものも含まれる。こうした視覚的参照は、私たちが古代聖書（ヘブライ語の巻物）はかくなる様子だったろうと想像している言葉の外観を思い起こさせるかもしれないが、それよりも一層、あの欽定訳の語調や、由緒ある大型の家庭聖書の書体を想起させる。両者が混合されて、そのため英語の書体にヘブライ風の飾りがついている場合もある。第二の部門は、引用や引喩の方法である。聖書の人物（『ダビデとバト・シェバ』〔邦題は『愛欲の十字路』〕）、物語（『砂漠の女王』）、あるいは概念（『十戒』）を引いた題名から、時には聖書から直接・間接にとられた会話にまでわたる。第三の部門は、おそらく最も決め手になることで、聖書映画が主要な筋書きや登場人物を聖書から引いているという事実である。それによって聖書映画は、聖書そのものと同じくらい古い語り物――書き直された聖書――の一ジャンルでありつづけている。[2] 旧約映画は、キリスト教やユダヤ教（イエス物語や出エジプト記）の中心をなす物語群に基づくか、あるいはハリウッド好みの恋愛や戦争に順応しやすいかどうかによって選ばれているが、筋書きは全体的に見るとかなり均一で、神を畏れる小さな民族が神なき巨大権力によって脅かされ、あるいは弾圧されているが、神の助けにより万難を排して成功する。最後に〔第四の部門として〕、こうした映画が聖書を扱う方法は、他の諸芸術（文学・音楽・絵画・彫刻）における聖書表象の長い歴史とキリスト教神学によって濾過されている。旧約聖書に関する映画であろうとも、本質的には根本的にキリスト教的なのである。

こうした映画では全般的に、明示的か暗示的かはともかく、伝えられるべきメッセージの中心に聖書がある。第一に、これらの映画は、自らが奉じる社会的・政治的視点は聖書に根ざし、それゆえ神ご自身の意思や世界観に一致すると主張している。このジャンルにおいては、聖書によって神はアメリカの味方であり、恋愛の味方である。そしてこれらの映画は一神教・信仰・資本主義・民主主義に賛成し、無神論・理性主義・共産主義・独裁政治には反対する方向に力強く引き寄せられている。第二に、これらの映画は、あるまとまった神学的信念と価値観を促進しており、そのうち最も重要なのは神義論である。聖書の「申命記」におけるがごとく、神は反抗や不従順を罰し、信仰篤き者や従順な者に褒美を与える。しかしながら神は慈悲深く、心から悔いる者には良い賜物をとりもどす。したがって、たとえば『愛欲の十字路』（一九五一）で、ダビデが大罪を犯し奇跡を軽視したために、イスラエルの地は干魃になるが、彼がついに心から祈って神に心をよせれば、雨が降り、彼の地の宝と彼の王位は復元される。『ソロモンとシバの女王』では、魅力的な偶像崇拝者たるシバが、神に心をよせ、偽りの神々を遠ざけ、ソロモンの救出を祈ると、彼女の悪評は消え去る。神は彼女の祈りに応え、石打ちで死にかけた彼女の命まで救う。

聖書を用いることで、こうした慣例や聖書映画ジャンル全体をまとめあげ、映画に主題上の深みが添えられ、映画がただの娯楽やら、面白い物語を伝えることやら、無礼講の見せ場における性的なほのめかしや半裸による刺激といったもの以上の意味を獲得することが約束される。否、こうした映画は、キリスト教とユダヤ教（とくにキリスト教であるが）、個人と神の関係、民族と宇宙の関係、世界における神の働き、救いの約束の中心的物語をめぐるものとなる。

この主題的深みは、多くの場合、聖書叙事詩映画で明白な「今としての当時」の要素と深く絡み合っている。叙事詩映画においては、「当時」と等価におかれる「今」の部分は、登場人物の訛りや外見、言語、たとえばユダヤ人のベン・ハーと族長の友情で示されていたような筋書き構成においてさえ明らかである。他の映画は、古代の物語と現代の物語を並置することによって「当時」と「今」を直接に類比する。十戒が映画の作り手や多くの映画ファンにとっても、今もって有効かつ適切であるというネルソン氏の考えのとおりである。

前後の並置

『十誡』

筋書き

ネルソン氏の示唆によって製作されたデミルの『十誡』（一九二三）は、単純な並置技法を代表する映画である。まず聖書物語が語られ、聖典の物語の主題・言語・人物類型を活用した現代の物語が語られる。デミルは二つの物語を語ることで、サイレント映画界のもう一人の巨人グリフィスの足跡を追いかけた。グリフィスの一九一六年の映画『イントレランス――時代を通じた愛の苦闘』は、並置技法における最初の、まさに記念碑的価値を持つ映画であった。

両映画はどちらも聖書物語を――『イントレランス』は福音の物語を、デミルのサイレント版『十誡』は「出エジプト記」を――劇にしている。そしてどちらの映画でも、聖書物語はサイレント映画らしい手法で劇化されている。ティソやドレの聖書挿絵を思い起こさせるような絵画を用い、インタータイトルで、聖書物語の直接引用や筋書き、ならびに登場人物を説明する手法である。このインタータイトルは連続性を創り出し、観る側が物語を追いかけるのを助けている。そして両者とも、現代の物語（デミル作品の場合）ないし現代の物語と二つの歴史的物語（グリフィス作品の場合）を、聖書物語と並置して劇化することで、当時と今の並行性を強調している。

当時――聖書にもとづく序詞部分

グリフィスが複数の物語を交互に見せるのに対し、デミルは二つの物語を並置する。聖書物語が長めの冒頭映像として劇化され、それから文字スクロールで、出エジプトの物語を第一次世界大戦の余波を受けた現代の状況に結びつけて、映画の主題を表現する。

私たちの住む現代世界は神を「宗教的集合体」と呼び、十戒を「時代遅れの考え」として嗤う。それから、笑い声を貫いて、世界大戦の衝撃的な轟音が到来する。今や、敵意に満ちた流血の世界は――もはや笑いなどなく――逃げ場を探して泣き騒ぐ。

逃げ道は一つだけある。その逃げ道は、石碑に刻まれる前に存在し、石碑が粉砕されても存在する。十誡は、個人的満足から神に従う上での規則集ではなく、人類が共に暮らす上で必要な根本原則である。

十戒は諸規則ではなく「法そのもの」である。

この声明は、二〇世紀初めを、人類が神と宗教をあざける世俗の時代として描く。戦後の今、デミルはこの神なき情勢の「逃げ道」として、十戒、あるいは十戒以前の宗教的根本原理を提案する。

次に現れるインタータイトルは聖書の一節を引用して、観る者を出エジプトの物語に誘導する。曰く「エジプト人はイスラエルの人々を酷使した。粘土こねや煉瓦焼き、そして、あらゆる農作業などの重労働によって、彼らの生活を脅かした」（出一13―14）。開始部ではイスラエル人の奴隷が苦役をこなす様子を見せ、それから神に救いを求めて祈るモーセの姉のミリアムを登場させ、それから画面にモーセが現れてファラオにイスラエル人の解放を懇願する。こうした場面を並置すると、モーセがミリアムの祈りに対する神の応えであるという意味が暗示される。モーセの出生、防水処理をした籠でナイルを下っていく様子、彼の子ども時代は除外されており、デミルの一九五六年の映画がまさに微に入り細に入り注意を向けているものが空白になっている。また、エジプトからミディアンの地への逃亡、ツィポラとの結婚、神が自らの正体とモーセへの意図を明かす「燃える柴」も除外されている。

つまり、このサイレント版は一九五六年版とほんの少しの類似点しかない。映画の始まりにおいて、奴隷を監督する横柄なエジプト人が飢え渇く奴隷たちの目前で水を飲んで気分転換をする点だ。この水は、若く美しいイスラエル女性ミリアムが奴隷たちのために運んできたものだ。この場面は一九五六年版の一場面と共通している。ヨシュアの想い人リリアが渇いた奴隷たちに水を運んできたとたん、奴隷監督のヘブライ人デーサンが、彼女にちょっかいをだして掠ってしまう場面である。一九二三年版は全般的に『飼い葉桶から十字架まで』のようなサイレント時代初期の他の聖書映画に似て、ティソやドレが描いたような馴染みの聖書画から抜き出した活人画《リビング・タブロー》を提示している。

主要登場人物の描写は最小限だが、にもかかわらず一九五六年版とは異なっている。ここでは、モーセとアロンは年配の男たちとして画面に登場する。モーセは白い髭をたっぷり生やし、激しい表情をしているので、ミケランジェロの有名な彫刻(一五一三〜一五)の台座から降りてきたばかりのように見える。アロンは、はじめのうちモーセの側に居るが、映画の終盤までには、アロンとミリアムが道を外し、偶像を崇拝する人々を導く奉仕者になる。

今――現代の物語

このプロローグはモーセが山から下りてくると終了し、激しい稲妻が起こって、神を礼拝せず偶像礼拝をするようになったイスラエル人を罰する。辺り一面、混乱と死であふれる。二〇世紀初めのアメリカ国内の場面が次第に現れる。マクタヴィシュ家の成人した兄弟ダニーとジョニーは、聖書の一節を読んでいる年老いた母とテーブルについている。三人は、神と人類の関係についての種々の姿勢をわかりやすく体現している。母親は子どもたちへの愛によって、やや穏当ながらも厳格な律法主義の人生を生きている。彼女が体現するのは旧約聖書の揺るぎない神である。ダニーは無法者で道徳観念はなく、反抗的な息子である。ジョニーは忠実で道徳観をもち、真っ直ぐで、神を畏れる息子である。ジョニーは母親とは異なり、神の意思を十戒に代表される律法に還元してしまうことなく、同胞たる人類の悪癖をめぐるキリストのような愛と忍耐を、律法と両立させている。ジョニーが体現するのは、キリスト教徒の人生である。

現代の物語における葛藤はダニーをめぐって展開する。ダニーが十戒の一つ一つを破っていく様子を、デミルは注意深く描いていく。ダニーは、手作りの彫像を拝んで見せたり（煙草やスプーンで作って聖書に立てかける）、神を罵ったり、母親を馬鹿にしたり、安息日に踊ったり、他人の持ち物を欲しがったり、不貞を働いたりする。もちろん、彼は最後には天罰を受ける。ダニーは建設業者になり、教会建設を請け負って、この事業の施行者にジョニーを雇う。ジョニーは、ダニーが粗悪なセメントを使って不正――事実上の横領――を行っていることを知り、ダニーと対決するが、まさにその時、教会が崩れ、母親が瓦礫の中に閉じ込められる。このようにしてダニーは、最も重要な戒律である殺人禁止を犯してしまう。ダニーほどの道徳知らずでも、この罪を犯しては平気で居られない。ところが彼は懺悔するどころか酒に溺れて、しまいには、海に逃げようとして死ぬのである。

ダニーが金の子牛を崇めるイスラエル人と似ているのは明らかだが、デミルはそれを見逃した視聴者のために、その繋がりをインタータイトルで示す。[3] 母親が、神の律法を犯しているとしてダニーを叱ると、彼は主張するのだ。「そんなものは放っておきなよ、母さん。十戒は亡くなった皆さんにはちょうど良かったが、そんなものはヴィクトリア女王と一緒に埋められたよ！」ジョニーが懸念を表明すると、ダニーは言い逃れに「母さんの十戒にはうんざりだが、お前さんの十戒がこの靴底を直してくれるなら、それは採り入れてもいいね」と言う。ここへきて母親が意見する。「ダン・マクタヴィッシュ、一足の靴を神よりも大事に思うなら、お前は金の子牛を礼拝した時のイスラエルの子らと同じなんだよ」。後にジョニーは「好きなだけ十戒を嗤うがいい、ダニー、手痛い仕打ちがまとめてやって来るがな」と警告する。ダニーは引き下がらない。「おい、そんなもの忘れてしまえよ！　神がいるなんてどうやって分かるんだ？　十戒にしたって、それで何かが手に入ったことなんかないぜ。海に沈めてしまえばいいんだ」などと罵倒するのである。

この映画は十戒にたえず注意を向けながらも、律法だけでは十分でないことを強調する。律法は愛と同情によって加減されねばならない。ダニーが「母さんは十字架を握りしめているが、まるで鞭みたいに使うじゃないか」と罵倒すると、母親はこの反抗的な息子を家から叩き出すが、その厳しい対応をジョニーは嘆き悲しむ。ジョニーは、ダニーが利鞘のために手抜き工事をしていることを知って諭す。「ダニー、このコンクリートをちゃんと作ると言って仕事を採ったんだろ。神と人間の契約を犯したら、ただでは済まないぞ」。ダニーは恥ずかしげもなく言う。「十戒なんか破ると言ったじゃないか。俺が手に入れたものを見ろよ、成功そのものさ。大事なのはそこさ。お前の神がそれを気にいらないと言うのならご愁傷だが、当事者は俺であって神じゃないだろ」。しかし教会が崩れると、これらすべてが変化する。十戒を刻んだ碑板は教会の壁に掛けられていたが、これも粉砕され、ここを訪れていた母親も押しつぶされる。上空からのクレーンショットによって、神の視点から見るとこの教会が堕落していることを明瞭に伝えている。なぜなら、この教会は、神や同胞を嘲る人物によって粗悪な材料で建てられたからである。

ジョニーは瀕死の母を腕に抱く。ミケランジェロの「ピエタ」で、死せる息子を抱くマリアをちょうど逆にした図である。母親は、愛を語らずに畏ればかりを教えてきたことを懺悔し、そばに座るダニーは不従順を悔いて、やりなおすことができたらと嘆く。救済はダニーには訪れないが、ダニーの妻こと、おてんば小娘マリーには訪れる。マリーは、キリスト教の伝統におけるマグダラのマリアと同様に、自分の罪を懺悔する。そして、この映画の聖書にもとづくプロローグ（および民数十二）に登場したミリアムのようにハンセン病に罹る。デミル映画において、モーセはミリアムを赦さないが、ジョニーはマリーを赦す。デミルの後の映画『キング・オブ・キングス』（一九二七）でイエスがマグダラのマリアを赦すのと同様である。映画のプロローグは、神の報復を伝える言葉で終わるが、映画そのものは、神による罪の贖いを伝える言葉で閉じられる。マリーがジョニーの膝に頭を載せて、ジョニーが福音書のイエス物語をマリーに読んで聞かせると、ハンセン病が治る。イエスの人生を回想するショットが映し出される。背面から映されたイエスは、彼の前に恭しく跪くらい病の女性を癒やしており、弟子たちが驚嘆しながら見つめている。場面はディゾルブして「今」に戻り、マリーはジョニーに寄りかかり、にわかに叫ぶ。「なぜかしら、ジョン、明るいところで見ても、治っているわ！」ジョニーがその手を彼女の手に置き、映画は終わる。窓には十字架形がいくつか映し出されている。マリーは癒やされ、雨は止み、光がやってきた。

叙事詩映画の慣例

○贅沢さと見せ場

二つの映画には、後に叙事詩映画の黄金時代の後期に定番となる慣例の多くが含まれている。両方とも莫大な製作費・幾千の配役・見せ場、そして巨大な群衆場面である。デミルの『十誡』には叙事詩映画が力を入れる戦車競争や長い無礼講場面も含まれている。前者は、エジプト軍が海に向かうイスラエルの群れを追いかける際に展開し、後者は、金の子牛の足下で展開される。

金の子牛の無礼講場面は、『ソロモンとシバの女王』のような後世の叙事詩映画における見せ場《スペクタクル》と同様、偶像に心酔するイスラエル人の堕落を大袈裟に描き、強く非難している。ミリアムに長く注目することによって、彼らの腐敗の真の深さが強調される。ミリアムは子牛を作り、自分の長い髪で愛おしげに磨き、それから子牛の上や周りでエロティックに踊る。狂乱が高まるにつれ、彼女は衣装を切り裂いて、場末のストリップショーのように扇情的に踊る。一人の男が彼女を後ろから抱いてその胸を撫でるが、突然、後に飛び退く。彼女はらい病になっていたのだ！　モーセが山から下りてくると、彼女はモーセに取りすがって、治してくれと請う。このシーン《シークエンス》は、ミリアムがクシュ人の女性と結婚したモーセを非難した際に、彼女にらい病が襲いかかったという記述にやや基づくが（民十二10）、それを曲げている。ミリアムを偶像崇拝の女性として描くのは、聖書の記述にまったく合致しないし、ミリアムが自分自身で預言者・指導者となったと考えるユダヤ教の叙述にも合わない。映画的に言うとこの場面は、語りにおける目的と道徳上の目的にかなっていて、イスラエル人の堕落・弱さ・偶像崇拝は、モーセ自身の家族にさえ及ぶほど高まっていたことが暗示される。この映画は、マグダラのマリア（マリア〔マリー〕という名前にあたるヘブライ語はミリアムであろう）と関連づけ易い映像を描くことで、女性が堕落に影響されやすいことを仄めかしている。しかしながら、いっそう明らかなのは、この場面が男性の目を引くように、こうした場面が見せ場や素肌を見たいという欲求を満たすように意図されているということである。

○音楽

サイレント期の叙事詩映画において、また別の仕方で機能している要素は、もちろん音楽である。後世の〔トーキーの〕映画には、その映画のために作曲された音楽やヘンデルの「メサイヤ」のような名曲を用いたが、サイレント映画は、音楽と合わせて録画されているわけではない。音楽は上映時にライブで演奏されたのであり、サイレント映画を収録した多くのＤＶＤには、そうしたサウンドトラック音楽が含まれている。録音されるサウンドトラックとして、『イントレランス』と『十誡』の両映画に含まれるメロディが、伝統的にコル・ニドレイに用いられてきたメロディである。コル・ニドレイとは、ユダヤ教の贖罪の日《ヨム・キプル》という祭日に結びついた有名な祈禱である。グリフィス映画では、コル・ニドレイがユダヤ場面のＢＧＭになっている。[4]ユダヤ教の贖罪の日にたいへん強く結びついたこのメロディの使用は、映画の中では反語的に働いて、罪の赦しをもたらす人物としてのイエスの役割を強調しつつ、不寛容への罪の赦しを必要とする者たちとしてのファリサイ人——と現代において彼らを代替する向上運動家《アップリフター》——が暗示されている。最も驚かされるのは、このメロディが市場の場面でお祭り風にスピードアップするところである。ゴットリープが記すように、「こんな不調和が起こるのは、一九〇〇年代の初めに、ユダヤ教徒の巡回演芸場に祈禱唱奏者《カントル》が流行り、そんな場所でコル・ニドレイ、エル・マレ・ラハミム〔天にまします慈悲深き神よ〕、エリ・エリ〔わが神、わが神〕のほか、東欧ユダヤ文化《アシュケナジ》の歌がお涙頂戴の定番となっていたことによるのだろう」[5]。

同じメロディが『十誡』に現れる。プロローグの最後にカメラはモーセと群衆を交互に映し出す。モーセのほうは独り山上で十戒を受け取り、石に刻むべく奮闘しており、群衆のほうはアロンとミリアムに率いられて金の子牛を作り、それを礼拝して、その周りで踊っている。両者を交互に映すことで、イスラエル人の偶像崇拝とモーセの高潔さが対比され、敬虔な人物の孤独な闘いに注意が向けられる。モーセの映像にはいつもコル・ニドレイの厳かな響きが含まれ、イスラエル人の映像には活発で軽薄な音楽が充てられている。

モーセにコル・ニドレイを関連づけることで、イスラエル人が契約にもとづく神との関係を甚だしく冒瀆したことについて償いをする必要性が暗示されている。映画のプロローグの冒頭には、エジプト人の快楽主義がモーセとアロンの純粋な敬神と対比されていたが、ここでは同じように、快楽主義で神学的に堕落したイスラエル人が、イスラエルの神にひたすら純粋に心を傾けるモーセと対比されている。

○聖書にもとづく本物らしさの要請

この映画は、歴史性をいかなるかたちでも主張していない。精度には注意を向けていないからだろう。しかしながら、自然の情景ならびに構築された情景、聖典からの直接引用、書体、特定の習慣や人物像の説明といった要素には、聖書にもとづく本物らしさへの要請がうかがえる。しかしながら、焦点が向けられているのは、「今としての当時」——聖書の伝えていることが現代において持つ意味——であり、この類比を詳しく説明することによって、他の聖書映画と同様の多くの主題にふれている。

今としての当時

○ユダヤ教と置換神学

デミル映画が伝える内容は、ユダヤ人とユダヤ教に関するかぎり、明らかに賛否両論を巻き起こす。すでに見たように、デミル自身は正統派ユダヤ人を肯定的に理解しており、とくに映画のプロローグの群衆場面に現れるエキストラの描き方でそれがわかる。そしてむろん、この映画は十戒の重要性を強調している。しかしながら、この映画を全体として見ると、映画そのものはキリスト教的であり、置換神学的でさえある。

キリスト教の諸要素は、映画の最終場面で明らかに前面に出ているが、映画の至るところに垣間見えていて、たとえば、インタータイトルのいくつかは、真ん中に十字架を刻んだダビデの星を映し出している。エジプトからの民族的脱出において、前面に出てくるある女性は白い子羊を抱えている。子羊とイエスの関連づけはサイレント期のイエス映画の定型であり、この場面はその前触れであるとともに、デミル自身のイエス映画『キング・オブ・キングス』で顕著に現れる。どちらの映画も、無垢と希望の象徴として少年が人形を抱える映像を用いている。モーセは海が分かれる直前に、腕を十字架ポーズのように両側に大きく広げた姿で描かれている。インタータイトルの文言は「そしてモーセが手を海に向かって差し伸べると、主は海を押し返されたので、海は乾いた地に変わり、水は分かれた」（出十四21）である。こうした要素によって「出エジプト記」は、この映画においては、キリストを通じてのみ完全に実現しうるとされる救済と解放に関連づけられている。

表向きには「旧約聖書」の出来事の重要性を世に知らせ、探ろうとする映画は、明らかにキリスト教的な教えで締めくくられている。この映画は全体としては、ある意味で、開始部の文言の価値を弱め、第一次世界大戦を経て、答えとなるのは本当は律法ではなく愛とキリスト教信仰であると提言している。たしかに、デミルの信仰には広い意味で十戒を遵守する道徳が含まれるが、十戒を厳格に遵守するよりは、キリスト教信仰や愛や同情で加減する必要があるという意図が見てとれるのだ。バビントン＆エヴァンスは次のように記している。

> 結局のところ、この母親の清教徒的な律法遵守はあまりに男性的であり、自分とマリアの前に現れたらい病の女性を癒やすキリストは（無礼講騒ぎを悔いて慈悲を請う女性を赦そうとしないモーセとは対照的に）

それを超えている。旧約聖書の軌道から外れて映画にやってきた女性化されたキリストが、男根崇拝的な母親に交替するということである。[6]

○現実化する今としての当時

見せ場を作るには費用がかかり、デミルの映画は予算を優に超えた。デミル映画は数百万ドルの予算を五割も超えていたので、後援者の悩みの種であった。映画の総収益は四百万ドルを叩き出したが、デミルと後援者の関係は軋み続けた。[7] この映画は、エジプト脱出と紅海渡歩の場面だけで、二千五百の人間と三千匹の動物を誇った。これら二つの場面は、カリフォルニア州サンタ・マリアに近いグアダルーペの砂丘で撮影されたので、彼はその場面のために数百人の正統派ユダヤ人をロサンゼルスから連れてきた。デミルが言うには「外見からいっても、エジプト脱出の意義への深い思い入れからいっても、彼らこそイスラエルの子らとして期待できる最高の演技をしてくれると私たちは確信していました」。エキストラたちは初日には——夕食にハムが出てきたので——混乱したらしいが、難なく演技をやってのけた。デミルは記している。

この正統派ユダヤ人たちは、律法に対する忠実度のみならず、役の演じ方においても、他の人々の模範だった。彼らはイスラエルの子らであった。これは彼らの脱出《エクソダス》であり、彼らの解放であった。[8]

現在形の受難

しかし、並置という方法をとらなくても、聖書映画の「今としての当時」の次元を明示することはできる。少数であるし、やや特殊例ではあるが、聖書の物語と現代の物語を二つの別個の語り口でたどるのではなく、前者を後者に組み込むような映画群もあり、こうした映画では、聖書的要素がより大きな架空物語《フィクション》の枠組みの構成要素となっている。最も顕著なのは受難劇映画である。受難劇映画は村落を、つまり受難劇を準備し演じようとする数人の俳優たちを描く。受難劇は中世ヨーロッパ中に広く浸透し、今日でも世界中のいくつかの地域では上演されており、受難劇映画はこうした実生活における受難劇からヒントを得ている。もっとも有名な事例が、バイエルン地方のカトリック系の村オーバーアマガウで一六三四年から上演されてきた受難劇だ。言い伝えによれば、三十年戦争と恐ろしい腺ペストが突然広まる最中、オーバーアマガウの住民たちは、神が彼らの信心を聞きいれて彼らの災難を終わらせてくれるようにと願い、十年ごとに「我らの主イエス・キリストの受難・死・復活の劇」を演じるという誓いをたてたという。最初の上演は一六三四年の五旬祭《ペンテコステ》に、ペストの犠牲者のまだ新しい墓場に組み立てられた舞台で行われた。奇跡的にもペストの流行は止まった。まさにこの日のために、オーバーアマガウ村は十年ごとに、そして最初の上演の五十周年・百周年にも、受難劇の上演を継続している。一年の大半をかけて、オーディション、リハーサル、そして上演が行われる。主要人物の役を獲得した者は仕事を休む。ユダヤ人の小作農の役を演じる者は髭や髪を伸ばす。B&Bやレストランやバーの所有者は、世界中から押し寄せる旅行者や教会グループを迎える準備をする。村をあげて製作にあたるので、受難劇こそ、オーバーアマガウの活気・経済・アイデンティティの中心にある。村民たちは自分を——時には亡くなった親類のことを——紹介するのに、当人がそれまでの人生に演じた役柄の履歴を使うほどである。[9] 俳優兼村民にとって、この受難劇と実生活を分けることは実に困難である。村ぐるみで両者の混同がかなり支持されている。たとえば聖母マリアを演じることが許されるのは、最近まで三五歳以下の未婚の女性に限られていた。[10] ユダの演じ手は、自身の背信行為を終わらせねばならない。そうしないと終演後に、信心深い観客が村中からおしよせてきて、暴言を浴びせられ、場合によっては身体的に乱暴されかねない。[11]

中世から受難劇を上演してきた数々の町や村において、演じることになる役柄の特質を俳優に付与しようとする傾向は、過去においても現在においても、おそらく共通である。[12] 少なくとも、ヨーロッパの伝統にもとづく受難劇映画にも同じことが期待されている。

その古典的な例として、アルカン監督の『モントリオールのジーザス』(一九八九)がある。ここでは枠組みとなる語りやそこに組み込まれた受難劇が発展していく。『モントリオールのジーザス』で描かれるのは、モントリオールの聖ヨセフ礼拝堂の司祭に依頼されて、教会の領地で数十年上演されてきた受難劇を一新しようとする数名の俳優たちである。モントリオールでイエスを演じるダニエル・クロンブは、地元の複数の図書館で調査を始め、著名な神学者たちに助言を求め、友人たちに受難劇の脚本執筆と練習と上演を頼み込む。結果は、イエスの受難の説明としては、珍妙で痛快な内容となった。カトリック教会で語られてきた伝統的な物語よりも修正主義的な演出を支えるべく、単に福音書の受難物語をドラマ化するのではなく、ドキュメンタリー風のタッチが盛り込まれる。観客がやってきて、批評家たちは称賛する。しかし、発案者の司祭はこの成功を楽しむことなく、教会役員と一緒になって、この上演を中止にする。未婚の母が聖母マリアを演じ、イエスはただの奇術師《マジシャン》であるような劇を、教会が支持できるものか、というのが彼らの言い分だ。出演者たちはこの劇を最後にもう一度だけ上演しようとする。権威者たちはこれを阻止し、観客は抗議する。その乱闘の中で、役者がはりつけにされている十字架が、彼を下敷きにして地面に倒れてしまう。ダニエルは死に、彼の臓器が移植のために提供される。

事実上、福音書の物語のあらゆる細部が、そして新約聖書と歴史的イエスの多くの面が含まれ、もっと正確に言うなら包み込んでいて、見識ある視聴者にも見分けがたいほどである[13]。しかしながらこの映画は、福音書の歴史性とカトリックの伝統を体系的かつ徹底的に脱構築している。この映画――受難劇――の「当時」は、修正主義的であるだけでなく、イエスを、ユダヤ地方がローマ帝国の属州であった頃のユダヤ人の奇術師《マジシャン》として、力強く説明する。この映画の「今」は、ケベック州におけるカトリック教会や、芸術文化の商業性、女性軽視への辛辣な批評である。

対照的に、受難を描くミュージカル『ジーザス・クライスト・スーパースター』（一九七三）には、枠組みとなる話がほとんどない。俳優たちが芝居に放り込まれたことは、序盤と終結部によって、ならびに劇中いたるところで観られる諸々の時代錯誤的な細部によって分かる。『スーパースター』は当初、レコード・アルバムだったが、その後ブロードウェイの当たりナンバーとなった。舞台ミュージカルはこれまでに何度も再演されており、最近ではカナダのストラットフォード祭での新演出（二〇一一）があって、これは翌年ブロードウェイで称賛を浴びた[14]。舞台に比べると、映画版は当たりをとることはなかったが、過去数十年にもわたってアメリカのイエス映画の最重要作品に数えられ、したがって存分に議論されてきている[15]。

この映画はおそらく、受難劇というジャンルの中ではごく穏健なタイプのものだ。『モントリオールのジーザス』が枠組みとなる語りやそこに組み込まれた受難劇を提示しているのとは異なり、『ジーザス・クライスト・スーパースター』では、枠組みとなる架空の語りが現在――一九六〇年代か七〇年代――におかれていることが、いくらかのヒントを通じて感じられるだけで、その枠組みは演技やナレーションの対象にはなっていない。短いオープニング場面では、俳優たちがイスラエルのネゲヴ砂漠のロケ地に到着し、バスからどっと出てきて、イエスの生涯の最後の一週間を再現するためにセット・衣装・小道具を準備する。映画の終盤は夕方の場面であり、彼らがバスに荷物を詰め込んで立ち去るが、そこには一人が残されたままだ。イエスを演じた俳優である。他の俳優たちは、切なそうな面持ちで後方を振り返っている。以前とは何かが変化しているが、何が変わったのか、私たちははっきりと知ることがない。

この映画の「当時」の側面は明白である。登場人物も語りも、正典と認められた四福音書に共通した受難物語に映し出されたものに限りなく近い。しかし圧巻はこの映画の「今」の側面である。今日という背景は語られないものの、彼らが現在を過去の語りに読み替えていることは明らかで、意図的に目立たせられている。聖書映画というジャンルの典型である貫頭衣《ベブラム》とサンダルを身につけているのはイエスだけであり、その他の役者は一九六〇年代から七〇年代に広まった「ヒッピー」の身なりをしている。ロックという音楽ジャンル自体が、この映画の文脈が現代におかれていることを、絶えず思い起こさせる。砂漠上に戦車や飛行機が映り込むショットによって、一九六七年の第三次中東戦争が思い起こされるし、まるでこの映画の公開と時を同じくして勃発した一九七三年の第四次中東戦争を予見するかのようである。神殿を冒瀆しているのは、犠牲に捧げる典礼用の動物や鳥を売る商人たちではなく、現代風の服装で辺りをうろつく騙されやすい旅行者に葉書・土産物・女性たちを売る屋台である。この映画は自己参照的でもある。撮影用カメラを構えた人々が神殿の参道商店街を歩き回り、ユダはイエスに「フィルムの最後のところになったら逃げ出せますので」と言ってのける。ここに付け加えるなら、ユダを演じるのがアフリカ系アメリカ人であるため、彼の役割や彼の歌は、ローマの圧政に対するユダヤ人の抵抗という背景よりも、公民権運動のような時代背景に立つほうが確実に理解され易いであろう。この映画の全体としての主題・視点を提示するのはユダである。重要なのは、イエスの受難を詳説・賛美することではなく、有名人賛美を批評することなのだ。ヘロデまでもがメッセージを担っている。彼はスーパースターがいつも尋ねられがちなことをイエスにも尋ねる。「何が君をここまで人気者にしたんだ?」と。二〇一一年のストラットフォードの版、ならびに二〇一二年のブロードウェイの版では、ミュージカル自体に劇場テントが設置されており、有名人賛美への批評性がいっそう明瞭になっている。

受難劇が現れない受難劇映画

プリズムの反対の極には、あまり知られていない二つの映画がある。仏伊合作による『宿命――死なねばならない男』（一九五七）とパゾリーニの『意志薄弱な男』（原題は『リコッタ』、一九六三）である。両映画とも、現実の受難劇が演じられない枠物語に真剣に焦点をあてている。現代の枠における出来事は、福音書の受難の説明を反映し、さながら現代の俳優が枠内で福音書の中の役柄を演じているかのようである。二つの映画は、聖書叙事詩映画が築いた慣例を、採用したり再開したり批評したり嘲笑したり覆したりしながら、聖書の物語と架空の枠組み内に描かれる現代の生活との、複雑で時には反語的な関係を浮き彫りにする。

両映画は、この二つだけでイエス映画の下位ジャンルとして受難劇の伝統に立脚している。受難劇映画を観る者は、中世の受難劇の伝統について何か知っている必要はないし、そのような伝統が存在したということさえ知らなくてよい。何よりも重要なのは今日のイエスであり、彼が自分の生きる世界や彼を見つめる人々にどんなふうに影響を与えるか、なのである。

『宿命——死なねばならない男』

○筋書き

ダッシン監督によるこの映画（一九五七）は、カザンザキスの小説『キリストはふたたび十字架に』（一九四八）の翻案である。公開時には高く評価されたものの、今日ではほとんどみかけない。[17] 時代設定は一九二一年で、第一次大戦後のギリシャとトルコにおける、キリスト教徒とイスラム教徒の緊迫した関係に踏み込んでいる。冒頭に、クレタ島の小さなキリスト教徒の村でトルコ人たちが興した虐殺行為が映し出される。多くの人が死に、村そのものは徹底的に焼き討ちにあう。生き残った村民は司祭のフォティスに導かれて、安住できる場所を探し始める。この旅は三か月に及ぶ。その頃、キリスト教徒の別の村——こちらは平和で繁栄している——では、七年ごとに上演される受難劇の計画が進行中である。地元教区を率いるグリゴリス司祭は村民を教会に集めて、主要登場人物——イエス、ペトロ、ヨハネ、ヤコブ、ユダ、マグダラのマリア（ただし興味深いカイアファやピラトの名がない）——を演じる者の名をおごそかに発表し、聖劇の各役割にふさわしく過ごすように命じる。この村の平和な雰囲気に、フォティスと飢え疲れた一団が到着し、混乱がもたらされる。難民が求めるのは食糧と、いっそう重要なこととして、村の反対側にあるリラキナの丘のまだ開墾されていない斜面に住まうことである。この出来事に動揺する者が二人居る。この地域一帯のほとんどを所有しており、平和な村の政治を取り仕切っている長老と、この村の宗教的指導者であるグリゴリス司祭である。難民によって彼らの繁栄が脅かされることへの恐れから、長老と司祭は、新参者がコレラ菌に罹患していると訴えて、村から閉め出す。グリゴリスは、自分の行う敬虔な説教と自身のふるまいとが完全に乖離していることに気づかないが、彼の偽善性は、観客からみても、逆の立場にいるフォティスからみても、明らかである。難民たちは失望しつつ旅を続ける準備をする。しかしながら、フォティスは妥協しない。歓迎されないとしても、まだ人の住んでいないサラキナの地に落ち着くのだと心に決める。村民のうち数名——イエスや弟子たちやマグダラのマリアに選ばれた人々——は難民を助けようと決心し、村人の多くを説得して同意を得る。彼らの中でユダ役の人物のみが、それを拒否する。劇的で激しい対立が起こる。権力者たちはマノリオス（イエス役を演じる人物）を諍いの首謀者として捕らえ、拷問にかける。彼は瀕死の傷を受けるが、彼の友人たちが難民の味方をするべく集結するのを見届ける。

○当時としての今

この映画は、完全にそして分かりやすく寓喩的であり、村民と〔聖書〕物語の特定の役柄との明白な同一視によって指し示されている。ユダ、ペトロ、ヨハネ、マグダラのマリアに選ばれた人々は、マノリオスがいかにもイエスらしく行動するのと同じく、目に見えてその役割らしく行動する。ピラトとカイアファは、トルコ士官アグハーとグリゴリス司祭の両人物に相当すると判別できる。長老はヘロデ王にあたるのかもしれない。ヘロデ・アンティパス自身がローマ人ではないのにピラトに追従しているのと同様に、この長老は、民族的にも歴史的にも村民と結びついているが、アグハーのすることを地元で代行している。[18] 映画はこうした出来事を、一九二〇年代のギリシャに広がっていた政治的・宗教的緊迫の中に組み立てているが、焦点を当てているのは、もっぱらギリシャのキリスト教共同体の内部における緊迫状態である。映画が伝えるのは、人間が弾圧によって自分たちの同胞に敵対しうることや、村民や難民がイスラムの権威者になびいていく様々なあり方——長老とグリゴリスに体現される結託、そしてフォティスに体現される抵抗——である。[19]

映画『宿命』（一九五七）は古代活劇映画と同様に、特定の時と場におけるキリストないしキリスト的行

「マグダラのマリア」は寡婦のカタリナ　『宿命』

動の衝撃を描いている。「イエス」は無学で政治的には素朴だが、善意のある普通の羊飼いである。彼はモーセと同様、はじめ吃音があるが、神から与えられた使命――この場合は師父フォティスによって選ばれ難民の側にたって村民たちに発言する役割――が明るみになってからはその吃音も消える。「マグダラのマリア」は、寡婦のカタリナである。彼女は長老のほか、「イエス」や「ユダ」を含む沢山の男たちに売春をしている。カタリナは、マノリオスが権威に立ち向かい、後には村民に向かって情熱と雄弁さをもって語りかけるのを目にし、他の男たちとの関係を断ってマノリオスに留まる。マノリオスが生き延びたなら、彼らは結婚して子をなしただろう。「弟子」たちはマノリオスに倣って難民を世話する。長老の息子で後継者でもあるミケリスまでが、難民を救うために父親に反旗を翻す。彼はあの「主が愛しておられた弟子」、福音記者ヨハネを象徴するように、マノリオスの間近に居る。

アグハーはピラトと同じく、関わり合いをもちたがらず、マノリオスが難民に代わって提出した請願を取り下げるよう、彼を説得する。マノリオスが断ると、アグハーは彼をグリゴリスに引き渡す。したがって、ここでは福音書の物語が逆転している。福音書では、聖職の権威――大祭司――がイエスを政治的・行政的権威であるピラトに引き渡すのだ。受難劇でイエス役を熱望していた「ユダ」は初めからマノリオスを憎んでいて、最後に彼を裏切る。彼はマノリオスを、イエス役への選出だけでなく、カタリナの注意を引くことでもライバル視していた。「ユダ」のふるまいによって、カザンザキスの小説の題名が示すとおり、キリストがふたたび十字架につけられる。

この映画の道徳的・霊的中心はフォティスにある。村の外部の存在として、比喩的な輪からも外に位置づけられるが、彼に神の代理を見いだしてもよいだろう。フォティスが、マノリオスに村の人々と話すように依頼し、マノリオスの吃音を取り除く。フォティスは兵を挙げて弾圧の暴力に立ち向かう。この映画において神は、領土拡大主義や独り善がりと談合の力に抗って武器を取る者の側に居る。

○慣例

受難劇映画の下位ジャンル――「非受難」という変化形も含めて――には一つ、大切な慣例がある。架空《フィクション》物語の枠組みは受難を模倣し、演じ手の暮らしと人格が、受難に関わった人々をそのまま反映するのである。この慣例によって、架空物語の枠組みがそのまま受難物語に転じる。『宿命』では映画全体が架空物語の枠組みそのものであり、この慣例を論理的にギリギリのところまで推し進めている。受難劇が言及されていて、その準備も始まっているが、決して演じられない。したがって映画全体が受難なのである。受難劇の痕跡は、村民がそれぞれの役柄に割り振られている点のみで、劇そのものは消えている。イエスと酔っ払った二人の弟子がリハーサルがあると言って少し話しているだけで、リハーサルはなく、劇の上演はまったく行われないのだ。にもかかわらず、受難は現実に演じきられる。村民たち自身の暮らしが、「ローマの」

権威（アーガ）とではなく、その代わりとなるギリシャ人の同胞と衝突するというかたちにおいてである。
この受難においては他の受難と同様に、イエスは死なねばならない。ほかならぬ映画タイトルが予めそう述べているのだから。この避けがたさをとくに強調しているのは、山場《クライマックス》でマノリオスの死を映し出す際のカメラワークである。クリフトンが記すように、カメラアングルは効果を定義する。受難物語でイエスをピラトのところに連れて行くのは大祭司であるのに対し、ここではマノリオスをグリゴリス司祭のところに行かせるのはアーガである。マノリオスは縄に縛られて、馬に乗ったトルコ兵士によって、広いホールに引きずられていき、この馬の蹄は床の化粧タイルに不吉に響き渡っている。

兵士は、騎馬のまま柱のところまでやってきて、マノリオスを床に置いて去る。マノリオスは後ろ手に縛られており、縄は彼の傍らに落ちる。長いダウンショットによって、トルコ人の荷物の右側に居る村の裕福な有力人物たちは、マノリオスを囲んで輪になる。パナヨタリス——受難劇のユダ——は、彼のナイフを抜いて輪に加わる。マノリオスの時は満ちた。もう逃げようがない。[20]

この物語の現代的文脈のおかげで、重要な主題・問題をほのめかすというよりは直接に提示できている。受難劇映画の範疇《カテゴリー》に含まれる映画は、イエス映画の場合とは対照的に、イエスに恋愛生活があったかどうかという問いを避ける必要はない。イエスを演じる俳優が、現世の人らしく、恋愛対象や性的対象に自由に関わっていても、イエスは純潔なままでいることができる。それを受けて、ユダ役とマグダラのマリア役とイエス役の村人の間には、恋愛の三角関係がある。受難劇でマグダラのマリアを演じることになっているカタリナは、好意を与える相手を自由に選べるめでたい寡婦《メリー・ウィドウ》だが、イエスを演じる羊飼いマノリオスへの真実の愛を守る。しかしながら、少なくとも初めのうち、彼女はマノリオスが何者かわからずにいるが、イエスその人に連想する勇気と信念――たとえば権威に抗って立ち上がる能力など――をマノリオスに見いだす。マノリオスが難民を守るために長老やグリゴリスに公然と反抗したのだと彼女は考え、初めて愛を宣言する。彼が、実は最後に取り下げたのだと告げると、カタリナは彼を家から追い出す。この拒絶から、マノリオスは心底、衝撃を受け、後に、彼は受難劇の主人公の資格があることを示す。難民を助ける必要性を公に表明して、映画の山場である聖エリヤの祝日では熱のこもった演説を行い、それによって死に、カタリナが思い描き望んだ男になった。

しかし、この映画の主要テーマは政治的である。この映画は、福音物語においてユダヤ人とローマ人の衝突と平行関係をなすトルコ人とギリシャ人の衝突を描いている。どちらの場合も、貧しい者に代わって調停を試みる良き羊飼いは、努力の甲斐なく殺される。映画は四福音書と同様に、帝国による支配・圧制の現実をめぐる二つの異なるアプローチ、すなわち対立と妥協を比較する。占領に抵抗し、主義に殉じて死ぬ難民に代表されるような対立と、裕福な村の指導者たちに代表されるような妥協である。司祭と長老は協力して、イスラム教徒のアグハーと良い関係を保ち、受難劇を舞台にかける許可といった細々とした利を得る。しかし村民は、彼ら自身の福利と、さしあたり村の幸福につながると考えられるものはアグハーに頼っているので、彼が激怒するのを恐れて、難民を助けるのを拒む。映画そのものは、キリスト教徒は貧しい者や窮迫している者を世話し、他人に責任感をもたねばならないという解放神学の立場にある。[21]

『意志薄弱な男』

○筋書き

三五分間の短編映画『意志薄弱な男』（原題のリコッタは「凝乳チーズ」の意、一九六三）は、ロッセリーニ、ゴダール、パゾリーニ、グレゴレッティがそれぞれ受難映画を作り、各々の断片を集めたオムニバス映画『ロゴパグ』（一九六三）の、パゾリーニの担当分である。『意志薄弱な男』の始まりには、スクロール文字がついていて、その文言には音読が重なる。この文字は監督の意図の純粋さを宣言している。「私のこの物語について、偏見のある多義的でショッキングな評価が起こるのは想像に難くない。いずれにしても私は今ここで、それでも『意志薄弱な男』は撮られ、『意志薄弱な男』が間接的に想起させる受難の物語が、私にとっては、これまでに起こった最大の出来事にして、これまでに書かれた最も崇高に描かれた書物であることを述べておきたい」。しかしながらこの祈りは、映画そのものにおいては目に見えて僅かであり、パゾリーニが予測したとおり、ショッキングな反応が起こった。映画は冒瀆的なものと見なされ、監督は国家の宗教を侮辱した廉で罰金ならびに有罪宣告を受けた。この法的訴訟のせいで、彼は次作映画『セルヴァッジョ神父』に着手できなかった。彼は四か月間の禁固刑を受けたが、控訴審で有罪は棄却された。[22]

この映画内映画の監督は、明らかにパゾリーニ自身の身代わりとして、オーソン・ウェルズが演じた。『意志薄弱な男』が製作されている時期に公開された『マンマ・ローマ』の出版脚本の序文に現れるパゾリーニの詩をウェルズが読む。パゾリーニは、ウェルズを監督役にキャスティングすることで、レイ監督の『キング・オブ・キングス』（一九六一）で不可視の神の声を演じたばかりのウェルズを活用するとともに、自分をイエス映画『奇跡の丘』(一九六四)を作る予定の人間として戯画化している。[23] この連想によって、映画監督というものが神とは違って、世界を創り出すことはできず、その世界に住まう人間が、地に満ちはするものの、創造主を喜ばせるべく定められた役割を演じるか演じないかを自らの意志で決めてしまう点が示されている。

『意志薄弱な男』は、パゾリーニ自身の『奇跡の丘』をふくめたイエス映画と同様に、イエスの受難の構図設定《ミザンセヌ》の基礎に、美術――ポントルモの「十字架降下」(一五二八年頃)――を用いている。この映画のほとんどの部分は、場面設定の努力に捧げられているが、俳優たちは撮影に関連する一般的な娯楽に転落しつづけていて、その努力は失敗している。筋書き――らしきもの――は、イエスの隣で十字架にかけられた「良き泥棒」の役割を演じるために選ばれた地元の文無し男ジョヴァンニ・ストラッチに集中している。福音書の説明によると、イエスは他の二人に挟まれて十字架にかけられたのであり、他の二人は伝統的には泥棒である。「ルカ福音書」によると、この男のうち一人――「良き泥棒」――がイエスに、王国に行く時に自分を思い出してくれるように頼む。イエスは「はっきり言っておくが、あなたは今日わたしと一緒に楽園にいる」(ルカ二三42~43)と答える。ストラッチという名前は、彼の困窮ぶりを示す「ぼろきれ」の意味で、こうなってしまったのは、彼が文字どおりいつでも餓死寸前のためだ。映画全体が、昼飯を探す彼の苦心惨憺を中心に回っている。彼はついに大量のリコッタ・チーズをみつけ、動物が興奮した時のように喉を鳴らす。この昼食が終わると、ストラッチは自分用の十字架によじ上るが、消化不良で息を引き取る。彼が本当に王国に入れたかどうかは明らかでないが、彼の人生はそれ自体が受難であり、とくに彼が必死で探していたものは最後の食事になってしまう。受難劇映画そのものは完成されていない。

十字架を前にした昼食時のツイストダンス
『意志薄弱な男』

○諸主題

この映画は非常に面白くグロテスクであり、イタリアについて、美を讃えて敬虔さや信仰に口先だけ同意を示すものの、貧者の基本的必要性を満たしてやれずにいる社会として辛辣に批評している。キリストの栄光を讃える意図で受難映画を製作するにあたり、この映画は、受難映画が製作される当の社会の無関心さによって死に追い込まれる貧しい男に関心を惹きつける。その社会の考えの浅さは、昼食時に俳優がウキウキと踊るツイストダンスの音楽によって表現され、また、受難劇映画の定番役者がストラッチをあしらう冷淡な様子によっても表現されている。受難劇映画というジャンルにおけるパゾリーニの貢献は、役者たちが自分の役柄の神聖な要素を理解しない点ではなく、役者たち自身の俗悪さが聖人という役割を汚している点である。ポントルモの絵から伝わる人間ピラミッドは、最終的に崩壊するに違いない。そしてそこには、カトリック教会が自ら創り出した複雑な機構を維持できず、貧者の救済を果たし損ねることが反映しているのかもしれない。

結び

聖書の語りと架空物語《フィクション》の語りを並べて配置する映画や、架空物語の枠組みに受難物語を埋め込んだ（あるいは明らかに埋め込んでいるように見える）映画は、「映画のかたちをとった聖書《バイブル・オン・フィルム》」と「映画の中の聖書《バイブル・イン・フィルム》」の両範疇《カテゴリー》にかかっている。観る者は、こうした映画が描いたり想起させたりしている聖書物語のおかげで、枠組みになっている架空物語の中に聖書的要素があるのを知り、聖書的過去が映画的現在に鳴り響いていることに思いをめぐらす。しかも映画の作り手は、架空物語の枠組みに聖書の数々の引用・引喩・参照をそのまま含め、聖書の類似環境が聖書的でない物語に入り込んでも、観る者は聖書を忘れないという確信によって、この連想的繫がりを強化する。

『ジーザス・クライスト・スーパースター』を除くと、受難劇映画はハリウッド外部——『モントリオールのジーザス』はカナダ、『宿命』や『意志薄弱な男』はヨーロッパ——に由来する外国語（仏語・伊語）の映画であるが、それはただの偶然かもしれない。この偶然に意味があるのかないのかを明らかにするには、事例の数が十分とはいえない。同時に、こうした映画の作り手が、キリストの受難と現代的問題をめぐって、自分たちが表明したい類比性を進展させる上で、叙事詩映画ジャンルやその慣例が最良の方法だと考えなかったのだと推測することもできよう。彼らが自分たちの映画と、アメリカの叙事詩映画でジェンダーや政治や人種その他の事柄をめぐる弾圧の主題について意見が表明される方法との距離を、意識的あるいは無意識的に下した判断が反映されているか、あるいは、叙事詩映画における慣例が、有名であることや芸術の堕落や宗教の偽善性や階級といったモチーフや政治的闘争について発言する上で、単に不適切あるいは面白くないということを反映しているのかもしれない。

叙事詩映画ジャンルの衰退については、経済的・文化的・歴史的な理由に加えて、アメリカ映画の作り手たちもまた、聖書を用いて多様な問題や不安を語る上で、もっと他の、より微妙な映画ジャンル・映画的形式を見つけ始めていたためかもしれない。実は、叙事詩映画の黄金期以降、聖書に関係する映画の大半は聖書物語の直接的な表現を差し控えて、代わりに引用・引喩・参照を採用し、聖書を画面上に視覚的に提示することで、現代世界の抱えるディレンマに対して、聖書やその登場人物や聖書物語が今なお妥当性を持っていることを強調する。次章以降に注意を向けていくのは、こうした映画群である。

第Ⅱ部　映画の中の聖書

六章　現代的な見かけの旧約聖書――「子や孫にも語り伝えなさい」（申四9）

『ホリッツ受難劇』の初演にでかけたフィラデルフィア市民、デミルの叙事詩映画『十戒』『キング・オブ・キングス』やメル・ギブソンの『パッション』の初日に群がった群衆。こうした映画ファンは、映画のかたちをとった《バイブル・オン・フィルム》聖書を見るつもりで臨んだし、聖書こそ彼らが見たものだった。彼らが銀幕の上に見た聖書が、彼らが教会や家で読んだものと正確に同じではなくても、また、数世紀にわたる視覚その他のメディアによる色眼鏡で変質していても、そして古代イスラエルについてよりも現代のアメリカについて語っていても、その映画は神聖な聖書であり、神の言葉であった。

しかしながら、映画の黎明期から、劇場に足を運んだ無数の映画ファンたちの多くは、聖書への少しの心構えもなくそうした聖書を見聞きした。二〇世紀初頭から一九六〇年代半ばにかけての叙事詩的聖書映画の時代を通じて、聖書を引用した映画や、聖書の語句・モチーフ・物語・人物を活用した映画が製作されてきた。叙事詩映画というジャンルが流行らなくなった後にさえ、聖書はあらゆる種類の無数の映画において呼び起こされ続け、したがって数え切れない観客が聖書に遭遇したが、その大多数が事前の心構えを少しもしていなかった。これらの映画を「消費」すると同時に自分たちが聖書を「消費」していたことを悟っていたのは、ただ聖書的事柄への知識をそなえた映画ファンだけであった。

映画の中の聖書

聖書映画――つまり「映画のかたちをとった聖書《バイブル・オン・フィルム》」――は、まもなく、聖書の用い方ならびに映画全体の派手な語りのスタイルにおいて、より広い叙事詩映画ジャンルと強い結びつきをもった、ある独特なジャンルとして認識されるようになった。これと反対に、西部劇からラブ・コメディまで、考えつく限りのあらゆるジャンルに属する物語を語るために聖書を用いる映画――つまり「映画の中の聖書《バイブル・イン・フィルム》」――には、こうした映画が属しているハリウッドの各ジャンル群における視覚的スタイル・聴覚的スタイル・編集スタイルをはじめ、映画作法上のさまざまな慣例が反映されている。ボクシング映画は演技を暗い室内に配置し、ボクシングの試合のシーンと賭けのシーンを含んでいる。脱獄映画では、なんらかのかたちで傷ついている主人公をとりあげ、その人物は監禁から逃れることに成功する。聖書（および他の文化的起源・引喩・影響）の使用は、映画の予告編や評論記事からは見えてこず、観客は席に座ってから、それらに出くわす。それゆえ、映画は聖書をかなりあからさまに用いることもあるが、しかし場合によっては、聖書について広範囲に精通している人たちにだけ聖書的要素が明らかなこともある。

「映画の中の聖書」の事例の大部分は「映画のかたちをとった聖書」と容易に区別しうるものであり、聖書的脈絡を確立するために、しばしば似かよった技法が用いられる。こうした映画では、スクリーンに聖書が全体あるいは一部分だけ提示されることがあり、聖書そのものや聖書の特定の詩句・語句・物語をあからさまに引用・引喩する。またその映画の筋書きや人物像の模型として聖書の物語を用いることもある。さらにそうした映画は、聖書映画と同様に、美術・文学・音楽といった他のメディアを通じて聖書を変質させる。つまり、こうした映画は聖書を利用して、現代の（通常アメリカの）社会に重要な事柄を検討し、映画製作者の意見を表明する手段とする。おそらく最も重要なことは、そうした映画の物語の意味が、スクリーン上に映しだされる特定の出来事を上まわってある種の豊かさを含んでいることをほのめかし、映画に深みが増すという点であろう。

それぞれの映画は、聖書の扱い方のみならず、どの程度、聖書に立脚するかという点でも、ばらつきが大きい。たとえば、『バベル』（二〇〇六）は、ただタイトルだけが聖書的であって、ほかには聖書からの引用も引喩もない。『エバン・オールマイティ』（二〇〇七）には、聖書の参照と引喩が山ほど含まれており、まさに、創世記の洪水物語（創六～七）の筋を、時代錯誤の、過度に単純化した滑稽な調子で繰り返す。聖書を重用する映画は、多くの場合、三つの重要な慣例のすべてに立脚している。聖書そのものか聖書の語句をスクリーンに映しだすこと、聖書からの引用を行うこと、人物の性格や筋書きの模型を聖書からとることである。

他には、聖書の引用や参照が映画の筋書きを要約する場合もあり、そうした場合、筋書き自体は聖書の語りから派生しているわけでも、聖書の語りをほのめかしているわけでもない。たとえば『トゥルー・グリット』（二〇一〇）は、箴言の「悪《あしき》者は逐《お》ふ者なけれども逃げ」（箴二八1／欽定訳）の字幕スクロールで始まる。その節の後半部には、「義《ただしき》者は獅子のごとくに勇まし」とあるが、映画では言及されない。映画全体を見てみると、詩句は映画の筋書きと主要登場人物二人の性格を要約している。つまり邪悪な男がもう一人を殺害し、何のとがめもなく逃げおおせていたが、ただ一人、殺された男のまだ十代の娘——正義感の強い大胆な若い女性――だけが細心の注意で彼を追う。この場合、聖書からの題字は、筋書きについての短い論評を提供するが、映画そのものの物語・人物・会話は聖書に立脚していない。

「小道具」としての聖書

聖書はしばしば、映画全体の筋書き・人物像・主題の要素としてスクリーンに現れる。登場人物が聖書を読んでいたり（『黒の報酬』一九五六）、聖書を売り買いしたり（『オー・ブラザー！』二〇〇〇）、運んだり（『スリング・ブレイド』一九九六）する。聖書がホテルの部屋（『コーンヘッズ』一九九三）や寝室（『エバン・オールマイティ』）、バックパックの中（『ザ・ウォーカー』二〇一〇）、ユダヤ教のシナゴーグ（『シリアスマン』二〇〇九）やキリスト教の教会（『グラン・トリノ』二〇〇八）に現れる。こうしたスクリーン上の聖書は多数の役割を担っている。たとえば『ネル』（一九九四）において、若い「野生の女」の家でみつかった古い大型の家族聖書は、かつて彼女の家族が人間社会に暮らし、このような聖書を所有する手段とそれを置いておくべき家庭を持っていたという背景を物語る。聖書はまた、この若い女性の性格の深みの一因となる。彼女はたった一人で森の小屋に住んでいたが、彼女は聖書を大切に扱い、聖書の句を引用し、聖書と共に生きるべく育てられていた。[1]『使徒』（一九九七）の主人公にとって、聖書は、自分は誰であり、どう生きるべきかをめぐって奮闘する場である。彼は主の伝道師であって、聖書は彼の生計の源であるとともに、信仰とインスピレーションの源でもある。しかしながら、彼は罪深い者であり、聖書によって責め立てられ、最終的には聖書が彼を救い出し、救済の元にもなる。[2]

聖書だけではなく、聖書の各頁の印刷されたテキストもまた、観る者が読むべきものとしてスクリーンに現れる。例えば『フライド・グリーン・トマト』（一九九一）において、ルース・ジェイミソンは友人イジー・スレッドグッドに、聖書の「ルツ記」の一頁を送る。それによって、ルツがモアブの地を発って義母ナオミと共に新しい人生を築くのと同様に、ルースが虐待癖の夫の元から、イジーの元にきて暮らすつもりであることをほのめかす。[3]『バートン・フィンク』（一九九一）では欽定訳聖書の「創世記」一章の頁が、バートンの演劇のテキストへとゆっくりとモーフィングする。これによって、バートンが聖書における創造の物語と同じくらい壮大で永遠の価値をもった演劇を書こうとしながらも、その戯曲の幻想が潰えたということが浮き彫りになっている。

会話・参考・引喩の源としての聖書

アメリカの長篇映画には聖書からの直接引用が数多く見られる。多くの登場人物が聖書を読み（『黒の報酬』のエド・エイブリー）、あるいは暗誦する（時折『パルプ・フィクション』（一九九四）のように間違いつつ）。[4]コメディ映画『ライアー ライアー』（一九九七）において、主役の弁護士は「ヨハネ福音書」を引用する（ヨハ八32）。イエスが「あなたたちは真理を知り、真理はあなたたちを自由にする」と述べる箇所である。『ライフ・オブ・パイ――トラと漂流した二二七日』（二〇一二）の主人公パイは、インドの教会でキリストに愛を覚える。その教会の司祭は、「ヨハネ福音書」の一節「神は、その独り子をお与えになったほどに、世を愛された」（ヨハ三16）を引用する。『ザ・マスター』（二〇一二）でフレディ・クエルが聴いているのは、エラ・フィッツジェラルドがアーヴィング・バーリンの一九三六年の歌《サタン、引き下がれ》（マタ十六23）をカバーした録音で、それは勤務先のデパートの放送から流れてくる。その歌は、不確実ながらも、映画全体に影を落としているフレディの道徳的な状態を表明している。

聖書の引用は、『告発のとき』（二〇〇七）や『グッド・シェパード』（二〇〇六）のようなタイトルにおいても行われているし、「ヨブ記」の数節（ヨブ三八4、6〜7）を題字にすえて始まる『ツリー・オブ・ライフ』（二〇一一）のような映画においても行われている。「わたしが大地を据えたとき、お前はどこにいたのか」「基の柱はどこに沈められたのか。誰が隅の親石を置いたのか。そのとき、夜明けの星はこぞって喜び歌い／神の子らは皆、喜びの声をあげた」。視覚的な参照を行う映画もある。壮観な例は『マグノリア』（一九九九）におけるカエルの大量発生である。この映画は、様々な方法で出エジプト記（出八2）を繰り返し参照し、この点を強化している。[5]

筋書きや人物像の源としての聖書

最後に、主要な筋書き、あるいは第二の筋書きの全体、あるいは一部が聖書の物語を模範にしており、そうすることにおいて登場人物の一人ないし数人を聖書的原型を模範に形成している映画群がある。面白い例として『エバン・オールマイティ』（二〇〇七）がある。この作品では、観る者が「創世記」の洪水物語という聖書的原型に気づくよう、ありとあらゆる方法が活用されている。下院議員に転じた地元のテレビのニュース・リポーターという役柄のエバンは、どうみてもノアである。彼は、ワシントン郊外に引っ越した直後に、神から神秘的なかたちで連絡を受け、方舟作りを命じられる。彼は聖書に書かれた仕様と指示（創六14）を一字一句たどることになっている。観る者はこれ以降、彼が万難を排してこの方舟を作るであろうこと、動物はつがいになって乗船するであろうこと、そして洪水が起きるであろうことを知る。喜劇であるがゆえに、この映画は結末のところで聖書の物語から逸脱する。なぜなら洪水は壊滅的だったが、ノアと彼の家族だけではなく、正義に欠けた人々でさえ生き残るからだ。物語には近代的なエコロジカルなメッセージ——個人的・政治的達成のために自然環境を開発するのは悪い——が含まれているが、観る者の記憶に残り易いのは、モーガン・フリーマンが慈悲深くて善良な神の役割にいかに適しているか、そして動物がワシントンの上空を行進するさまがいかに面白いか、といった点かもしれない。

『黒の報酬』（一九五六）の主役エド・エイブリーの役の原型は、『エバン・オールマイティ』のエバンと同様、明らかに聖書の人物である。エイブリーの場合、原型は父祖アブラハムであり、続く物語は喜劇的であることからほど遠い。なぜなら彼は、アブラハムと同様に、自分の一人息子を殺すように命じられていると信じているからである。ありがたいことに彼は失敗し、そして観る者は、エイブリーのふるまいがアブラハムの行為の曲解であることを理解する。エイブリーはアブラハムと異なって、神の命令によってではなく精神病によって動かされているからである。

しかしながら、たいていの映画において、聖書の人物や筋書きとのつながりは物語世界の外《エクストラ・ディエジェティック》にあり、映画内の人物にではなく観客に明かされている。『エデンの東』（一九五五）の主人公――牧場労働者アダムと彼の二人の息子のキャルとアロン――は、聖書のアダム、カイン、アベルをモデルにしている。『ライオンキング』（一九九四）が提示するのは、若いライオンのモーセのような物語である。この若いライオンは祖国から逃げてカリフォルニアの風土に似た砂漠地帯で快適に暮らすようになるが、己の義務に呼び寄せる予言的な声を聞いた後、いやいやながら戻ってくる。しかしながら、これらいずれの事例でも、聖書の枠組みは映画の筋書きを構成しない。『黒の報酬』の山場の劇的な行為は、上品な夫や父親の家系に、薬によって引き起こされた狂気をたどる筋書きと、その最終的な回復である。『エデンの東』は、仲違いと和解の物語を伝えるためにカインとアベルの物語を用いてはいるが、流行の心理学や価値観の変化、そして大恐慌時代という背景にのっとり、親の依怙贔屓《えこひいき》を非難し、息子の失敗を父親のネグレクトのせいにする。『ライオン・キング』は同じく父子関係についての映画であり、父の死に自分が責任を負っていると感じている若い息子の人生の旅路をたどって、彼が成熟して世界に彼の居場所をみつけるまでを描く。コーエン兄弟の『シリアスマン』は、今日におけるヨブの物語であり、主人公はありとあらゆる方法で試されて裁かれる。こうした映画のいずれも聖書についての映画ではないが、それでもなお、隠れた原型を認識すれば、観る者は映画そのものの主題を把握しやすくなる可能性がある。

なぜ聖書なのか?

これらの各点のほとんどは、他の方法でもなされうるだろう。したがって次のような問いが浮かんでくる。なぜ、そもそもまったく聖書がらみではない映画に、聖書が用いられるのか? 答えはある程度までならば簡単である。映画は、物語・資料・事件・象徴・観念と同程度に、観客にとって身近な「実世界」の対象・場所・出来事・習慣を扱わずにはおかないメディアである。聖書は、観客との結びつきを形成し、娯楽と意味を提供するために、映画の作り手が用いる多くのテキストの一つにすぎない。ここでいう多くのテキストには、シェイクスピアやジェイン・オースティンの作品、ダン・ブラウンの『ダ・ヴィンチ・コード』[6]のような人気小説やアメリカの権利章典のような基礎資料、そして流行の心理学が含まれる。

ある映画が聖書を用いた別の資料を使っているという事情がある場合などは、その映画の聖書とのつながりは、重要であるにもかかわらず二次的かもしれない。面白い例としては『ムーンライズ・キングダム』(二〇一二)がある。この映画は「問題をかかえた」十二歳のサムとスージーが(架空の)ニューペンザンス島の人里離れた岬に駆け落ちする魔法のような物語からなる。物語は一九六五年に設定されており、「合衆国悪天候省によってこの地域の二〇世紀後半における最も破壊的な気象学的出来事であると考えられる」「超弩級と記録された嵐」「ブラックビーコン嵐」[7]の前の三日間にわたって展開する。

ハリケーンが引き起こした雨と洪水は、破壊力においてもその後の豊かな再生力においても、ノアの洪水にならぶ叙事詩的規模を持っている。映画のナレーター曰く「次の秋には、これまでの記録をはるかに上まわる収穫があり、農作物の品質も群を抜いているそうです」。しかしながら、聖書は一度も言及されない。創世記六〜八章からの引用はないし、スクリーンにはいかなるかたちにせよ聖書は現れない。その代わりに終始、一九五八年のベンジャミン・ブリテンの聖歌劇《ノアの洪水》を用いて標柱にしている。この音楽は、映画世界内《ディエジェティック》なかたちでも、つまり、映画のストーリー自体の内側の要素としても、また映画世界外《エクストラ・ディエジェティック》なかたちでも、つまり、物語内の登場人物が耳にすることはないがバックグラウンドの音としてムードとテーマを作り出す部品としても、用いられている。ブリテンの《ノアの洪水》は、教会に集う人々が演奏に参加するように作曲されており、沢山の子供たちも役を演じている。[8]

サムとスージーは、ニューペンザンス島の聖ヤコブ教会において《ノアの洪水》が上演されている最中、その舞台裏で初めて出会う。スージーはこの歌劇の中では重要な役である「大烏」を演じる。この歌劇では、洪水の後に陸地があるかどうか判断するため、ノアによって放たれるのが「大烏」なのだ。映画の山場《クライマックス》は翌年の同じ教会におかれている。歌劇の上演がブラックビーコン嵐のために土壇場になって中止される。教会がこの共同体にとっての避難所となっていくさまは、聖書において洪水のあいだ、ノアの方舟が動物たちの避難所であったのと同様である。このつながりは、「ノアの方舟」が描かれたステンドグラスのショットを通じて、また子どもたちがまとう動物の衣装によっても明らかである。サムとスージーは、周囲の注目から逃れたいと望み、二人を近づけまいとする善意の大人たちを避けようとする。サウンドトラックには、

《ノアの洪水》に加えて、ハンク・ウィリアムズやフランソワーズ・アルディの曲が目立つ。映画の始まりと終わりには、映画世界内《イントラ・ディエジェティック》的にブリテンの《青少年のための管弦楽入門》がおかれ、映画世界内《ディエジェティック》にも映画世界外《エクストラ・ディエジェティック》にも機能しうるブリテンの他の楽曲やハンク・ウィリアムズ等の楽曲が並置されている。聖書は直接言及・使用されるわけではないけれども、ノアの洪水の物語は筋運びを組み立て、主題を提供している。そして、私の考えでは、このファンタジーの展開を見守る多くの人々の脳裏にノアの洪水の物語がある。[9]

つまるところ、映画はたいへん自己言及的なメディアである。[10] 聖書が映画芸術の初期から映画作品の源泉であったという事実は、今日もなお映画が聖書を資源として用いる理由として有効だし、ある映画が聖書を用いると、しばしば別の映画がその方法を再生産するのである。しかしながら最も重要なのは、聖書が担っている一連の連想である。この連想は、現代の西洋社会、とくにアメリカ社会において、倫理基準として、根本的な歴史の保管庫として、そして人類と神との関係についての証言ならびに青写真として伝達されている。

長篇フィクション映画も、聖書映画と同様に、社会的・政治的・神学的な根本事項にかかわる思想・価値・意見・視点を伝え、アメリカ的生活やアメリカ社会の発展を支持したり批判したりするために聖書を用いる。これらの各点について、『バベル』『イングロリアス・バスターズ』『告発のとき』の三つの映画作品で解き明かそう。

『バベル』

筋の要約

アレハンドロ・ゴンザレス・イニャリトゥ監督の『バベル』（二〇〇六）は、この監督の「死の三部作」のうち、『アモーレス・ペロス』（二〇〇〇）、『21グラム』（二〇〇三）につづく第三作にあたる。[11] 筋書きは、夫と共にモロッコで休暇旅行中の女性スーザン・ジョーンズが偶然に撃たれたことをめぐって展開する。この映画は、次々に挿入・編集を行って、モロッコ・合衆国・メキシコ・日本で同時に起こっている四つの物語へと、観る者を深く引きこむ。はじめのうち、四つの物語は互いに独立しているが、銃弾の発射とその余波というかたちで四つの物語が絡み合っていることが次第に明らかになる。

映画の始まりに登場するのは、モロッコの山羊飼いの家族である。父親が隣家の男から猟銃を買い、山羊の群れにとって厄介なジャッカルを撃つことができるようにと、二人の息子に与える。少年たちはどちらの射撃の腕がよいかを争い、一人が、遠くに見える観光バスを狙って撃つ。弾丸は窓を割り、アメリカ人の旅行者スーザン・ジョーンズに重傷を負わせる。モロッコでの筋は、狙撃者を探そうと（はじめのうちはテロリストだと決めてかかっていた）警察が奮闘する話と、救急車も医者もない村で、怪我人の夫リチャード・ジョーンズが妻を大量出血から救いだそうとする話の間を行き来する。一方、この夫婦には二人の小さな子どもがいる。子どもたちを世話するのはメキシコ人の住み込みシッターで、彼女は愛情深いが、合衆国での就労に法的許可が出ていない。彼女は、息子の結婚式に出るためにメキシコに行く旨をリチャードに伝えてはいるが、留守の間、子どもたちの世話を代わってくれる人をみつけられず、子どもたちをメキシコに連れて行く。いくつもの災難が重なって子どもたちは死にかけ、彼女は合衆国に戻ろうとするところで国境警察に捕まり、メキシコに強制送還される。同じ頃、日本では、聴覚障害のある十代の少女が、自分の性的資質とアイデンティティを探ろうとしている。母親の死が原因で、彼女は父親と二人で暮らすようになった。父親は娘を愛してはいるが娘をもてあましている。娘は、父親への事情聴取のために訪れた警察官と関係を持とうとする。スーザン・ジョーンズを撃ったのは、この父親が狩猟旅行でモロッコを訪れた際にガイドに贈ったライフルだったのだ。

聖書の中のバベル

この映画の筋は、いかなる意味でも聖書的な土台を持っていない。聖書が小道具として現れることはないし、聖書からなんらかの人物像が引き出されたということもない。聖書とつながりがあるのは題名だけである。題名のほか、映画のどこにも聖書が出てこないため、映画の題名と映画そのものがどうつながっているのか、問いかけたくなる。

イニャリトゥ監督は自分の映画作品で、しばしば聖書を引き合いにだす。彼の「死の三部作」の第二作にあたる前作『21グラム』は心臓移植にまつわる物語で、この映画には、聖書（欽定訳）の参照や引喩が数多く出てくる。出エジプト記（三三10）やローマの信徒への手紙（九15）、黙示録（二一8、三19）である。イニャリトゥは『21グラム』で、主人公と死を待つばかりの病人に心臓を提供して亡くなった男の妻との複雑な関係をさぐるべく、慎重に聖句を用いている。したがって、バベルという題名も、創世記十一章の物語を思い起こさせるべく注意深く選ばれているのだろうと推測できる。

聖書では、人間が「同じ言葉を使って、同じように話していた」（創十一1）と言われる。人間は、住処を転々としていたが、おしなべてシンアルの地にいて、互いに「さあ、天まで届く塔のある町を建て、有名になろう。そして、全地に散らされることのないようにしよう」（創十一4）と言った。神はこの野心的な計画を警戒し、その芽を摘もうと決断なさった。「民は一つで、みな同じ言葉である。彼らはすでにこの事をしはじめた。彼らが何を企てても、妨げることはできない。さあ、われわれは下って行って、直ちに彼らの言葉を乱し、互いに言葉が通じないようにしよう」（創十一6〜7）。そして主は「彼らをそこから全地に散らされたので、彼らはこの町の建設をやめた」（創十一8）。ナレーターが語るには、「こういうわけで、この町の名はバベルと呼ばれた。主がそこで全地の言葉を混乱《バラル》させ、また、主がそこから彼らを全地に散らされたからである」（創十一9）。

神がなぜ、人間の限りのない可能性の見通しをこのように警戒なさったのかは不明である。ユダヤ教の伝統において、この塔については様々な見方がある。たとえば多神崇拝についての神の拒絶として（サンヘドリン一〇九a、創世記ラッバー三八6など）、未来の洪水からの避難所の試みとして（ヨセフス『ユダヤ古代誌』一巻・四巻）、あるいは、極端な傲慢の表れとして（ヨベル書十18〜28）という見方である。これらと同様のモチーフが、教父たちの著作にも反復されている。[12]

しかしながら、「平たい意味」において、バベルの物語は、この世のいたるところに様々な国や言語が存在することを説明する。人類は、単一言語主義思想が構想するような統合と相互理解を求めている。これに対して人類が全地に広がっていて、国家や別々の言語で隔てられていることは、障害を投げかけており、この障害によって、人間は自らの有限性をたえず思い起こすのである。

聖書のバベルと映画『バベル』

映画『バベル』の筋は、いかなるあり方でも「創世記」に立脚してはいないが、この映画には、人が分散し、理解しあえないというテーマが内在している。この映画の交差し合う四つの物語は、三つの大陸の四つの国――アメリカ大陸（合衆国とメキシコ）とアフリカ大陸北部とアジア――に散らされている。彼らは互いに五つの異なる言語――英語・アラビア語・スペイン語・日本語・日本式手話――で語り、そのことによって、観る者の多く――通常はこれら五言語のうち一つか二つしか知らないだろう――をも混乱させる。

さらに、それぞれの物語には、各登場人物が互いの言語や文化を理解できないことから引き起こされる、具体的で重大な混乱が含まれている。このうち幾つかのケースについては、人々の裂け目に橋をかけようとする通訳者がおり、人間の親切心によって、障害を乗り越えられる場合もある。モロッコの僻地の小さな村で、リチャードがスーザンのために医療的援助を探し求める努力は、手段の欠如（経済的障害や文化的障害）ゆえに成就しない。このアメリカ人夫婦を助けるのは地元の人々である。通訳を務めるツアーガイドと、まったく口をきかないが必要なことをわきまえ、気持ちを通じ合わせ手あてをしてくれる賢い老女である。彼らの状況の最大の障害は、同行していたアメリカ人観光客たちが競い合って発する要求や苛立ち、そして無理解である。彼らは、ついに観光バスに乗って去ってしまい、リチャードとスーザンはアメリカのヘリコプターが救助に来るまで、取り残されてしまうのだ。

しかしながら、これ以外のケースでは、混乱はずっと続き、各登場人物に深刻な結果をもたらす。アメリカとメキシコの登場人物は、たがいに英語とスペイン語で話してはいるが、法的にも感情的にも交流が妨げられている。メキシコ人のシッターは、彼女の状況に一切共感しない移民局職員によって、愛すべき幼い子どもたちから永遠に引き離されてしまう。日本の物語では、登場する全員が日本語を話しているが、少女の聴覚障害が、コミュニケーション上の難題を投げかけている。とはいえ彼女自身は、読唇や手話や筆談によって障害を乗り越えている。このケースでは、彼女自身が仲介者の役割を務めている。彼女は感情面で飢えているように見えるが、他人を理解する方法や、自分のことを他人に分からせる方法を、臨機応変に見つけている。

各話は根本的には相互に関連しているが、その相関性は、聖書の物語と同様に、多様性によって覆い隠されている。それぞれの物語における関係者は直接的には交流しあっていないが、皆、モロッコの片田舎での無分別な射撃に関与していて、ここから影響を被っている。この映画は視覚的にも、高さと奥行きの点で大きな効果を醸し出すカメラワークによって、聖書の物語と関連づけられている。銃を携えた少年は山の頂上に立っていて、その場所から、遥か下方の谷間の道をやってくる観光バスを撃つ。日本人の父娘、綿谷安二郎と千恵子は高層マンションに住んでいる。この父娘の物語の最も劇的な出来事は、街を一望する高さのバルコニーで起こる。バルコニーはまさに、バベルの塔と同様に、危険なことが起こりうる場所なのである。千恵子は警察官に、母親が飛び降り自殺をしたと告げるが、この情報は妄想、あるいは完全な嘘である。彼女の父親が帰ってきて、娘がバルコニーに裸で立っているのを見つける。彼も、またわれわれ観る者も、彼女が飛び降りてしまうのではないかと恐れるが、彼女はそうしない。代わりに、安らぎを求めて父親に向き直るのだ。この映画の結末は、悲劇的であるとともに幸せなものでもある。悲劇的なのは、狙撃した少年ではない方の少年が警察官によって撃たれる点と、シッターがこれから先ずっと、メキシコに送還されたままになる点であり、幸せなのは、スーザンと子どもたちがつらい経験を乗り越えて生き延び、リチャードとスーザンが和解に達したらしい点である。和解といえば、安二郎と千恵子も同様である。

この映画は、題名で聖書における言語の混乱を呼び覚まし、観る者に働きかけて、人間的状況のより広いコンテクストにおいて、これら四つの物語とその相関性を理解させようとしている。分散状況に置かれた人々は、距離を克服する方法を探すきっかけを与えられており、その距離が地理的にせよ言語的にせよ感情的にせよ、少なくとも時折、その方法を見つける。

『イングロリアス・バスターズ』

筋の要約

戦争、そして国民のアイデンティティと戦争の関係、さらに個人の心の傷と戦争の関係は、映画芸術の歴史にずっと流れてきたテーマである。旧約叙事詩映画は、神の愛される民主的な犠牲の民による、横暴で異教的、あるいは無神論的な帝国に対する正義の戦いという発想に重点を置いている。人々は戦って死ぬが、選ばれた民を強める高潔な理由により死ぬのである。二〇世紀半ばの時代背景において、こうした映画作品は、アメリカを聖書のイスラエルと同一視するピューリタン的神学のレンズを通したアメリカの運命観を反映している。しかし、第一次世界大戦におけるアメリカの経験、そして第二次世界大戦・ホロコースト・冷戦期のアメリカの経験は、一九四九〜六五年の叙事詩的映画の黄金期に製作された映画作品において争点にもなっている。この頃の映画作品は、戦争とアメリカを栄光に満ちたものとして描かざるをえない。より最近の映画作品は、賞賛から酷評まで幅広く体験している。[13] こうした映画は、ヴェトナムでの戦争（『地獄の黙示録』一九七九）、テロにもとづく戦争（九・一一以降は、たとえば『ユナイテッド93』二〇〇六および『ゼロ・ダーク・サーティ』二〇一二）、アフガニスタン＝イラクでの戦争（たとえば『ハート・ロッカー』二〇〇八）についいて熟考している。戦争を熟考することによって、各映画作品には、これらの戦争の原因や遂行方法についてアメリカの大衆が抱く両面感情が反映している。

クエンティン・タランティーノの痛快な映画『イングロリアス・バスターズ』（二〇〇九）は、並行的に進んでいく二つのヒトラー暗殺計画を扱っている。一方は、ナチスに家族全員を殺された過去をもつ若いユダヤ系フランス人女性ショシャナ・ドレフュス（メラニー・ロラン演）によるもの、もう一方は、アルド・レイン中尉（ブラッド・ピット演）率いるアメリカのユダヤ系兵士の一団によるものだ。この映画作品は、世界を変える映画芸術の力をめぐる痛快な寓話であり、観る者に（少なくとも私には）「タランティーノの絵空事が実現していたら！」という切実な思いを抱かせる。多くのタランティーノ映画と同様に、この作品も、露骨なバイオレンスと突飛なブラック・ユーモアを結びつけており、傑作『パルプ・フィクション』（一九九四）と同様に、聖書のカインとアベルの物語が、小さいが重要な役割を果たしている。

聖書におけるカインとアベル

「創世記」四章によるとカインとアベルは、アダムとイブにとっての最初の子どもたちであり、兄弟間によくあるのと同様に、彼らの関係はふんだんなる競争意識を帯びたものであった。アベルは羊を飼い、カインは土を耕した。そして両者は、自らの生業による実りを神へ捧げに運んだ。神が、カインの捧げ物よりもアベルの捧げ物を好んだので、カインはただちに憤怒し、弟を殺した。神と直面しアベルの行方を訊ねられると、カインは有名な不誠実さでもって応える。「わたしは弟の番人でしょうか？」（創四9）。しかし、神は誤魔化されなかった。

何ということをしたのか？　お前の弟の血が土の中からわたしに向かって叫んでいる。今、お前は呪われる者となった。お前が流した弟の血を、口を開けて飲み込んだ土よりもなお、呪われる。土を耕しても、土はもはやお前のために作物を生み出すことはない。お前は地上をさまよい、さすらう者となる。

カインは取り乱した。「わたしの罪は重すぎて負いきれません。今日、あなたがわたしをこの土地から追放なさり、わたしが御顔から隠されて、地上をさまよい、さすらう者となってしまえば、わたしに出会う者はだれであれ、わたしを殺すでしょう」。しかし、これは神の御計画ではなかった。そしてカインに言う。「いや、それゆえカインを殺す者は、だれであれ七倍の復讐を受けるであろう」。ナレーターは次のように語って話を締めくくる。「そして主はカインに出会う者がだれも彼を撃つことのないように、カインにしるしを付けられた」(創四1〜15)

「カインのしるし」という表現は、英語のイディオムとなり、美術・文学・映画、そして他のポピュラー文化にも浸透している。[14] この概念には主に二つの事柄が含まれている。罪悪の人柄なり行いなりを外部に示す肉体的な「しるし」と、さすらいの概念である。この物語の引喩として、「わたしは弟の番人でしょうか?」と言ったカインの、神への挑戦の様々なヴァリエーションがある。[15]『パルプ・フィクション』では、最後の場面で短い引喩がなされる。殺し屋のジュールス(S・L・ジャクソン演)が相棒のヴィンス(ジョン・トラボルタ演)に、犯罪稼業から足を洗うのは「カンフーのクワイ・チャン・ケインみたいに歩んでいきたいから」だと説明するくだりだ。ヴィンスは嘲笑して「じゃあ乞食にでもなるってのか?」と言う。ジュールスは否定して「ただのジュールスになるだけさ、ヴィンセント。それ以上でもなければそれ以下でもない」と言う。ケインは、西部劇風のテレビ番組シリーズ『カンフー』(一九七二〜七五)の主人公である。番組各話ではケインが正義のために闘い、そして去って行く。去らなければ逮捕され、また自分が助けた人々に悪影響が及んでしまうからだ。この場面は、このよくできた映画の他の場面と同様に意味深い別れに満ち、聖書のカインとポピュラー文化におけるカインの両方をほのめかす。

カインと「バスターズ」

タランティーノは二〇〇九年の映画において、カインの話をもう少し複雑な形で登場させている。アルド・「アパッチ」・レイン中尉の率いるユダヤ人軍団「イングロリアス・バスターズ」の筋書きにまとまりをつけ、映画の物語全体を整理するために、映画の始まりで、アルドは次のように自己紹介し、自らのミッションを語る。

俺の名前はアルド・レイン中尉だ。特殊チームを集めているところだ。兵士が八人要る。八人のユダヤ系アメリカ人の兵士だ。民間人に化けてフランスに上陸する。(中間) いったん敵の領地に入ったら、藪にひそむゲリラ軍団として、ある事をする。やる事は一つだ。ナチを殺る。ナチには人間性なんかねえ。奴らは、ユダヤ人嫌いで虐殺マニアの、ぶっ壊さなくちゃいけねえ下郎軍団だ。ナチの軍服を着たクソ野郎を見かけたら、一人残らずあの世行きだ。(中間) 一人につき百枚ずつのナチの頭の皮を、ナチの屍からはぎ取って持ってこい、死ぬ気で精出せ。

アルドは、味わってでもいるかのように生々しく詳細に、彼とバスターズの一団がナチに与える苦痛を説明してみせる。しかし、ナチの制服を着た輩を「一人残らず」殺すと言い切ったわりに、彼らが軍服を脱いでもナチである正体を隠せないようにと、数名のナチ党員の命を残しておく。映画を観る者は、アルドがあるナチ党員の額に鉤十字を刻む経緯を見る。彼は説明する。

俺たちに見つかったナチ党員がどれほどの目にあうのかを語り広めさせるために、お前を生かしてやる。（中略）ナチ党員は制服を着ていたほうがいい。誰にでも〔ナチだと〕わかる汚点だ。いったんお前が制服を脱いでしまったら、誰もお前がナチ党員だと分からなくなってしまう。そんなことは受け入れられない。だからお前に脱げない「しるし」をやる。

映画の最後のところで、われわれはもう一度、アルドが宿敵ランダ大佐に克ったのを祝して同じ事をするのを見る。アルドはこれまで多くの「カイン」たちに繰り返してきたのと同じスピーチをしてから、ランダの額に鉤十字を刻み、自身の手仕事をほれぼれと見つめる。「どうだ？　まさに最高傑作じゃないか？」

カインという素材によって、ナチズムの邪悪さについての心底からの納得が映画全体を動かすガソリンとなっている点が強調されている。タランティーノはこのテーマから一時も離れないが、お堅い監督ではないので、ヒトラーからドイツ軍の末端歩兵にいたるまで、ナチが被って当然の無残な扱いを堂々と描写する。ランダ等が刻印される鉤十字は、ただ彼らがナチ党員であることの「しるし」となるだけではなく、彼らが人間性に反するナチの犯罪を証言するという重要な役割を持ち帰ることを保証する。聖書の物語には、目撃・証言という素材はないが、厳格なカトリック教育を受けてきたタランティーノのような人物の心には、この物語からすぐさまアウグスティヌスの有名な陳述が呼び起こされるはずだ。神は、キリスト教的メッセージの真実についての永遠の目撃・証言として、ユダヤ人とユダヤの聖典とユダヤの習慣を保護し、彼らを世界中に分布させたのだというものだ。アウグスティヌスは、カインとアベルについての釈義においてユダヤ人をカインと同一視している。ユダヤ人はカインと同様に彼らの「兄弟」たるイエスを殺害したのであり、出会った人間が誰でも彼らの罪を知り、それによってキリスト教的メッセージの真実についても知るようになるべく、ユダヤ人はカインと同様に刻印されつつも保護されているというのだ。[16]

しかしアウグスティヌスによる「創世記」四章の釈義は、映画では反転している。少し歩けば、ユダヤ人に対してなした罪悪を証言するようにという意図で、ナチの悪人にカインのしるしを刻印するユダヤ人軍団が神の役割に置かれているからである。この扱い方は、映画全体を特徴づける、より大きなテーマである「反転」と隣り合わせだ。ヒトラーは非道な組織の首謀者ではなく、誇大妄想狂の阿呆であり、彼が絶滅させようとしている民族の縮図であるような若いユダヤ女性に一杯くわされる。ヒトラーは、彼の政権によって数百万におよぶユダヤ人やその他の人々を死に至らしめた罪科によって、映画館主であるショシャナの企んだとおりに映画館で死ぬ。ユダヤ人たちは、ジェノサイドの犠牲者から、民衆の死に復讐するアパッチ戦士に転じている。彼らを率いるのは、自分自身はユダヤ人ではないが、この大義にひたむきに傾倒する司令官である。映画のタイトル自体のスペルミス（本来はBastards）は、中心に反転のテーマがあることを知らせる記号になっており、この連中は「イングロリアス＝無名の」という言葉からは程遠く、ミッションへの献身と遂行によって名誉を勝ち取ろうとする。反転というテーマは私たちに、聖句そのものを思い起こさせる。カインは自分の殺人行為の罰は死であろうと予期していたが、神はその予期を覆される。神は他のご計画をお持ちなのである。

『告発のとき』

筋の要約

反転はまた、映画『告発のとき』（二〇〇七）の筋書きの重要な素材であり、しかもこの映画が引き合いに出している聖書の一節においても重要な素材である。多くの映画ファンは、聖書のバベルがらみの出来事に精通しているかもしれないが、エラの谷で起こったことを覚えている者は少ないだろう。ただし、登場人物の名前ダビデとゴリアトを聞けば別だ。この二人の対決は、それ自体が反転の上に成り立っている。若く小柄な古代ヘブライ人の羊飼い少年ダビデが、ペリシテ人の恐ろしげな巨人戦士ゴリアトを、ただの石投げ紐で倒して殺すのだ（サム上十七）。

映画の主役ハンク・ディアフィールド（トミー・リー・ジョーンズ演）は退役した陸軍警官であり、息子マイクがイラクでの任務から帰還して間もなく、配属されていた部隊の基地から行方不明になったことを知らされた。マイクの死体は、切り刻まれた焼死体の状態で発見される。ハンクは、女性刑事エミリー・サンダース（シャーリーズ・セロン演）の助けを借りることで、息子を殺した人物の正体を見つけ出そうとする。映画は、特技兵リチャード・デイビスの行方不明と死に前後する実際の出来事に基づいている。この謎は、彼の父親である米陸軍の元二等軍曹ラニー・デイビスが辛抱強く解明したのだ。その物語は、二〇〇四年に『プレイボーイ』誌でマーク・ボアール筆の「死と不名誉」という記事で公開された。[17]

映画は、陸軍に対するハンクの強固な傾倒を、彼自身の軍歴だけでなく、彼が軍の兵役においている肯定的価値を通じて描きあげている。この傾倒は、ハンクが息子たちに伝えた価値でもある。息子たちはどちらも入隊し、戦闘中ではないものの服務中に亡くなった（映画を観る者は、先に、ハンクの年上の息子がブラグ砦においてヘリコプター事故で死んだことを知る）。ハンクは自らに規律を課し、系統だった行動をとる。実際、彼はいまだに自分のベッドを軍隊様式で整えており、毎日家事サービスをしてくれるはずのモーテルに滞在中でさえ、そのようにしている。

自分の息子マイクに何が起こり、なぜそうなったかを探るハンクの試みは、軍警察によって繰り返し強硬に妨害される。彼に手をさしのべるのはエミリー・サンダースだけであり、彼女自身、警察隊の同僚から昼間の時間をもらうのに手こずっている。調査を続けるうちに、ハンクは次第に、陸軍への信頼や敬意を失う。時が経つにつれて、陸軍は何が起こったかを知るよりも、それを隠すことや陸軍を守ることに意識が向いているとわかるからだ。最終的に、忍耐力と戦略的思考を通して、ハンクとエミリーは真実を知る。

映画は、イラク戦争が必要な戦争あるいは正当な戦争であったかどうかという根本的な問いを扱わない。映画が焦点をあてるのは、むしろ、戦闘任務に就く兵士の行動と感情面・心理面の健康である。映画は、陸軍の人々が必要としているものや、彼らの非合法で反社会的なふるまいを見て見ぬふりをする場合があることを示して、陸軍に非常に良くない面があることを示す。映画は、薬と暴力に方向転換し、そしていつのまにか戦時捕虜を虐待し、街路で歩いたり遊んだりしているだけの子どもたちを轢くようになってしまう兵士たち――そこにはハンクの息子マイクも含まれる――に焦点をあてている。息子が自分自身の行動を受け入れられないと伝えようとしたとき、ハンクは彼の言葉を気に留めなかったことを認識し、罪悪感に苛まれる。

陸軍に対するハンクの態度は次第に批判的になり、そのことが様々な方法で示される。陸軍に対する彼の想いが低下するにつれて、彼の部屋の秩序と清潔さの具合も低下する。彼はもう自分のベッドメーキングをしないし、ガラクタの山は大きくなっていく。第二の示し方は、アメリカの国旗という素材に関係する。映画の始まりのあたりで、ハンクは地元の高校の敷地に入っていき、アメリカの国旗が上下逆になっていると指摘する。彼はエルサルバドル出身の用務員ホアンを探し、逆さまの旗は国際遭難信号であると説明して、旗を正しく掛けるのを手伝う。「逆さまの旗はわれわれが極めて多くの困難に遭っていて、自分たちを救い出す地獄の祈りがわからないから助けに来て尻ぬぐいしてくれっていう意味だ」。ハンクの態度によってわれわれが知るとおり、彼の頭の中では、アメリカは決してその状況にはありえなかった。アメリカの役割は、まさに世界の超大国として、イラクのような弱い他国の「尻ぬぐい」をすることであり、彼も彼の息子たちも、誇りをもってその任務を果たしてきたのだ。映画の終わりに、ハンクは彼の居ない間にマイクから届いた包みが、すでに開かれていたことに気づく。そこには、ボロボロになったアメリカ国旗が入っていた。ハンクは旗を高校に持ってきて旗竿に掛ける。ホアンは傍でそれを見ている。ホアンが「ずいぶん古いものですね」と声をかけると、ハンクが答える。「長いこと使いこまれていたものだ」。ハンクはホアンに、この旗を夜になっても下ろさないように指示して立ち去る。映画の最後のショットは、このボロボロの旗が逆さまに掛けられ、微風の中ではためいている景色である。その意味するところは？　アメリカが苦悩する国だということだ。けれども誰がこの国を救えようか？

映画のタイトルは、古代イスラエルとアメリカのつながりを示唆しており、聖書との平行関係は、演技の中で一冊の聖書が果たしている小さな、しかし象徴的に意義深い役割によって強調される。ハンクが最初にマイクの軍事基地に行った際、彼は息子の持ち物を見わたして、息子のカメラを見つける。彼はそれをポケットに入れるが、その動きを隠すために、この訪問を監督している士官に、聖書を持って帰ってもよいかどうか尋ねる。われわれは、ハンクにとっては聖書がたいして意味をなしていないことを感じる。この時点で、士官は拒否するが、後になって、マイクの相棒の一人であるボナーが聖書をハンクのところに持ってくる。

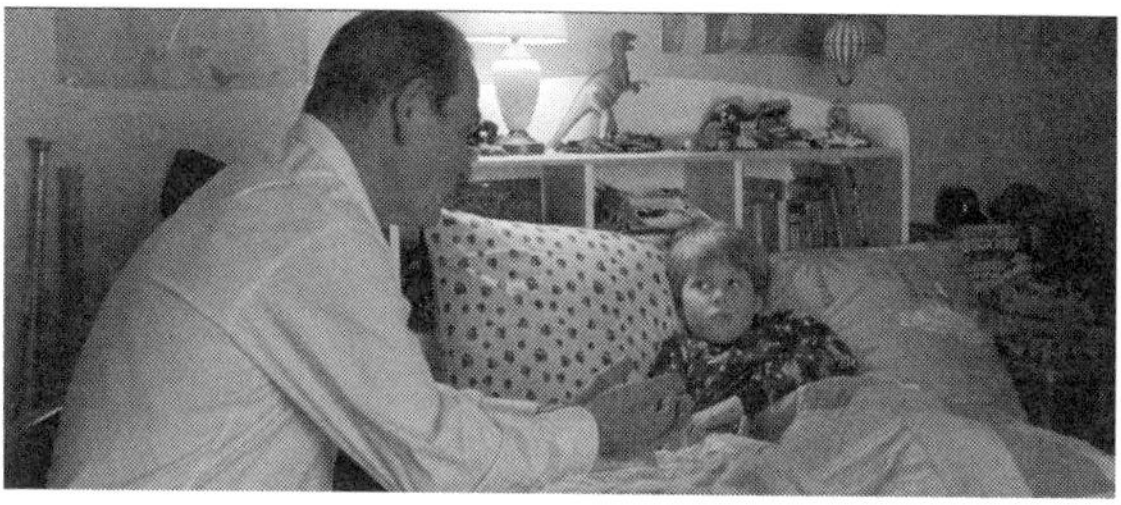

ハンクはデイビッドにダビデとゴリアトの物語を語る
『告発のとき』

「あなたがマイクの聖書を持っていけるかと尋ねていたと聞きました。これが、心の慰めにでもなるかと思ったのです」。また、彼がモーテルのベッドに座って、聖書にざっと目を通すシーンもある。それは、気晴らしか、死んだ息子に優れた資質を見出したいと望んでしたことだろう。

エラの谷で何が起きたか？

エラの谷はエルサレムの南西に位置し、今日ではあまり知られていないけれども、聖書の非常に有名な物語の起こった場所である。ダビデとゴリアトの物語（サム上十七）、つまり巨大なペリシテ人ゴリアトに若いダビデが勝利した話である。映画を観る者の多くがこの物語に精通していないのを考慮して、映画の作り手は、ハンクがエミリー・サンダースの息子にこの物語を語るシーンを作っている。そしてこの息子の名前がまさにデイビッドである。ハンクはデイビッドに、それがダビデ王の名にちなんだ名だと言ってから、この物語を語る。「古代イスラエルとペリシテの二つの軍隊が集められたんだ。両方とも、エラの谷を挟んで丘の上にいたんだ。パレスチナの地名だよ。どこにあるか知っている？」デイビッドは頭を振る。ハンクが続ける。「どこにあるかは重要じゃないんだ。とにかく、ペリシテ人にはチャンピオンがいた。ゴリアトという名前の巨人さ。ゴリアトが四十日間、野原を大股で歩き回って、イスラエル側の一人を対決によこせと挑んだ。誰もゴリアトと対決しようとはしなかった。国王おかかえの、すごく強い、すごく勇敢な戦士も、みんな怖がっていた」。デイビッドは言葉をさしはさむ。「なぜ、ゴリアトを撃たなかったの？」ハンクは返答する。

銃がなかったからだ。矢なら持っていたが、戦いには掟がある。剣で戦おうと挑戦されたら、その相手を射ってはいけないんだ。さて、この子どもは、君の年頃よりもさほど上ではなく、パンを運ぶためにやってきた。そして、彼は国王に「私がゴリアトと戦いましょう」と言ったんだ。それで、国王はダビデに国王自身の鎧甲を着せてやったが、それはあまりにも大きくて重かった。だから、ダビデはそれを外す。彼はあたりを見回して、まあまあ大きい五つの滑らかな石を見つけた。彼は石投げ紐を手に持って、野原に足を踏み入れる。ゴリアトは恐ろしい叫び声をあげながら、走って来る。ダビデは石を飛ばす。そしてゴリアトの額を撃つ。ゴリアトの頭骨が割れる。ゴリアトは倒れて死ぬ。ダビデがどんなふうにしてゴリアトを打ちすえたかわかるかい？　ダビデが戦わなければならなかった一番のことは自分自身の恐怖だ。ダビデはそれをやっつけ、ゴリアトを破ったんだ。ゴリアトが体当たりをしてくる。ダビデはただ彼の足をふんばって、狙って、そして待った。それにどれぐらい神経を使ったかわかるかい？　もう一歩もあれば、ゴリアトに押しつぶされたかもしれないんだ。そしてその時に、ダビデは石を投げたんだ。

ダビデ、ゴリアト、アメリカ陸軍

前節で描写したシーン全体は、この映画の筋書きや特徴描写には無関係である。聖書の一節も、マイクの聖書そのものも、映画の筋書きに関わっていない。『イングロリアス・バスターズ』や『エバン・オールマイティ』での引用・引喩のように、登場人物がたどっていく物語展開に組み込まれる、ということはない。しかし、タイトルとそれが参照する聖書の物語は、映画『バベル』のタイトルと同様に、映画のテーマを理解する鍵を提供する。ほとんど何の力も持たない一個人が、自分の策略と自分にも入手可能な武器を使って、大きくてしっかり武装した暴れ者を負かす能力についての映画なのである。これが旧約叙事詩映画なら、大きな暴れ者とはエジプトかどこか他の古代権力であろうし、勝利を手にする若き新参者とは古代イスラエルであろう。これらの聖書の人物たちが、ファシズムや共産主義といった権威的イデオロギーに対するアメリカの（道徳的）勝利を表すことも、私たちは知っている。しかしながら、『告発のとき』の場合、対立はアメリカとイラクの間ではなく、悲しみにくれる父親とアメリカ陸軍との間にある。秘密と官僚制とイデオロギーに満ちた陸軍が暴れ者であり、この暴れ者が、年配の退役陸軍警官と平凡な女性刑事に不意打ちをくらうのである。逆さまになったアメリカ国旗は、この国家の市民の期待にそむく闘争的な傾向を持ったアメリカ国家の姿を伝えているが、この筋書きはそこに深さと中身を提供する。『十戒』や『愛欲の十字路』のような映画が、軍事大国としてのアメリカを、ファシズムと共産主義の邪悪な力に対する民主主義を弁護する役柄として称揚していたのに対し、『告発のとき』のような映画は、アメリカ陸軍について、少なくとも陸軍なるものと陸軍内の若い兵士たちとの関係について、はるかに多くの両義的な観点を投げかける。

結び

映画『バベル』『イングロリアス・バスターズ』『告発のとき』は、聖書を、西洋社会において形成されている特殊で形成的で規範的な位置づけをもった共通で広範な文化的起源として扱っている。だからといって、映画の作り手が、聖書が広く深く知られているのを前提にしているとも言えない。事実は逆であり、フィクション映画は、限られた数の聖書物語——ノアの洪水、バベルの塔、出エジプト——に頼ってばかりである。あまり知られていない物語なり、あるいは上記の物語のそれほど知られていない側面なりに立脚する場合には、その物語を観客に教える仕掛けを採用する。『告発のとき』で、ハンクがダビデとゴリアトの物語をデイビッドに語って聞かせるのを私たち視聴者が聴く、というかたちをとるのと同じである。加えて、いっそう重要なことには、聖書を使うと、読み手に合図が送られる。映画が、その映画自体の筋書きや登場人物の細部を超えて、人間の経験をめぐるいっそう広範囲の事柄について語るという合図だ。このようにして聖書は、映画作品に意味を与えるための映画の技術的リテラシーとして、すでにおなじみの要素となっている。『イングロリアス・バスターズ』において、ユダヤ人の勇気ある映画館主ショシャナが、映画芸術ならではというべき壮観な出来事によってナチの上層部を破壊するという勇気ある行動を通じて宣言しているように、個々の映画作品は本当に、世界を変えることができるのだ。

七章　キリスト的人物像の映画——「人の子のような方」（黙一13）

二〇〇八年の映画『グラン・トリノ』の劇的な山場《クライマックス》で、朝鮮戦争の退役軍人ウォルト・コワルスキーは暗い通りに立って、二階建てのアパートを見つめている。モン族の男たちが上の窓から見える。彼らはしゃべったり、悪態をついたり、大声をあげて笑ったりしている。ウォルトが依然として見つめていると、そこに二人の若い男が出てくる。ウォルトは馬鹿にしたように声をかける。「いるか？　どぶネズミども」。それに応えようと、一人の男が口を開くが、ウォルトは遮る。「だまりやがれ東洋野郎《グック》。お前に話なんかねえ、へナチン野郎《シュリンプディック》。お前みたいなチビ野郎《ミジェット》に」。もう一人の男がウォルトに短銃を向けるが、ウォルトは続ける。「ほう、せいぜいカレシを守ってろよ。なんせお前らのうちだれかが、身内をレイプしたんだものな。いいか、自分と血がつながってるんだぜ、畜生！　やれよ、その短銃を撃ってみろ。まねっこ牧童、やれよ」。ウォルトはポケットに手を伸ばし、ゆっくりとタバコを引き抜く。「火はあるか」と彼は訊ねてから、「ないな」と小さく応え、自分の手を挙げて、「俺は自分で火をつけよう」と言う。彼はゆっくりとジャケットに手を伸ばし、「聖なるマリアよ、憐れみたまえ」と呟く。六人のモンの「へなちょこギャング《バンジャー》」の短銃が彼を撃ち倒す。ウォルトは地面に十字架形に倒れる。カメラは彼の手元にズームインする。その手がゆっくり

ウォルトの死　『グラン・トリノ』

と開いて、ジッポのライターが見え、彼の掌からはゆっくりと血が流れだす。ちょうどキリストの聖痕のように。

ウォルトはこの犠牲的行動――隣家に住むモン族の十代の少年タオの生活を守り、彼の未来を守る役割を引き受ける――をもって、『荒野の用心棒』（一九六四）における「名も無き男」や、『ペイルライダー』（一九九五）における、やはり名も無い聖職者、そして、映画における無数のキリスト的人物像の仲間入りをする。こうした人々の中には、アンディ・デュフレーン（『ショーシャンクの空に』一九九四）、カール・チルダース（『スリング・ブレイド』一九九六）、ET（『E.T.』一九八二）、マギー・フィッツジェラルド（『ミリオンダラー・ベイビー』二〇〇四）、ロッキー・バルボア（『ロッキー』一九七六）、スーパーマン（たとえば『スーパーマン リターンズ』二〇〇六）、そしてスパイダーマン（『スパイダーマン』二〇〇二）がいる。

キリスト的人物像は、長きにわたって、長篇フィクション映画に浸透している。ロイド・ボーは以下のように指摘している。

> 映画芸術が発展し始めるころから、映画の作り手は、中心的人物の姿がイエスと重なり、イエスの人生と死の物語と、そして時には復活の物語とさえ並行関係をなす筋書きや、その人柄と格闘のうちにイエスの「現在」が感じられ見いだせるような物語を語ってきた。[1]

D・W・グリフィスは早くも一九一六年に、「アメリカ篇」の少年を「ユダヤ篇」のイエスになぞらえ（『イントレランス』）、デミルは一九二三年に、賢く有能で優しく寛大で敬虔な若い青年としてジョニーなる人物を作っている（『十誡』）。これら架空の人物たちはキリストのような性格を備えており、彼らの物語は、福音書のような語り口を授けられている。

ジャンル

キリスト的人物像は実質的にあらゆるジャンルの商業映画に現れていて、聖人、聖職者、女性、ピエロ、まぬけ、狂人、無法者《アウトロー》、子ども、そして時には、事物を演じる俳優といったものまで、ありとあらゆる外見をとりうる。[2] キリスト的人物がみいだされうる映画領域の幅広さを概観してみよう。

- **西部劇映画**には、しばしば神秘的なよそ者というモチーフが含まれる。彼は馬に乗って町に入り、勤勉な民衆を略奪者から守り、馬に乗って夕陽の中へ消えていく。たとえば、自分の特殊な立場や暴力の行使ゆえに、自らが守るコミュニティから締め出されている（たとえば『シェーン』一九五三、『ペイルライダー』一九八五、『続・夕陽のガンマン』一九六六）。『許されざる者』（一九九二）はこの文脈では反例である。このジャンルの顕著な伝統のいくつかを遵守しながらも、このジャンルを脱‐理想化している。
- **ボクシング映画**はボクシングを、逆境の克服の隠喩として描く。主人公はたいてい、社会の下層の貧困階層の出身であり、したがって、その映画作品に階級や貧困がらみのことを語らせている。（たとえば『ロッキー』シリーズ一九七六～二〇〇六、『ミリオンダラー・ベイビー』二〇〇四、『シンデレラマン』二〇〇五）。

- **「サイコ」映画**はキリストの心象《イメージ》を用いることで、私たちの社会には心理的不調や精神遅滞を抱える人々を周辺に追いやる傾向が潜んでいることを伝えている。こうした映画の多くは、主人公を心理的のみならず肉体的にも、社会の中心的な枠組みから外して描く。彼らは投獄されていたり（たとえば『スリング・ブレイド』一九九六、『グリーンマイル』一九九九）、精神病院に入院中であったり（『カッコーの巣の上で』一九七五）、誰かに怯えていたりする（『ネル』一九九四）。障碍者であることが露見せず、何とか生活している者もいる（『チャンス』一九七九）。このジャンルのすべての映画がキリストの心象《イメージ》を用いるわけではないが（『レインマン』一九八八）、こうした主人公の多くが、自分たちを救えずとも他者を救う行動をとる。
- **SF映画や終末世界的映画**は未来を投影している。代替世界を思い描くにせよ（『マトリックス』一九九九）、人類が命を授けたりその命を奪い去ったりする神的な役割を担うような世界を思い描くにせよ（『フランケンシュタイン』一九三一、『ブレードランナー』一九八二）、人間が並外れたスケールの大惨事の中で生き延びなければならないような世界（『ディープ・インパクト』一九九八、『スター・ウォーズ』シリーズ一九七七～二〇〇五、『ターミネーター』シリーズ一九八四～二〇〇九、『フィフス・エレメント』一九九七、『トゥモロー・ワールド』二〇〇六）を思い描くにせよ、である。[3]
- **スパイ映画**には、自分自身の欠陥をものともせず他者を救って、しばしば巨大な破壊行為が自分の国、あるいは他者の国々、そして（西側）世界の秩序にふりかかるのを防ぐヒーローが現れる（たとえば『グッド・シェパード』二〇〇六、『ナイロビの蜂』二〇〇五、『ウォーク・オン・ウォーター』二〇〇四）。
- **マフィア映画**は、キリスト教徒、とくにカトリックの心象《イメージ》を用いる。すぐに浮かんでくる顕著な例は、最も有名なマフィア映画『ゴッドファーザーⅠ』『同Ⅱ』『同Ⅲ』である。これら三作は、強力なカトリック意識をもつイタリア人やイタリア系アメリカ人に焦点をあてている。驚くべきことには、こうしたギャングの一味は、違法で時には人殺しまで行うような生業にもかかわらず、キリストのような役割を演じる（『ゴッドファーザー』一九七二～九〇、『グッドフェローズ』一九九〇、『ディパーテッド』二〇〇六）。

●**スーパーヒーロー映画**は、特殊な力をそなえた超人を扱う。彼らは他人を救うためにその力を用いる。しかしながら彼らの勇敢な行為には、彼ら自身の身の危険が伴っている。彼らはしばしばイエスのように神秘的な生まれを持ち、恋愛がらみの関係を慎み、悪の力と戦う（たとえば『スーパーマン リターンズ』、『スパイダーマン』三部作二〇〇二～〇七、『Mr・インクレディブル』二〇〇四[4]）。

●**ラブ・コメディ映画**はキリスト的人物像におそらく最もそぐわない映画だが、孤独や自己卑下や錯綜した人生、あるいは諸々の否定的情緒から他者を救い出す男女が主人公である。こうした映画は、軽くて、取るに足らないとさえいえる娯楽を提供する。その男女の一方あるいは両方は、キリストの心象《イメージ》と明白に結びつけられている（『アバウト・ア・ボーイ』二〇〇二、『ラブソングができるまで』二〇〇七、『プリティ・ウーマン』一九九〇）。

●**アニメーション映画**が扱う、動物あるいはおもちゃの主人公は、他の動物（『ライオン・キング』一九九四）、他人（『ナルニア国物語』シリーズ二〇〇五～〇八、『ベイブ／都会へ行く』一九九八、『シャーロットのおくりもの』二〇〇六）、他のおもちゃ（『トイ・ストーリー3』二〇一〇）を救う。

「小道具」としての聖書

聖書は「小道具」として、無数の長篇映画のスクリーンに登場する。デュヴァル監督の『使徒』（一九九七）やトンプソン監督の『スリング・ブレイド』（一九九七）の中で、聖書はスクリーンに登場するだけでなく、台詞上で論じられる。『使徒』の中の聖書には、走っているトラクターを止めるといった格別な力が備わっている。また、聖書は『スリング・ブレイド』において、主役とその敵役の動機や人間性への重要な手がかりを提供している。

聖書の引用や引喩

聖書は、キリスト的人物像を扱う映画のいたるところで、つまり映画の題名（たとえば「ヨハネ福音書」第十章に立脚する『グッド・シェパード』二〇〇六）や、台詞内の聖書の引用・引喩として、劇的・反語的その他の様々なかたちで現れる。引用は視覚的に起こる場合もある。クリント・イーストウッドの『許されざる者』（一九九二）では、カウボーイのネッド（モーガン・フリーマン演）が捕らえられ、カメラの前で鞭打たれる。両手を広げ、裸の上半身から血が流れていく。彼の手前にある格子によって、収監のみならず十字架の形も想起させられる。後の方では、開いた棺桶に納められた彼の死体が、十字架のように立てて提示される。「このあたりで起こった殺しだ」と刻まれた標識が十字を形づくっていることから「ナザレのイエスの十字架の上に『ユダヤ人の王』と刻んだ罪状書き」（マタ二七37、マコ十五26、ルカ二三38、ヨハ十九19―22）が思い起こされる。

登場人物と筋書き

スクリーン上に聖書や聖書的会話をとりあげた映画作品の主要人物は、イエスに基づいて、あるいはキリストの受難物語の全体あるいは部分に基づいて描かれる。多くの例において、主人公はキリストの似姿として、他者が生きられるよう、あるいはより良く生きられるようにと苦悶したり死んだりする。『許されざる者』のように、イエスという原像は映画のクライマックス近くになってようやく現れる場合もあるし、『シヨーシャンクの空に』のように、福音書の物語が構成に関わる要素として広く明瞭に現れる場合もある。

キリスト的人物像を扱う映画とは何か

しかし、キリスト的人物像を扱う映画とはそもそも何であろうか。私たちが今日、長篇映画を観る映画館や無数のモニター類において、どうやってキリスト的人物像を扱う映画を見分けることができるのだろうか。最初の重要な一歩は、キリスト的人物像を扱う映画をイエス映画と区別することである。「イエス映画」がイエス「自身」の物語を表現し、（たいていは）古代世界を背景として、四福音書に書かれた出来事を直接的に描写するのに対し、「キリスト的人物像を扱う映画」は、登場人物たちが福音書の報告する出来事を思い起こさせるような仕方でふるまう長篇フィクション映画である。たとえば『グラン・トリノ』は、ウォルト・コワルスキーを、イエスと似た人物として提示する部分がある。彼が決断力をもって利他的に行動し、他人を救うために自分自身の人生を賭し、死への大きなリスクを担う際のことである。しかし、ウォルトは一貫して、きわめて人間的であり、汚い言葉を吐き、人種差別的で、おまけに不機嫌な奴のままである。ピーター・マローンは一歩進めて、贖い主《レディーマー》の人物像と救い主《セイヴァー》の人物像という区別を提案している。前者は、苦しみながらも人間の重荷と罪深さを引受け、後者は、人類すべてに（たとえば『ディープ・インパクト』一九九八）、あるいは個人に対して（たとえば『スリング・ブレイド』）敬意を払い、イエスの救いの使命を背負う。ただしマローン自身、両カテゴリーには重なり合う部分もあると述べている。[5]

基準探し

当然ながら、長篇フィクション映画におけるキリスト的人物像を特定するための明瞭な基準を多くの人々が探してきた。ロイド・ボーは、映画芸術におけるキリスト的人物像を特定する八つの基準リストを提案している。彼／彼女は、（一）不可解な出自、（二）カリスマ（追随者を惹きつける能力）、（三）正義と関わっている。これらに加えて、キリスト的人物像はしばしば（四）不毛の地に引きこもり、（五）権力者たちとの抗争に巻き込まれ、（六）他人に贖いを提供し、（七）苦しみ、（八）死後の認知を獲得する。[6] アントン・コズロヴィチは、二五点の特徴を数え上げている。たとえば、映画芸術におけるキリスト的人物像は三十歳前後で、青い目で、社会のよそ者であり、裏切られて死ぬ。[7] ボーもコズロヴィチも、キリスト的人物像は各自のリストに挙げられたすべての資質を含んでいるはずだと論じている。

基準——ひとつの提案

私自身はこれらの映画作品を検討するにあたって、登場人物の性格や筋書きの個々の細部よりも、それぞれに異なる三つの要素の収束をじっくり見るほうが有効だと認識している。三つの要素とは、聴覚的に（たとえば会話の台詞）でも視覚的にでもよいから聖書が引用されていること、筋書き、登場人物の特質である。第一に、観る者が「キリスト的人物像」ジャンルの存在を把握できるように、救い主《セイヴァー》＝主人公は、一般的にキリストと結びつけられた視覚的・聴覚的イメージを通して描かれる。最も広く行き渡っているのは、十字架や磔刑のポーズである。また多くのキリスト的主人公は「水」を歩く。水の上（『チャンス』一九七九）、水の中（『ウォーク・オン・ウォーター』二〇〇四）、水のそば（『ナイロビの蜂』二〇〇五）である。

第二に、キリスト的人物像を扱う映画においては、主人公が、残酷でしばしば権威的な敵方と対峙し、他者を助けたり贖ったりする行動に携わり、比喩的にあるいは文字どおりに、死と復活を体験する。ドラマにおいて救済に結びつく行動は、一般的に、自由を失ったり命を失ったりといった、自己犠牲をもたらす。悲劇的なキリスト的人物像の筋書きには、『暴力脱獄』（一九六七）、『スリング・ブレイド』（一九九六）、『グリーンマイル』（一九九九）が挙げられる。コメディにおいて救済に結びつく行動は、主人公の死ではなく、むしろ彼／彼女が逆境に打ち克つことで終わる。たとえば『トゥルーマン・ショー』（一九九八）、すでにみた『ショーシャンクの空に』（一九九四）が挙げられる。

第三に、キリスト的な主人公は利他性や愛他性を発揮する。こうした特質は、彼／彼女のふるまいや、彼／彼女が他の登場人物によってどう扱われているかから推量される。キリスト的人物像には人として傷があって、逆境を克服し変化を経験することによって、自らの役割へと成長していく。この変化できるという点により、はなから罪なき完全なる者である「ハリウッド式イエス」とはまったく異なっており、キリスト的人物像は観る者への影響力が強い。[8]

筋書き

これら三点の収束は、チャップリンの名作『独裁者』（一九四〇）によく現れている。この映画はキリスト的人物像という枠組みの反語的な用い方と誠実な用い方の両方を体現している。映画の中で、チャップリンは二役を演じている。一人は、記憶喪失を患う無名のユダヤ人の床屋であり、もう一人は、架空の国トメニアの邪悪な独裁者アデノイド・ヒンケルである。ヒンケルが支配するトメニアは、明らかにヒトラーの支配するドイツに基づいた全体主義的な政体である。トメニアの目印は二つの十字架で、その言語は木っ端微塵にパロディ化されたドイツ語である。この映画は、合衆国がまだ第二次世界大戦に参戦しておらず、したがって公式には依然としてドイツとの和平状態にあった時期のもので、ナチズムとヒトラーと反セム主義を諷刺し非難する長篇アメリカ映画として最初のものである。[9]

キリスト的人物像——反語的な、そして誠実な

この映画は四福音書からの直接引用によって、ほかならぬ四福音書のイエスを思い起こさせる。映画の始まりでは、ヒトラーが我こそドイツの救い主だと認識していることが諷刺される。ヒンケルの部下の一人が脱党する際に、ヒンケルが嘆きの言葉としてイエスの最後の言葉（マコ十五34、マタ二七46、詩二二1）をもじって言うからだ。「シュルツよ、なぜ汝は私を見放したのか[10]」

一連の滑稽で、入り組んでいて、どう見てもありえない出来事を経て、映画の終わりには、この床屋がトメニア皇帝たるヒンケルと入れ替わる。しかし、床屋は誰のことも征服・統治しようと思っていない。むし

ろ彼は、彼の就任演説を聴く数百万の人々に、「私は可能な限りみんなを助けたい。ユダヤ人、非ユダヤ人《ジェンタイル》、黒人、白人。」この望みを語りながら、床屋は自分が大半の人々と同じだと強調する。

我らは皆、互いに助け合いたい。人間とはそういうものだ。我らは皆、互いの悲惨ではなく、互いの幸福を人生の指針にしたいと願う。我らは他人を憎み見下すのを嫌う。この世界には、すべての人々のための空間があり、地球は潤っており、すべての人々を養える。

彼はこの人道主義的な視点を支える文言を新約聖書に見出す。「ルカ福音書の十七章に『神の王国は人の内にある』と書かれている」、つまり、ある人物やある集団にではなく、「力をもつ人々であるあなたがた自身の中にだ。力は機会を作り、力は幸福を作る」。床屋は同胞に向けて、民主主義への賛同を求める。「新しい世界のために戦おう、その世界は、人々に働く機会を与え、あなたに未来を与え、あなたが老いることができ、あなたが無事であるような、まともな世界だ」。そして、こう締めくくる。

見上げよ、見上げよ、雲は高く上がり、陽がさしこんでいる。私たちは暗闇から出て光へと進む（ヨハ三20参照）。私たちは、新しい世界へと進む。人々が憎しみと暴力から抜け出すところにあるような新しい世界だ。見上げよ、見上げよ。

自分自身を新たな救世主と妄想するヒンケルが自分自身を描写するために新約聖書を参照するのとは正反対に、床屋は、人間の善性への信頼と未来への希望――これはチャップリンに通底する――を表現するために新約聖書を呼び起こす。また、床屋の聖書参照はつつましく、ヒンケルが自己顕示欲から聖書を引用するのとは、くっきりと対照をなす。

『独裁者』は、キリスト的人物像を扱う映画と認定するために必要な三つの要素の収束を例証している。ヒンケルも床屋も、聖書から直接的な引用を行っており、視覚的には、歪曲された十字架の引喩があり、これはヒンケルの政体をうまく特徴づけている。チャップリンの二つの役柄は、死と破壊をもたらす歪曲した自称「救い主《セイヴァー》」と、本人の意思によるのではないにせよ、人民を救うつつましい床屋である。どちらの役柄も、キリスト的人物像の特質を持っている。ヒンケルの場合は反語的に、床屋の場合は誠実に。

なぜキリスト的人物像を扱う映画を研究するのか

ハリウッドがキリスト的人物像に魅了されていることは従来から認識されてきた。ポピュラー映画にキリスト的人物像があふれていることについて、あらゆる映画評論家が賛同している。しかしそうした人物像を見つける意義や、見つけると何が分かるかについては、共通認識がない。キリスト的人物像を扱う映画には二五の特徴があると述べたコズロヴィチでさえ、観る側がキリスト的人物像をどこにでも見いだすことによる倦怠を懸念し、その傾向に警告している。[11] クライヴ・マーシュは、キリスト的人物像を見つけることについて「使い古された退屈な娯楽であり、誰かを助けることがその登場人物の重要な達成点となる登場人物は、救いをもたらす者、すなわちキリスト的人物だとみなされる可能性がある。これは陳腐さと隣り合わせだ」と述べている。[12]

映画上のキリスト的人物像の特定が好まざるべき企てだとみなされる理由は主に三つある。第一に、それが主観的だからである。譬え話での語り、水上の歩行、磔刑、復活といったいくつかの特色が福音書のイエスを特徴づけており、多種のメディアにおいて描かれるキリストと関連づけられ続けているということについて、私たちは皆、多かれ少なかれ賛同しつつも、水上の出現や、十字架形になった人物イメージなどが、観る者にその映画を「キリスト的人物像を扱う映画」と必ず解釈させる意図のもとにあるか否かについては異議を唱える場合が多い。第二に、キリストと関連づけられる多くのモチーフは、福音書のような映画外の資料に由来するのに対し、イエス的主人公が十字架形をとる時に提示される音楽と映像の連合イメージは、その映画自体に由来している。したがって、「キリスト的人物像を扱う映画」の特定は、堂々巡りのプロセスをとらざるをえない。つまり、キリスト関連の映像その他の要素は映画そのものから抽出されているのに、これらはまさにその映画やその亜流を解釈するツールとして用いられるという具合である。疑念が提起される第三の要素は、多くの人々——多くの真摯な新約学者を含めて——がポピュラー映画にキリストのイメージを見いだすことで得ている謎解き風の楽しみのゆえである。この楽しみゆえに、この種の特定や分析が、学界のホールや専門誌よりも喫茶店向きの活動だと捉えられる傾向があるようだ。[13]

キリスト的人物像を扱う映画を研究する方法

私は映画好きの新約研究者の一人として、楽しみと学界への貢献が両立不可能ではないこと、そして、映画におけるキリスト的人物像の特定はそれ自体で終わるのではなく、分析の最初の一歩にすぎないことを証言したい。ボーは、キリスト的人物像を扱う映画は二つの次元で解釈できると示唆している。「直接的な次元と類推的な次元、文字どおりの次元と比喩的な次元である。比喩的つまり隠喩的次元では、人々は聖書的でキリスト論的な解釈を受け入れる」。ボーの論点によれば、キリスト的人物像を扱う映画は、イエスの譬え話と同様である。イエスの譬え話は、人間の経験を短く語ったものだというふうに文字どおりに理解することも可能だし、隠喩的に解釈して「神学的・キリスト論的意義をあらわにする」こともある。ボーは、キリスト的人物像はキリスト教の信仰と教義に深く浸透する隠喩的語法の一例だとみなしている。とくに彼は、キリスト教信仰の顕現的性格を指摘している。キリスト教的な信仰は「御神は、御神自身を状況の中に、状況を通してキリスト——人格——の中に、一度きりではなく現在進行形で明らかになさる」[14]と主張する。

デシーは、「相関性の追求」を脇におき、神学と映画の相互対話を始めるよう提案している。彼の見方においては、キリスト的人物像の特定は重要ではなく、認められないものでさえある。

その人物像が、昨今の世代にとってイエスをアクセス可能なものにするという、たった一つの目的のためにイエスに光をあてつつも、観る者に、決定的で実りある神学的対話をもたらし促すようなただの暗号《サイファー》に見える場合を除いては。[15]

こういった映画の神学的な含意にはふみこまず、映画のイデオロギー上のメッセージに取り組む研究者もいる。ブライアン・ストーンは、映画が世界を描くだけではなく、世界の見方を一歩前に進めると論じる。[16]ジョエル・マーティンは、『ロッキー』をキリスト論的イメージをイデオロギー上の目的に用いる政治的・社会的テクストして分析している。[17]

カルチュラルスタディーズの研究方法は、こうした映画を作り出した社会的、政治的、文化的なコンテクストに注視する。マーガレット・マイルスによれば、カルチュラルスタディーズの研究方法は「テクストとしての映画から注意をそらし、当該の映画が製作され配給される社会的・政治的・文化的マトリックスのすべてに、あらためて注意を向けている」[18]。彼女の見方によれば、映画館に足を向ける人々は個々の映画作品をその時々の社会的関心事と関係づけながら解釈し論じる傾向がある。したがって、

ある映画をめぐる観客の印象（中略）は、その人物の受けてきた教育と人生経験に特徴づけられるのと並行して、映画の慣例と鑑賞の慣習を通じて訓練される。だからといって、特定の映画が引き起こす強い感情が放棄されるべきだとか、無視されるべきだとかいうわけではない。むしろ、ある映画が喚起する感情は、その映画を引き立てる映画的ストラテジーを検討する第一歩として認知され理解されるべきである。映画に真摯な注意を払う目的は二つの側面を持っている。一方で、映画的表象を分析する能力が個人の批判的主観を発達させる。もう一方で映画は、社会が社会そのものをいかなるものとして表象しているかを明るみに出す[19]。

メラニー・ライトの方法はマイルスの方法に立脚しているが、彼女がいっそう注意を向けるのは、こうした映画が「配給と展示をめぐる固有の歴史」を持ち、とくに美学や受容をめぐる映画理論との対話を主張する事実である[20]。

彼らが映画と神学、映画とイデオロギー、映画と理論、映画と社会の対話を提案しているなか、ラリー・クライツァーは映画と聖書本文を対話させる意義を提唱している。彼は、新約聖書を用いる複数の映画が

「解釈学的な流れの遡行」の機会を提供していると述べる。聖書の本文そのものをよりよく理解する助けになるような事柄と特色を、私たちが映画の研究を通じて感じられるようになる場合があるというのだ。[21]

映画の語り《ナラティブ》においてキリスト的人物像が果たす役割を考慮すると、実質的に、こうした研究方法のすべてが、キリスト的人物像を扱う映画の語りの研究と関わっている。たとえばロイ・アンカーは、超人《スーパーマン》像についての議論で以下のように示唆している。

『スーパーマン』とは、キリスト教徒が『マトリックス』のように神話生成型のポピュラー映画なりポピュラー文化なりを形成する努力の結果とか、意味深な引喩や宗教的なふるまいやパスティーシュを超えたものである。『スーパーマン』シリーズの初めの二つの映画は、ほぼ同時に撮影されており、両作において、キリスト的人物像という形をとった超人《スーパーマン》は、特殊効果や旧式の英雄主義で画面にたまたま映しだされた引喩やイメージなどではない。むしろ、ハリウッドで成し遂げられた稀な事例として、映画全体が、ほかならぬ聖なる愛の具現の現実離れした可能性による驚き、不思議さ、喜びを解明し伝達すべく働いているのだ。（中略）『スーパーマン』において、キリストが変容してかたちをとった喜びに満ちた「働き」が到来する決定的瞬間とは、映画の作り手が存分に機知を働かせて、聖書の語法や出来事を借用し、カル・エル／クラーク・ケント／スーパーマンの歴史を形成し掘り下げる際のことである。[22]

つまりアンカーによれば、スーパーマンをキリスト的人物像とみなすことで、この映画の意味と力が解き明かされる。

この研究方法の変形版を目指す研究者もいる。バーナード・ブランドン・スコットは、こうした映画を神話とみなす。彼の定義によれば、神話とは間接的で寓意的な方法における根本的な葛藤を媒介する語りである。[23]クライヴ・マーシュは、ほかならぬ読者反応の批評に立脚し、映画の意味は、作り手によってのみ決定されるのではなく、映画とそれを観る者との間の相互作用を通じて定まると強調する。意味は、個々の人が映画を観る場所として選んだ上映館と「実人生」の双方におけるアイデンティティ・知識・経験によって大いに変わるのだ。[24]ウィリアム・テルフォードは、映画分析がもたらす事柄の包括的な一覧を提示している。登場人物・筋書き・設定・カメラワーク・編集を含んだ映画様式や語り口への注意、そして、当該の映画が製作された歴史的・文化的コンテクストへの意識、参照・引喩されている聖書本文や聖書の人物たちの知識である。[25]キリスト的人物像を扱う映画について、私自身も同じ考えに基づく。[26]

キリスト的人物像がいるだけでは、神学・霊性・救世主らしさ、つまり、キリストに関連するあらゆる信条の印になるとはかぎらない。キリスト的イメージが意味を深め、感情的インパクトを上昇させるような仕方で用いられる映画もあれば（たとえば『ショーシャンクの空に』一九九四）、キリスト的イメージを、瑣末あるいは矮小なかたちで用いる映画もある（たとえば『ネル』一九九四）。とはいえ、キリスト的人物像を扱う多くの映画は、完全にして罪なき不変の「神の子」イエスへの世間の信用――彼の属性、彼の社会的役割、万物の霊的領域との、そして人間の生活や倫理そのものの限界を試す状況と彼の関係――を超えて、イエスという人物の力から恵みを受ける好機を提示している。

キリスト的人物像を扱う映画では、キリストの特質を授けられた登場人物が不完全であることも、彼／彼女が救う者という役割へと成長することも、恋に落ちることもできるので、主流の商業的長篇映画の見どころとして捨て難いロマンティックな要素を残しておくことができる。こうした映画の場合、明らかにフィクションであるという性格に加えて、キリスト的イメージを――逐語的にでも歴史的にでもなく――隠喩的あるいは象徴的に用いるので、たいていのイエス映画よりも、登場人物の成長やドラマの展開に関心を持ちやすい。最終的にはキリストこそが答えであるという信念を伝える上で、キリスト的人物像が他者救済や贖いの機能を実践する映画は、直接性は欠くにしてもたいへん効果的なのである。他方、表立ってイエスを描いていない映画においてキリスト的イメージを用いる慣例には、若干の懸念もある。キリスト教的な語りのひな形に沿って架空物語《フィクション》を語る映画は、ほとんどいつでも暗号化されたキリスト教的背景を語っている。

キリスト的人物像を扱う映画は、イエス映画と同様に、当の映画を超えて、その映画を作り出した社会の懸念や興味に照準を当てている。しかしながら、キリスト的イメージ自体が警戒されるようになった一方で、主人公の男性／女性といったかたちで、キリストが不完全にせよ銀幕にたびたび登場することで喚起されるより大きな問題には、あまり関心が向けられてこなかった。ハリウッドにおいてキリストが盛んに描かれることは、私たちの文化や私たち自身、そして多様性を増しつつある私たちの社会について何を語るのだろうか。より重要なことは、次第に多文化性・多宗教性を増しつつある時代、かつ自宅視聴者を意識するグローバル市場の時代において、鑑賞者の多くはイエスが中心的役割を果たしていない文化環境に暮らしているにもかかわらず、なぜ商業的長篇映画がキリストのイメージを用い続けているのだろうか、という点である。

ケーススタディ――脱獄映画というジャンル

脱獄映画は、ひとつには内容そのものにより、またもうひとつには、こうした映画が私たち皆が人生の様々な状況に閉じ込められているあり方に象徴的なかたちで関心を向けさせるゆえに、たいへんポピュラー

映画の大部分はフォンテーヌのヴォイスオーバーで語られる『抵抗』

なジャンルである。[27] 私達は三つの脱獄映画を観ていくが、それぞれが異なった仕方でキリスト的人物像を提示している。

『抵抗――死刑囚は逃げた』

筋書き

ロベール・ブレッソンによるこの古典的な白黒映画（一九五六）は、フランスのレジスタンスの一員で、ナチの収容所からの脱走を計画・実行したフォンテーヌを見守る。フォンテーヌは、映画の大部分でヴォイスオーバーで語り、ほぼすべての場面において画面に登場している。この映画は、結盤の成功も含めて、彼の脱獄のあらゆる瞬間の細部にまでも私たちを引き込み、私たちは彼の意識の中に運ばれる。まさにこの映画は深く人の心をとらえ、観る者がフォンテーヌを通して脱獄を体感するほどである。この映画の全般的なトーンは、淡淡としていて控えめである。しかしながらこの映画は、霊的次元を明瞭に含んでおり、この次元は三つの際だった方法によって伝えられる。プロテスタントの牧師、すなわち、同じ刑務所でフォンテーヌが友情と保護を得る受刑者の人物像によって、モーツァルトの《ハ短調ミサ》（K四二七）

という力強い映画外世界的《エクストラ・ディエジェティック》な音楽の使用によって、そして、聖書によって。

キリスト的人物像

この映画では、聖書は三つの異なる方法で用いられている。最初にタイトルである。映画開始のフレームが私たちに知らせる映画の原語タイトルは『男は逃げた、あるいは風は思いのままに吹く』である。この言葉は、「ヨハネ福音書」の中でイエスがファリサイ派の議員ニコデモに答えて言う台詞（ヨハ三8）の直接引用を含む。二つ目に、聖書が小道具として登場する。牧師は到着したての時、意気消沈している。なぜなら彼は、自分の教会で教壇から説教を行っている時に捕らえられ、何も身につけることができなかったのである。しかしある日、フォンテーヌや他の受刑者たちが共同蛇口（この場所で男たちは会話を交わすチャンスを得ている）で手を洗う際に、牧師がポケットから聖書を出してフォンテーヌに見せる。牧師にとって、聖書は精神的な強さを授ける不尽の泉であり、彼はフォンテーヌにも心の栄養を受けるようにと促す——そして、それはいくらか成功している。

三つ目の用い方は、「ヨハネ福音書」三章の引用であり、これは出来事の悲劇的な展開の余波において到来する。絶望した受刑者オルシニが近づいてきた後、フォンテーヌは彼に自分の脱獄計画を教える。しかし、フォンテーヌのような忍耐力を持ち合わせないオルシニは、計画をあまり用心深くないかたちへと作り替えてしまう。急ごしらえの道具では彼の重さを支えきれず、この「早急に脱獄する」計画は失敗する。牧師はフォンテーヌに自分を責めないようにと言う。この牧師の言葉によれば、オルシニは新生への願いをあまりに持ちすぎていたというのだ。この時、牧師は福音書を引用する。「年をとった者が、どうして生まれることができましょう？」（ヨハ三4）。それから牧師は彼に小さな紙片を手渡す。フォンテーヌは監房でそれを開き、年長の隣人に聞こえるように（窓越しに）読み上げる。「人は新たに生まれなければ神の国を見ることはできない」（ヨハ三3）。銃声が聞こえ、フォンテーヌはオルシニが処刑されたことを知る。

この場面は重要である。映画の主要テーマである自由の別の次元を垣間見せるからである。牧師は、死がオルシニを自由にした可能性を見越している。もし彼がキリスト教の信仰を持っていればよりよい場所に生まれ変わるだろうし、もしそうした信仰を持っていないとしても、死は、オルシニ自身が告白したとおり、収監されたままでいるよりは望ましい。しかしながら、フォンテーヌはオルシニとは異なり、自分は収容所から脱出して、現実的な「今ここ」において自由になりたいと望み、年配で失意の内にある隣の受刑者に希望を与えようとしている。この点は成功している。彼はこの脱獄計画をオープンにし、確信し、成功する。これら一連のことが仲間の受刑者に希望を与えるのだ。もし彼ら自身が生きて脱出できなくても、彼らはフォンテーヌの目的遂行によって励まされるだろう。彼の自由はまた、フランスがナチの暴虐から自由になることへの希望をも表現している。モーツァルトのミサ曲は、映画全体に一貫した音楽的な脈絡を提示しており、信仰と聖なる恩寵を通じた自由というキリスト教的理念を暗示している。[28]

聖書の引用なしでは、フォンテーヌの状況に着目する方法は限られ、牧師をキリスト的人物像とみなすことに陥り、小さな実りしか得られまい。しかしながら、この映画はタイトルと台詞において「ヨハネ福音書」を引用し、ある一節（ヨハ三3）と映画のテーマ（ヨハ三8）が連携することで、キリスト的人物像の二つの要素——筋書きと登場人物の特徴——を指し示している。この引用（ヨハ三3）によって、メインの筋書きである脱獄というモチーフが再生と同格、いわば復活と同格になっている。監禁されていた自我は死に、それによって自由な人間が生きるのである。フォンテーヌの脱獄は身体の解放にとどまらず、精神の解放でもあり、パウロが手紙の宛先となる読者に向けてキリストと共に死んで復活することを促すのにも似て、観る者はフォンテーヌと共に、監禁から解放への感情的な旅を体験することができる。

フォンテーヌは救済を実践する人物のようには見えない。彼は自分自身と、同じ監房の若い受刑者を——止むをえず——助けるだけである。[29] しかしながらフォンテーヌは、牧師が彼に希望を届けたのと同じように、希望のない人々に希望を運ぶ。彼自身の脱獄体験は、希望のない他の受刑者にとって代理的解放となるのだ。

『アルカトラズからの脱出』

筋書き

この映画（一九七九）は、他の二人の受刑者と共に、歴史上唯一、アルカトラズ刑務所からの脱獄に成功したフランク・モリス（クリント・イーストウッド演）の実話に基づいている。歴史上も映画内でも、この三人が溺死したのか、安全に他の島や本土にたどり着いたのか、わかっていない。『アルカトラズからの脱出』は、ブレッソンの映画とは対照的に、聖書を小道具としてしか用いていない。いくつかの場面で、フランクは独房のベッドに寝そべっている。ある時、看守がいう。「また聖書を読んでるのか？」フランクは答える。「ええ、いろんな扉が開くものですなあ」。この返事は皮肉のこもった二通りに解釈できる語句《ドゥブル・アンタンドル》である。看守にとってフランクの言葉は、聖典によって提示される神の王国、もしくは神の王国への鍵を指すものだったろう。しかし実はフランクは、看守を茶化して楽しんでいる。なぜなら聖書は、脱獄のために用い始めた爪切りの隠し場所だからだ。

キリスト的人物像としてのフランク

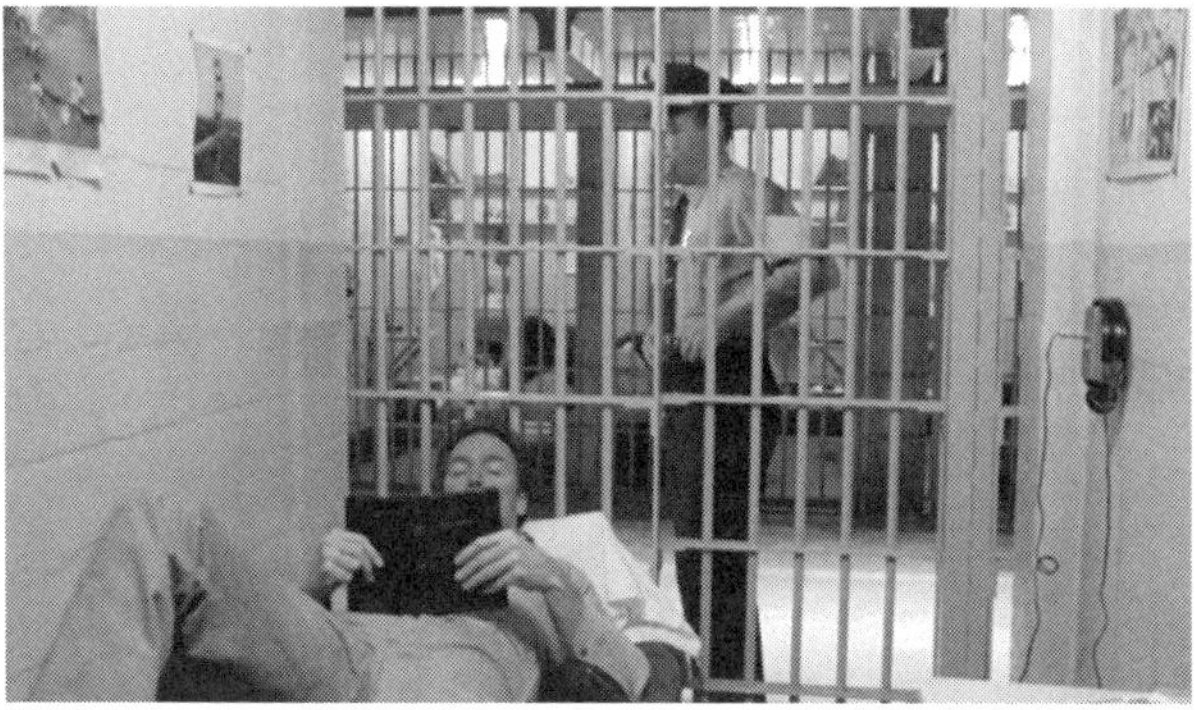

独房のベッドで聖書を読むフランク
『アルカトラズからの脱出』

フランクはフォンテーヌに比べると、キリスト的人物像には見えにくい。彼は他人にあまり配慮しない。彼は仲間を引き入れはするが、それは自分にとって彼らの助けが必要だからであるに過ぎない。けれども、彼はすでに見た三基準の交差をしっかりと満たしている。聖書は、看守が期待しているような敬虔な仕方ではないにせよ、ブレッソンの映画と同じくらい筋書きの中心にある。この映画の筋書きに込められているのは、フランクが拘束から逃げることによって、彼の心を押しつぶそうとした刑務職員の意図(刑務所長が手で菊の花をおしつぶす映像の繰り返しに象徴される)から逃げ延びることである。フランクの逃亡は命の再生である。このことは、フランクが、眠っていると看守に思い込ませるためにベッドに置いておいた頭部のダミーによって象徴される。ダミーの顔に現れた至福の表情が、映画の最終映像である。この映像は私たち観る者に、聖書を読んでいたシーンについて再考することを促し、フランクの二通りに解釈できる語句について、さらに霊的な意義を付与するように促す。フランクと二人の友の最終的な行方がわからない点は――このことは史的記録と一致しているが――キリスト的人物像への手がかりを示す。キリストの死と再生も、歴史的には不明瞭な事柄だからである。

『ショーシャンクの空に』

筋書き

この人気映画（一九九四）は、スティーブン・キングの短篇「刑務所のリタ・ヘイワース」に基づいており、銀行家で、自分の妻とその浮気相手を殺害したという冤罪で有罪宣告を受けたアンディ・デュフレーンの物語を伝える。[30]ショーシャンク刑務所において、刑務所長はアンディの計算能力ならびに銀行システムへの習熟を知る。アンディはすぐに、刑務所長やその部下の代理人として、入念な割戻しや資金洗浄のシステムを稼働させる。ショーシャンクでの十九年の服役中に、アンディは小さくて見たところは無害なロックハンマーを使って、独房の壁から刑務所の下水管に、辛抱強く穴をあける。アンディは刑務所の構壁からみて河の対岸に脱出し、刑務所長に経済的・法的な報復を果たし、刑務所にいるあいだ、自分の精神を活気づかせ続けた夢の実現の場として、メキシコの太平洋岸の村に行き先を定めた。

引喩体系《アリュージョニズム》

この映画はキングの小説の翻案ではあるが、『アルカトラズからの脱出』と類似する点を多く持ち、人によってはリメイクだと思って観てしまうほどだ。どちらの映画にも、人間性を保つ方法としてペット（『アルカトラズ』では鼠、『ショーシャンク』では鳥）の世話をする受刑者が出てくる。どちらの映画でも食堂は、受刑者たちが顔を合わせ、情報を交換し、作戦をたてる場所になっている（手洗い桶は『抵抗――死刑囚は逃げた』でも同様の役割を果たしている）。アンディはフランクと同じように、自分の逃亡を画策するうえで用いる道具を隠すために聖書を使う。両映画とも、冷酷な刑務所長と暴力的な受刑者たちを描いている。両映画とも、主人公は刑務所の図書室で働き、アフリカ系の受刑者との友情を築くが、その受刑者は主人公と一緒には脱獄しない。

キリスト的人物像を扱う映画

しかしながら、両映画は二つの重要な点で異なっている。フランクの収監が一見して有罪らしいのに対し、アンディは無罪である。さらに『ショーシャンクの空に』には、『アルカトラズからの脱出』と対照的に、聖書を直接かつ明瞭に引用する登場人物がいる。

脱獄映画としての『ショーシャンクの空に』の語り口は整然としていて、主人公の法的な有罪宣告、投獄、そして最後に脱出と進む。同時に、アンディのショーシャンク抑留や脱出の方法、そしてその影響の現れ方は、福音書におけるイエスの人生の説明の概略とかなり対応している。彼は、刑務所長を締め出して公然と無視する。イエスがユダヤ教の権威に対して行ったことの描写とほぼ同じである（たとえばヨハ九41）。アンディは自分の無罪証明に結びつくことになる証言を信頼するのを拒む刑務所長を、馬鹿者として告発する。これはきわめて劇的な場面である。腹を立てた刑務所長がアンディを「土牢」に投げ込み、トミー殺害に至る。トミーとは、アンディが濡れ衣を着せられた犯罪について真実を知る若い受刑者である。

刑務所内のアンディは、ちょうどイエスが十二人の弟子を集めたのと同様に、友や追随者を集める。イエスと同様に、アンディは変貌し、友人の人生に新しい意味を与える（ヨハ六68）。彼ら一人一人の人間性を知ること、そして、希望とビール――ここにない自由を実感させる――を提供することによって、アンディは、刑務所暮らしでの深い絶望と非人間化から、仲間の受刑者を引き上げる。数年の辛抱を経て、アンディは刑務所図書室に大量の本や音楽の寄付を受け、その空間自体の改装までも見届ける。この図書室において、彼は他の受刑者が高校卒業資格を取って、出所した暁に生産的な人生を送る準備学習を助ける。

そして、アンディの脱獄は、彼自身の救いだけでなく、他の受刑者の解放をも表す。受刑者たちを非道に支配していた収容所長やその忠実な部下たちをアンディが転落させるからだ。刑務所友だちのレッドは、アンディの言葉に基づいてその足跡を追う。希望と資金の両面におけるアンディの助けがなければ、レッドは自殺するに及んだかもしれない。長年刑務所暮らしをして、一般社会での生活に適応できなかった他の受刑者と同じように。

最後に、映画の語り口には、アンディ自身の死と再生が含まれている。空っぽになったアンディの独房を見つけた監視員の驚きは、福音書の語るイエスの空っぽの墓を見つけた女性の仰天と呼応する（ヨハ二十1〜18）。刑務所から逃げた後、「アンディ・デュフレーン」は消えて、引退した裕福なランドール・スティーヴンスに生まれ変わる。彼は刑務所長の洗浄資金の受益者となったのだ。

映画の語り口の中にはアンディをキリスト的人物像とみなすヒントが、視覚的にも聴覚的にも沢山ある。一番分かりやすいのは、彼が逃げた後にとる十字架のポーズである。刑務所の下水が流れ込む河を大股で歩きながら、アンディはシャツを破き去り、両手を広げて、顔を天に向け、腹の底から笑う。この十字架ポーズは、刑務所での古い自己に死をもって別れたこと、そして勝利したことを意味する。ちょうど、キリスト教神学における十字架が、イエスの死と勝利を意味するのと同じだ（ヨハ十二22〜24）。サウンドトラックはこの視覚的印象を増幅する。荘厳な管弦楽は、これまで聖書叙事詩映画でしばしば使われてきたものを連想させるし、この瞬間こそ映画の山場であることを示す。

アンディ個人の性格的特徴も、彼をキリスト的人物像とみなすことを支持している。刑務所という非人間

「両手を広げて、顔を天に向け、腹の底から笑う」
『ショーシャンクの空に』

化された環境にあって、彼は自身の尊厳と人間性を保ち、自身の関心を追求し、すでに見たとおり、利他的にふるまう。アンディはカリスマ的なリーダーであり、彼の信奉者たちは、彼が居る時には彼を尊敬し、彼が去ってからは彼の思い出を語り継ぐ。『ショーシャンクの空に』をキリスト的人物像を扱う映画として描くのは、アンディを福音書のイエスや文化的キリスト像と結びつける、多くの語り口・視覚情報・性格要素によって容易である。

キリスト的人物像の枠組み《パラダイム》の転覆

これらのよく似た映画は、小道具として、あるいは聴覚的・視覚的な引用元・引喩元として、聖書の人物たちが分かりやすく登場するゆえに、キリスト的人物像を扱う映画である。さらに、こうした映画の筋書きや主人公には、救世主《キリスト》物語と主人公が重要な共通要素として重なる。キリスト的要素は、映画に隠れている救済というテーマに気づかせる仕組みであるだけでなく、その映画に、観る者が自分の人生について考えるきっかけを与えうる隠喩的次元を滑りこませることによって、登場人物と筋書きの両方に深みを与える。

こうした映画におけるキリスト的要素は、明白ではあるが、映画の筋書きにとって不可欠ではない。両映画は、映画の筋書きと主人公、四福音書の筋書きと主人公の間に類比関係を構築するが、キリスト的要素がなくても物語は十分に完結する。第一に、キリスト的要素は『ショーシャンクの空に』に深みと面白味と意味を付け加えるが、アンディの有罪宣告・投獄・脱獄は、キリスト的要素がなくても損なわれない。第二に、両映画は予測範囲内の、かなり慣例的な方法でキリスト的枠組み《パラダイム》を提示する。私たちは革新に直面しないので、慣例に無頓着なままでいることさえ可能である。こうした根拠があるからこそ、ボードウェル&トンプソンは、ジャンル映画には慣例と革新の両方が欠かせないと論じる。革新、すなわち観る者の慣例に基づいた予測を浸食したり失望させたりすることこそ鍵である。ボードウェル&トンプソンによれば、映画のジャンルは「慣例と革新の相互作用、馴染み深さと新奇さの相互作用」[31]によって特徴づけられる。

この点を説明するために、ここで言われている相互作用を描き出している二つの映画について観ていこう。この二つの映画は、観る者の予測を満たしたり失望させたりすることによって、意味を伝えていく上で、キリスト的人物像なるモチーフとその役柄への注意を喚起してもいる。

『C・R・A・Z・Y』

ケベックは、一九六〇年代までカトリックの教義が支配し、諸芸術ならびに他の様々なあり方に、今だにカトリックの遺産が力強く反映している地域ではあるが、キリスト的人物像にまつわる映像と語り《ナラティブ》の枠組み《パラダイム》を故意に用いたり変形させたりする例は、ケベック映画においても珍しくない。[32] キリスト的人物像の枠組みの創造的活用・処理が、ハリウッド映画の場合と同様に、はっきりと見て取れる。

　ジャン゠マルク・ヴァレ監督によるケベック映画『C・R・A・Z・Y』(二〇〇五)は、男ばかり五人兄弟の一家の四男ザック・ボーリューを主人公にすえた、成人になる一歩手前の青年の物語である。ザックの母親ロリアンヌは熱烈に神と教会を信じるカトリック教徒だが、幼少のザックが人形の乳母車に興味を示すことを心配していない。ザックの父親ジェルヴェ・ボーリューは、どうしても必要なら教会に行くものの、カトリック教会や司祭、そしてイエス・キリストのことさえもしばしば馬鹿にしてみせる俗人である。この俗っぽい考え方にもかかわらず、彼は自分の息子がゲイかもしれないと気づくと激怒する。映画は一九六〇年十二月二五日のザック誕生の場面で始まり、一九八一年で終わる。映画のタイトルは、ザックの父親がこよなく愛するパッツィー・クラインの楽曲に由来し、元々のLP録音が粉々になった後、別のものに取り替えたことは、家族の分裂と、映画の最後に起こる繊細な癒やしを象徴している。ザックは家族で過ごす暮らしの緊張感から抜け出して、家族には何も伝えないままイスラエルへの旅に出て、この地で自分の性的方向性と喘息、そして自分と父親との関係に気づく。

『ショーシャンクの空に』が聖書を明瞭に用い、あわせて筋書きの構造と登場人物の成長によって、キリスト的人物像というモチーフを構築するのに対し、『C・R・A・Z・Y』は、はじめに視覚的なイメージと登場人物の特徴によってキリスト的人物像というモチーフを構築し、その後、主人公が――それゆえ筋書きが――キリスト的枠組《パラダイム》みで予測される結論に向かえないことを示して、キリスト的人物像というモチーフに問いを投げかける。

ザカリーとキリストの誕生

ザック・ボーリューは一九六〇年十二月二五日の深夜すぎに生まれ、イエスの誕生日を（いやいや）共有しているだけではなく、病気を癒やし、悲しみを和らげるという、まるでキリストのような力を発揮する。母親にとって「小さなイエスちゃん」であるザックの個性を支持するために、カメラはしばしば、ザックが首元にぶら下げている十字架を映す。映画の最終映像は、黒い背景に四つの光彩を放つ明星であり、これはクレジット・ロールの直前に消えていく。この映像は、『偉大な生涯の物語』（一九六五）のような叙事詩映画から、叙事詩映画のパロディ『ライフ・オブ・ブライアン』（一九七九）まで、イエス映画の隅々に拡がるキリスト的イメージを、短くアイロニカルに引喩している。

キリスト的ではない人物像を扱う映画

ザックは、聖書の映像・筋書き・登場人物の特質のみならず、ザックを熱愛する母親がザックの御利益《ごりやく》についてはっきりと言及するので、キリスト的人物像とみなせる。はじめ映画はこの同一視を支持する。ザックが死と復活を一度ならず三度も体験している点だ。生後まもなく、ふとしたことから床に落ちて死を危惧される。青年期には、バイクに乗っていて無謀運転の車に轢かれる。イスラエルへの巡礼の旅の途中、彼は砂漠で脱水症状と熱射病に苦しむ。その度にザックは生き返る。

しかし、キリスト的人物像としてはお粗末である。彼自身にとっては訝《いぶか》しい癒やしの能力にもかかわらず、ザックには隣人への利他的行為や愛というキリスト的属性がない。キリスト的人物像どころか、子ども時代にも青年期にも、ザックの頭にはただただ自分のことしかない。彼は両親を愛し、その好意を得ようと奮闘するが、根本的には、彼自身を中心に捉えて両親を把握する。兄弟たちとは相反感情的な関係にあり、不明瞭な仕方で彼らを気に掛けはするものの、彼ら、とくにレイモンの行為に憤慨したり時には憎んだりしている。彼はこのレイモンについて、自分は決してなりえず、ただ恐れる対象としてのクールで男性的な男だと思っている。映画全体を通じて、ザックの最も熱心な祈りは、自分のための祈りであり、他人のための祈りではない。彼は喘息からの解放を祈り、ゲイであるという確信がどんどん大きくなることからの解放を祈る。彼は神に賭けを挑むことさえし、運命に賭けを挑むが、命を失いかけた自動車事故によって明らかなように、いつも負ける。彼はわがままな兄のレイモンに対して、金を貸し渋るなど、姑息な仕返しをする。

ザックの非キリスト的な人間性は語り口《ナラティブ》にも影響し、映画の終盤に、キリスト的人物像の枠組みの最大の試練が到来する。レイモンが薬物の過剰摂取で昏睡している。ザックはイスラエルから戻り、病院のベッドに横たわるレイモンの周りに、家族が涙ながらに集まっているのを目にする。ザックの母親はザックを見て大いに安心し、ザックにレイモンの手をとるように促す。彼女は明らかに、ザックが兄を蘇生させることを望み、期待しているのだ。しかしながら、ザックは兄を蘇生させられない。映画のはじめのほうで、彼が兄に腹をたててその死を望んだことをふまえると、私たちには、ザックが本当に兄の命を復活させられなかったのか、ただ復活させないことを選んだのか、分からずじまいである。しかし、いずれにせよ、この決定的な瞬間において彼が奇跡を起こせないことは、ザックという登場人物からキリスト的人物像としての恵みを取り除くことになる。

この時点に至って、観る側にいる私たちは、ザックが偶然に持つ誕生日や癒やしの力や、死や仮死からの復活の繰り返しが、この物語における彼の本来の役割から私たちの目を反らしていた可能性を考慮せざるをえない。ザックは、彼の母親の語り口でこそイエスの役割を演じてはいるが、レイモンの人生におけるザックの役割はユダの役割である。レイモンを家族の居場所から引き離し、過酷な渦に追い込んで死に至らせたのは、ザックの密告――兄の悪徳（セックスや薬）を家族にすっぱ抜いたこと――である。

ザックはキリスト的人物像ではなく、せいぜい「非キリスト的」人物像であり、映画的なヒントが明示的に誤解を誘導している「キリスト的役柄」に添って生きられなかった登場人物である。さらにこの映画では、ザックが単に非キリスト的人物像なだけでなく、他の登場人物たちの側が物語上とくに関係のないキリスト的映像・特質に関連づけられる。たとえば、ザックが裏切る兄レイモンがまさにそれに当てはまる。ザックが砂漠で死にそうになった時、レイモンが爽快な水を彼に注いでくれている（視覚的には『ベン・ハー』でキリストが飢え乾いた主人公のジュダ＝ベン・ハーに水を提供する場面の引喩）幻覚を見る。「非キリスト的」人物は、少なくともあと二人見いだせる。一時期ザックと親密だった変人トトは、学校でザックに殴り倒された際に十字架形に倒れる。ザックの初めての同性の恋人はイスラエルの地中海岸にあるゲイ・ビーチでザックの瞳を釘付けにした際と、そして後にナイトクラブで再会した際に、後光で照らされる。この青年の場合も変人トトの場合も、ザックの性的傾向を示すための登場人物に過ぎず、物語上、それ以外の役割はない。

ザックの物語において明瞭な救い手《セイヴァー》は、砂漠で死にかけたザックを助ける親切なベドウィンのみである。映画では彼を描くにあたって、標準的なキリスト的イメージを用いていないが、彼にはキリスト的な特質が帰属している。映画の序盤に、ザックは母親に連れられてタッパーウェア販売員のショーズ夫人（いわば「ものごと」夫人）の家に行く。その家の壁には、砂漠のイエスの足跡を描いた美しい絵がかかっていて、夫人はザックに、砂漠の二つの足跡の夢をみた人について語る。ある場所は二人分の足跡、別のある場所は一人分の足跡だ。その人はかつてキリストがいつでも共に歩んでくれると約束してくれたのを思い出し、では何故、人生で最も苦しい時に一人分の足跡しかないのかと問う。キリストは、一人分の足跡しか見つけられない時期に私はあなたを背負っていたのだと答える。数年後に、砂漠でさまようザックは同じ絵の中に足を踏み入れていた。水と食料と休息と喘息薬吸入器でザックが息をふきかえすと、ベドウィンはザックを小型オートバイに乗せて砂漠の端に戻す。両場面はベドゥインが、ザックが窮乏する時に彼を支えるキリスト的な救い手の役割を担う人物であることを示す。

今見たように、この映画では、キリスト的人物像を雑に定義するとザックがあてはまるが、映画が進むにしたがって、その定義を廃棄せざるをえないほど、ザックとキリスト的人物像の結びつきは瓦解していく。しかしながら、期待に沿わないからといって、この映画を「キリスト的人物像を扱う映画」に分類する考えは傷つくわけではなく、実は強度を増す。それどころか、「キリスト的人物像」のイメージや筋書き構造が活用されている愉悦あふれる自意識そのものが映画ジャンルとしての「キリスト的人物像を扱う映画」であることが分かる。

ザックがはじめのうちキリストと同一視されるのは、彼の誕生時の「事実」や視覚的情報のせいばかりでなく、映画内の登場人物、すなわちザックの母親によるものである。彼女は、ザックを「小さなイエスちゃん」と呼び、子どもたちを宥め、病気を治すザックの能力を見出して育てた。この母親が、ザックを神気がかったショーズ夫人のところに連れて行ったのであり、夫人はザックの能力についての母親の確信を支持し、自らザックに影響を与えた。ザックは成長する過程で、母親から力強く語り聞かせられる聖典上の役割を退け、自分自身で自分らしさを作らねばならないのだ。したがってこの映画は、ザックの成長物語とか自己発見の物語であるにとどまらず、愛情三昧の人の良い母親がザックの人生を操る指針にしているキリストの枠組みに対抗するザックの格闘でもある。

『主人公は僕だった』

筋書き

マーク・フォースター監督の『主人公は僕だった』（二〇〇六）の主人公ハロルド・クリックは、ＩＲＳ（アメリカ合衆国内国歳入庁）の職員で、彼には語るべき人生も関心も友人もない。ある日、ハロルドが歯を磨いていると、イギリス訛りの女性の声が聞こえ、その声は彼の身辺の各瞬間について語っていた。彼には、この声をただ聞いていることしかできない。彼女が「この一見単純で無難な行動が最終的には彼の死に関わることについて、彼はあまりにも知らなすぎる」と語るのを聞いた時、彼の苛立ちは頂点に達する。ハロルドは英文学のジュールズ・ヒルバート教授を見つけ出す。ジュールズは、奇妙なことにハロルドが、自分の考えるような自律的な人間ではなく、ある女性作家によって書かれた小説の登場人物だと理解できるよう手助けをする。ハロルドは自分の運命について、著者の考えを変えてもらうべく、この著者を探し始める。差し迫った死の影がハロルドに降りかかるが、同時に生き生きとした暮らしも発生する。彼はためらいがちに、職場の同僚であるデイヴとの友達関係を形成し、ギターを買って演奏方法を学び、アナーキストの若いパン屋アナ・パスカルと恋に落ちる。彼は以前、アナの業務の会計監査をしていたのだ。

　ある日、ハロルドはジュールズの仕事場にいる。またも突然に、語り手《ナレーター》の声が聞こえてくる。声は今回、頭の中ではなく、テレビセットからやってくる。テレビでは有名な作家のカレン・アイフルのインタビューが再放送されている。ハロルドはアイフルの仕事場に駆け込み、彼女の創作活動をめぐって彼女と対決する。アイフルは十年も温め続け、奮闘してきた小説の主人公の実物を目の前にした驚きを、すぐに克服する。彼女はこの対面によって、自分の創りあげた登場人物の人間性を認識し、自分の書いたものが彼らの人生に直接影響しているという奇妙な事実を認識する。ハロルドのほうは、急に割り込んできた語りの枠組みが、彼に死を強制するだけでなく、美しく意義深い完成へと向かうことを理解し始める。

キリスト的人物像を扱う映画か

『C・R・A・Z・Y』が徹頭徹尾キリスト的映像の積み重ねであるのに対し、『主人公は僕だった』では、キリスト的人物像というモチーフがはっきりと提示されるには、筋書きがかなり進んで、ダークスーツをまとったハロルドがまるでルネ・マグリットの聖像画「人の子」(一九六四)に登場する人物のように青リンゴを口に入れたまま、バスに撃突するのを待たねばならない。最初は語られていなかった筋書きが現れるのだ。毎日、ハロルドは目覚めて、歯を磨き、バスに急ぎ、一日中、IRSの税務書類を検査し、家に帰る。そして明日もまた同じ一連の退屈さを繰り返すのだ。彼のアパート、彼の身なり、彼の性格は、彼の日常と同じくらい退屈で精彩を欠いている。ハロルド・クリックは、アンディ・デュフレーンのようなキリスト的登場人物とも、ザック・ボーリューのような非キリスト的登場人物ともかけ離れており、個性らしきものをほとんど持ち合わせていない。しかしながら、姿を見せないまま権威を感じさせる語り手の声がハロルドの意識に突然侵入してくることによって、すべてが変化する。彼女はハロルドを殺すことに決めており、ハロルドは彼女の決断に気づくが、彼ははじめ自分の運命を避けようとし、後には静かに受け入れることになる。結局、ハロルドはこれら一連の出来事によって、映画の残りの部分でキリスト的人物像として現れる。『C・R・A・Z・Y』が、誕生から復活にいたるイエスの全人生の模倣を含むとすれば、『主人公は僕だった』は、主人公の死に結びつく諸々の出来事から目をそらさぬ「受難劇」に似ている。アイフルがハロルドに、小説のエンディングつまりハロルドの最期をも綴った手書き原稿を渡す時、キリストのイメージが明らかになる。ハロルドは、それを自分で読むのが怖すぎて、最初に読んでくれるよう、ジュールズに頼む。ジュールズはきまり悪そうに、ハロルドに伝える。「ハロルド、すまない。（沈黙してから）君は死ぬことになっている」。ハロルドは自分の耳が信じられない。ジュールズは説明する。「気の毒だが素晴らしいよ、ハロルド。これは、これは彼女の傑作だ」。そしてこの傑作は「君が最後に死ななければ絶対的に良いものにはならない」。

ジュールズに対するハロルドの返答は、彼のゲッセマネである。それはユダがイエスを権威者たちに売り、ゴルゴタへ続く諸事が動き始める夜を思い起こさせる。ハロルドはイエスと同様に、自分が死すべき運命にあると知り、この死がより高い目的に役立つと告げられる。ハロルドは、イエスと同様に、自分の命を助けてくれるよう「高き権威」に懇願する。ハロルドが懇願する相手はジュールズである。「なぜできないのでしょう、なぜ私たちは彼女に、取り消してくれるように頼めないのでしょう」。この台詞には、イエスの哀しい祈りがこだましている。「父よ、できることなら、この杯をわたしから過ぎ去らせてください。しかし、わたしの願いどおりではなく、御心のままに」（マタ二六39）。ジュールズは態度を和らげない。「ほかの人生ではだめなのだ。ほかならぬあなたの人生が、この本の価値を高めるのだ。ハロルド、これはあらゆる悲劇の本質だ。英雄が死んで、その物語が永遠になるのだ」。もちろんイエスについても同じことがいえる。イエスは死んだが、福音書記述そのものを通じて、多くのキリスト教信者にとってリアルなことであり続けている。

しかし、ハロルドは自分でその本を読み、ジュールズの言うことに完全に賛成する自分と気づく。ハロルドはアイフルに告げる。「読みました、そして素晴らしかった。終わり方はあれしか考えられません。僕が死ぬことによって終わるんですね。文学はよく知らないが、それくらいはわかります」。彼は自分の人生を

市営バスにぶつかる瞬間の十字架形　『主人公は僕だった』

穏やかに受け止めているが、そこには、イエスの言葉がまたもやこだましている。イエスがついに神にこう言う場面だ。「父よ、わたしが飲まないかぎりこの杯が過ぎ去らないのでしたら、あなたの御心が行われますように」（マタ二六42）

ハロルドは死を迎えるにあたって、四福音書のイエスと同様、穏やかに生ける者の面倒をみる。イエスが弟子たちに最後の言葉を与えるのと同じく、ハロルドはアナに重要なメッセージを伝える。イエスが弟子たちのより良い未来を約束したのと同じように、ハロルドは、友人のデイヴがずっと夢みていた宇宙科学センターへの訪問を叶えてやる。

死は最終的には物語を悲劇にしてしまうだろう。しかし、この主人公をキリスト的人物像に変えているのは、彼の死よりもむしろ、彼の復活である。力強い視覚的イメージ、つまり、ハロルドが運命的に市営バスにぶつかる瞬間の十字架形の姿勢によって、キリスト的人物像の性格が強化されている。この場面を包む明るくて眩いばかりの光が、たとえばスコセッシの『最後の誘惑』におけるような、イエスの復活を描く際にしばしば用いられてきたのと同様な視覚効果を作りだし、キリストとの接続を強調している。

キリストの視覚的なイメージは、ハロルド個人の人格的特徴によって支えられている。つまり、死に臨む自発性と、バス通りで自転車にまたがった少年の命を救える唯一の人であるという自己認識である。知らせを受けて、彼の病床にアナが到着すると、彼は彼女に言う。「この少年を交通事故から守らなければいけなかったんだ」。アナは驚く。「小さな男の子を助けるために、バスの前に出て行ったというの?」ハロルドは答える。「仕方なかったんだ。他に選択肢はなかったんだ」。かくして映画は、端折ったかんじはあるけれども、私たちがキリスト的モチーフに欠かすことができないものとしてすでに示唆した三つの主要な領域——筋書き、視覚的イメージ、登場人物の特徴——を提示する。

ハロルドが死んで、それから生き返るというアイディアは、タイプ打ちされた小説の文面と映画の出来事が交互に現れることによって確立される。映画はすでに、観る者に、ハロルドの人生がカレン・アイフルのタイプするとおりに展開することを示している。彼女は長いこと書きあぐねており、それによってハロルド自身が方策をとりうるようになる。おそらく成人になってからのハロルドの人生に、本質的に何も起こらなかったのはカレンのスランプのせいである。だから、カレンが長いこと奮闘して終結部を書き留めた手書き原稿ではハロルドの死が引き起こされなかった。彼もジュールズも、偉大な小説の最後ではなく、ハロルド自身の運命の予兆として、それを読んだ。彼女が手書き原稿をタイプ原稿へと転記するうちに、緊張は高まり、アイフルにとっても私たちにとっても、ほとんど耐えがたいほどになる。カレンは休みなくタバコをふかし、目は真っ赤だ。映画を観る私たちは、タイプライターのキーが「その男が死ぬのがわかった。ハロルド・クリックは死ん」と打ち込むが、そこで止まるのを目にする。ハロルドがバスの鼻先で動くことなく横たわって、野次馬たちが彼の生死を気遣っている場面で、私たちは直ちに「実生活」に引き戻される。

撮影台本における脚本家のト書きには、ハロルドがまさに死んだことが示唆されている。曰く、彼の身体はアスファルトに生気なく横たわっている。群衆が彼の周りに集まり始め、彼の頭部から血が流れていくのが見える。混沌が彼を取り巻いているが、彼の身体は完全な静寂の中にある。ハロルドの身体は、通りの真ん中で生気なく静止する。私たちが真上から見ると、彼の両足が彼の身体の下で曲がり、血が彼の頭部の周りで光輪を形づくっており、彼の腕が小枝のように折れている。しかし彼の顔は平穏である。ハロルド・クリックは通りで息絶えて横たわっている。[33]

しかし、直後に示されるとおり、ハロルドは死んだままではない。彼の身体はボロボロになっているが、医者は、ちょっと治療すれば完全に回復するだろうと述べる。腕時計の破片が彼を生き長らえさせたというのだ。ハロルドが意識を取り戻した時、怪訝な表情をした医者がハロルドに伝える。

頭を打って、脚が三本、肋骨が四本骨折、右腕にひび、そして、左腕の動脈がかなり傷められたのですが、驚いたことに、腕時計の金属片が動脈を締めつけたので、心臓の鼓動が遅くなり、大量出血から免れました。すごいことです。リハビリして数か月間休養すれば良くなります。ただ一つ。主要筋骨を傷めるおそれがあったので、時計の金属片を取り除くことはできませんでした。大丈夫ですよ。残りの人生、腕の中に腕時計が埋まったままです。

アイフルは主人公を殺すのを慎んでいない。むしろ彼女は彼を殺して、それから新生へと復活させたのだ。しかしながら『C・R・A・Z・Y』の場合と同様に、キリスト的イメージは、主人公とだけ結びついているわけではなく、他の登場人物たちに関連するかたちでも現れる。文学教授のジュールズのTシャツには十字形がプリントされていて、彼は文字どおり「救命員《ライフセイヴァー》」である。水の上を歩きこそしないけれども、プールの頭上高くに座って、プールで泳ぐ人々を監視する。最も重要なことには、ハロルドはジュールズのことを、アイフルが発信した死刑宣告を退けて自分の命を守ることのできる人とみなしている。ジュールズは直接的にも意図的にもハロルドを助けず、ハロルドの唯一の望みが、彼を描く筆者の考えを変えうると感じとり、ハロルドを競技の場に立たせる。

ハロルドの世話をする医師が彼に説明した、腕時計の救済的役割は、いっそう神秘的かつ直接的である。この映画の冒頭の場面から、ハロルドの腕時計は人格的特徴を備えていた。実存し、野望を抱き、目的を持ち、人によっては性格さえもみいだすような形象であった。ハロルドの腕時計に人物的特徴と意思を授けたのは、他でもなく、書き手で語り手《ナレーター》のカレン・アイフルである。

これはハロルド・クリックという名前の人物、そして彼の腕時計の物語である。ハロルド・クリックは、限りない数の、終わることのない計算の人物、そして、際だって口数の少ない人物であった。そして彼の腕時計は、もっと口数が少なかった。過去十二年間の平日に、ハロルドは自分の三二本の歯を七六回ずつ磨いた。彼の腕時計は、ナイトスタンドからそれを眺めて、ハロルドがもっとカラフルな歯ブラシを使えばいいのにと思っていた。過去九年間の平日に、ハロルドはネクタイをシングル・ウィンザー結びにした。（中略）彼の腕時計は、シングル・ウィンザーにするとハロルドの首が太って見えると思ったが、何も言わなかった。

ピーター・パン物語のティンカー・ベルのように、腕時計はハロルドに愛をこめて輝き、彼に幸運の道を示そうとしている。なにしろアナ・パスカルが通りかかるたびに、ビーと鳴って狂ったように光るのだ。腕時計もまた死と復活を体験する。ハロルドと腕時計は、イベントリストを通じて関与しあっているが、彼がイベントリストを消去しようとして、腕時計が誤って停止され、すべてがリセットされてしまった時のことである。その腕時計こそ、ハロルドの守護者であり、彼の本当の救い手である。ジュールズも、カレン・アイフルでさえも、ハロルドの復活に関わらないが、腕時計はハロルドの腕に宿って、切断された動脈から大量出血が起こってしまうのを防ぎ、「単独で」ハロルドの復活を招く。

ハロルドがキリストだとすれば、ジュールズは彼の「救命員《ライフセイヴァー》」、時計は彼の救い主《セイヴァー》であり、アイフルは神である。彼女は、「神の声」風の厳かな語り手《ナレーター》であり、『キング・オブ・キングス』（一九六一）のオーソン・ウェルズや、『ヨハネの福音書』（二〇〇三）をはじめとする聖書映画の中のクリストファー・プラマーを思い起こさせる。彼女の権威は、明瞭な発声や、イギリス上流階級風のアクセントからも、彼女の語りの正確さからも生じている。この正確さゆえに、ハロルドは動揺し、運命を告げる言葉を聞いたときには死ぬのではないかと恐れることになる。そして彼女は、「言葉」によって創造している。神が語って世界を存在させる（創一3「神は言われた。『光あれ。』こうして、光があった」）のと同じように、カレンも執筆する。より正確に言えば、ハロルドの人生とその死をタイプし、存在させるのだ。

最後にカレン・アイフルは、自分の作り出した枠組み《パラダイム》からだけでなく、西洋文化の語り《ナラティブ》における最も強い枠組みからも立ち去る。この時、彼女は重大な問いを提示する。「世界にポジティブな影響を与えるために、キリストは死ぬ必要があっただろうか？」

この映画は明瞭に、説話ジャンルがあるアイディアについて、聴き手に期待を抱かせる特定の仕方をめぐって展開している。ジュールズはアイディアの代弁者である。最初ジュールズは、ハロルドの物語の枠組みとなりうる少なくとも二三種類の説話の型を見る。しかしまもなく、選択肢は二つに縮められる。喜劇か悲劇かである。彼はイタロ・カルヴィーノを引用する。「あらゆる物語が参照する最終的な意味には二つの側面がある。人生の連続性か、死の不可避性かである」[34]。彼はこれをハロルドのために換骨奪胎してみせる。「君が死ぬという悲劇か、うまくきりぬける喜劇かだ」。ジョゼフ・キャンベルが、彼の古典的名著『千の顔を持つ英雄』で記すように、英雄譚には古今東西に共通のパターンがあり、最終段階において、英雄は出発したり、しばしば死んだりする[35]。

ハロルドの物語の場合は、作者によって当初、英雄が死ぬ悲劇として着想されたが、書き直されて喜劇になる。映画には、あらゆるフィクションにおいて前提となっている構造がむき出しになっている。語り手（暗示されている著者）は、観客に特定の体験をさせるために自分の物語の登場人物を創作し操作するという点である。この映画において特異なのは、ハロルドがフィクションの登場人物である点ではなく（あらゆる映画の主人公というのはそんなものである）、語り手が、ふつうは耳で聞くことのできる人物であっても目に見えないのに、まぎれもなく登場人物である点だ。これによってジュールズや観る者は、大切なのは命か文学かを問うことができる。ジュールズにとってその答えは「文学」であり、ハロルドも説得される。死への彼の意志は、男の子のためというだけではなく、物語のためでもある。しかしながら、語り手＝著者である彼女自身が、最終的には、文学は死なないから命よりも高く位置づけられるという世界観から身を引く。彼女は善人であるハロルドが死なずに済むようにと、偉大さに執着せず「まあよい」ものに留まる。

『C・R・A・Z・Y』の語り《ナラティブ》の枠組みは親によって設定されていたのに対し、『主人公は僕だった』の語りの枠組みは、ハロルド・クリックだけに聞こえる声の主である著者＝語り手が設定している。しかしながら今しがた分析したように、登場人物のハロルドではなく彼女こそが、全キャリアを通じて組み立ててきた悲劇の物語《ストーリー》構造を解体した。その過程で、アイフルはハロルド・クリックを救い、彼が人生を歩んでいけるようにする。カレンとジュールズは自ら課してきた語りから抜け出し、二人の関係が開花し始める。厭世的でエキセントリックな作家は、彼女を賞賛している教授と直に遭い、彼のほうは、水の冒険をする他の人々の救命員をする代わりに、自分自身でプールに飛びこむ。映画は終盤に、キリスト的人物像を扱う映画のジャンル的期待を満たすだけでなく、ラブ・コメディ映画ジャンルの期待をも満たす。私たちには、ハロルドとアナがゴールインして、ずっと幸せに暮らすことが分かっている。ここでは、語り口が露出し具体化され、創造する側と創造された側に相互交流させることによって、明瞭かつ楽しげにジャンル操作が起こっている。

結び

『C・R・A・Z・Y』と『主人公は僕だった』は、『ショーシャンクの空に』に代表されるような、従来のキリスト的人物像を扱う映画とは、二つの点で異なっている。第一に、両映画において、映像や筋書きの上でキリストと関連づけられた諸要素は、従来型にみられる諸要素より多いわけではないが、その語り口や全般的なテーマにいっそう深く織り込まれている。『ショーシャンク』の脱獄物語は、キリスト的人物像の慣例を用いることで拡大され深められているものの、こうした要素を取り除いても、語りの一貫性や理解は保たれる。これに対し、『C・R・A・Z・Y』と『主人公は僕だった』からキリスト的人物像の諸要素を取り除いてしまうと、物語そのものが欠陥を被る。キリスト的諸要素に頼ることなくして、ザックと母親の関係にまつわる語りの脈絡や、彼のカトリック信仰からの離反は語りえない。ザックの成長には母親が彼の人生に負わせたキリスト的な枠組みを打開する契機が必要だ。差し迫る死をめぐるハロルドの格闘と、他者を救うために命を捧げなければならないという崇高な役割を認識する能力が高まらなければ、カレン・アイフルは小説を書く甲斐がなく、フォースター監督は映画を撮る甲斐がない。

第二に両映画とも、キリスト的枠組みを語りの不可欠な部分として用いながらも、同じ枠組みを慣例からかなり逸脱させて、問いに付す。母親からキリスト的属性をふんだんに盛り込まれたザックは、息子を失う痛烈な苦しみから母親を救おうとしないし、救えもしないのは、こうしたわけである。ハロルドとカレン・アイフルも、アイフルがハロルドを殺して自分の小説を救い出す着想を得て初めて、ハロルドのキリスト的な役割を認識する。個性のないＩＲＳ職員が少年の命を救うためにバスの前に飛び出すなどということを、この着想なくして誰が考えるだろう。

両映画とも、観る者にキリスト的人物像の諸要素が慣例どおりに提示されることを期待させた挙句に、事態が期待したとおりに展開しないので、私たちは期待自体を疑ってかからざるをえない。両映画とも観客の期待を試していて、私たち自身の語りにおいてキリスト物語の孕む衝撃を明らかに意識させる。自分の語りをキリスト物語との並行関係でまとめ上げるのは、ケベックの女性たちやフィクション作家だけではない。両映画がこのモチーフを分かりやすく扱っているおかげで、私たちは、キリスト的人物像というモチーフを用いつつもそのままには反映しない『ショーシャンクの空に』のような映画に立ち戻って、こうした映画群が、明瞭だろうと不明瞭だろうと、私たちが自らの社会をめぐる物語を形成する際にキリスト物語を枠組みとして役立てていることを理解する。この意味で、慣例と革新の相互作用を垣間見せ、それゆえ私たちの期待を試す映画群は、『ショーシャンクの空に』『アルカトラズからの脱出』『抵抗――死刑囚は逃げた』をはじめとする幾十あるいは幾百の映画を位置づけるカテゴリーとして、キリスト的人物像を扱う映画というジャンルが存在することを確証する。

「キリスト的人物像を扱う映画」を映画ジャンルと捉えると、映画芸術のみならず、二一世紀の北米の宗教的・文化的多様性の中でキリスト教が根本的な語りの規範的役割を果たしていることが露呈するので、これは重大な意味を持つ。ボードウェル&トンプソンが指摘するように「諸ジャンルの根底にあるのは、映画の作り手と観客の暗黙の了解である」[36]。あるジャンルは、そのジャンルの慣例に気づき反応する観客がいなければ存在しえない。すでに見てきたように、キリスト的人物像の映画ジャンルは、映画産業史の初期から北米の映画芸術の定番であった。毎年、このジャンルに多数の作品が加わり、そのほとんどは、いわゆる混合ジャンルの映画で、脱獄映画とかボクシング映画とか成長譚映画など、他のジャンルの慣例的要素を用いつつ、キリスト的人物像の慣例を用いている[37]。私たちがたとえ、意味ある仕方で福音書を読んだりイエスについて考えたりできなくても、こうした映画は、キリスト的人物像を扱う映画における慣例をめぐる私たちの理解と反応に立脚しつつ、キリスト物語やキリスト的人物像のイメージに対する私たちの意識や感受性を定着させる上で、重要な役割を果たしている。

八章　映画と道徳――「公義、ただ公義をのみ追求しなさい」（申十六20）

一八八二年、イギリスの神学者レザースは確信を持ってこう述べた。「十戒は世界中のほとんどの文明において、倫理的・社会的生活の基礎として受け入れられる」[1]。レザースにとって、十戒のもつ倫理的な力ならびに聖書全般は神の権威に根ざしているので、「道徳と宗教は調和しているように思われる。宗教は道徳に依存していないが、道徳は宗教に立脚している。道徳の基礎を壊すのは、まさに宗教を壊すことにつながる」[2]。レザースの考え方は、たしかにデミルを含めて多くの人々に共有されている。デミルの一九二三年の『十誡』で、敬虔なジョニーは、聖書物語を使って強情なマリーを改造した。

しかし、映画はそもそも倫理的には両義的な媒体である。宗教や道徳を奨励し、キリスト教の聖職者を満足させている受難映画や聖書映画でさえ、[3]とくに一九三〇年代のトーキーの到来以降、映画というものは道徳的には腐敗している。フィラデルフィアにおけるキリスト教女性禁酒協会の一九二九年の大会で、会長のモード・アルドリッチは「映画が『ジャズ世代の甘ったるい女の子』を美化するものだから、善人も不良もこぞって『行儀の良い昔ながらの女の子』を無視している」[4]と訴えた。行儀の良い昔ながらの女の子は、「セクシーでグラマーで面白味のある女の子」のようには大衆の気を惹きつけないのだ。おそらくデミルも賛成しただろう。なにしろ彼は『十誡』（一九二三）や『キング・オブ・キングス』（一九二七）を作った一方で、『マダム・サタン』（一九三〇）や『クレオパトラ』（一九三四）のようなエロチックな映画も監督しているのだ。

映画製作倫理規定

一九三四年、カトリック矯風団は映画製作倫理規定を義務化することによって、映画産業に対する自らの倫理的影響力を公使できるようになった。ハリウッドの「下品な生業」、いわばアメリカ人の倫理的な資質を破壊しつつあった「卑猥の要塞」を跪かせたのだ。[5] 映画製作倫理規定（郵政長官ウィル・H・ヘイズの名にちなんでヘイズ・コードとしても知られる）は、二〇世紀中葉の二十年以上にもわたって、事実上の検閲規定として施行された。一九三四年から五四年まで映画製作倫理規定局長を務めたジョセフ・ブリーンは、観客を性的な不作法さから守り、「ハリウッド映画が世界で上映される可能性を最大限にするために、スクリーンから議論の余地のある話題を排除する」[6] ために、部下と共に、脚本を念入りに検査した。

映画製作倫理規定は、三つの一般原則から規定されていた。

一．観る側の倫理水準を損なうことが予測される映画は製作されてはならない。したがって、観客の共感が犯罪・悪事・邪悪さ・罪の側に動かされてはならない。

二．人生の正しい水準が、劇や娯楽の必要条件を満たす場合にかぎり、提示されるべきである。

三．法は自然法であれ実定法であれ、茶化されてはならず、法律違反への共感が形成されてはならない。[7]

この倫理規定は聖書の聖句には明確に言及していないが、右記の原則は、特定のキリスト教的視点に基づいている。この倫理規定が殺人行為や窃盗行為、またとくに不倫などの性的不適切さを映画がどう扱うかに注意を払ったことからわかるように、この規定が書き綴った特定の処置は、映画を、聖書に遡る基本的諸倫理の拠り所と調和させることを意図していた。たとえば性に関して倫理規定は以下のように明記している。


一．不純な愛は、魅力的に美しく提示されてはならない。

二．不純な愛は、喜劇や笑劇の題材であってはならないし、笑いの素材として扱ってはならない。

三．不純な愛は、観客の側に、欲情や不健全な関心を喚起するような仕方で提示されてはならない。

四．不純な愛は、よく見えたり、納得すべく見えるように創られてはならない。

五．概して、不純な愛は方法や態度として詳細にわたってはならない。[8]

加えて、牧師・司祭・ラビをはじめ宗教的指導者は、彼らの「現実世界」における権威が損なわれないよう、敬意をもって提示されることになっていた。この倫理規定はこのようにして、聖書・聖職者・倫理の三者間の強く好ましい連結を擁護し補強した。[9]

この倫理規定は一九五〇年代に弱体化し始めた。一九六六年の改訂版は、中身に関する長い規則リストを廃止し、広範囲で大雑把な言葉で書かれた原則集に代わった。たとえば「邪悪さ・罪・犯罪・悪事は正当化されるべきではない」とか、「過酷さや残酷さの長く詳細な行為や、肉体的な暴力・拷問・虐待は提示されるべきでない」といったものだ。[10] 特定の映画を「SMA（Suitable for Mature Audiences）＝成人向き」に分類する可能性ができたことは、新しい重要な特徴であった。この改訂の意図は、一九六〇年代の変化しつつあった社会的規範を反映することだったが、それさえあまりに拘束的であることが判明した。一九六八年には、アメリカ映画協会が管轄する規定評価局がこの倫理規定に取って代わった。レイティングの分類体系によって、特定の年齢層に向けたマーケティングが可能になり、性的あるいは暴力の点で不適切な内容を含むとみなされ、なんらかの制限がついた映画に関心を持つ層の要求も満たした。[11] この分類体系は、分類語や判断基準の改定を経ながら、今日でも施行されている。[12] こうした変化の時代を通じて、映画の作り手は、不倫や婚前交渉や目に見える暴力の描き方だけでなく、聖書や聖職者の描き方についても、次第により大きな自由を行使するようになった。

映画と倫理と聖書の曖昧なつながりは、初期映画史の数十年間には明白だったが、大量生産の始まる時代の陰に隠れ、一九六〇年代には重要な課題として見直され、それが今日まで続いている。

本章では、この曖昧な繋がりの三つの側面を検討する。一定の法的／倫理的な立場の両方を支持するために聖書を使うこと、聖書と関連のある倫理的規定に対する曖昧さ、非倫理的なふるまいを正当化するために聖書を用いること、である。

中道の両極

『デッドマン・ウォーキング』

法的な事柄を扱う多くの映画に、議論の両陣営が聖典を引用する場面が含まれる。一つの衝撃的な例が『デッドマン・ウォーキング』（一九九五）にみられる。この映画はルイジアナ州の修道女シスター・ヘレン・プレジャンの実話に基づいている。シスター・ヘレンは、アンゴラ州立刑務所で死刑を待つ囚人の精神アドバイザーになり、死刑反対運動に声を発するようになった。映画では特定の細部——囚人の名前や彼の犯罪の細部——こそ、フィクションで描かれているものの、主たる意図「殺人はいけないと言いながら殺人するのはどういう了見か」はそのままである。

この反語的な問いは単なる常識のように聞こえるが、聖書の深く関わる複雑な倫理的論点を思い起こさせる。シスター・ヘレンと看守のあいだで交わされる印象的な聖書引用合戦で、この倫理的論点が前面に出る。二人は、死刑囚マシュー・ポンスレットが最後の嘘発見器考査を受けている部屋の外で待っている。今や、極刑に反対するヘレンの立場は明瞭になっている。看守はシスター・ヘレンに尋ねる。「尼さんがこんな場所で何をしているんです？　子どもたちを教えればよいでしょう？　この男が何をしたのか知っているでしょう？　彼がどうやって若者を殺したかも知っているでしょう？」シスター・ヘレンは、マシューがどんな邪悪なことをしたかを知っている。しかし「私はただ、殺人はいけないと言うために、殺人する意味がわからないだけ」と言い添える。看守は反論する。「聖書が『目には目を』って言っているじゃないですか」。シスター・ヘレンは別の道を示す。「他のことも聖書に書いてあるでしょ。姦通、売春、同性愛、聖地侵入や安息日冒瀆や父母不敬だって死罪なのよ」。看守は負けを認める。「尼さんと聖書の引用競争をしたら勝ち目がないからやめておきますよ」

この対話は二点に照準をあてている。一つは、極刑を正当化するために同害復讐法《レクス・タリオニス》にまつわる聖句（出二一22〜25、レビ二四19〜21、申十九16〜21）を用いるやり方である。[13] もう一つは、聖書に書かれた数多の契約事項は、法や政策や行動の根拠としては、もはや——誰にも——受け入れ難いという疑いようのない事実である。シスター・ヘレンの挙げた各点に、奴隷制度を加える人もいるだろう。こちらは聖書では認められているが、今日ではもはや受け入れられない。また、今日の私たちの社会には折り合いのつかないことについての制限や禁止を加える人もいるだろう。この第二点によって、第一点が複雑になってしまい、おそらく第一点の正当性は失われる。今日、聖書のこれほど多くの規則が無視されている以上、何が規範的なのかを決定する容認可能な基準は何だろうか。

この場面は共通する二つの前提に基づいて展開している。一つ目の前提は、賢者レザースが確信していたように、聖書は倫理的な指示の宝庫だという前提だ。[14] 教会やシナゴーグの常連でなくとも「十戒」を人間社会が機能するために必要となる根本的な倫理的原則の表明だと見なしたり、[15] 他のよく知られた原則、たとえば「自分自身を愛するように隣人を愛しなさい」（レビ十九18、同34、ルカ十27）や「あなたが他人から望むことを他人にしてあげなさい」といった「黄金律」を挙げたりすることもあるだろう。[16] しかしながら、この映画は、聖書の一語一句が、法や政策や倫理に用いられることのないようにと警告しているのだ。二つ目の前提は、聖典を知っていてそれを記憶から引用する能力は、倫理的な威厳を含むという前提である。『デッドマン・ウォーキング』は、修道女を聖典的権威として提示することにより、この前提を強化している。彼女の宗教的立場は、逆に、聖典や倫理や法の関係についての微妙な変化を許容する理解に権限を付与する。

進化論と天地創造説が衝突した
別称「モンキー裁判」『風の遺産』

『風の遺産』

同様の前提は、一九二五年の有名なスコープス裁判（別称モンキー裁判）をフィクション風に扱った古典映画『風の遺産』（一九六〇）でも演じられている。この映画は、二〇世紀中葉の聖書叙事詩映画が共産主義や冷戦をめぐるアメリカ人の不安を表現したころの歴史的出来事を用いている。しかし、映画で問題になっている露骨な衝突は、進化論と天地創造説である。テネシー州の小さな町では、高校教師バート・ケイツが州法に違反してダーウィンの理論を教えたかどで裁判にかけられる。映画は、検察側のマシュー・ハリソン・ブレイディと被告側のヘンリー・ドラモンドという、二人の有名法律家の対決をめぐって展開する。しかしながら、本当に問われているのは、聖書と科学の関係である。ケイツは最終的に有罪になるが、判事は彼に小額の罰金刑を言い渡す。この軽い判決は、なんびとも自分自身の意志で考える権利を持つという、ドラモンドの主張を評価したものだ。この裁判では、両法律家ともに、参考人を召喚して彼らの持論を深めることもできたはずだが、ドラモンドが専門的立場の参考人として科学者たちを召喚する努力が判事によって棄却される。最終的に、ドラモンドが喚問した参考人はブレイディその人だった。ブレイディはよろこんで喚問されたが、反対尋問の間に平静を失い、自分の立場を正当化できない。

次第に明らかになっていくように、ドラモンドもまた聖書を熟知しているが、ブレイディと違って、聖書を、人間のあらゆる領域における智と努力をめぐる唯一にして最高の権威だとみなしてはいない。ドラモンドは法廷において、聖書とダーウィンの『種の起源』を両脇に置き、裁判の終わりには、両書をかかえて法廷を出て行く。尋問の際、彼は映画のタイトルが由来している「箴言」の句を暗誦する。「家族を苦しめる者は風を嗣業とする者。愚か者は知恵ある人の僕となる」(箴十一29)

多くの評論家はこの映画に共産主義への非難を観てとったが、進化論と天地創造論を露骨に気にかける向きは、今日の私たちの耳にも健在である。ブレイディとドラモンドの議論は、今日の文化的状況においても、聖書の権威を問う際に盛んに言及されているだろう。聖書は創造を文字どおりに説明しているのだろうか。聖書の一言一句は「本物」だろうか。もしそうなら、どんな意味で「本物」だろうか、われわれはどうやってそれを知りうるのだろうか。最も驚くべきは、町の人々が吐き出す憎悪である。彼らはブレイディを、異端思想を教えたかどで高校教師バート・ケイツに下されるべき神の怒りから町の人々を救う人物と捉えているのだ。

『フットルース』[17]

聖書は様々な解釈に開かれているという見解は、『フットルース』(一九八四)の主要テーマである。映画の舞台はイリノイ州の小さな町に設定されている。地元の牧師は、彼の息子を含む十代の若者数名がダンスの後に車の事故で死んで以降、ダンスやポップスを禁じていた。映画の序盤は教会内に設定され、ショー牧師が、堕落に抗議して説教する。ショー牧師は、『風の遺産』における説教者や町の人々そしてブレイディ弁護士と同様に、聖書が倫理的行動について教えていることを厳格に捉えている。

毎日毎日、主はわれわれを試しておられる。われらの主がわれわれを試しておられるのでなければ、安易な性と倫理の緩みを教え込む卑猥なロックンロール音楽の、今日の急増を、どう説明できようか。われらの主がわれわれを試しているのでないとしたら、なぜ主は、ポルノやビニ本をあの大いなる竈《かまど》で焼き払ってくださらないのか！　しかし、それでわれわれが主の前に強くあれようか？　いつの日か、わが主が私のところに来て、あなた方一人一人の人生について説明を求められる。その日、私は主にどう説明できようか。「私は忙しかった」「私は疲れていた」「私は退屈していた」、そんな説明か？　嫌だ！　そんな説明はしまい！　私は主の試練を受け入れる。私は、あなた方皆を主の手に届けるられるように、主からのこの課題を受け入れる。その日が下る時、言い訳などしなくて済むように！

この説教には、聖書の引喩が数多く含まれている。神が信者を試すという着眼点（創二二1、テサ上二4）、「その日に」行われる審判（マラ三2）、「地のおもて」にある「疫病」（出九15）、そして「主をほめ歌おう」（詩一四九1）。ここまでは、十代の関心を引かない禁欲的な映画だ。そんな時、大都会の青年レン・マコーマックが町にやってくる。レンは、新しい住処の制限的な方針に苛立ち、ダンス禁止条例の廃止を求めて町議会と対決する。町議会のスピーチでレンは、聖書がダンスを禁止するどころか、ダンスが神に仕える方法として前向きに推奨されていることを示す。

大昔から、人は事あるごとに踊りました。人々は、豊作を祈って踊り、狩猟の成功を祈って踊りました。健康でいるために踊り、共同体の志気を示すために踊りました。そして祝うために踊りました。私たちが語ろうとしている踊りはこの類のことです。詩編一四九章ではこのように言われています。「主を讃えよ。主に向かって新しい歌をうたえ。主の慈しみに生きる人の集いで賛美の歌をうたえ。踊って、人々に主の名を讃えさせよ」。そしてこれはダビデ王です。サムエル記に登場するダビデ王です。ダビデは何をしたでしょう？　ダビデは主の御前で力をきわめて、主の前に踊ったのです。跳ね踊ったのです（サム下六5）。「コヘレトの言葉」は私たちに保証しています。天の下の何事にも定められた時があると（コヘ三1）。笑うべき時があり、泣くべき時があります。悼むべき時があります。そして踊るべき時があります。そしてこの法のための時もありました。でも今はもう違います。わかってください、今、私たちは踊る時なのです。踊りは生を祝う方法です。太古の昔からそうでした。ずっとそうでした。今だってそうなのです。

レンは町議会を説得することはできなかったが、牧師の理解を得た。牧師は、若者たちが町の境界線の外でダンスパーティを企画するのを応援し、彼も妻と連れだってそこで踊る。

『フットルース』は、『風の遺産』や『デッドマン・ウォーキング』と同様に、聖書を極端に単純化して字義どおりのかたちで解釈することや、聖書と今ここでの善悪や倫理の関係について独りよがりな確信に陥ることを避けるようにと観る者に呼びかけている。

「嘘をつくなかれ、あるいは、嘘をつくべし」

今見てきたように、聖書は踊りを禁止することも踊りを支持することもありうるし、死刑を支持することも死刑廃止を支持することもありうるし、天地創造説を支持することも創造に関する神の役割を字義どおりのところから一歩引いて理解することも支持することもありうる。しかしながら、こうした様々な事柄の中でもかなり世俗的で倫理に関わる事柄、つまり嘘をつくことについて意見を表明している。嘘の禁止は「十戒」の第九戒「隣人に関して偽証してはならない」（出二十16）に由来するとされる一般原則である。[18]「箴言」には、主が嫌悪する七つのものの中に、「嘘をつく舌」「嘘をつく証人」が現れる（箴六16〜19）。この点は後に、「嘘をつく唇を主はいとわれる。忠実を尽くす人を主は喜び迎えられる」と繰り返されている（箴十二22）。「コロサイの信徒への手紙」は、われわれに、キリストを信じる前のように互いに嘘をつかないように警告しているが（コロ三9〜10）、「ヨハネ福音書」ではイエスが「真実が人を自由にする」と断言している（ヨハ八32）。福音史家は神学的真実を想定しているようだが、その聖句は映画でも、ポピュラー文化のいたるところでも、嘘の強烈な力について語る際に、盛んに用いられる。[19]

スパイ映画やスリラー映画やラブ・コメディ映画、その他あらゆる映画では、誠と嘘の二元的関係にもとづく信頼や見せかけ、またその変奏が、登場人物の性格や筋書きの発展において中心的な役割を果たすので、嘘をつくことはこうした映画のテーマだ。嘘について、まったく異なる倫理的評価を提示している二つのユーモア映画として、『ライアー ライアー』（一九九七）と『ウソから始まる恋と仕事の成功術』（二〇〇九）がある。

『ライアー　ライアー』

この映画（一九九七）の中でロサンゼルスに住むフレッチャー・リードは、口先八丁の離婚専門弁護士で、頭には勝訴のことしかない。小さな息子マックスを愛してはいるものの、誕生日のような重要イベントを毎度すっぽかし、その度に嘘の言い訳をしている。仕事においても嘘が常習になっており、この特技のおかげでプロとしての輝かしい成功を収めている。マックスは誕生日に、父が二四時間だけでも嘘をつけなくなるようにと祈る。この祈りは即座に実現し、フレッチャーは法廷において意気揚々と「真理はあなたたちを自由にする」（ヨハ八32）と述べる。コメディ・ジャンルの常法どおり、フレッチャーは最終的に妻や息子と和解する。時折は嘘をつくものの、彼のふるまいはかなり改善されるのだ。[20] この映画の倫理的な要点は明白で、それは「真実を述べよ！」というものだ。フレッチャーは裁判に勝ち、息子の敬意をとり戻し、妻の愛情も復活する。彼が嘘をつけなかったのは二四時間に限られていたが、この映画が観客を微笑ませながら伝えている人生の教訓を、どうやら彼も学んだようだ。

『ウソから始まる恋と仕事の成功術』

筋書き

しかし嘘は善いものとなりうるし、親切や幸福には欠かせないものでもある。ラブ・コメディ『ウソから始まる恋と仕事の成功術』（二〇〇九）が問題にしているのは、この点だ。この映画は、人々が嘘をつかない――どうも嘘をつけないらしい――架空の社会に設定されている。映画の主人公マーク・ベリソンは、しがない講演作家＝脚本作家で、専門領域は一三〇〇年代という「とても退屈な」時代だ。彼の人生は悲惨だ。彼は失業し、アパートから立ち退かされ、お見合いの相手である美しく魅力的で裕福なアンナ・ドーグルスから拒絶される。自分の口座をとじようと銀行に行った際、銀行員はコンピュータが故障しているのだと言って、マークに、口座には大体いくら残っているのかと尋ねる。こんな質問は、嘘を考えつかない社会でしか、なされまい。マークはひらめく。なにも本当のことを言う必要はないのだ。彼はすぐに、様々な状況で嘘をついてみる。そして、嘘があらゆる目標について効果的だと知る。彼は美しい女性と交渉し、友だちが逮捕されるのを助け、ご近所が自殺するのを止める。彼はそして、十四世紀にエイリアンが襲来したという想像上の脚本を創って、大金を稼ぐ。彼は嘘をつく能力のおかげで、想像は本当に生産的だと学んだ。今や彼は経済的に安泰であり、アンナは彼とデートしたがる。実は彼女は、彼と一緒にいるのが楽しいし、彼は良い夫、良い父になるだろうと考えているのだが、彼がハンサムでないために結婚を渋る。彼女が真面目に説明するところによれば、もし彼らが子どもを授かったなら、彼の遺伝情報が半分伝わってしまう。「太っちょで団子鼻の子どもは欲しくないの」。ラブ・コメディの常法どおり、マークとアンナは最終的に結婚する。そして、本当に「太っちょで団子鼻の子ども」が生まれるが、その頃には、アンナにとっての優先事項や美についての意識が変化している。

嘘をつくことと聖書

嘘をつくという新発見の能力によって、マークの人生は一変する。なにしろ、真実を曲げ、想像力を鍛えるといった、様々な活動を含む人生だ。しかし、厳格な真実に対するマークの柔軟な態度によって、周りの人々の人生までもが一変する。なぜなら彼は、今ここにある状況を超える世界を想像できるからだ。

死後の生

ある夜、アンナとの食事の席で、マークは電話を受ける。病院にかけつけると母親が危篤の床についている。母親は心臓発作を患い、医師は彼女の目の前でマークに、数時間以内に再度大きな心臓発作が起こって亡くなるだろうと元気に話す。医師は彼女の症状と予後について、何の感情も交えずに述べ立てる。老女になんの希望もないことを説明した後で、この医師はマークに伝える。「そういえば、一階のカフェテリアでメキシコ料理祭をやっていますよ。お母さんが亡くなった後にでも食べに行ってはいかがでしょう」。この滑稽な場面は、完璧に本当のことばかりでは最終的な結果が残酷だと伝えている。この場面はまた、死というものに馴れ、命の危機に際して、家族が経験する悲嘆や喪失の感情がわからなくなっている医療業界への皮肉でもある。しかしマークは違う。母親が「底なしの虚無」がどんなに怖いかを話すとき、彼は想像力をひと働きさせる。それは彼が今まで受けてきたあらゆる環境知と素養を丸ごとかなぐり捨てる決心といってもよいだろう。「母さん」、彼は確信をこめて呼びかける。

> 母さん、死んだ後に何が起こるか、誤解しているよ。母さんは、世界中で一番気にいっている場所に行くんだ。大好きな人たちみんなに会えるし、母さんが今までに愛した人たちは皆そこにいる。母さんは若返る。もう痛みなんかない。愛と幸せがあって、皆に住む場所がある。そしてそれは永遠に続く。永遠にだよ、母さん。父さんに僕からよろしくと伝えて。僕が愛しているよって伝えて。

しかし、この言葉を夢中で傾聴しているのは、母親だけではない。彼女に死が差し迫っていることを快活に宣言した医師は、死後の生というマークの話に釘づけになる。医師も看護師も、マークに話を続けるようせがむ。医師は尋ねる。「他にはどんなことが起こるのですか」。一人の看護師は有頂天になっている。「死んだら、ママに会えるのね」。医師は繰り返す。「もっと聴かせてくださいよ」

死後の生の約束はヘブライ語聖書には現れないが、標準的なキリスト教徒──そしてユダヤ教徒やイスラム教徒──の認めるところとなった。[21] マークが母親のために考え出す死後の世界は、「ヨハネ福音書」でイエスが「わが父の家には住処おほし」（ヨハ十四2／欽定訳）と宣言する場面を思い起こさせずにはおかない。

十個のお約束

死後の生についての情報に飢えているのは、病院の医療スタッフだけではない。永遠の住処の約束は、この共同体全体の（それまで彼らの心理的な体質には欠けていたらしい）イメージを捉える確信体系全体の土台になる。マーク自身は初めのうち、この新しい「知識」（彼だけは自分の──善意の──嘘だと知っている）が母親を安心させるためだけのもので、まさか世界中まで安心させ、不安の中で人々が群れをなし、世界中のメディアの興味をひくとは考えてもいなかった。彼は突然、自分が始めたことに怯える。「まずいぞ」。彼の家は瞬く間に、うるさい群衆に取り囲まれる。アンナと彼の親友グレッグは、群衆をかきわけてマークの家にやって来る。アンナは発言するようマークを説得する。この素晴らしい情報を共有することは他人を助けるだけなく、死に際の母親を安心させた時と同じくらい気分がいいはずだ、とアンナは論じたてる。マークは一晩かけて、人々に語るためのスピーチ原稿を書く。夜が明け、準備は整った。彼は十個のお約束を手にして「何か台紙があったらマシなんだけど」と周りを見回す。そして空になったピザ箱に、十個のお約束を貼りつけるのだ。

彼は人々の前に現れ、「空の人」から渡された「十個のお約束」を読み上げる　『ウソから始まる恋と仕事の成功術』

ついに彼は人々の前に現れ、世界を牛耳る「空の人」から渡された「十個のお約束」なるものを読み上げる。主なメッセージは、生きているあいだにした「悪いこと」が三回以内の人は誰でも、死後にご褒美をもらえる、というものだ。はじめのうち彼はどもり、ためらっている。それはモーセの辞退の語りを思い起こさせる。[22] しかし、話を続けるうちに、彼は勢いと強さを得る。人々は終始、彼の話を遮っては、嘆きの声をあげたり不平を言ったりするが、最後には満足する。彼らはまるで、聖書の中でモーセが「空の人」の意思を伝える民衆のようだ。[23]

一つ目のお約束は「すべてを支配する人が空にいる」である。詳しい話を求められ、マークは「空の人」はあらゆる民族の混合で、背が高く、大きな手を持ち（おそらく「世界全体を手中にしている」ためだろうか）[24]、髪の毛は多いと説明する。これにつづく四つのお約束は、万民を待っている豪邸を描く。あなたの愛するすべての人と一緒の場所で、毎日毎晩無料でアイスクリームが食べられる。そのアイスクリームは好きなとおりに思い描けるフレーバー入り（この点について群衆は口々に、思い描ける最もおぞましいフレーバーを叫びだす）である。後半の五つのお約束は、悪いことをすると死んだ時にこの素晴らしい場所には行けないことや、誰がその場所に行けて誰が行けないかを決めるのは最終的には「空の人」であること、そしてたぶん最も重要な点だが、誰が死んで誰が生きるかを決めるのも「空の人」であることを説明する。言い替えれば、これら後半のお約束は、倫理学と神義論と恩寵の論題を語っている。人々は一つ一つを混ぜ返す。「悪いことにカウントされるのはどんなことですか」「犬に餌をやるのを忘れて犬が死んだらアウトですか」。マークは答える。「それはカウントされない。でももし犬が死ぬように、わざと餌をやらないと決めたならカウントされる」。それから誰かが尋ねる。「空の人がすべてをコントロールしているのなら、妻が癌になったのも空の人のせいですか」「妻が治ったのも空の人のせいですか」。マークは両方に「そうだ」と答える。しかしついに、マークは十番めのお約束を述べて彼らを安心させる。「空の人によくしてもらえなかった場合は、死んだ時、今度は永遠によくしてもらって報われる」。彼がこんな事をどう知りうるのか。むろん空の人が彼に伝えたのだ。この場面が終わるとき、お天気レポーターの声が聞こえる。「今日の予報は青空《ブルー・スカイ》です」。新聞や雑誌は世界中で、たとえば「理念はよし」とかいったヘッドラインを勢いよく流すが、子どもがエイズに罹ったり、津波で四万人の死者が出たりすれば、たちまち「空の人」を責めるのだ。

真実と嘘

この啓示の場面は、デミルの『十戒』（一九五六）や、諸々のイエス叙事詩映画における「山上の垂訓」の場面をパロディしており、笑いをさそうが、同時に、聖書や宗教や倫理に関わる本質的な事柄にもふれている。幸福や善良さや同情は、死後に空の豪邸に住めるという約束によって最も強力に引き起こされるのだろうか。こうしたお約束が人々を即座に幸せにし善良にし、しかも心豊かにしているのなら、それが本当か嘘かなど問題であろうか。幼児なみの言葉で語られる「十個のお約束」や、マークがそれを彼らに伝える辛抱強く真っ直ぐな姿勢から、最期を迎えつつある母への愛ゆえに彼が創り出し、彼自身は真面目に考えていない信心体系が、想像力を持たない素朴な人々にとって、まさに糧となっていることがわかる。十個のお約束は「空の人」から届いたことになってはいるものの、これを創り出したのはマークである。ここから分かるのは、嘘は許容可能だというだけではなく、文明生活には必要な一要素だという点である。まさにこの過酷なほど正直な観察こそ、この映画が露骨にからかっている点である。

しかしながら、この映画も最終的には、何でもかんでも嘘を承認する姿勢から距離を置く。この後退は、第二の筋書きにあたる「恋愛」の中から浮かび上がる。アンナの愛を勝ち取る上で、マークには恋仇がいた。彼はマークが失業する前のハンサムな同僚ブラッド・ケスラーだ。ブラッドは無遠慮で、かなり無礼な奴だが、アンナは彼のプロポーズを受け入れている。遺伝子提供者として合格だからだ。マークは力を落とすが、親友のグレッグに励まされて結婚式に出席し、公式に結婚への不賛成を表明する。ブラッドもアンナも「空の人」に尋ねてみてくれと懇願するが、今回マークは断る。アンナに決めて欲しいのだ。そしてこの局面で、彼は嘘を発明したことをも白状する。アンナが、なぜブラッドより自分を選ぶのが確実だと言わなかったのかと尋ねると、マークは「それじゃあ当てにならない」と答える。言い替えると、嘘が無効な状況もあり、今回の彼には、本当のことを言う方が女性に思いを伝えられるということだ。

より重要なのは、「嘘」自体をどう定義するのかであろう。マークは、たとえば彼の銀行口座の金額について、確実に嘘をついている。しかし、彼の「嘘」のほとんどは、このカテゴリーに入らない。むしろ、確認にも証明にも適さないような人間の経験や想像力の領域を仮定したものである。この映画が「嘘」と呼んでいるのは、多くの人々が信仰と呼ぶものかもしれない。

では、信仰の表明が「嘘」だとすれば、何を意味するか。この視点は、宗教における信仰、とくに死後の生への信仰を重要視している視聴者にとっては、けしからぬものかもしれない。しかし、この映画がコメディ領域にあることからみて、私たちは、不可視のものへの信仰が死への恐れを鎮める嘘にほかならないという主張や、聖書は架空の「空の人」に転嫁した人間の作り話だという主張には、実存的な重要性を置きすぎないように気をつけねばならない。この映画は何よりも、エンターテインメント性をねらったもので、この映画のエッセンスは、嘘と正直さをめぐる伝統的な価値を逆転させる点にある。この映画は同時に、ハリウッドが聖書叙事詩映画の慣例や（元来はキリスト教的な）信仰を揺るぎない原則として設定していた映画製作倫理規定から、いかに自由になっているかを如実に表している。

聖書と悪党

嘘は罪ではあろうが、おそらく、殺人と同様な意味で「邪悪」なものとは捉えられていない。すでに見てきたように、一般的には、聖書を知り、聖書的な立ち位置から行動や態度を決定する人物には、権威が与えられ倫理的な「善良さ」が付与される傾向がある。『デッドマン・ウォーキング』の看守、『風の遺産』や『フットルース』の牧師のように、聖書の戒めをあまりに厳格に解釈し適用しているように描かれる人物でさえ、善悪のニュアンスの深い意味での欠如について深く反省さえすれば「良い」人と見なされる。同様に、アンディ・デュフレーン（『ショーシャンクの空に』）やウォルト・コワルスキー（『グラン・トリノ』）のように脛に傷をもつ人々については、たとえ彼らがわれわれと同様に、いつも倫理的に行動しているのではないのを知っていても、根本的に善良な人物として受け入れがちだ。

しかし、映画製作倫理規定が消えてからは、多くの映画が、聖書と倫理のあいだに大体において前向きに形成された連携に挑戦してきた。そのため、こうした映画では、「悪党」が自分たちの行動を聖書的な立ち位置から正当化する様子が描かれ、時には、彼らがキリスト的人物像のように描かれたりもする。脛に傷持つありきたりの人物がたまたま犯罪を犯すのではなく、多かれ少なかれ、倫理的に動機づけられた人々、いや、ギャングの一味やギャングそのもの、銃の使い手、そう、もろもろの犯罪者が登場する。

聖典を引用する「悪党」がほんの時折でも、自身の犯罪に批判的になっている映画なら、観客も彼らの将来的な更正を期待できるので、心配ない。クエンティン・タランティーノは一九九四年の映画『パルプ・フィクション』で、この願望を上手に実現してのけた。この映画では強盗犯ジュールが被害者を至近距離から撃つ直前に、「エゼキエル書」二五章17節を（バージョンの不確かな聖書で）暗誦する。この映画の最後の場面で、ジュールは、犯罪稼業から足を洗う意図を表明する際に、この「聖書的」なスピーチについて深く思いをめぐらせる。彼の相棒のヴィンスと同様に、私たちはジュールに成功のチャンスがあるかと尋ねてもよいが——この聖句がどうも誤っていること自体、彼の悔い改めも同様に偽のものであろうということを推測させる——、せいぜい成功したとしても、この時食堂の向かいの席に座っているケチな泥棒を撃つのを止めることぐらいだ。『デッドマン・ウォーキング』で、マシュー・ポンスレットは死の間際、シスター・ヘレンが彼の精神アドバイザーとして費やした途方もない努力を経て、倫理的責任をとる立場に到達する。

『三時一〇分、決断のとき』

より問題が多く、より興味深いのは、自分たちの非倫理的で非合法な活動の根拠のように聖典を引用する犯罪者たちである。『ゴッドファーザー』三部作（一九七二、七四、九〇）は、同族経営業の外側に自らのキャリアを描いていた理想主義的な青年マイケル・コルレオーネが、精神的にも倫理的にもこの「一族《ファミリー》」の畏るべきドンへと転落していくさまを詳しく描いている。この映画ではカトリックの習慣や象徴がふんだんに用いられ、聖書の物語、中でも「創世記」に現れる原始の家族との比較の機会がいくつもある。[25] 彼らの活動と、カトリックの信仰や伝統の特定要素への執着の間に感じられる矛盾によって、この三部作を力強いものにする緊張感が創り出されている。

マフィアの一家は、犯罪に加担している時でさえ、映画製作倫理規定に従って悪事を働く。[26] 他の犯罪者は、活動においても倫理においても、彼ら自身で行動する。『三時一〇分、決断のとき』（二〇〇七）の無法者ベン・ウェイドは、そうした人物の一人である。

筋書き

この映画は、一九五七年公開の『決断の三時一〇分』のリメイクであり、元の映画もまた、レナードの一九五三年の同名の短篇小説に基づいている。[27] 設定は、南北戦争が終わって間もないアリゾナの貧しい牧場である。南北戦争で大怪我をした復員兵ダン・エヴァンスは、地主のホランダー氏に借金がある。ホランダー氏は、エヴァンスをすっからかんにして彼に貸している土地を鉄道に売ったほうが儲かると企んでいる。ホランダーが映画の冒頭は、ホランダーがよこした男たちが納屋に火を仕掛けて、エヴァンス一家が目覚めるというものだ。この火事によって納屋は蓄えてあった飼料もろとも焼け落ち、一家の家畜は危機に瀕する。次の朝、逃げ出した牛をエヴァンスと息子二人が駆り集めていると、悪名高いベン・ウェイドに遭遇した。そして恐ろしいことに、ベン・ウェイドとその手下がピンカートン駅馬車を襲撃して、ほとんどの乗客を殺害し、略奪品を持ち逃げするところを目撃する。ウェイドはエヴァンスが目撃したことに気づく。観客はエヴァンスと息子二人が殺されるのではないかとも思うが、そうはならず、代わりにウェイドは三人の乗っていた馬を取り上げ、翌日に逢う場所を告げる。ウェイドはビスビーへと向かい、その地元の酒場で祝杯をあげている。その直後、エヴァンスはホランダーと対決することになる。エヴァンスは酒場でウェイドを見つけ、逮捕しやすいように彼を引き留める。金欠のエヴァンスは、ウェイドをコンテンションの町に護送する一行に参加を願い出る。この町から三時一〇分に発車するユマ郡刑務所行きの列車にウェイドを乗せるのだ。

乗り越えがたい障害に直面しながらも、エヴァンスは遂にウェイドをコンテンションの町に護送し、ウェイドはユマ行き三時一〇分発の列車に乗り込む。しかし、最後の一分間に胸の痛む場面がある。エヴァンスは、ウェイドの右腕でウェイドを狂信的に崇拝する残忍で加虐趣味な男チャーリー・プリンスに殺されるのだ。ウェイドはチャーリーに向き直り、彼をはじめとする手下を殺して、静かに列車に乗り込む。観客もここまでくれば、ウェイドの人柄を十分に知っているだけに、その従順なふるまいを不思議に思う。疑うのももっともだ。列車が駅を離れると、ウェイドは列車を追って走っていた自分の馬に口笛で合図するのだ。これぞまさに逃亡のチャンスというべきものだから。

主題

映画の中心的な筋書きは、ベン・ウェイドを三時一〇分コンテンション発のユマ行き列車に乗せようとする、ダン・エヴァンスの必至の格闘を描く。しかしながら、その旅が筋書きと人物描写の展開にしたがって倫理的考察の発展に向かう背景になるにつれて、聖書が使用されている。この発展の途上、二つの副次的な筋書きが割り込んでくる。副次的な筋書きの一つ目は、ダンとベンの関係の深まりである。ベンは彼独特のやり方で、いつもではないにしても、人々を利用するために、相手の信頼を勝ち取る磨かれた能力をもったカリスマ男である。しかし、早くからダンとその息子を気にいる。おそらくは、ダンが撃ち手として優秀で、自分でよく考える能力があり、ポーカーフェイス（ダンはこの能力をベンを酒場に引き留めて逮捕させる際に用いた）をとれるからだろう。旅の終わりに、コンテンションで列車を待つためにとったホテルの部屋での張りつめた数時間、ベンの申し出へのダンの抵抗はついに和らぎ、チャーリー・プリンスたち一味の砲火のもとで、一挙に崩れる。

副次的な筋書きのもう一方は、ダンと十四歳の息子ウィリアムとの関係である。ウィリアムは就寝前に読む冒険譚のおかげで、無法者に対して子どもらしい憧れの感覚を抱いている。彼は生身の無法者に出会って、魅せられると同時に嫌悪も覚える。ウィリアムはベンの派手な生き方や有名なことや強さや決断力に魅せられるが、人命を含めて人間の品位や法の一切を、絶え間なくあからさまに嘲笑っていることに嫌悪を覚えるのだ。同時に、ウィリアムは父親にも失望し、その弱さや、ソフトな話し方やふるまい、戦争で負った怪我、家族を満足に養えないことに批判的である。ダンが護送の旅に参加することを決めるのは、単に経済的な必要に迫られたからではなく、息子の目に映る自分の名誉挽回を願ってのことでもあった。人の行動や関係を見きわめることに長けたベン・ウェイドは、この状況につけこむ。そのやり方は観る者に彼の両義的な倫理状態を直に印象づける。

説教するウェイド

聖書は、第一の副次的な筋書きを発展させていく上で役立っている。ベンは聖典に詳しく、「箴言」の句を二度引用している。一度目はビスビーの酒場でのことだ。無法者たちが駅馬車強盗での儲けを祝して飲んでいると、チャーリー・プリンスが乾杯を提案する。「闘って死んだ四人に。そしてトミー・ダーデン（ウェイド自身が殺す羽目になった一味の男）に別れを告げなくちゃいけないボスに。あの件は残念だった」。それに答えてウェイドが「箴言」を引用する。「その口を守る者はその命を守る。その唇を大きくひらく者には滅亡きたる」[28]（箴言十三3）。一味の一人が「アーメン」と応じるが、ウェイドは乾杯を遮る。超クローズアップで映し出されるのは、チャーリーの顔を睨んだままこう続けるウェイドだ。「トミーは弱かった。トミーは馬鹿だった。トミーは死んだ」。チャーリーは繰り返して「偲んで飲もう」と言い、他の者も杯をあける。ではトミーの死は、しゃべりすぎたことにふさわしい罰だったのか？　驚くことでもないが、ウェイドはその前の、彼自身の行動を罰することになるような句を省いているのだ。「言葉が結ぶ実によって人は良いものを享受する。欺く者の欲望は不法に向かう」（箴言十三2）というものだ。

二度目は、エヴァンス他の一同が囚人と一緒にコンテンションに旅立つ前のことだ。護送計画と安全のために、男たちはエヴァンスの牧場に集まる。古くて落ち着いた一家が、テーブルをはさんで粗暴な無法者と向かい合い、おそるおそる座っているさまには、両者の対比が浮かび上がる。食前の祈りが済んで食事が始まると、ダンの下の息子はウェイドに向かって、父親の射撃の腕前を自慢する。ダンはたしなめて「動物を撃つのと、ああええと人を撃つのとでは全然違う」と言うが、ベンは直ぐに割り込む。「いや違わない。俺の考えだがね」。彼は自分を刑務所に連行しようとしている男たちに身振りで示す。「ここでバイロン（ウェイドをコンテンションに連行する任務を負ったピンカートン社の護衛）に尋ねてもいいな。バイロンはこれまでに何十人もの人間を殺してきた。男も女も子どもも炭鉱夫もアパッチも」。バイロンは「何が起こっても魂まではとられまい」と異議を唱えるが、ベンは答えて厳かに言う。「人間の道は自分の目に正しく見える、バイロン、主は心の中を測られるのだ。箴言の二一章だ」（箴言二一2）。ベンはダンの妻に向かって、まるで、聖典を引用できるのだから私が悪者のわけがなかろうと言うかのように、内気《シャイ》そうな――あるいは狡《スラ》そうな――笑顔を向ける。エヴァンス家の人々も、私たち視聴者も騙されないが。バイロンはもちろん、ベンが酒場で表現した狭量で執念深い倫理観を明確化したに過ぎない。ベンは、バイロン自身の倫理観、ベン自身に向けて表明することの可能な批判の独特な性格に関心をもつ。

この映画で聖句がはっきりと引用されるのは今見ただけだが、聖書が会話や視覚的な表現の中に浮かび上がる場面は他にもある。ベンとバイロンは道中ずっと互いを挑発しあう。一晩目に、ベンはホランダーの手下でエヴァンス家の納屋に火を仕掛けたタッカーを殺す。ダンはタッカーの死に動揺してベンに尋ねる。「なぜタッカーを殺した？　なぜ俺じゃないんだ、なぜ〔バイロン・〕バターフィールドでもないんだ？」するとベンは答える。「そうだね、タッカーは俺の馬を盗んだ。ダン、奴のことが好きか」。ダンが否定するとベンは続ける。「奴はおまえの納屋に火をつけたと言っていたよ」。ダンは答える。「奴はくそったれだ。だが奴に死んで欲しいと思うことと奴を殺しちまうのは別のことだ」。ここでダンは、欲望と行動を区別することで、倫理的に分別のある態度を表明している。ベンが物事をそういうふうに見ていないのは明らかだし、ベンがタッカーを殺した理由が、タッカーがダンに与えた損害のためだとばかりも思えない。ベンはダンに言う。「おまえの道義心は繊細だな。おまえのそういうところは好きだよ」

ここで、護送隊長であるバイロン・バターフィールドは、ダンとベンの会話が先へ進むのを遮ってベンに言う。「話し相手が欲しけりゃ、俺に話せ」。ベンは異議を唱える。

おまえとは話したくないよ、バイロン。おまえはそんなに面白くない。おまえは今まで生きてきて、聖書の他、なんの本も読んだことないだろう？　（ダンに向き直って言う）バイロンは信心深いんだぜ。何年か前、奴が中央の仕事をしていた頃、奴とピンカートン警備会社の連中がアパッチの女子どもを三二人もなぶり殺しにしているのを見たぜ。

バイロンは反論する。「鉄道員を撃った反逆者とその家族だぜ。連中を一人ずつ道から引っ張り出した。罰してやったのさ」。ベンは続ける。

子どもたちが悲鳴を上げながら走り回っていた。三歳にもならない子どもだ。こいつの手下が撃って、穴に突き落としたのさ。何人かはまだ泣いていた。でも察するに、バイロンは、イエス様がお気になさらないとでも踏んだんだろう。イエス様はアパッチがお嫌いらしいや。

ベンは殺戮そのものではなく、バイロンが人種的偏見に基づいて行動したことに異議を申し立てている。厳密に言えばもちろん、ベンは法律的側面についても倫理的側面についても悪い側に居る。だからバイロンは、ベンに天罰が下るのを楽しみにする。「ユマまでずっとしゃべってろ。階段を上がる時も、縄にかかる時も、地獄に行くときもな」。しかしベンはそう考えていない。「バイロン、俺は死ぬ日に地獄から跳ね返ってくるよ」。これは必ずしも、彼の根本的な善良さの主張ではなく、どんなに厄介で「ピリピリした」状況からも脱出してみせるという自信である。

聖書に関するベンの知識は、映画の山場で明らかになる。ベンとダンがコンテンションのホテルの一室で、ユマ行きの列車が駅に入ってくるのを待ちながら座っている。ダンは、ホテルから鉄道の駅に移動する際に体験するであろう集中砲火を気にして、極度に緊張している。ベンは対照的に落ち着いて、聖書の口絵をスケッチしている。[29] 絵を描きながらベンは「ダン、聖書を読んだことはあるか」と尋ね、しかし答えを待つことなく続ける。

俺は一度読んだ。八歳の時だ。俺の父は、ウイスキーを飲み過ぎて死んだ。母が「東部に行って初めからやり直さなければ」と言ったよ。そして聖書をくれた。俺を列車の駅に座らせて、読めと言った。母はチケットを買いに行った。そして俺は母の言うとおりにした。聖書を、こっちの端からあっちの端まで読んだ。三日かかった。母は戻ってこなかった。

こう語るあいだも、ベンはスケッチする自分の手を見下ろしていたが、それからゆっくりと目を上げて、ダンと視線を合わせる。その時、時計が三つ鳴り、ダンは「時間だ」と言う。この話は、ベンが聖書を（あるいは少なくとも「箴言」を）知っていることを説明するだけでなく、遠回しながら、子ども時代に捨てられたことや彼の寂しさをほのめかしている。しかし、自分の告白の効果を見きわめようとダンを横目で見やる仕草には、この緊迫した瞬間にあってさえ、ベンが他人の共感を勝ち取って、チャンスが到来したら役立てようとしていることがうかがえる。

ベンの話のせいで、彼に対するダンの警戒は解けた。二人がホテルからコンテンションの小さな駅まで危険をくぐりぬけながら走り込んだ時、ダンは打ち明け話を始める。ダンはベンに言う。「落ちぶれた牧場で家族を養おうなんて、手に負えないと言っていたな。だが下の息子マークのことだ。奴は二歳のときに結核になった。医者が、乾燥した気候で暮らさないと死ぬだろうって言うから……」ベンは彼を遮って言う。「なぜそれを俺に話す？」ダンは、少し微笑んで答える。「わからないよ。ただ、俺が手に負えない奴じゃないってことを伝えたかったのさ」。二人は友だち同士のようにクスクス笑う。ダンはつい、ベンに理解されるかどうかを気にしている。ちょうどベンが理解されようとしたのと同じようにである。カメラは素早くユマ駅に切り返す。柱にはユマ駅という看板がかかり、まるで生け贄を待つ十字架のようだ。短いショットだが効果的だ。その時、ベンはダンに答える。「そうだな、ユマ郡刑務所に着くまで、二人で告白ごっこでもしたらどうだ。二度だぜ。二度も脱出した」。これは単なる口三味線かもしれないが、ダンの友情めいた変化に遠回しに応じているのかもしれない。ベンを列車に乗せても、ダンが友人を裏切っていると感じなくてもよいように、というメッセージを静かに伝えているようにも思える。二度あることは三度あるものだ。

キリスト的人物像か

ベンは聖書を引用するが、ダンとその家族が聖書を傍らに置いて暮らしていることは明らかだ。しかしながら、映画における善悪の検討は、聖書がらみのもう一組の論点であるキリスト的イメージを機能させはじめる。ダンはさまざまな点で、キリスト的人物像の候補になる。彼の外見――細身で短い髭、肩まで伸びた茶色の髪――は、さまざまな映画で定型化されてきたキリストを想起させる。彼はどうやら戦争中に脚を悪くしたらしく――下の息子のマークはそれを自慢している――、それは国家の首都を守るためだ。彼は誰のことでも、ベン・ウェイドのことまでも敬意をもって扱い、自分の子どもたちにも積極的にその重要性を説いている。彼は病弱なマークに乾燥気候と薬物治療を与えるために、多くの犠牲を払っている。

さらにこの映画には、ベン・ウェイドをキリスト的人物像に演出するようなキリスト的比喩表現が豊富にある。ベンが様々な地方にいきなり現れるのは、神的な感嘆を呼び起こす。ベンが護衛の手からスルリと逃げて、鉄道員の野営地に現れた際、彼に気づいたボールズ氏は「聖キリスト《ホーリー・クライスト》！　彼だ！」と叫ぶ。もちろん、

「聖キリスト《ホーリー・クライスト》」という言葉は衝撃や驚きを表現する感嘆詞でしかない。しかしこの例では、神的な感嘆は視覚的なイメージによって強化されている。なぜならベンとその一団が追いついた時、ベンが柱に縛られて、彼を捕獲した人々が拷問の準備をしているのを目にするからだ。その光景はイエスの鞭打ちを想起させ、私たちはベン・ウェイドを一瞬にせよ、虐待される救い主というふうに捉えがちになる。彼らは逃げ、その場面の最後にボールズ氏は、神がらみの別の感嘆詞「ちくしょう《ゴッド・ダムイット》！」で締めくくる。

驚かされるのは、構図設定《ミザンセヌ》のあちこちに配置された十字架である。数多のイエス映画で描かれてきたゴルゴタと不気味なほどの類似性を有する驚くべき風景や、ベンとダンが現れるのを待ち受ける無法者の視点からのコンテンション駅の眺めだ。

これら複数の十字架は想像力を刺激するものの、ベンの方向性を直接に指示してはいない。ただし、映画の最終場面での顕著な十字架形はこれらとは異なる。

ベンはついに列車に乗り込んでいる。彼は銃と弾薬を車掌に預け、ベンチに座ったところだ。ハリウッド的言葉体系からすると、このショットは、列車の窓枠というよりは教会の十字架のように見えやすい窓枠のすぐ前に彼を座らせることによって、彼をキリスト的人物像と定義してている。

この映像は、素直に読み取るべきだろうか、それとも反語的に読み取るべきだろうか。財産や人命に対するベンの露骨な軽視は、この映像が反語的なものであることを示唆している。殺した人間の数や無きものにした家族の数を尋ねられて、ベンはしぶしぶ「それなりの数を」と認めている。しかし、彼は後悔していないし、人を殺すのを悔やんでいるようにも見えない。それがボールズ氏の兄弟で自分の追随者であるトミー・ダーデンであれ誰であれだ。彼は、アパッチの無実な女子どもを殺したと言ってバイロンを激しく責めるが、自分が関わった殺人については、連中が死に値するからだと言って正当化する。こうした正当化は彼

ゴルゴタ　『三時一〇分、決断のとき』

無法者の視点からのコンテンション駅　同

十字架形の窓枠の手前にいるベン・ウェイド　同

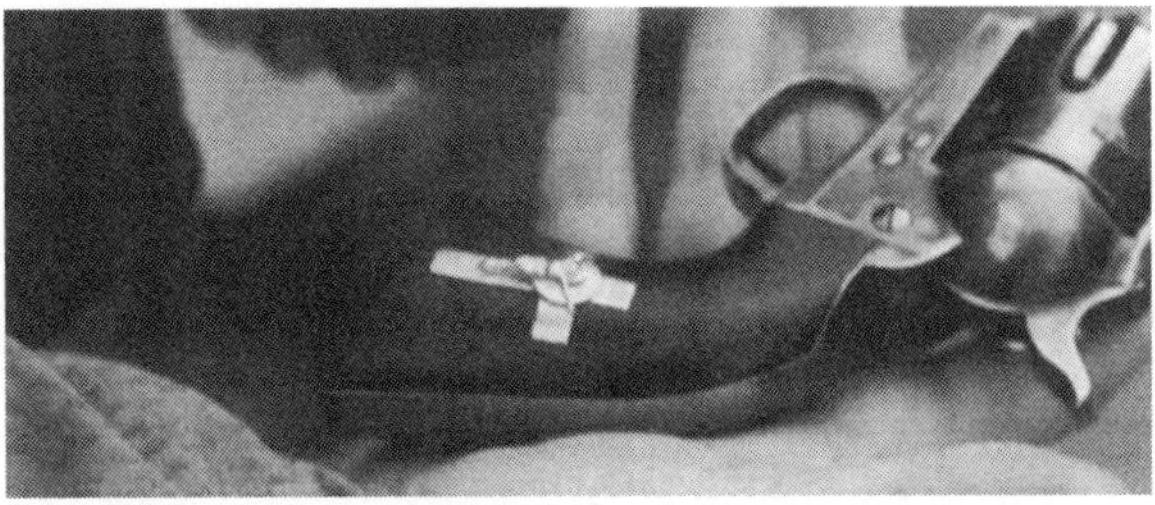

銃の名は「神の手」『三時一〇分、決断のとき』

の「神の手」という名の銃にも現れている。その大きな黒いピストルには、大きな銀の十字架が派手に刻まれている。

「神の手」という言い回しは、欽定訳では十六の句に現れる。うちいくつかは、「神の右手」に高められたイエスに言及したものである（マコ十六19、使二33、同七55、同七56節、ロマ八34、コロ三1、ヘブ十12、一ペト三22）。他に、神の手から授けられる恩恵について楽観的に言及したものもある（代下三十12、コヘ二24、同九1）。

しかし、より直接的に関連するのは、災難の元を描く際に「神の手」なる語を用いる数多の句である。「サムエル記上」では、ペリシテ人がイスラエルの契約の箱をエクロンの町から移したがる。「町全体が死の恐怖に包まれ、神の御手はそこに重くのしかかっていた」（サム上五11）からである。ヨブは妻と友人に、「神の手」によって災難が起こったと告げる（ヨブ二10、十21、二七11）。「ペトロの手紙一」は、謙譲な者はやがて「神の力強い御手の下で」（一ペト五6）高められると約束し、直接的にではないにせよ、上記と同じ見方を示している。こうした背景において、ベンが「神の手」ピストルを用いているのは、死に値する連中を倒すべく神がつかわした「討ち人」として自分を理解していることの例証である。それがどこよりも明瞭に示されているのは最後の場面である。ダンはベンを列車に乗せた直後、撃たれて亡くなってしまう。撃ったのはチャーリー・プリンスだ。彼は、そうすればボスを来たる死刑宣告から救えると思ったからこそ、そうしたのだ。ベンは列車を飛び降りる。チャーリーは「神の手」ピストルを弾丸ベルトと一緒に彼に投げる。ベンは銃を見下ろす。観客の目には彼の手にする「神の手」ピストルがクローズアップで提示される。それから彼は、チャーリー・プリンスとギャングの一味を撃つ。そして彼はかつてトミー・ダーデンにしたように、チャーリーをその眼差しで看取る。

ベンが自分を「神の手」に任じられた者とみなすのは、霊的観点からも倫理的観点からも信頼できないし、非常に問題である。ピストルの握りにある大きな銀の十字架は、ベンが殺した相手の倫理的状態がいかなるものであれ、ベンの行動とキリストの行動の距離をひたすら強調する。しかし他の点では、ベンをキリスト的人物像とみなす考え方をしりぞけるのはそう簡単ではない。

旅の途上、ベンは、ダンの息子ウィリアムが彼の若い頃を思い出させるとダンに告げようとする。ダンはそうした含意を退ける。「ウェイド、あの子はお前みたいにはならない。ウィリアムはまともな人生を歩む頭を持っている」。ウェイドは答える。「やあ、それこそ俺がろくなことをせずにぶらぶらしている理由だ、ダン。君は誰かのために良い行いをする。クセになるだろうな、まともなことをするなんて。彼らの目にある感謝の光を見ろよ。まるでキリスト様になった気分だろうさ」。しかし、ベンが自分のこととして描いただらしのない人物像は「討ち人」という自己意識と同様、是認され難い。映画の中にはベンがきちんとふるまう場面もあった。彼がダンと初めて出会った際、ダンの家畜には手を触れず、馬も盗まず、ベンと行き違う道で迷った際にはダンに金を出しさえした。ウィリアムは、ベンが悪いところばかりではないと認識している。たしかに、映画の真正の悪役はベンではなく、欲深なホランダー氏である。彼はダンの牧場での生命と彼の精神を脅かし、ダンの死につながる諸々の出来事を実行に移している。

ともあれ、映画内のベンの最後の行動は一種の恩寵である。エヴァンスの息子ウィリアムは、ベンとダンが血まみれになってホテルから列車の駅に走り込むのを見て、ベンが列車によじ上った時には大喜びし、チャーリーが父を殺害し、ベンが報復するのを恐怖に震えながら目撃した。彼は今や、ベンが自由に逃げられるのを知っている。父は地面で出血して瀕死の状態にあり、誰もベンを列車に引き戻せない。しかし彼は跪いて父親に覆い被さり、元気づけようとする。「だめだ、パパ、だめだ。あいつを列車に乗せるんだろ」。そしてウィリアムは立ち上がって、すぐそこに立って丸腰のまま待っているベンにピストルを向ける。ウィリアムはその気になればベンを殺せただろう。しかしウィリアムは、そこまでできなかった。結局正しかったのは彼の父であり、ベンではなかったようだ。人を撃つのは動物を撃つより難しいのだ。ウィリアムは、ベンとダンの生き方のどちらを採るか決め、復讐よりも高潔であることを選んだ。一方、ベンは優雅に会釈して列車に乗り、ピストルを手放して、座る。ベンの背後の十字架は、彼がかつて言った、よい行いを一つでもすると「キリスト様になった気分」になれることの真実を示している。それはおそらく、ほんの短い一瞬においては正しい（誰が否定できようか）。ベンはそうすることで、ダンとウィリアムの関係を改善するべく最後のほつれを縫ったのだ。ウィリアムには、ダンが彼の知恵を実践したことが分かる。彼は倫理的な人間に留まり続けただけでなく、おそらくウェイドに対してさえ倫理や人間の良識のロールモデルを演じたのであろう。ウィリアムは、ダンとベンが駅へと向かった後にホテルの部屋にあったスケッチに示されていたキリスト像を目にして、ダンをそのキリスト的人物像のように捉えたかもしれない。三時までホテルで座っているあいだ、その本が「聖書」であることを告げる扉の頁に、ベンはダンをスケッチしていた。まるで、ダンがスケッチの対象でなく、その本そのものの主題であるかのようだった。

列車におけるベンのキリスト的契機は、明白だが束の間のものだ。ウェイドはすぐに自分の馬にむかって口笛を吹く。ベンがいつどのようにして逃げるのか、私たちには分からないが、彼が逃げるであろうことは疑いようがない。しかしながら、これもまた良いことであるように見える。ダンは、ウェイドの死刑執行が自分なり息子なりの意識に上るのを望まなかっただろう。そして、ピンカートン警備会社についての捜査が再開されるなら、それは私たちの知ったことではない。

キリスト的イメージの使用は、反語的ではあるが、ベンの「箴言」嗜好と同様に、映画の倫理的両義性を強調している。しかしながら、両義的だからといって、聖書や倫理的行動の重要性はいささかも損なわれない。この両義性は、西部劇映画では慣例としておなじみの、善と悪、善玉と悪玉のわかりやすい対比を打開している。

聖書と救済不能な罪

聖書を暗誦する悪役たちのすべてが、銃の使い手ベン・ウェイドのようにたやすく救済されるわけではない。名作映画には、本当に恐ろしい行為を正当化するために聖典を暗誦してみせる悪役があふれている。むしろ聖書の引用は、数多のホラー映画や悪魔映画の特徴ともなっている。古典であるスティーブン・キングの『キャリー』[30]（二〇〇二）の主人公は、偏執的に聖書を読んだために私生児を産んだことに恥を感じ、子どもを虐待する母親である。彼女の手にかかると聖書は虐待の道具となる。娘が高校の舞踏会《プロム》に行こうとすると、この母親は呪いの言葉を叫ぶ。「おまえがイゼベル〔『列王記』に登場する王アハブの后で、異教を導入しイスラエルの預言者を弾圧したことから淫婦・性悪女の代名詞〕と同じように塔から落下するように。その血は犬が舐めるであろう。聖書にあるとおりだ！」『復活』（一九九九）の主人公は、デームスという名の連続殺人犯で、イスカリオテのユダの末裔である。彼はユダの罪を償おうと心に決め、被害者ペテロ、ヤコブ、ヨハネ、アンデレ、マタイ、マルコ、トマスの身体の各部位から、イエスの身体を「再構成」している。刑事は犯人が残した聖句を用いることで、最終被害者として予定されていた人物――マリアという名の女性のもとに生まれた赤ん坊――が殺される直前に事件を解決する。[31]

フィルム・ノワール

聖書を暗誦する悪役たちが登場する映画ジャンルとして、他にフィルム・ノワールがある。『狩人の夜』（一九五五）は、グラッブによる一九五三年の同名小説に基づいているが、この小説もまた、ウェストバージニア州クラークスバーグで二人の寡婦と三人の児童を殺害したかどで死刑になったハリー・パウエルの実話に基づいている。映画の設定は、大恐慌期のアメリカの田園地帯である。主人公はハリー・パウエルと名乗る巡回説教師で、彼は老いた裕福な寡婦たちをだまし、結婚し、それから殺害する。窃盗のかどで収監されている間に、同房のベン・ハーパーが寝言で、家には大金があり、隠し場所の鍵は「小さい子供がそれらを導く」（イザ十一6）だと語る。ベンは犯した罪により死刑に処されるが、パウエルは釈放される。彼は今や、ハーパーの寡婦ウィラを次のターゲットにすえ、彼女の子どもたちの信用を得る。パウエルは自分のターゲット、とくに子どもたちを騙すのにも、自分の作戦をたてるのにも、聖書を使う。彼は自分の飛びだしナイフを神の報いとみなし、イエスが宣言する「わたしは平和ではなく剣をもたらすために来た」（マタ十34）を引用する。彼は神が自分の殺傷行為を気にかけないとふんでいる。なぜなら「貴方の書には殺しが満ちている」し、またとくに、神は自分と同じように「異邦の女は狭い井戸」（箴二三27）と述べるなどして、女性や女々しい事柄を軽蔑していると考えているからだ。ウィラの死後、子どもたちは、敬虔だがタフな女性レイチェルによって救われる。レイチェルも聖句を引くが――たとえば心の清さについて（マタ五8、同六29）――、それは殺人を正当化するためではなく、子どもたちを安心させるためである。[32]

フィルム・ノワールで、聖書を暗誦する悪役としては他に、スコセッシ監督の怖ろしい『ケープ・フィアー』（一九九一）で、サム・ボーデン弁護士に嫌がらせをするマックス・ケイディがいる。[33] この映画は一九六二年の『恐怖の岬』のリメイクである。主人公は性犯罪で服役しているが、この時の被害者が性的に奔放だったことを自分の公設弁護人が隠さなければ、自分は無罪判決を勝ち取れたはずだと思い込んでいる。サムはケイディから距離をとって、自分の家族に嫌がらせをさせまいとするが、そのことで善悪に関する感受性が蝕まれ、映画の終盤ではケイディ同様に墜ちていく。彼は闘い、脅迫し、自分の敵を罠にかけて殺そうとするのだ。

スコセッシは音楽・色彩・カメラアングル・編集といったあらゆる手法を駆使して、観る者の心をかき乱し、深い恐怖を与える。一方、台詞だけに集中するなら、その中で最も不穏な雰囲気をもつのは、悪役が聖書を使うことだ。[34] なるほど、この映画内で聖典を引くのはケイディ一人ではない。たとえばケイディの弁護士は、「神は地上の柔和な人々を救う決断をなさるから」（マタ五5）ボーデン氏がケイディへの復習を企てる可能性があると述べて、ボーデン氏に対するケイディへの接近禁止命令に感謝して「裁判長、ソロモン王にもこれほどの裁量はできなかったでしょう」（王上三）とおべっかをいう。[35]

しかし、ケイディこそが、聖書をもっとも頻繁に、もっとも権威的に活用しており、それによって、自分の逆恨みの復讐を聖典の遂行として正当化している。ケイディは神の報復や忍耐の必要性に関連する言葉を聖書から引用して身体中に彫り、聖典を「受肉」している。「復讐はわたしのすること」（ロマ十二19）、「わたしの時が近づいた」（マタ二六18）、「主は罰をお与えになる」（一テサ四6）、「主なる神に依り頼み、わたしは信頼しまつる」（詩九一2）、そして「わたしの時はまだ来ていない」（ヨハ七6、同七8）。サムの弁護士が眉をよせて述べたとおり、「彼の身体は見るものというより読むもの」に見える。ケイディは、自分の収監をパウロの獄中体験と同格に捉えている。しかも、サムのまだ十代の気まぐれな娘に、「彼らは自分が何をしているのか知らないのだから」（ルカ二三34）両親を赦してやれと促して、彼女の信頼を獲得する。

こうした引用に示唆されているように、ケイディの自己理解――そしてこの映画の筋書きの鍵――は、彼がサムに示す謎かけから見いだせる。「聖書を調べたまえ、弁護士先生、聖書のエステル記と詩編の間にある書だ」。サムはケイディのように聖書に習熟しているわけではなかったが「ヨブ記」をみつけ、怯えている妻にその中身をかいつまんで語る。「神はヨブが持っていた者をすべて奪う、子どもまでもだ」。妻リーは彼らにとってのサタンがケイディであること、そして彼らは、神への信仰ではなく、彼らの忍耐力をその限界まで試されるということを理解する。最終的にケイディは死に、一家はなんとか持ちこたえる。しかし、ボーデン一家は自分たちの生活を取り戻すためには、もはや潔白ではいられないのだということをも認めざるをえない。

『ドラゴン・タトゥーの女』

筋書き

より最近では、聖書を引用する悪人はスティーグ・ラーソンの二〇〇五年の小説を翻案した『ドラゴン・タトゥーの女』（二〇一一）に顔を見せている。[36] ジャーナリストとして落ち目になっているミカエル・ブルムクヴィストは、ヴァンゲル財閥の家長に雇われた。彼の兄の孫娘で、四十年前にスウェーデンの別荘で失踪したハリエット・ヴァンゲルの行方を辿るためである。ミカエルはこの調査の助手として、変わり者だが有能なハッカーのリスベット・サランデルを雇い入れるようヴァンゲルを説得する。ミカエルとサランデルは、一九四〇年代の終わりから六〇年代の半ばまでスウェーデンで発生している奇妙な、そして行き当たりばったりに生じているようにも見える一連の殺人と、ハリエットの失踪とを結びつける。

小道具としての聖書

生前のハリエットは、ある一面において家族を混乱させた。それは次第に高まっていく聖書への傾倒だった。聖書への関心は突然発現し、信心深くもない養育環境からみて違和感があった。ヴァンゲル一家は、突然ハリエットが聖書に執着しはじめたことについて、青年期独特の敬虔さや深い不幸のせいだろうと考えた。ハリエットの従妹アニータは語る。

はっきり見たわけではないけれど、何かあったでしょうね。彼女にはとても内向的な日があった。次の日にはお化粧をして、体の線にぴったりしたセーターを着て学校へ行き、あくる日には修道女みたいに聖書に没頭して。ヴァンゲル一家には信心深い者はいないのに。想像できる？　どう見ても彼女はとても不幸だった。

こうして、ハリエットが家出をし、あるいは自殺をも図ることによって、家族に抵抗したという推測が成り立つ。

聖書の引用

ブルムクヴィストは、ハリエットの行動を慎重に分析する。夜になって独りコテージに居る彼は、ハリエットの聖書をパラパラとめくって、偶然に「ヘブライ人への手紙」の一節に目を留める。映像に重なって、その一節は若きハリエットの声で音読される。「信仰とは、望んでいる事柄を確信し、見えない事実を確認することです。昔の人たちはこの信仰のゆえに神に認められました。信仰によって、わたしたちは、この世界が神の言葉によって創造され、従って見えるものは、目に見えているものからできたのではないことが分かるのです」[37]（ヘブ十一1〜3）。ミカエルは疲れて憂鬱になり、聖書を閉じて目頭をこする。しかしながら次第に、聖書は反抗期のティーネイジャーの心理などではなく、複数にわたる若い女性の不可解な死の説明であることが判明する。ハリエットの心を悩ませていた核心は、若者の不安というよりは、これら一連の死だったのだ。この謎は聖書を読むもう一人の若い女性によって解明される。ブルムクヴィスト自身の娘ペニラである。ハリエットと同じように、ペニラもまたとりたてて信心深くない家庭で育ったが、彼女もまた聖書を読み始めた。彼女は「命の光」の聖書キャンプに行く途中に、父親の家に立ち寄る。彼女の中で大きくなっていく信仰は父親を困惑させるが、彼はそれを受け入れる。彼女は父親の家への短い訪問の後、列車に乗り込みながら、「カトリックに手厳しくしないでね」と不可解な言葉を述べる。彼女が何を言っているのか、彼にはさっぱりわからない。彼女は説明する。「お父さんが今書いている記事のことよ」。彼にはまだわからない。彼女は続ける。「机のところに聖書の引用があったでしょ」。狐につままれたような気分のまま、彼は娘を見送ってコテージに戻る。彼は机の上の書類を見渡し、それからハリエットの手帳の最後の頁のコピーに目を留める。五つの名前と五つの数字――マグダ三二〇一六、サラ三二一〇九、R・J三〇一一四、R・L三二〇二七、マリ三二〇一八――が並んだリストだ。どの名前も（R・JやR・Lはよくわからないが）

聖書にちなんだもので、ありきたりともいえる名前だ。彼はそれまで五つが電話番号だと思い込んでいたが、相手先不明になっていた。娘の別れ際の言葉が頭に残り、彼はハリエットの聖書をくまなく探しはじめる。どの番号も数字の三で始まっているので、聖書の三つめの書物である「レビ記」の頁をめくりはじめると、今回は少し端を折った箇所があるのが目に入る。彼は「レビ記」を読む。今回も若いハリエットのヴォイスオーバーが聞こえる。「鳥を焼き尽くす献げ物として主にささげる場合には、山鳩または家鳩を献げ物とする」（レビ一14）。

映画が進むと、律法は、特定の状況において実行される気味の悪い処刑を聖書の一節によって語らせたものになっていることが判明する。以下の句もまた、若いハリエットのヴォイスオーバーによって読まれる。最初は「祭司の娘が遊女となって、身を汚すならば、彼女は父を汚す者であるから、彼女を焼き殺さねばならない」（レビ二一9）、そして「口寄せや霊媒は必ず死刑に処せられる。彼らを石で打ち殺せ。彼らの行為は死罪に当たる」（レビ二十27）。三番目を読み上げる声にはペニラの声が混じる。「羊を贖罪の献げ物とする場合は、無傷の雌羊を引いて行く。奉納者が献げ物の頭に手を置き、焼き尽くす献げ物を屠る場所で贖罪の献げ物として屠ると、祭司は献げ物の血を指につけて、焼き尽くす献げ物の祭壇の四隅の角に塗り、残りの血は全部、祭壇の基に流す」（レビ四32～34）。

その頃、リスベットは異常死した女性の新聞記事を探し、これらの節と合致する被害者を見つけた。彼女は見つけたものをミカエルに提示する。「ハリエットのリストにあった五つの事件よ。さらに彼女が記録していないものが五件あるわ。三件は確実」。ブルムクヴィストは衝撃を受け「まだ五件も」と尋ねる。「あなたが考えたとおりレベッカが最初で、M・Hと呼ばれたマリ・ホルムベルクはカルマルで売春をしていて、一九五四年に殺されたの。つまりレビ記二十章18節」。ブルムクヴィストは四つ目の引用を読む。「生理期間中の女と寝て、これを犯した者は、女の血の源をあらわにし、女は自分の血の源をあらわに」。サランデルはつながりを説明する。「彼女はレイプされて刺されているけれど、死因は口に入れられた生理用ナプキンによる窒息。R・Lはラケル・ルンデで一九五七年。清掃員でアルバイトの占い師。物干し綱で縛られ、猿ぐつわをはめられてレイプ、そして岩で頭を破壊されている」。つまり「レビ記」二十章27節と一致するわけだ。サランデルは続ける。「サラ・ヴィット、一九六四年。牧師の娘。ベッドに縛られてレイプ、黒焦げになるまで焼かれて、家も全焼よ」。これは祭祀の娘への罰（レビ二一9）に一致する。次は「マグダ・ロヴィーサ、一九六〇年、小屋で発見された。レイプされ農具で刺殺。となりの区画では牛が喉を切られてて、互いの血を浴びていた」。ブルムクヴィストは「レビ記」からの引用の五つ目を読む。「レビ記二十章16節、『いかなる動物とであれ、これに近づいて交わる女と動物を殺さねばならない。その血は彼らに帰する』」。サランデルは、レア・ペーションの一九六二年の死を叙述する。「姉と経営していたペット・ショップで姉が発見。レイプされ殴殺。犯人は動物を檻から放して水槽を破壊。彼女にインコを入れた。レビ記二六章21節か22節」。次は「エヴァ・グスタヴソン、一九六〇年。家出少女で、レイプされ絞殺。首には焼かれたハトを結びつけられていた。レーナ・アンデション、一九六七年、学生。レイプされ刺殺され頭部切断」。ついにミカエルが彼女を止める。「まだ終わってないわよ」とリスベットが抗議するが、彼は言う。「もういい。俺たちが見てるのは連続殺人だ。だけどそのことと、島にいた十六歳の女の子と何の関係が？」　サランデルは断定する。「彼女も犯人を捜してたのよ」

決め手は、どの名前も聖書にちなんだもので、どの犠牲者もユダヤ人だった点だ。このことから、犯人がナチ党員であること、それゆえヴァンゲル一家の誰かだということがわかる。なぜなら「ヴァンゲル家には共通点が多い。ナチだ」。ハリエットは生きていて無傷だった。そして物語の不明箇所を補うのだ。映画はサスペンスに満ち、クライマックスでは、ミカエルとリスベットが連続殺人犯と対決する。

悪魔と聖典

ナチ党員のヴァンゲル一家のふるまいは、ケイディィやパウエルやウェイドその他の人々と同様、彼らが自身の邪悪なふるまいを正当化するために「良い本」を用いるので衝撃的だ。しかしながら、この「悪魔」と聖書の連関が西洋文化に出現したのは新しいことではないし、一九五〇年代の終わりにヘイズの映画製作コードの拘束が緩められた後というわけでもない。「悪魔」と聖書の連関は、実は、イエスの誘惑についてマタイが説明する際に現れているのだ。この場面では、イエスと悪魔が聖書引用の競争をやらかしており、その論争は『デッドマン・ウォーキング』において、看守と修道女ヘレン・プレジャンの間で交わされる論争よりも敵対的である。

するると、誘惑する者が来て、イエスに言った。「神の子なら、これらの石がパンになるように命じたらどうだ」。イエスはお答えになった。「『人はパンだけで生きるものではない。神の口から出る一つ一つの言葉で生きる』と書いてある」。次に、悪魔はイエスを聖なる都に連れて行き、神殿の屋根の端に立たせて、言った。「神の子なら、飛び降りたらどうだ。『神があなたのために天使たちに命じると、あなたの足が石に打ち当たることのないように、天使たちは手であなたを支える』と書いてある」。イエスは、「『あなたの神である主を試してはならない』とも書いてある」と言われた。さらに、悪魔はイエスを非常に高い山に連れて行き、世のすべての国々とその繁栄ぶりを見せて、「もし、ひれ伏してわたしを拝むなら、これをみんな与えよう」と言った。するとイエスは言われた。「退け、サタン。『あなたの神である主を拝み、ただ主に仕えよ』と書いてある」。そこで、悪魔は離れ去った。すると、天使たちが来てイエスに仕えた。（マタ四3〜11）

一つ目と三つ目の誘惑では、イエスが悪魔に聖典を引用してみせるが、二つ目の誘惑において聖典を引用するのはサタンの側である。サタンはイエスへの挑戦の意図を説明すべく、詩編を引用するのだ[38]（詩九一11〜12）。

むろん、倫理的な問題が大きく立ち上がっても、聖書や聖書引用がみられないような長篇映画も数多ある。しかし、聖書が登場したり、聖書が引用される作品では、聖書の味わいが神の権威に対する問いを喚起し、倫理をめぐる説明に深みを与える。聖典の知識が神のお墨付きや倫理的な優位性を示すという憶測は広く行き渡っている。「良い」登場人物が聖書を引用する個人として描かれる場合は、そうした憶測を支持し、またそうした憶測に立脚して映画製作がなされているのだが、こうした〔悪魔に聖典を引用させる〕映画では、同じ憶測が問いに付され、あるいは転覆される。デミルの一九二三年の『十誡』や、初期映画史において人気のあった数多の受難劇映画とは対照的に、近年の長篇映画は、倫理的な対話における聖書の怪しい役割が描かれる。そこに描かれているのは「現実世界」ではないにせよ、少なくとも、私たちの生きる世界の倫理的複雑さを反映している。

九章　破壊と救済——「その時には」（黙九6）

二〇一一年五月、クリスチャン放送のキャスターであるハロルド・キャンピングは、五月二一日に大型地震が「疑いの余地なく」地球を襲うと予言した。真の信仰者は天に上げられ、残りの人類は破壊されるべし。[1] 五月二二日の見出しには「終末世界はまだ来ない、世界終末の携挙《ラプチャー》は実現しそこねた」との言もみられる。[2] 予言を真面目に捉えた人が多かったとは思えないが、ニューヨーク市長のマイケル・ブルームバーグも含めて、面白がっていた人はいる。ある新聞が報じたように、ブルームバーグ市長——ユダヤ人であり、それゆえ天に上がってイエスの隣に座すことは有りえないとキャンピングが予言した——は、毎週のラジオ番組で、今日が世界の終わりなら、昨日はニューヨーク市の駐車制限を部分的に中止すべきか検討したと語った。世界的災害の予言や、地球という惑星の内外における悲惨な、そして／あるいは派手な未来像が、千年紀のたびに記録されているし、黙示観として知られる世界観や文学ジャンルと結びついている。[3] 黙示観は古代から現代に至るまで、中東起源の宗教体系において顕著な枠組み《パラダイム》である。「黙示」という語は、「啓示」を意味するギリシャ語のアポカリプシス（Αποκάλυψις）に由来する。啓示は、神的な啓示なくしては知りえないような宇宙的な事象・思想・予言に関わる。このジャンルに属する著作物は、たいてい個人と神や神の仲介者との遭遇にまつわる幻や夢といったものを描いている。

ユダヤ・キリスト教の伝統において、このジャンルの最初の著作は、紀元前二世紀末に書かれたとされる「ダニエル書」である。福音書にも黙示的な部分があり、「マルコ福音書」の十三章（ならびに共観福音書の該当箇所）がこれにあたる。新約聖書中、最も有名で影響力があるのは「啓示の書」で、これは「ヨハネの黙示録」とも呼ばれる。[4] このジャンルは、「第四エズラ書」や「第二バルク書」、そして「エノクの書」といった、正典外の古代文書でも多く証言されている。[5] ユダヤ教やキリスト教に関連する黙示的（＝終末世界的）な著作は、善の力と悪の力という正反対のものを仮定する二元論的世界観を反映している。この世界観に組み込まれるのは、物質的・社会的・政治的・建築的など、あらゆる側面で現実世界の秩序の堕落と最終的な破壊を描く語りである。破壊は、善いものと邪悪なもの――多くの場合、前者は神と、後者はサタンやデビルと結びつけて表現される――の宇宙的な闘争を通じて到来する。破壊を生き延びる者は、しばしば人間の救い主となる人物の介入によって、平和と繁栄と善の復活を経験する。したがって黙示的（＝終末世界的）な語りは線的であるとともに円環的である。語りが起点から終点に動いていく点では線的で、語りが原初に回帰して終わる点では円環的なのである。終末世界の語りはしばしば宇宙的で現実離れし、脱歴史的であるが、にもかかわらず、その語り自体の時と場所の価値・出来事・恐れ・切望を直接に反映している。

映画ジャンル

黙示文学はしばしば、災害を前にした人間の救いようのなさに文化的に対応するもの、あるいは人間と神、人間と宇宙の関係に照らして災害を解釈したものと考えられてきた。黙示への傾倒は古代近東に限定されず、少なくともヨーロッパ地域やヨーロッパ的影響を受けた社会において今日に至るまで見つけることができる。[6] ごく最近の数十年でも、ベトナム戦争、一九六〇年代から今日に続く公民権運動やフェミニスト運動を含めた社会変革、九・一一のテロ攻撃、地球温暖化のような環境面への深い懸念、そしてエイズをはじめとする伝染病が、終末世界を描く文学・映画・アートそしてテレビに影響を与えている。[7]

トンプソンの論じるところによれば、こうした文化的産物が表現しているのは終末世界をめぐって築きあげられたアメリカ的伝統であり、これは、ピューリタン的なカルヴァン主義における神意的要素と救世主的要素の混合である。こうした要素は冷戦期のSF映画から、一九七〇年代のSF映画と悪魔映画を経由し、同様のジャンルが一九八〇年代のレーガン政権期の社会的保守主義をも表現している。そして、

一九九〇年代には、とくに二〇〇〇年という千年紀に近づくにしたがって、一連のホラー映画、災害映画、SF映画というかたちで頂点に達し、ヒステリー性を帯びるに至った。九・一一の後は、この恐怖が新しいかたちをとり、イスラム原理主義の勃興やそこに発するテロリズムへの不安に取って代わった。[8]

黙示的というレッテルはやや単純すぎるかもしれない。視聴者や観客の多くはこの語の意味・歴史・特徴に詳しいわけではなく、そして彼らは詳しくないにもかかわらず、世界の終わりのシナリオを描く映画群を安易にこのカテゴリーにはめ込んでしまう。たとえば、ミッチェル編纂による『黙示映画ガイド』は、黙示映画を単に「人類の種としての継続や、人間生活を支えうる惑星としての地球の存在を確実に脅かすような事柄を描いた映画」と定義している。ミッチェルは、黙示（＝終末世界）映画を、これに関連するジャンルで

ある前‐終末世界的映画から区別している。前‐終末世界的映画は「大災害にあたって、生存可能な社会を再建するために奮闘する生き残りたち」に焦点をあてているものの、映画内では人類の絶滅や絶滅危惧状態に至る出来事が表現されていないと述べる。ミッチェルは映画五十作品をとりあげて、「命の消滅」を引き起こす出来事別に論じている。分類は宗教的あるいは超自然的な出来事、天体の衝突、太陽系内の軌道混乱、核戦争や放射性落下物、細菌兵器や疫病、エイリアンの計略や侵入、科学的な誤算といったもので、「その他」に吸血鬼や地殻変動や自然の反乱が含まれる。[10]

マーテンスはより広範なアプローチをとっている。彼の視点によると、黙示的映画は善きもの（神）と悪しきもの（サタン）の宇宙的規模の闘いを描き、最終的に善きものが勝利を収める。いくつかの映画では、その闘いがあらかじめ聖典や予言的文章で知らされているが、来たる破滅を認識しているのは、いくらかの人々に限られており、彼らはそれ故、その闘いを阻止する責任を担っている。物語にはしばしば、救世主《キリスト》的な人物とアンチ救世主《キリスト》的な人物の両方が含まれる。[11] マーテンスは黙示的映画を五つの主要カテゴリーに分類している。伝統的な黙示的映画は、宗教的イメージ――たいていはキリスト教のイメージ――を用い、とりわけ実在するユダヤ・キリスト教系の終末論的文章に立脚する。エイリアン的な終末世界映画は、（たいてい）エイリアンが人間や地球への悪辣な意図をもって人間の破滅や奴隷化を試みる。終末世界後的ディストピア映画では、終末世界を生き延びた少数の人間が、無益さと絶望に苛まれつつも人間社会の再建を試みなければならない。テクノロジーがらみの終末世界映画では、自然災害あるいは核戦争のような技術的災害が人間生活の脅威になっている。そして未来志向の終末世界映画では、人間生活は希望がなく、チャンスは先細りしていく。[12]

しかしながら、オストワルトは、この映画ジャンルの分析方法について重大な問いを投げかける。彼の考えによると、決め手となるのは神的な力や監視の有無である。彼は黙示的な枠組みにおいて「歴史の終わり」を意味深いものにするのは、そのドラマへの神的な介入である。世界の終わりへの視点は、この世界を超えた至高の現実なくしては虚無に陥る。黙示劇はそんな状態を避けるべきだ」[13]。オストワルトの考えによれば、「黙示」の語義に照らして、神的な力の存在を仮定せずに「世界の終わり」を描く映画は、黙示映画とみなされるべきではない。この観点から、彼は伝統的な黙示映画と世俗的な終末世界映画を区別している。前者は『第七の予言』（一九八八）や『携挙』（一九九一）のように、伝統的なユダヤ・キリスト教的な黙示文学ジャンルに基づいており、後者は『ディープ・インパクト』（一九九八）や『アルマゲドン』（一九九八）のように、災害や宇宙的テーマに取り組んではいても、その解決が神的な介入よりも人間の努力に帰されている[14]。世俗的な終末世界映画は、しばしばＳＦ映画の常套的比喩《トロープ》を用い、多くの場合、完全な破壊を避ける[15]。オストワルトは終末世界映画を分類し、どこにでも黙示的主題を見いだそうとする傾向を批判している。

ある映画に犠牲的な人物が登場しているからといって、必ずしもその人物が救世主的人物像だとは限らないし、ある映画に「世界の終わり」のシナリオが含まれているからといって、その映画が黙示映画だとは限らない。そういう還元主義は、黙示的伝統の複雑さにふさわしくないし、神学にも宗教学にも文化批評にも役立たない。こういった点でこそ、宗教学や神学は、巷で行われている黙示的というレッテル貼りに情報を提供できるのである[16]。

オストワルトが例に挙げるのは『アルマゲドン』である。この映画のタイトルは「ヨハネによる黙示録」からとられている（黙十六14〜16）。黙示的な時代の先駆けとなる善と悪の最終戦争の場に言及した箇所である。

しかしながら、聖書の参照は映画内で発展しておらず、神学的考察も善きものの最終勝利もないので、この映画は用語本来の意味で黙示的ではありえないのだ。

私自身の終末世界的映画の定義はより広範囲であり、あまり神学的なものではない。たぶんそれは、私の関心が「聖書と映画」であって「宗教と映画」や「神学と映画」といったものではないからだろう。『アルマゲドン』や聖書的タイトルに、はっきりとした神学的な考察が含まれていないのは本当だが、こうした映画がたとえ短くても聖書の言葉や名称やイメージを引き合いにだしているという事実そのものが、映画における、そしてより一般的にいえば現代社会における聖書の用法と役割の例証なのである。トンプソンが記したように、終末世界的と語られてきた映画は多くの場合、ホラー映画、SF映画、フィルム・ノワール、吸血鬼映画といった他のジャンルと密接な関連性を持っている。[17] トンプソンに付け加えたいのは、あるジャンルと他のジャンルの境目には通気口のようなものがあって、ジャンル内の慣例が採用され展開する方法にもかなり多様性があるということだ。本章では、前-終末世界的な映画と終末世界後的な映画の数例に焦点をあてていきたい。それはジャンルを定義するためではなく、こうした映画における聖書の用法を理解するためである。[18]

慣例

近年、映画の作り手は、終末世界的映画や終末世界後的映画によって重々しい表現をする可能性が与えられ、一九四〇年代、五〇年代の叙事詩映画さながらに、大規模なスペクタクルや音響に回帰することができる。宇宙や地球上における爆発や衝突、その他の重大でスペクタクル性あふれる出来事、宇宙船が航行する未開の驚異的な眺望、破壊的な出来事やそれによって生じた侘しい光景、そして幾千にもおよぶ出演者。こういったものを、映画の作り手は驚異的なテクノロジーを用いて、必要に応じて好きなだけ創り出せる。

オストワルトが世俗的な終末世界映画に分類するような映画作品にも、聖書的な用語やイメージは豊富に現れる。しかしながら聖書との関連性として最も重要なのは、その映画の宇宙的な設定と、差し迫った運命・災害・破壊からの復興の約束、あるいは少なくとも復興へのヒントを終着点《ゴール》とするような、その映画における全体的な語りの枠組み《パラダイム》である。この枠組みは、「ダニエル書」や「ヨハネの黙示録」といった古代の黙示文学のみならず、預言諸書においても明らかである。「イザヤ書」十章には破壊が描かれている。

それゆえ、万軍の主なる神は、頑丈な武人どもの中に衰弱を送り、主の栄光の下に炎を燃え上がらせる。イスラエルの光は火となり、その聖なる方は炎となって、茨とおどろを一日のうちに焼き滅ぼす。森と土の肥えた田畑の栄光を、主は魂も肉も二つながらに滅ぼすので、まるで病める者が衰える時のようになる。森の木々の残りは少なくなり、子どもでもそれを書き留めうる。（イザ十16〜19）

この恐るべき預言の後には、民の全体ではなく、生き残った者への復興が約束される。復興の時、イスラエルは偶像崇拝を深く悔い改め、ふたたびイスラエルの神だけを頼るようになる。

その日には、イスラエルの残った者とヤコブの家の逃れた者とは、再び自分たちを撃った敵に頼ることなく、真心をもってイスラエルの聖なる方、主に頼るだろう。残った者、ヤコブの残った者は、力ある神に帰るだろう。あなたの民イスラエルは海の砂のようであったが、そのうちの残った者だけは帰って来るだろう。滅びは定められ、義がみなぎる。万軍の主なる神が、定められたとおり、滅びを全地に行われる。（イザ十20～23）

終末世界的映画は、破壊と復興という枠組みを――すべてがそうした語りの全体を再現するわけではないにせよ――共有している。いくつかの終末世界的映画は、おそらく人間が世界中の自然資源を開発したことからくる環境災害の成り行きとして、迫り来る終末世界への直面が発端となっている。災害そのものやその災害を避けようとする努力――成功するかどうかは不明だ――に焦点をあてる終末世界的映画もある。そこには事後処理あるいは再建に尽力する人々がいる。この章では、カテゴリー相互の違いに区別を設ける前記のような努力を省いて、三つのカテゴリー全体の各事例についてみていくことにしたい。

前 – 終末世界的な映画

『アバター』

筋書き

ジェームズ・キャメロンのアメリカ式ＳＦ叙事詩映画（二〇〇九）は、無責任な開発を数世紀も続けた挙げ句、地球の自然資源が枯渇してしまった未来――二二世紀――を描く。終末世界を避けるためだけでなく利益のために容赦のない企業RDAは、遠く離れた衛星の資源を開発する計画に力を注いでいる。パンドラ星はアルファ・ケンタウリ系惑星群の中にある衛星で、アンオブタニウムと呼ばれる希少鉱物が埋蔵されている。[19]この鉱物を採掘しようとするRDA社の活動は、パンドラ星の有毒な環境と、この星に住む人間に似た知的生物ナヴィによって妨げられている。ナヴィは青い肌の人々で、十フィート〔約三メートル〕の身長をもち、自然と一体になって生活し、古代からの聖なる大木に繋がる母なる女神エイワを礼拝している。アンオブタニウムを得るには、ナヴィを征服し、森を破壊し、エイワを無力化する必要がある。RDA社が出資する科学者グループがナヴィとRDAの仲立ちをするが、彼らも会社側の目的や方法には反対している。科学者たちは、ナヴィと遺伝学的に共通要素をもったアバターに人間を同期させる方法を開発した。この同期方法によれば、人間の身体をラボ内の特殊ポッドに安全に保管したままで、パンドラ星の環境下で自由に動けるナヴィの身体を、その人間の意識で運転できる。問題は、アバターが定期的にポッドに戻って酸素を補給しないと死んでしまうという点だ。

主人公のジェイク・サリーは、戦闘中に脊椎麻痺になった元海軍隊員である。彼が科学者チームに加わったのは、科学的知識や特殊な訓練のゆえではなく、科学者だった双子の兄が死んだためである。ジェイクは兄とDNAが同じなので、兄に同期していたアバターを扱うことができるのだ。第一科学者のグレイス・オーガスティン博士をはじめ、はじめのうち慎重だった科学者チームは、ジェイクがナヴィの村のリーダーたちと深く関わるようになるとジェイクに信頼をおくようになる。村長の娘であるネイティリは彼と恋に落ち、ナヴィたちはジェイクを仲間として迎える。

一方、パンドラ星におけるジェイクの成功は、RDA社の安全保障部の目にも留まり、ナヴィ族を征服してアンオブタニウムを採掘する情報と引換えに、ジェイクの足を治療することを約束する。ジェイクははじ

ジェイクはナヴィの村のリーダーたちと深く関わるようになる『アバター』

め同意していたが、ナヴィ族やネイティリと深く関わるうちに、RDA社の計画が自分の愛する人々にとっていかに破壊的なものでありうるのかを認識するようになる。衝突が起こる。会社が攻撃を仕掛け、大規模な破壊とナヴィ族の数多の死の後、ジェイクとナヴィ族の闘士たちはRDA社を追い払う。しかしながら、このアクションの間にジェイクは酸素を使い果たし、生死の境を彷徨うが、彼がもともと人間だと知っているネイティリは彼を救う。選ばれた数人を残して、すべての人々が地球に送り返される。ジェイクは永遠にアバターに転移する。彼は真の愛と動く力を獲得し、ナヴィ族の脅威は去った。

聖書的要素

この映画には聖書的要素が無数にみられる。第一科学者はグレイス・オーガスティン（恩寵のアウグスティヌス）と名づけられ、ジェイクのポッドの名は、「イザヤ書」の預言者が仄めかすベウラだ。「なんぢの地を荒廃といはじ（中略）ベウラと唱ふべし。ヱホバなんぢをよろこびたまひ、配偶をえん」（イザ六二4／欽定訳）。この名前は、ジェイクがナヴィ族との交際を通じて経験する変身を予見している。

パンドラ星はある意味でエデンの園であり、人々が互いに調和し、大地とも調和して生活している。この映画はパンドラ星と地球を対比的に描いている。パンドラ星は美と自然資源に満ちた素晴らしい自然環境であり、地球は死ぬほど掘り尽くされ開発されて荒廃した場所である。しかしながら本当に対比されているのは、地球資源を搾取して自然界の支配者に成り上がろうとした人間と、自然界と意味深く心を通い合わせながら生きているナヴィ族である。この環境的モチーフによって、神が人間に対して、自然界について、欽定訳でいうところの「征服」、現代的な訳で「支配」を与えたという「創世記」一章26〜28節が想起される。またここでは木々の役割が思い起こされる。許された木と、善悪の知識をつかさどる禁断の木であり、その実を食することは、キリスト教思想によれば原罪であった。アダムとエバの場合と異なり、ナヴィ族はこの木に近づくことを禁じられていない。むしろ彼らは、その木を女神エイワの家として、あらゆる生命についての善悪も含めた知識の源として、精神的な支えと知恵を得ている[20]。見えることと見えないことの繋がりといった視覚的参照や主題的参照が、聖書を参照する上での目印になっている。

ナヴィ族は挨拶をする時に「あなたが見える《アイ・シー・ユー》」と言う。「あなたの本来のあり方ゆえに私はあなたを見る」という意味だ。一方、ナヴィ族攻撃機には機械的な目が備わっている。映画の山場でジェイクがその目を壊すと、機体は力を失う。この主題は、肉体的視力と内的盲目を結びつける数多の新約の聖句と響き合っている。たとえばイエスは言う。「わたしがこの世に来たのは、裁くためである。こうして、見えない者は見えるようになり、見える者は見えないようになる」（ヨハ九39）。おそらく最も驚嘆すべきテーマは新生である。ナヴィ族によれば「すべての人は二度生まれる。二度目に生まれる時、人は人々の間にしめる位置を永遠に獲得する」。この新生のテーマは福音書の一節を反復している。「誠に汝に告ぐ、人あらたに生れずば、神の国を見ること能はず」（ヨハ三3／欽定訳）である。さてナヴィ族は、危険を伴い、うまくいくとは限らないながらも、人々を生き返らせる独自の方法を持っている。グレイスがRDA社との戦いで重傷を負った時、ナヴィ族はグレイスのために母なるエイワに懇願するが、遅きに失した。しかしながら、グレイスは平安の内に死ぬことができる。彼女はジェイクに言う。「ジェイク、私はエイワと共にある、エイワは実在するわ」。まもなくジェイクもまた危険に晒される。戦闘のせいで、整備された環境に戻るのが遅れたからだ。ネイティリは彼をみつけて、彼に必要な酸素器に接続する。この時、彼女はピエタのポーズをとり、彼は徐々に人間の身体に戻っていく。しかしながら、ジェイクは障碍をもった人生に未練などなかったし、様々なことを知ったが故に、ナヴィ族として生きる道しか考えられなかった。彼はこの人生を終えて、パンドラ星での生活に戻らねばならないのだ。ネイティリはこの危険なプロセスをとりしきり、ついに超クローズアップ・ショットで、彼の目が開くのだ。

この終わり方は、パウロが信徒たちの霊なる身体を描く「最後のラッパが鳴るとともに」（一コリ十五52）の一節「復活して朽ちない者とされ、わたしたちは変えられ」を思い起こさせる。そして「死は勝利にのみ込まれた」（一コリ十五54）。ジェイクは障碍をもった地球上の身体を抜け出し、完全で強く生き生きしたナヴィの身体を持つことになる。しかしながらこの映画は、救済をめぐるキリスト教的な譬え話に還元されない。たとえば、惑星の名前パンドラはギリシャ神話に由来し、よく知られるのは、一度開けたら混沌と悪が世界に満ちるという「パンドラの箱」のフレーズである。ギリシャ語でこの言葉が意味するのは「すべてを与えている」ことだが、ヘシオドスは「すべてを与えられたもの」と解釈し、『仕事と日々』でパンドラをめぐる語りを展開している。そして、このヘシオドスの文章の最後のメッセージは、映画にも密接に関連する希望のメッセージである。[21]

終末世界的な映画

映画『アバター』は、実際に映し出してはいないものの、来たるべき終末世界をそれとなく示していた。今度は、差し迫る災害を描く一九九八年の二つの映画『ディープ・インパクト』と『アルマゲドン』を見ていくことにしよう。一九九〇年代に災害映画が目立つのは、千年紀の切り替わりへの不安と結びつけられてきた。この不安は、コンピューターの内部時計が二〇〇〇年一月一日に変わった途端に停止してしまうのではないかという「現実の生活に直結する」恐れにも現れた。[22] いわゆる「二〇〇〇年問題」の災難は実際には起こらなかったが、この二つの映画は終末世界映画ジャンルの古典となった。[23]

『ディープ・インパクト』

筋書き

『ディープ・インパクト』(一九九八)は、天体衝突映画(ミッチェル)とか、技術的災害映画(マーテンス)とか、世俗的黙示録(オストワルト)と呼ばれてきた。[24] どの指摘も正しいが、同時にこの映画は、映画がある「大きな」意図や主題を表現するために聖書を用いる事例でもある。星の美しい一九九八年の春の夜、ヴァージニア州リッチモンドの青年グループが望遠鏡で夜の空を見つめていた。若者の一人リオ・ビーダーマンはある天体を発見し、それが星でも惑星でもないことを確信する。彼が自身の発見を天文学者のマーカス・ウルフ博士に伝えると、博士はその未知の物体が彗星だと確認する。この彗星は、思い切った対策をとらないかぎり、まもなく地球と衝突し、地球上のすべての事物と生物を破壊する。ウルフ博士は急いで関係機関に警告しようとするが、彼はトラックとの衝突事故で死んでしまう。物語は一年後に移る。テレビ局MSNBCのレポーターであるジェニー・ラーナーは、財務局長官の辞職と、何度か言及されている「エリー」に何か関係があるという印象を抱いていた。彼女ははじめのうち、エリーが女性の名前だと確信していたが、まもなくエリーが「種の絶滅級の事象《エクスティンクション・レベル・イベント》」を意味していることに気づく。ジェニーの大スクープを引き金に、合衆国大統領トム・ベックは、まもなく起ころうとしている惨事を世界に報じることになる。彼は世界を安心させるため、ある計画が進行中であると伝える。合衆国はロシアと協力して、彗星が地球に衝突する前に彗星を破壊する宇宙船メサイア号を建造中で、スパジョン・タナー船長が率いる特別チームが運転する。

計画は実行される。タナー率いる一団は彗星に到着し、その地中に原子爆弾を埋め込む。しかし彗星は爆破によって二つの小彗星に分裂した。どちらも世界を壊すに十分な大きさだ。第二作戦に移る時がきた。合衆国は、「ノアの方舟」という名で百万人を収容できる巨大な地下シェルターを建設していた。ここに不愉快きわまりない極限的なジレンマが生じる。誰を生き延びさせるのか、どんな基準で選ぶのか。この大惨事を切り抜けた後、世界を復興する際に必要な技能や才能に基づいて、二十万の個人――科学者・技術者・芸術家――があらかじめ選ばれた。残りの八十万人は抽選で選ばれる。

小彗星の断片が大西洋のバミューダ近くに落下し、巨大な津波がアメリカの北側と南側、およびヨーロッパとアフリカを襲う。ニューヨークをはじめ多くの都市は破壊され、数千人が死んだ。宇宙船メサイア号の乗員たちは、他の彗星断片からの衝撃が地球に及ぶのを避けるために、決死の自爆破壊に着手する。彼ら自身が上船したまま、メサイア号は彗星に突っ込んで、残りの原子爆弾を爆発させるのだ。彗星は粉々になり、地球の大気圏で燃え尽きた。人間性（まさにイザヤのいう「残った者」である）が共有された。

聖書の引用

救済手段につけられた名称——宇宙船（メサイア）と地下壕（ノアの方舟）——によって、破壊と復興をめぐる聖書的枠組みがはっきりと浮かび上がる。メサイアの船長スパジョン・タナーのあだ名は「フィッシュ」だが、魚は古代におけるキリストの象徴である。[25] ノアの方舟には聖書の原型どおり、人類を復興するのに十分な人間だけでなく、動物や植物の種や苗木も運び込まれる。[26]

この映画の映像語法が、洪水やキリストの枠組みを強化する。第一の津波には度を超えた洪水の映像が盛り込まれ、原初の洪水の範囲や規模を思い起こさせる。復興の約束は光によって表現されている。劇的な彗星破壊はメサイア号——および他の人々を助けるために自分たちの身を捧げた乗員——の死を意味するが、これはまた、生き残った人々の幸運な救済をも意味する。彗星の崩壊を見つめる若いリオを鳥瞰的な視点から映し出すカメラワークは、聖書的パラダイムにおける救済の視点を強調する。映画の最後に引き潮が映し出され、大統領が復興の始まりを告げる（エゼ三二7、同三二22、黙八12、同十八23、同二一23～24）。洪水の後に光があるというイメージは、映画の筋書き全体の基礎となっている聖書の根本的な語りの枠組みをなぞるものである。しかしながら、映画が洪水から救いへの枠組みを展開する上で欠けている要素もある。聖書における洪水は倫理的に引き起こされたものだが、ウルフ＝ビーダーマン彗星によって引き起こされる災害はそうではない。それは人類への神罰も、悪に満ちた種族を造ったことをめぐる神の後悔（創六5～6）も反映していない。方舟の乗員に選ばれるかどうかは才能や状況次第であり、倫理観や生活様式や信仰によるものではない。オストワルトによれば、宗教的なイメージや象徴が出てくるにもかかわらず神的次元が欠け

大統領は聖職者のように祝福の言葉を述べた　『ディープ・インパクト』

ていることは「われわれの現世的な社会が宗教を使って何をするかをよく物語っている。われわれの文化は実質的に現世的であり、われわれはそこに宗教の体裁をかぶせることを黙認している」[27]。

しかし、より生産的な見方をすれば、この映画において宗教的要素と現世的要素が並置されていることによって、叙事詩映画の黄金期から今日までハリウッドの聖書映画の中に存続してきた、信仰と世俗主義の対立状態が表現されているのかもしれない。この対立状態は、ホワイトハウスの記者室で生き残り計画が宣言された後に、前面に出てくる。ジェニーは大統領に挑戦する。「大統領、実のところ、閣僚の中にもメサイアで私たちが助かると信じていない方がいらっしゃるのですよね」。もちろん、現時点で彼女が言及していないのは宇宙船メサイアだが、この発言は、アメリカの人口の中で増幅しつつある多様性についての全般的な発言であるようにもとれる。しかしながらこの映画では、聖書映画や古代活劇映画の場合と同様に、キリスト教信仰が無神論を打ち負かす。大統領は世界に向けた声明の中で、この多様性への配慮を示しながらも、「われわれが生き延びられるように祈りを捧げたいと思っています」と言って、聖職者のように祝福の言葉を述べるのだ。「主があなたを祝福し、あなたを守られるように。主が御顔を向けてあなたを照らし、あなたに恵みを与えられるように。主が御顔をあなたに向けて、あなたに平安を賜るように」（民六24～26）。この暗唱によって、大統領（ハリウッドでは救い主としておなじみのモーガン・フリーマン）[28]が現代の世界における大祭司となり、宗教的ともいえる指導者が、全人類の救いの先導を宣言するべく普遍的祭式を取り仕切る。もはや赤の脅威ではないロシアは、このアメリカ主導の計画に全面的に関わっているにもかかわらず、大統領のスピーチは、ハリウッドの聖書映画史で確立された反無神論や反共産主義の姿勢に満ちている。

また、老人差別も主題化されている。スパジョンの後輩にあたる乗組員たちは、任務に着手するまで、年寄りの指揮下で働くことに不満を述べ、面と向かって彼をバカにすることさえあった。しかしながら任務が進み、困難が発生するたびに、彼らは父親と接するようにスパジョンと向かい合うようになる。彼らは最終的に、スパジョンのずばぬけたリーダーシップと利他性を十分に認め、スパジョンと死を共にすることに前向きになる。こうしてみると、乗組員たちとスパジョンの関係は、弟子たちとその師たるイエスの関係に似ているか、あるいはそれを上回っている。イエスの弟子たちは――暗闇で眠りこけるなど――スパジョンの部下の挑戦にとうてい及ばない。

年齢の問題が浮上する第二の点として、ノアの方舟への入船が許される人々のプロフィールがある。特別な才能や政治的任務のある場合を除くと、五十歳以上の者は、抽選のくじをひくことさえできないのだ。結果的に、ジェニーの母親は優雅にしかし決断力をもって彼女自身の人生に幕を引き、ジェニーも父親と寄り添って津波をかぶることになる。ジェニーは他人のために方舟に乗る権利を放棄した。メサイア号の乗組員ほど直接的なかたちではないにせよ、そして小さなかたちではあるにせよ、彼女もまた救い手的な人物である。タナーの部下たちは彼らの老人差別の意識を克服したが、五十歳以上の人口を方舟から除外するという考え方の倫理的次元は依然として問われる。この筋書きは、リオやまだ十代の若い妻、彼女の弟を次の世代の先触れとして描き、彼らに代表される若い命を育むことに焦点をあてたために、若さがあまりに美化されている。

最後になるが、この映画は終末論的な視野において、冷戦後の世界でかつての敵との国際的な協調と、全人類が共に力を合わせて国家的視点からの意見を差し控えるべきだという考え方を奨励している。しかしながら、冷戦期の叙事詩映画と同様に、地球的規模の脅威を取り除く上で指導的立場に立つのは合衆国である。アメリカは、この手の自然災害を完全に回避できないものの、人類の存続を可能にし、再建と復興のプロセスを見守る上で最高のリーダーシップをとるのだ。目標は、国によって異なる課題があるのは認めるとしても、物事を以前の状態に戻すこと――「私たち」の生活の存続――だ。『十戒』（一九五六）のような聖書叙事詩映画ではソ連が自由と民主主義の敵だったが、ここでは冷戦後の対位旋律として、合衆国とロシアの間の協力関係を見ることができる。この映画は、九・一一やアフガン／イラク戦争よりも前に世に出た作品であり、冷戦の終結と世界的規模でのテロの脅威の合間に短期間ながら存在していた不安定な楽観主義を表現している。

『アルマゲドン』

筋書き

『アルマゲドン』（一九九八）は『ディープ・インパクト』と同年に公開されており、両者は語りの構造や多くの個別要素を共有している。しかしながらこの映画は、『ディープ・インパクト』とは対照的に、惑星とその住民の物語にのみ焦点をあてている。映画の始まりには、チャールトン・ヘストンによるヴォイスオーバーが置かれ、六千五百万年前に規模の大きな小惑星の衝突によって恐竜が絶滅した様子が説明される。またたく間に現代に早送りすると、流星雨によって、宇宙連絡船アトランティス号が破壊された場面となり、この流星雨はニューヨークを含む合衆国東岸やフィンランドにも大打撃を与える。しかしながら、もっと大きな災害が来ることがわかる。十八日後には巨大な小惑星が地球に衝突するというのだ。『ディープ・インパクト』と同じではあるが、アメリカ航空宇宙局NASAは小惑星の内部に原子爆弾を埋め込むために、海底石油採掘で世界的に知られるハリー・スタンパーを雇ってチームを編成させる。ロシア、フランス、日本がこの計画に参画する。ハリーは娘のグレイスと一緒にNASAを訪れる。グレイスはハリーの意向に背いて、彼の石油採掘会社の若手A・J・フロストと恋仲である。ハリーは、自分の下でこの任務にあたる者として、変わり者揃いだが腕のたつ石油採掘者を召集する。

担当チームは二つの宇宙連絡船、フリーダム号とインディペンデンス号に分けられる。両船の名前は、この任務の目標を示すのみならず、アメリカ的な価値に深く根ざしている。二つの宇宙連絡船は打ち上げられた後、液体酸素を補給するために、レフ・アンドロポフが乗っているロシア宇宙ステーションにドッキングする。しかしながら補給中に火災が勃発する。レフとA・J・フロストは避難するが、作業を再開したところ、彼らの乗るインディペンデンス号は粉々になって小惑星帯へ飛んだので、乗組員は死んだものと考えられた。その頃、フリーダム号は小惑星への着陸に成功したものの、着陸したのは軟性地盤ではなく、大勢で採掘しなければとても間に合わない鉄の地盤だった。時間の猶予がなくなり、核爆弾のリモート爆破の命令が降りるが、NASA側で本任務をまとめるトルーマンは、それでは小惑星を爆破するだけでなく宇宙連絡船のチームまで殺害しかねないとして爆破命令に抵抗する。世界はパニックに陥るが、フリーダム号の乗員たちは、小さいながら奇跡に驚喜していた。A・Jとレフ、そしてもう一人の乗員ベアー――あだ名「熊」

――が生存しており、助けられなくなる瀬戸際で合流できたからだ。NASAはリモート爆破を延ばすことに同意し、チームは作業を継続した。しかし小惑星が地球の近くまで動いてきたために温度が上昇し、その上、岩の嵐が起こり、原始爆弾のリモコンが破損する。ハリーは手動で爆弾のスイッチを押すため、小惑星上に残る役割に名乗り出る。彼はA・Jと和解し、グレイスとの結婚を祝福する。ハリーは爆破する直前に、グレイスに心のこもった別れを述べ、世界を救い、栄光の死を遂げる。

聖書の引用

『アルマゲドン』は『ディープ・インパクト』の場合と同様、聖書の枠組みを知らせる多数の明瞭な参照を行っている。ハリーの娘グレイスは、家族のもつれた関係を修復するための一歩を踏み出すかたちで父親に恩寵《グレイス》を示し、ハリーは最後の言葉で彼女に恩寵《グレイス》を与える。A・Jやレフやベアーは、乗っていた宇宙連絡船の破壊の後に再び現れて、少なくともハリーや他の乗員には、復活を体現しているように見える。ハリーはキリスト的人物像である。大工ではないが熟練した職人であり、クセのある乗員たちを彼と同じくらい腕の立つ「弟子たち」へと変え、この弟子たちはハリーを追って辛口の最期をとげるのだ。航空宇宙局NASAの専門家たちの中で、今回の任務を率いる人物はトルーマン（真実の人）と名づけられ、上司の命令に背いて原子爆弾の爆発を拒絶するという勇気ある決断によって、彼自身「真実の人」――イディッシュ語で言うところの「立派な人《メンチュ》」――であろうとしている。そうすることで、任務にあたっているチームに時間を与えるとともに、人命の損失を最小化している。

もっとも明瞭な現れ方として、トルーマン自身が綴っているように、アルマゲドンという名称自体が、ヘブライ語のメギド山《ハル・メギド》に由来する。メギドはヘブライ語聖書で十二回言及されるが、[29]「黙示録」で、悪霊たちが「全能者である神の大いなる日の」戦いに備えて集結した「ヘブライ語でハルマゲドンと呼ばれる所」として言及されたため（黙十六14～16）、終末論的な意味を帯びるようになった。アルマゲドンは、至福千年説信者が黙示録に基づいて、善の権力と悪の権力の最終戦争が起こる場所と考え、またより一般的に、最終的な破壊というものがあるとすればその隠喩だと捉えられて、分かりやすく社会に広まってきた。[30]『アルマゲドン』というタイトルは、このような宇宙災害映画にとってこの最終破壊の隠喩という意味でのみふさわしいものであり、『ディープ・インパクト』の場合と同様に、差し迫った破壊や邪悪な力や悪魔の軍隊に関する倫理的・宗教的な次元はなく、人間とは無関係の宇宙的物体を止めない限り、とてつもない不運が地球にふりかかるということである。『アルマゲドン』は『ディープ・インパクト』と同様、冷戦後に、フランスや日本に加えてロシアも参画してきた政治的・イデオロギー的な課題、つまり、世界救済のためにアメリカが技術面でこれらの国々と協調して取り組むという課題を表現している。アメリカのリーダー性は、ハリーがA・Jにすべてが終わったらトルーマンに渡してくれと頼むワッペンに縫い取られた「人類すべてのための自由」という言葉によっても表現されている。

しかしながら『ディープ・インパクト』がキリスト教信仰を特別扱いしているのに対し、『アルマゲドン』は、宗教性がまったくない場合も含めて、あらゆる宗教が同等に共存できるような未来を想定している。これが最も強く表現されているのは、この映画の終盤、世界中の教会・モスク・寺院・街路・都市での祝いの風景をカメラが辿っていく場面である。これら二つの映画は、災害映画であるのみならず、その映画が製作された時代の不安・希望・価値を明瞭に表現している。こうした映画は、聖書を用いている点と、叙事詩的な規模・映像・音楽の点で、叙事詩映画の黄金時代における聖書映画を彷彿とさせる。物語の筋が架空のものである上、そして敵や戦闘方法が――科学や技術を共に用いるように――変化したにもかかわらず、こうした映画でアメリカを世界の自由の擁護者とみなす視点は、当時と同じである。

終末世界後的映画

『ディープ・インパクト』や『アルマゲドン』とは対照的に、終末世界後的映画は、アメリカやこれと関連づけられる派手なイデオロギー——大国主義・消費至上主義——に対して批判的な傾向がある。こうした映画は、終末世界的映画にみられたようなスペクタクル的な特殊効果を控え、環境を経済的に利用しがちな人間の貪欲な行動を批判している。しかしながら、この批判と並んで、こうした映画はしばしば世界の可能性や人類の可能性についてかなり楽観的であり、人類が世界を修復することができるというメッセージを伝えている。この節では、登場人物像なり筋書きなり主題なりを作っていく上で、聖書からの引用や聖書への引喩《アリュージョン》がみられる作品群のいくつかを論じていこう。

『ブレードランナー』

筋書き

『ブレードランナー』(一九八二)は、Ph・K・ディックの一九六八年の小説『アンドロイドは電気羊の夢を見るか?』を緩やかに翻案している。[31] 映画の舞台は、雨の降る暗い二〇一九年の堕落したロサンゼルスである。人類のほとんどはこの街を離れ、遺伝子工学による人型ロボット「レプリカント」がすべての労働をひきうける「宇宙植民地」に出ている。レプリカントは、四年の寿命しかないという点以外は、およそ誰がみても人類と見分けがつかない。そして彼らは地球に足を踏み入れてはならないことになっている。

ブレードランナーとは脱走したレプリカントを見つけ出して「退役させる（すなわち殺害する）」役人を指し、主人公はブレードランナーとして優れた業績を誇るが、現在は休職している。デッカードは警察当局から呼び出され、退職にあたって、地球に逃げてきたネクサスⅥ型の四人のレプリカントを「退役」させるという最終の任務を与えられる。しかし彼は、見た目もふるまいも人類と同じレプリカントを、どうやって見分けるのだろう？　この任務の準備として、デッカードはレプリカントを製造しているタイレル社の本部を訪問する。そこでタイレルの秘書レイチェルに出会った彼は、レイチェルがネクサスⅦ型の試験モデルだと見きわめる。レイチェルは始めのうち、自分がレプリカントだということに気づいていない。自分には記憶があるから人間だと思い込んでいるのだ。しかし本当は、それは彼女自身の記憶ではなく、彼女の意識に移植されたものだ。デッカードはレイチェルを愛するようになる。彼はネクサスⅥ型の四人のレプリカントのうち三人――ゾーラ、リオン、プリス――を「退役」させたが、脱走グループの主犯にあたるロイ・バッティを追い詰めるのには手こずる。映画の山場は、ロイとデッカードの劇的な対決である。ロイはデッカードを征服しながらも、デッカードがあと数秒もすれば墜落死するというところで彼を助け、静かに死んでいく。デッカードは自分のアパートに戻り、そこでレイチェルをみつける。ディレクターズ・カット版では、二人はアパートを出てまだ見ぬ未来へと共に歩み出す。

聖書的引喩

『ブレードランナー』は、ＳＦ映画とフィルム・ノワールの世界から多くのものを借用している。前者からはテクノロジーや宇宙船やロボット知能、後者からは全体を覆う陰鬱で暗い雰囲気や恐ろしく不吉な空気、崩れかけた都会の空気である。この映画には言葉の上で聖書からの引用はない。やや例外的といえるのは、主人公の恋愛対象の名前である。ジャック・ブーザー・ジュニアによれば、レプリカントのレイチェルを、聖書のラケル、すなわち「創世記」二九章において族長ヤコブの妻の一人として登場するラケルと関連づけうる。「旧約聖書のラケルに由来する名前を持つ寛大なレイチェルは、技術の野望について、もう一つのより人間的な方向性を象徴している。彼女がデッカードと共にエスケープすることによって、人間によって作り出された世界に置き直されたことの可能性を隠喩的に見いだすことができるのだ」[32]。しかしながら、聖書との関係はきわめて薄く、せいぜい間接的とでもいったところだ。

しかしながら、この映画の視覚的な語法は、「創世記」における創造と破壊のパラダイムを直接的に引喩している[33]。降り続く雨は、フィルム・ノワールというジャンルに敬意を払うものであると同時に、聖書における洪水の物語を思い起こさせる。最終場面でロイがデッカードとの最終対決に鳩を持ち込み、その後放してやるのを見るとき、「創世記」の連想はいっそう強固なものとなる。鳩は命の霊を象徴している。この命の霊は、映画の最後には使い尽くされてロイ・バッティから引き上げてしまうが、ある種の再生への希望を喚起して、終盤のクレジット場面へと向かっていく。さらに、タイレル社の建物にはバベルの塔を思わせるものがある。タイレルのオフィスは、未来をイメージさせる層構造の建物の頂点に位置し、そこに到達するには宇宙船めいたものを使わなければならない。タイレル社という企業全体に、人間めいてはいるものの寿命の限られた奴隷族を作り出すという傲慢が満ちており、まさにそんな高い塔こそ、この企業にふさわしいのだろう。その種族はいったん完成されてしまうと誰にも見分けがつかないほど人間めいたものとなるが、タイレルの考えでは、自律性をもたないゆえにタイレルの制御に挑戦することもできない。

この映画において要となる問題は、「創世記」の問い、すなわち「ある存在を人間にするものは何か」である。人類を記述するのに、これ以上細分化できないような本質的な要素を定義するのはきわめて困難だが、そういった要素がたしかに存在することもまた否定しがたい。神は「人が独りでいるのは良くない。彼に合う助ける者を造ろう」（創二18）と決断された後すぐさま、人間は野の獣や空の鳥に助けを見いだすことはできず、人間に似た被造物が必要だということに気づかれ、人間そのものからそれを創り出される。「ついにこれこそわたしの骨の骨、わたしの肉の肉」（創二19）である。

人間と合成人間の境界――そして人間が生理的な生殖プロセスを経ずに人間を創ることが可能かどうか、可能だとしたらどのようにしてか、という問い――は、映画の作り手の心をずっと捉えてきた。その古典的な例は、メアリー・シェリーの小説『フランケンシュタイン、あるいは現代のプロメテウス』（一八一八年初版）をゆるやかに翻案した一九三一年のフランケンシュタイン映画である。小説の場合も映画の場合も、墓場から盗んだ死体の切れ端をつなぎ合わせることで生きた人間を創り出そうとする科学者フランケンシュタイン博士の根本的な過ちを描いている。『ブレードランナー』のタイレル博士はそれよりはずっと成功していて、彼の創ったレプリカントは、見映えも話しぶりもふるまいもまるで人間である。彼らには力と知恵も備わっている。なにしろ脱走レプリカントの一人は、デカルトよろしく「考える故に私は存在する」と述べるのだ。そのとおり、彼女は「考え、存在する」。しかしこれをもって人間だと言えるのだろうか。

映画の序盤では、人間とレプリカントとの区別がしばしば見つけにくいにしても、明瞭なものとして提示される。人間は共感できるがレプリカントには共感ができないというのだ。共感能力は記憶の存否にも深く関わっている。この場合、問題となるのは、単純に覚えておく能力のことではなく、個人的な想い出を保持するかどうかである。したがって、レプリカントの出自を確認する唯一の方法は、彼／彼女が共感できるかどうかを見きわめることだ。警察はこの目的のために、質問に応える被験者の目の動きから共感能力を計測するボイト・カンプ検査なるものを創り出す。しかし、ネクサスⅦ型の試験モデルであるレイチェルの場合、デッカードは彼女が本当にレプリカントなのかを判断するのに百個以上もの質問を出題せねばならなかった。彼女は製造時に意識に埋め込まれた記憶を、人工的にではあるにせよ持っており、手持ちの写真によってその記憶を強化していたために、ネクサスⅥ型のレプリカントよりもこの検査をうまくこなすのだ。

もちろん他にも相異点はある。レプリカントはタイレル社が生みだしたものだから、人間の親をもたない。そしてレプリカントは最長でも四年しか生きられない。タイレルが残念がるとおり、彼はレプリカントの意識から、生への欲望や愛着を排除することができなかった。バッティは、自分を作ったタイレルとの暴力的な最終対決にあたって、これらの点をタイレルの意識に呼び起こす。バッティは命の延長を願い出るためにタイレルのところにやってきたのだ。彼をなだめようとしてタイレルは言う。「何でもできるレプリカントの最高傑作だ。この放蕩息子、なんてすばらしい」。ロイは「自分を創り出した者にまみえるのは簡単なことでない」と知っており、タイレルを創造主と捉え、自らの差し迫った死にも気づいている。そしてロイはタイレルを聴罪司祭にみたてて、「怪しいことをやってきました」と述べるが、タイレルは同調せずに、バッティをおだてつづける。「並外れた傑作だ。お前の時を祝そう」。タイレルはこの「放蕩息子」の絶望を誤解している。ロイが帰還したのは、父と和解するためではなく、欲しいものを彼の手からもぎ取るために、あるいは彼を殺すために帰ってきたのだ。ロイはそれをやり遂げる。「生物工学の神はお前を天国には行かせないだろう」。それからロイはタイレルに接吻し（放蕩息子が父にしたように、あるいは裏切りの弟子が救い主にしたように）、頭蓋骨を破壊し、眼球をつぶす。

しかしながらこの映画は全体を通じて、人間とレプリカントについて想定されていた二重性に挑戦し、まさに打破しているがゆえに、観る者に不安感を与える。ブーザーは綴る。

レプリカントは他の登場人物と同様に本物らしく見えるので、映画を観る者は警察の危機的方針にはじめからジレンマを感じる。この映画は、スクリーンに映し出されるものによって、そしてスクリーンという方法によって観客に、生けるものへの従来の見解を信用しない状態を強いる。（中略）映画の初っ端で、法を犯したレプリカントたちが映し出されるため、登場人物なり現実なりの犯人捜しごっこなど、およそ問題ではなくなる。人間とレプリカントを区別することの意味が崩壊の危機にあることこそが問題なのだ。[34]

この映画の「私たちは見えているものを信頼できるのか」という中心テーマは、『アバター』の場合と同様に、視覚《サイト》と洞察《インサイト》をめぐる視覚的隠喩によって強化される。物語が重大な局面に至るたびに、本物の目や人工の目が様々な形やサイズで現れるのだ。[35]

視力《ヴィジョン》というテーマにからんで、ガラス、とくにガラスの窓が用いられている。人はガラスを通して見ることができるが、この映画でとくに葛藤や死の瞬間が訪れる場面で何度も起きるように、ガラスがこっぱみじんに割れなければ、見えているものに触れることも、到達することもできない。

三人の主要登場人物――デッカードとレイチェルとバッティ――は、人間かレプリカントかという二元論に立ち向かう。はじめのうち、デッカードが人間であることに疑いをはさむ余地はない。彼の職業はレプリカントを「退役」させることであり、彼はあらゆる映画の登場人物と同じように、どうみても人間である。

しかし、レイチェルが気づくように、彼のアパートメント中に散らかった写真は、彼女の（偽造の）記憶を保持するために与えられた写真とたいへん似通っている。映画を観る者が、デッカードが――彼自身も知らされないままに――レプリカントなのかもしれないと考えるようになると、いくつかの台詞が反語的に響き始めるのだ。ロイとデッカードの最終対決の場面にさしかかる時、ロイはデッカードをあざけって言う。「お前は善人／よくできた人間《グッド・マン》なのだろうな。お前が何でできているか見せてみろ」。ロイが死んだ後、相棒のガフはデッカードを褒めて言う。「男／人《マン》の仕事をやりとげたね」。しかし、ロイはデッカードの仕事によって「退役」したわけではないのだ。もしデッカードが本当にレプリカントなら、彼は聖書に出てくる族長ヤコブ（創三二25～31）よろしく、男／人となるために天使と格闘しなければならなかったのだと応えたことだろう。[36]デッカード自身が指摘している、レプリカントと同様に、感じることを許されていないのだから、ブレードランナーは見つけ出して捕まえられるべきなのだと。[37]デッカードの人間性への問いは解決されず、最終クレジットが回った後も、考えをめぐらせるべき謎が残る。

　レイチェルもまた、人間―レプリカントの二元論に立ち向かう。彼女がレプリカントであるのは疑いなく、そもそもレプリカントであるからこそ、彼女は人型ロボットとしての資質にもかかわらず、完璧に「そうではないもの」になっている。デイヴィッド・デッサーが述べているとおり、レイチェルはフィルム・ノワールにおける古典的なファム・ファタルである。彼女の髪は結いあげられ、肩パッド付の衣類は一九四〇年代にたとえばジョーン・クロフォードが身につけていたものを反復している。「フィルム・ノワール時代に製作された映画とレイチェルを結びつける糸は、サウンドトラックに流れるサクソフォーンの音楽によって強調されている。（中略）こうした図像は必然的にレイチェルを怪しげなもの、たとえば蜘蛛女や誘惑としての女、われわれの堕落の母エバにしている。[38]しかしながら彼女は、デッカードとの関係を発展させるにつれ、そして、強い愛の感情を覚えるにしたがって、機械のような存在から、自然で官能的な美しい女性へと変貌

ロイはデッカードが対決する「天使」でもある　『ブレードランナー』

していく。このことがとくにはっきりするのは、デッカードの部屋で、彼女が髪を下ろした時だ。ガフもまた、レイチェルに目を留めた際に、人間とレプリカントとの差がぼやけることを指摘する。「彼女が長く生きられないのは気の毒だな。だがまあ長く生きる奴なんていないかもしれないが」

　ロイもまた明らかにレプリカントである。しかしレイチェルと同様に、彼の役どころはレプリカントと人類の境界を問いかけさせる。ロイは超人的な強さと非情さを持つが、レプリカントで恋人のプリスが「退役」した際に見せるあからさまな悲嘆からわかるように、彼は愛することができる。ロイはデッカードが格闘する「天使」でもある。なにしろ彼は、高層ビルでのデッカードとの対決に先だって、そうした高所からの落下について、W・ブレイクの詩「アメリカひとつの預言」をもじって語るのだ。「天使も焼け落ちた。雷鳴とどろく岸辺。地獄の劫火に燃えながら」[39]。ロイとその一味が望んでいるのは命以上のものである。彼らは強く美しいにもかかわらず、世界からかけはなれた場所に追いやられ、あらかじめ定められた多様な能力に応じて人間に奉仕する奴隷であるが、もっと長く充実した実存を手にできるはずだとはっきり認識している。ロイ・バッティはデッカードに自分の状況を理解させようとし、自分の状況への共感を求める。ロイはデッカードの命を文字どおり我が手に握った上で述べる。「恐怖の中で生きる感じがするだろう？　これが奴隷の人生だ」。そしてロイは最期に嘆く。「俺はお前ら人間たちが信じられないものを見てきた。オリオン座の脇で消失した戦闘艦。タンホイザー・ゲートの暗闇に耀くC光線。そんなすべての瞬間も、雨の中の涙とともに消えていくだろう。死ぬ時が来た」。デッカードがヴォイスオーバーで話す。「彼がなぜ俺の命を助けたのかわからない。もしかしたら最期の瞬間に、彼は今までにないほど命を愛おしんだのかもしれない。彼の命にかぎらず誰の命でも、私の命までも。彼が望んだものは、誰もが問い、そして望む答えと同じだ。自分がどこから来たのか、自分はどこへ行こうとしているのか、自分は何を成し遂げたのか。俺はただ座って、彼が死ぬのを見ていることしかできなかった」。もしロイが本当にあらゆる命を愛おしんで、自分を追跡する者の命までも愛おしんだのだとしたら、彼にもまた彼自身の野望や欲望をはるかに越えるような共感力や感情があったことになる。

最終的な格闘において、デッカードだけでなくロイも人間性を、あるいは人間性以上のものを見せた。ロイの死に際、その手から放たれる鳩は、原初の洪水の終わりを告げる鳩を思わせる（創八9～11）。この鳩は同時に、若きマリアがイエスを身ごもった際の鳩（ルカ一35）や、イエスの洗礼（ルカ三22）やイエスの死に際して放たれた鳩（マコ十五13）でおなじみの、聖霊としての鳩の伝統的な象徴をも呼び起こす。この象徴化は「ヨハネ福音書」に基づいている。洗礼者ヨハネが証すくだりである。「わたしは〝霊〟が鳩のように天から降って、この方の上にとどまるのを見た」（ヨハ一32）。ロイをイエス的な人物と見なすのは困難であろう。しかしながら、彼が鳩を所持していることや、死にあたってその鳩を放すことは、あらゆる反証にもかかわらず、イエスの比喩を呼び起こすのである。

『ウォーリー』

筋書き

『ウォーリー』（二〇〇八）もまた、人間と人工物の区別を見えなくさせる作品であるが、児童向けの図書や映画では（たとえば『トイ・ストーリー』をはじめとする作品群のように）、区別をなくすことが当たり前に行われてきたので、『ブレードランナー』のような存在論的な問いが提示されることはない。またこの映画は、鮮やかな色彩と明らかに建設的なエンディングのおかげで、どうみても破滅的な状況にもかかわらず、『ブレードランナー』のような陰鬱なムードを提示することもない。

時は二一一〇年、地球はゴミで埋め尽くされた巨大な場所になっている。地球を居住不可能な場所にしてしまった消費至上主義的な無駄遣い行動を利用しかつ支援しているのは、「山ほど買おう」（Buy'N Large）の宣伝文句で知られる多国籍の大企業ＢｎＬである。映画の風景には、宇宙空間への五年にわたる遊覧飛行を宣伝するＢｎＬの大型広告看板「最後の大パーティ」が点在しているが、映画を観る者はまもなく、宣伝されているのが休暇ではなく、強制的な永久疎開であることに気づく。地球の唯一の住人は、小さなロボットとその相棒のゴキブリだけである。ロボットはウォーリーという名をもつ、というよりも、ゴミ配置積載運搬機地球型（Waste Allocation Load Lifter Earth Class）である。彼は一日中、几帳面にゴミを集めて積木状に圧縮しては、手際よく積み上げている。ウォーリーにはこの仕事の他に、毎日欠かさないことがある。ウォーリーは仕事の後で家に帰り、ペットの虫に餌をやり、揺られながら眠るのだ。彼は、他種族の残骸である ゴミ箱から見つけた「宝物」を大切に保管し、経験したことのない世界・社会・時代への郷愁を表現する。一番の宝物は古いＶＣＲとテレビで、彼はこれを使って、一九六四年のミュージカル『ハロー・ドーリー！』

ウォーリーはすぐに彼女がイヴだと知る　『ウォーリー』

を鑑賞し、淋しい世界に楽しみと快適さと交友の可能性を見いだしている。ウォーリーは小さいが機転の利くロボットなので、自分の宝物のほとんどについてその使い方を見いだしており、必要とあらばどう修理すべきかも分かっている。

ウォーリーの宝物の中には苗木もある。自然な命をあらゆるかたちで否定する、無駄遣いに満ちた世界において、苗木は忍耐と希望の奇跡である。ウォーリーはある日、毎日の仕事に出かける間際、そばに宇宙船が着陸するのを見て驚く。この宇宙船からは白い卵形のロボットが飛び出してくる。ウォーリーは興味をそそられる。この小さなロボットの行動や容姿には女性っぽさがあり、ウォーリーはすぐに彼女がイヴ（EV）だと知る。彼女は、地球外植物探査機（Extraterrestrial Vegetation）として、残存している植物をみつけ、母艦に持ち帰るようにプログラムされている。ウォーリーは恋愛体質のロボットらしく、一目で彼女を好きになる。彼は自分の宝物をイヴに見せようと、彼女を家に案内する。しかしながら彼女は、苗の存在を感じとるが早いか、自分が帰る予定のアクシオムと呼ばれる宇宙船の使命のとおり、それを自分の「身体」にしまいこむ。ウォーリーはヒッチハイクをして、アクシオムが、人間の避難のための「遊覧」船だと知る。大企業ＢｎＬは様々な約束をするが、人間を地球に帰す意向をまったく持っていない。この人々は長年にわたって重力のない空間で暮らし、活動不足と栄養の偏りを余儀なくされ、不格好な肥満体となり、しかも退化している。この企業は、頭を使わなくてすむエンターテインメントとジャンクフードへの欲望を満たし、不活動に追い込むことによって、「顧客」をほとんど人間とみなせないような状態にしている。二つの小さなロボットと、巨大企業の奴隷監視人との奮闘が始まる。ウォーリーは瀕死の傷を負うが、彼とイヴは地球に戻るための船を起動させる。イヴはウォーリーの身体を手当てし――いわば復活させ――、彼の意識と記憶を修復する。人類は地球に帰還して喜び、地球の修復の始まりとなる苗を植え、彼ら自身の人間性を取り戻す。

聖書の引用

『ウォーリー』において、聖書とのつながりは、『ブレードランナー』の場合より明瞭で陰影が少ない。イヴという名前が暗示するとおり、彼女は新しい命の仲介者であり、ウォーリーにふさわしい助け手である。彼女の卵形の身体は、胎内に宿る苗を守り孵化させる。初めのうち、彼女はプログラムされたとおりにふるまうが、ウォーリーの影響を受けて自由な思考を持った行為者へと成長し、世界とその正当な居住者を救い出す任務を共有することになる。この終末論的なビジョンは、エデンの園、あるいは少なくとも、命をもつものが皆栄えることのできる世界へ帰還するというビジョンである。このメッセージは最後のクレジットの流れるあいだ、人間の創造力と芸術を一覧する映像によって明瞭にされている。このモチーフは、神が原初の人々に以下のように語る「創世記」を反復している。「見よ、全地に生える、種を持つ草と種を持つ実をつける木を、すべてあなたたちに与えよう。それがあなたたちの食べ物となる」（創一29）。もう一つ、ウォーリーが体験する死と復活もまた、明らかに聖書的モチーフである。彼はイヴ――新しい命の仲介者――によって修復されたが、彼の記憶が修復されて初めて、彼は完全に自我を取り戻すのだ。

『トゥモロー・ワールド』

筋書き

『トゥモロー・ワールド』(二〇〇六)は『ウォーリー』と同様に、新しい命の創造を描いている。この映画は、P・D・ジェイムズの小説『人類の子供たち』(一九九二)から緩やかに翻案したもので、設定は二〇二七年のイングランド、なぜか世界中の人類に生殖能力が失われてしまってから約二十年後のことである。映画が始まってすぐ、最年少の人物が亡くなり、主人公のセオ・ファロンのほか、国中が絶望感に落ち込んでいた。セオは人類の未来を憂えると同時に、彼自身の息子の夭逝をも嘆いている。地球社会の崩壊につながるものは未だ示されていない。資源が残る最後の国であるイングランドは軍事国家となっていた。イタリアやドイツやその他世界各国からの不法移民が「難民《フージー》」に認定してもらおうとイングランドの国境にあふれ、警察による人権侵害に満ちた収容所に集められている。筋書きは「ザ・フィッシュ」と呼ばれるテロリスト集団をめぐって展開する。この集団の長は、セオのかつての妻ジュリアンで、彼女は西アフリカ出身の「難民」の若い女性キー——妊娠している——が英国からボートを使って、この集団が運営する避難所「ヒューマン・プロジェクト」に脱出するのを助ける役目をセオに依頼する。そうすればキーの赤ん坊は安全だからだ。この計画は成功するが、多くの絶望と痛みと流血を伴った。

聖書の引用とほのめかし

「人の子」という表現は、欽定訳のヘブライ語聖書に何度か登場する。詩編唱者は宣言している。

> 主《しゅ》よ汝は往古《いにしへ》より世々《よよ》われらの居所《すみか》にてましませり。山《やま》いまだ生《なり》いでず　汝《なんぢ》　いまだ地《ち》と世界《せかい》とをつくりたまはざりしとき　永遠《とこしへ》よりとこしへまで汝は神《かみ》なり。汝《なんぢ》　人《ひと》を塵《ちり》にかへらしめて宣《のたま》はく人《ひと》の子《こ》よ汝ら帰《かへ》れと。（中略）われらは汝の怒《いかり》によりて消《きえ》うせ　汝《なんぢ》のいきどほりによりて怖《おぢ》まどふ。汝《なんぢ》われらの不《ふ》義《ぎ》をみまへに置《おき》　われらの隠《かく》れたるつみを聖顔《みかほ》のひかりのなかにおきたまへり。（詩編九十／欽定訳）

詩編は以下のように指摘している。「天はエホバの天なりされど地は人の子にあたへたまへり」（詩百十五1）。この詩編は世界の破壊について異なる二つの仮説を提示している。世界の破壊は、詩編九十篇がやや示唆するように人の不正を罰するため神の手によってなされるのではなく、神が世界への責任と管理力を与えた人間の手によってなされるのだ（創一26～28をも見よ）。

聖書とのつながりは、登場人物の名前によって強化されている。「セオ」はギリシャ語で神を表す。なるほどセオは間違いを犯しやすいが、彼はキーの子どもと彼女の救済の両方――彼女が難民収容所の悲惨な状況の中で無事に出産できるように――をかなえる媒介者だ。彼は女の赤ん坊に少量の水をふりかけるが、それはまるで衛生という名目で洗礼を行っているようでもある。そして彼は、キーと赤ん坊を無事にボートに乗せ、彼らの安全が確保される寸前に死んでいく。

他の登場人物の中にも、「ザ・フィッシュ」の指導者に、ルークやサイモンといった名前がみられる。このグループ名もまたキリストを思い起こさせるが、「ザ・フィッシュ」がキーやその胎内の子を大切にすべきであるにもかかわらず、彼らをふくめた人間の命を侮辱している点を考慮すると、この連想は皮肉に機能する。この映画にはマリア的な人物も二人現れる。助産師のミリアムという名前は、モーゼの姉のミリアムや、そのミリアムが聖書以降のユダヤ文書において助産師だったと解釈されていることを思い起こさせる。[40]もう一人は、セオやキーや新生児がボートで脱出するのを手伝うジプシー女性のマリシュカである。

キー自身は、聖母マリアとマグダラのマリアの両方を思い起こさせる。彼女は若く、父親不明のまま思いがけず子どもを身ごもる。父親は誰かと尋ねられた時、キーは冗談を言う。「アライグマかしらね！　私は乙女よ。いやね、でもすごいじゃない？　誰にわかるって言うの。どこかの変人野郎の名前なんて知らないわ」。「マタイ福音書」におけるのと同様、この子の誕生は赤ん坊とその母親を肉体的な危険に陥れる。出産場所となる難民キャンプの不衛生な環境――「マタイ福音書」では馬小屋――によってだけでなく、通常ならざる出生の優越性を脅威に感じている人々（ヘロデやザ・フィッシュ）によって危険なのである。しかし最も重要なのは、子どもの誕生が大地を揺るがすほどの重要性を持つ出来事であり、人類の救済の最初の一段階として予期されている点である。キーが自身の妊娠をセオに告げる場面で聴き手に提示される音楽の変化によって、懐胎の奇跡的な性格と、そこに含まれる救済の可能性が強調される。この音楽はまるで教会の宗教音楽のように天国的である。セオは彼女の膨らんだお腹を見て「ジーザス・クライスト！」と叫ぶ。セオがルークに「彼女は妊娠しているんだ！」と言うと、ルークは「ああ知っているよ、奇跡だね」と答える。ルークのわずかに皮肉な声の調子によって、この奇跡に畏敬の念を抱くより、この重荷にイライラしていることがわかる。セオとキーがザ・フィッシュから逃れるのを助けるセオの旧友ジャスパーはキーに言う。「君の赤ん坊は、世界中が待ち望んでいた奇跡だよ」。ジャスパーとキーの別れの場面で、彼らの指は触れあい、システィーナ礼拝堂の神とアダムを思わせる。ジャスパーの容姿は、ミケランジェロの神の像よりもジョン・レノンのようだが。赤ん坊が生まれると、セオは「オー・マイ・ゴッド！」と繰り返す。

キーが生んだ女の子は、幼時のイエスと同様に、まわりの人々を変えていく影響力を持っている。この子どもは、ジャスパーの案内でセオとキーが足をふみいれた難民収容所で生まれる。ジャスパーは彼らを乗せるべく「明日《トゥモロー》」という名のボートを用意したが、この船は彼らを「ヒューマン・プロジェクト」に輸送することにもなる。他の住人は、希望もなく虐待され、空腹で疲労している。いっそう悪いことには、収容所内の派閥が反乱を企て、ザ・フィッシュが、セオ、キー、そして赤ん坊の三人を追跡するためにやって来て、道中で人々を撃っていく。大混乱の真っ最中に赤ん坊の泣き声が聞こえ、戦いが止まる。皆、新しい命の奇跡に圧倒されるのだ。一人の女性が歌い、他の人々は赤ん坊に恭しく触れる。この場面は、始まった時と同様にすぐに終わり、また殺戮が始まる。セオは重傷を負ったままキーと赤ん坊を急かしてボートに乗せる。彼らが水上の霧の中に見えなくなり、セオは息絶えるが、キーは楽しげに叫ぶ。「ボートよ、ボートよ、私たちはもう安全よ！」しかし彼女の声はもうセオには聞こえない。映画は、セオの死への悲しみと、新しい命や人間性の新しい始まりへの希望を交えながら、ここで印象的に終わる。

『ザ・ウォーカー』

筋書き

今みてきた三つの映画は、終末世界的な破壊と、新しい地球や新しい命への希望について考えるものだった。これらと対照的に、『ザ・ウォーカー』（二〇一〇）は、終末世界の後に人間文化を再建することと、人間文化における書籍や知識の遺産に関わっている。『ザ・ウォーカー』は、アメリカ中西部に設定されており、時代は定かでないものの、アメリカ全土に甚大な被害をもたらした原子力事件から約三十年後のことである。映し出される景色は、西部劇映画ジャンルにありがちな塵だらけで荒れた無法者の町や砂漠を思わせ、社会秩序についても同様だ。法や政治の制度はほとんど機能しておらず、毎日の暮らしを仕切っているのは、鉄砲、食べ物、そしてとくに水の所有権を持った狼藉な男女たちである。略奪者とならず者にあふれているのは西部劇と同様だが、この終末世界後の社会はさらに酷い事態に陥っている。共食いがはびこっているためだ。

主人公はイーライという名の謎めいた放浪者で、彼は、ある神秘的な本を西方の安全な場所に運ぶ任務を帯びている。イーライには優れたサバイバル・スキルが備わっている。彼は必要なら人を殺害することもあるが、ある厳格な倫理規準を遵守している。彼はカーネギーという男が支配するとりわけ見すぼらしい街に着く。カーネギーには大きな計画があるが、彼はまた、ある本を手に入れたいという欲望にとりつかれている。彼はその本が自らの支配への野望を実現する力を与えてくれるはずだと考えているのだ。イーライはカーネギーの酒場の上階の部屋に泊まる。カーネギーには盲目の愛人クローディアがいて、彼女はイーライに食べ物を分けてくれる。またカーネギーはイーライから情報を聞き出すために、クローディアの美しい娘ソラーラに彼を誘惑させる。ソラーラが安心したことには、イーライは彼女に触れようとせず、ただ食糧を彼女と分け合った。彼女はイーライが本を持っていること、そしてそれがおそらくカーネギーが探している本だろうと気づく。しかしながら、ソラーラはイーライの居所を知らせるのではなく彼に協力すると言う。イーライは彼自身にとって得ではないが、彼女に西海岸まで同行するのをゆるす。

二人が旅を続けるうち、観る者は二つのことに気づく。イーライの本が聖書で欽定訳版のものだということ、そしてイーライは完全に盲目だということだ。冒険を繰り返すうち、イーライは聖書をカーネギーの手下に盗られてしまう。カーネギーは本の表紙にかかっている鍵をこじ開けたが、中身は点字で書かれていると知って落胆した。クローディアは点字を読むことができたが、カーネギーに読んで聞かせるのを拒む。したがって彼は、権力を得るための鍵を永遠に失った。一方イーライとソラーラは西海岸への旅を続け、ゴールデン・ゲート・ブリッジに到着する。彼らがボートでアルカトラズに着くと、そこには、大事故の際にダメになった一連の重要書籍を補充することに力を注いできた人々がいた。イーライは聖書を書籍の形としては失ってしまったが、中身を暗記していたので、一言一句違わずに口述することができた。できあがった本「聖書」は印刷され、本棚のヘブライ語聖典とクルアーン〔コーラン〕の間に恭しく置かれる。イーライは息絶え、ソラーラは、イーライが残した宝を数冊たずさえて家路につく。

行為者としての聖書

『ザ・ウォーカー』では他の映画と同様に、イーライをはじめとする登場人物の名前によっても、ごく容易に、聖書への連想が形成される。イーライという名前は、神からのメッセージを伝えるために預言者として送られたエリヤの名前を想起させる。イーライはエリヤと同じように自分が聞いた言葉に従っている。映画では聖書（王上十七8）と違ってその言葉の出所をつきとめないが、この任務は神的な脈絡を示唆している。またこの映画は『アバター』や『ブレードランナー』と同じように、目が見えることと見えないことの陰喩を展開している。「ヨハネ福音書」が記すとおり（ヨハ九17）、目の見えない者は真実を知ることができ（イーライや程度の差はあれクローディア）、見えるつもりの者は本当は盲目なのである（カーネギー）。

しかしながら、この映画において、聖書はイメージや言葉や神学や語りの資源になっているだけではない。聖書の存否が筋書きの主要焦点となっているのだ。主人公であるイーライと悪役カーネギーは、聖書を持ちうるのは誰かという点や、聖書を持つことは何を意味するのかという点をめぐって対立する。カーネギーは聖書を切望している。なぜなら彼は、聖書があれば他人を操作し権力を握ることができると――誤って――

確信しているからだ。イーライは聖書を保護し、毎晩読んで、そこに書かれた言葉を心に刻んでいる。そこにある神の言葉が彼の倫理観を形成し、人生に目的を与えたのだ。

カーネギーとイーライの根本的な違いは、カーネギーがイーライの本こそまさに自分が探し求めていた本だとわかったと話す時に示される。

知っているだろう、俺はあんな感じの本を何年も探していた。俺の望みは、このあたりにいる不運な貧乏人たちに神の言葉を届けてやることさ。奴らにその光をあててやり、この惨めな世界に奴らが信じられるものを与えてやること。生きがいになるものをな！　そのために俺はこの町を作ったのさ、知っていたか？　俺たちに欠けていたものは、道を示してくれる言葉さ。さあ主に祈ろう、お前が俺たちのところに届けてくれたんだから。

そしてカーネギーは、イーライの任務のパートナーとして働くつもりだと、ぬけぬけと語り、イーライが本を分けてくれるようもちかける。

その本を隠したままにしておくのは、お前自身にとっても良くない。そこに書いてある言葉は、他人と分け合うためにあるんだ。広めるべきなんだ。お前だってそうしたいだろう？　俺ならお前の任務を手伝える。お前と俺で一緒にやろうじゃないか。

イーライは盲目ながらも、カーネギーを見通して彼をかわす。結局は一冊の聖書がカーネギーの手に渡ってしまうとはいえ、その手に渡ったことは彼の勝利を意味しない。なぜならカーネギーにはその美しさが見えず、点字で書かれた内容は彼には隠されたままだからだ。一方イーライは、物理的に聖書を身に携える必要さえ無い。彼自身が生ける聖書となっており、世界修復の源として聖書を印刷する力をもったからだ。

キリスト的人物像としてのイーライ

イーライは自らの任務を独りで始めたが、彼は同行者――それは使徒と言い替えることもできるだろうが――をみつけた。クローディアの娘ソラーラだ。彼女の名前は太陽《ソル》を思わせる。彼女はマグダラのマリアの役割をやがて果たす者として描かれている。イーライを誘惑し、彼の秘密を聞き出すために、自分の意図に逆らって送り出されたものの、ソラーラはイーライその人によって罪に陥らずに済んだ。イーライはクローディアの純潔を「救った」だけでなく、彼女をカーネギーの支配からも救い、さらには、自分にならって聖書を知り、その価値を見いだすように彼女を導いていく。彼の任務は彼女の任務となり、彼女はこの仕事の成就にとって欠かせない者へと成長していく。ソラーラはイエスが井戸端で出会ったサマリアの女性（ヨハ四）にも似ていよう。サマリアの女性がイエスに新鮮な水を差しだしたのと同じように、ソラーラはカーネギーの秘密の保管水をイーライに差し出すからである。イエスが生きた水（ヨハ四10）をサマリアの女性に与えたように、イーライは最終的にソラーラの人生を変容させ、彼の死後に彼の任務を引き継がせた。

映画の最終場面で、イーライは「テモテへの手紙二」の一節をヴォイスオーバーで語る。「わたしは、戦いを立派に戦い抜き、決められた道を走りとおしました」（二テモ四7）。この節を締めくくる言葉「信仰を守り抜きました」は、イーライにもふさわしい。

結び

終末世界的な映画は、「映画の中の聖書」のカテゴリーに入る他の映画群と同様、聖書をスクリーンに提示するだけでなく、引用や引喩や図像の源泉にしている。景色や音楽は大袈裟であり、壮観な特殊効果を用いている点で、終末世界的な映画の全般的なスタイルは、聖書叙事詩映画と似ている。そして叙事詩映画と同様に、宇宙的脅威から率先して解放する国として、合衆国を大いに強調する世界観を伝えている。物質主義・消費至上主義・環境開発を批判しながらも、多くの場合、人間が世界と彼ら自身を修復する可能性についての楽観主義も伝わってくる。その意味では、こうした映画が「宗教的」なのか「現世的」なのかという問いは問題外なのである。オストワルトが、こうした映画は黙示録の強い宗教観とは無関係だと述べているのは確かに正しいが、終末の時代を語る際には、神の役割に明確な焦点を合わせないままに、宗教的な古代物語と共通性が生まれる。こうした映画の最もはっきりしている点は、破壊から復興へと進展する語りの枠組みと、その復興あるいは少なくとも復興の可能性を媒介する救い主的な人物像が中心にいる点である。いっそう重要なのは、観る者が映画を通じて、地球上における人間存在の脆さや人間相互の責任、宇宙を破壊することの恐ろしさや復興による生命力の希望を体験できることだろう。

結び　映画と超越――「わたしの心は喜び、魂は躍ります」（詩十六9）

観客が『ホリッツ受難劇』（一八九七）の初演に歓喜し興奮を覚えてから一世紀以上が経過している。聖書は当時から変わることなく、聖書叙事詩映画から終末世界的な災害映画にいたるまで数多の長篇映画にいわば出演し、それ自体が映画のスターになったといってよい。聖書は冷戦に巻き込まれただけでなく、ジェンダーロール、公民権、死刑の是非にわたる様々な論争にも巻き込まれてきた。聖書は、自由と民主主義の覇者というアメリカの役柄を国内外に示すことに貢献することもあったが、軍隊の官僚制度とエートスを批評するための枠組みをも提供した。とりわけ、聖書が今以て歴史や文化、そして人間の経験とつながっていることを示してきた。

銀幕に現れる聖書は、シナゴーグや教会で礼拝者が目にする聖書とも、学者・研究者が教室や図書館で取り組んでいる聖書とも異質である。第一に、ハリウッドの聖書はユダヤ教やキリスト教の聖典ほど大きくない。それは聖書から、創世記・出エジプト記・サムエル記・列王記・エステル記・ルツ記・ヨブ記・福音書・黙示録を抜き出し、そこに詩編や預言書やパウロ書簡の抜粋を補ったものに過ぎない。第二に、映画に現れる聖典は、美術・音楽・演劇・典礼・神学の領域における幾重にも重なった考察・解釈に覆われている。

たとえば、イエス映画の主題となっているイエスが、本当に歴史的なイエスなのか（場合によっては聖書のイエスなのか）、それとも幾世紀にもわたる表象の中で開発されたイエスなのかは、十分に考察されうる問いだ。最後に、ハリウッドの聖書は——形態が部分的であることからみても、文化的なありようからみても——とりわけキリスト教の聖書である。ハリウッドは、ユダヤ教聖典の書物を描いている場合でさえ、そうした書物を「ヘブライ語聖書」としてではなく「旧約」として、つまり「新約」とキリストの到来前にあり、これらによって完結すべき「旧約」として提示するのだ。

したがって当然のことながら、ハリウッドの聖書は、アメリカ社会においてキリスト教信仰が規範的であることを示すために用いられる。叙事詩映画は無神論に対する信仰の勝利を描くし、富に先だって祈りがあることを描く。後世の映画はキリスト教的なメッセージだけを提示するという方向を慎んでいるようだが、キリスト教的痕跡が表面からは見えなくても、映画が聖書を活用し、アメリカ社会の法・倫理・ジェンダー・人種・政治その他の側面について考えようとしている場合には、そうした痕跡が検知可能である。そうした聖書的な底流を完全に欠く映画でさえ、希望、利他的行為、寛大さ、多様性への寛容、他者あるいは社会への責任といった個人的・社会的な価値観を発動する際に、聖書を活用する。

超越

聖書の語りの源泉なり倫理的な基礎なりが別の様相を呈していたとしても、聖書はそもそも第一に、古代の人々が日常的な世界の上部、あるいは向こう側に、自分の暮らす世界とは別の、まだ見ぬ現実の存在への信念を表現し記録したものである。ホレブ山で神と遭遇した史上初の人物は、「柴の間に燃え上がっている炎」を見て驚いた羊飼いモーセであるが、彼は「柴は火に燃えているのに、柴は燃え尽きない」（出三2）と認識した。この遭遇は、「〔彼らを〕鷲の翼に乗せ」エジプトから導き出して「約束の地」へと導いた（出十九4）神の力を体験したイスラエル人の一連の出来事の中に配置されている。エジプトから脱出して約三か月後、神は人々に逢いにシナイ山に来た。この出来事の重大さを示すべく「雷鳴と稲妻と厚い雲が山に臨み、角笛の音が鋭く鳴り響いたので、宿営にいた民は皆、震えた」（出十九16）と表現されている。

他の遭遇はもう少し静かであり、個人的な経験である。たとえばモーセの場合である（出三三17～23）。また、少年サムエルは神殿で師エリの傍で寝ていたが、「サムエル、サムエル」という声を聞き、彼の名を呼ぶ声がエリではなく神だということを認識するのに、何度かかかった（サム上三1～18）。エリヤは「そこを出て、山の中で主の前に立ちなさい、主が通り過ぎて行かれようとしているからだ」と言われた。しかし、どうやって主を認識できよう。エリヤは自らが何を待っているのかがわからないまま待った。「主の御前には非常に激しい風が起こり、山を裂き、岩を砕いた。しかし、風の中に主はおられなかった。風の後に地震が起こった。しかし、地震の中にも主はおられなかった。地震の後に火が起こった。しかし、火の中にも主はおられなかった。火の後に、静かにささやく声が聞こえた」（王上十九11～12）。そしてその静けさの中には、欽定訳が詩的に呼んでいる「静かなる声」があり、これが主であった。

後の時代になると、預言者イザヤは神との畏るべき邂逅を描写している。すなわち、

ウジヤ王が死んだ年のことである。わたしは、高く天にある御座に主が座しておられるのを見た。衣の裾は神殿いっぱいに広がっていた。上の方にはセラフィムがいて、それぞれ六つの翼を持ち、二つをも

って顔を覆い、二つをもって足を覆い、二つをもって飛び交っていた。彼らは互いに呼び交わし、唱えた。「聖なる、聖なる、聖なる万軍の主。主の栄光は地をすべて覆う」。この呼び交わす声によって、神殿の入り口の敷居は揺れ動き、神殿は煙に満たされた。わたしは言った。「災いだ。わたしは滅ぼされる。わたしは汚れた唇の者。汚れた唇の民の中に住む者。しかも、わたしの目は王なる万軍の主を仰ぎ見た」（イザ六1〜5）[1]

イザヤの数世紀後、ヘレニズム時代のユダヤ人哲学者アレクサンドリアのフィロンは、公の生活に入る前に自らが手放した恍惚体験を生き生きと描写している。

哲学や世界と世界内の事柄についての楽しみに打ち込むようになる前のことだが、私は素晴らしい好ましい祝福された知的な感情の果実を得た。私はたえず、また飽くことなく糧としていた神託や教義の中にたえず生き、それらを最上の喜びとしていたので、低俗な考えや卑屈な考えを弄ぶことも、栄光や富や身体の悦びの探求にふけることもなかったが、ある魂のひらめきによって高く引き上げられ空中に受け入れられ、太陽と月の領域に留まって、全天と全世界に関わっているように感じた。[2]

少し後の時代になると、共観福音書（マタイ・マルコ・ルカ）は描写している。

イエスはペトロ、ヤコブ、ヨハネを連れて、高い山に登った。そしてイエスの姿が彼らの目の前で変わり、服は真っ白に輝き、この世のどんなさらし職人の腕も及ばぬほど白くなった。そしてそこにエリヤ

とモーセが現れて、イエスと語り合っていた。(マコ九2)

福音書によると、弟子たちだけでなく、信じる者は皆、現在と終末論的未来において彼らの今の人生を超越することができる。共観福音書は、神の王国とか天の王国という表現を使って、このまだ見ぬ現実に言及しており、また、数々の譬え話を語るイエスが登場している。彼の譬え話は、天の王国を最も望ましく最も魅力的なものとして描く。

天の王国は、畑に隠された宝のようだ。見つけた人はそのまま隠しておき、喜びながら帰り、持ち物をすっかり売り払ってその畑を買う。また天の王国は良い真珠を探す商人のようだ。高価な真珠を一つ見つけると、行って持ち物をすっかり売り払い、それを買った。(マタ十三44〜46)

同様に、「ヨハネ福音書」の筆者は、信者が神の子として生まれ変わること(ヨハ一13)や永遠に住まうことのできる神の家(ヨハ十四2)を約束している。

これら古代の文書は、超越の契機や永遠の命の可能性、現世を超える人生といった、神的なものとの交流を描いている。ある人々にとって、典礼や式文や聖書そのものがこうした体験を媒介する。別の人々にとって、超越の契機——私たちを力強く変身させるような方法で日常的な経験の領域の外へと連れだす契機——は、私たちの宗教的な確信や慣習と密接には結びついておらず、幸せや愛や同情や謙虚さ、つまり宇宙、宇宙体系、狭い意味での「物事の成り立ち」の中に漠然と不完全な形で体験される。そうした契機は、ただ単に「起こる」こともあるし、美術・音楽・文学、そして映画によっても媒介されることがある。

現世からの束の間の休息

たいていの人は、日々の暮らしの息抜きを味わえるような、現世からの束の間の休息を求めている。ロバート・ベラーの言葉をかりると「日々の暮らしの世界に認められる第一のことは、ずっとそこで生きていられる人はいないという点である。われわれは皆、かなりの頻度で日々の暮らしの世界を離れる」（強調はベラー）のだ。[3] 一つには、私たちは毎日六～八時間眠って過ごしており、これは同時に、私たちが夢を見ているということをも意味する。夢は日々の暮らしにおける私たちの経験を支配する年代的・地理的・物理的な束縛から解放されている。しかしながら、眠りを別にしても、私たちは定期的に、多様な――テレビを見たり、音楽を聴いたり、小説を読んだりといった――活動に従事し、まさにこうした活動のもつ吸引力によって、日々の暮らしから解放されている。ベラーの指摘によれば、私たちがこうした活動に多くの時間を割く主な理由は、実に、こうした活動が私たちを現世的存在性から引き離してくれるからである。[4]

本書のいたるところでみてきたように、映画は映画を引用・引喩することで、登場人物や物語に、完全とはいえないにせよ普遍的な意味を、おそらく神的でさえあることを認められた意味を付与する。そして、それをより広い宇宙的規模で描いてみせることに成功した映画もある。観る者に超越的な体験を与えうる作品は、聖書を単独で用いるのではなく、聖書と共存するような映像や音楽、撮影技術、語り口、編集その他、作り手の持っている映画的技術を駆使して、私たちにありふれた毎日からの休息を与え、また私たちに現世を新しい見方で捉えさせる。

超越と主体

私たちは皆、自身の経験や認識や好き嫌いに応じて映画に反応する[5]。したがって、同じ映画について異なる評価がでてくるのは何ら不思議ではない。二〇一一年の『ブリューゲルの動く絵』は、マイケル・ギブソンの一九九六年の論文に基づく作品で、評論家から嫌悪感と称賛の両方をもって迎えられた。この映画はピーテル・ブリューゲル（父）の一五六四年の絵画『ゴルゴタの丘への行進』を映画的な探求、あるいはより良い言葉を用いるなら、この絵画についての黙想である[6]。ブリューゲル作品の多くと同様に、この絵画には人間が群をなして——およそ五百名——活動に興じている。映画はそのうち十二人の人生に注意深く分け入っていく。映画の設定はイエスの時代ではなく、ブリューゲル自身の時代と場所にあたる十六世紀のフランドル、ローマ人の役はスペイン駐留軍の兵士が演じ、彼らはフラマン人のプロテスタント教徒を容赦なく迫害している。

トゥマルキーヌは『国際映画ジャーナル』誌で、「ゾクゾクする映画体験」を作り出す監督を称賛し、それを力強くて記憶に残る「あご開けっぱなしのスペクタクル」として描写している[7]。レガットはさらに強い興奮を示して、この映画を「芸術的想像力を活用してキリストの受難をめぐるピーテル・ブリューゲルの高密度なフリーズの生き生きと息づく世界へと観る者を運んでいく技術の奇跡」と呼んだ。彼の見方によれば、「この魅力的な映画において、絵画が文字どおり現実のものとなる。映画を観る者にその不思議な光景が到来するさまは、ちょうど眠った身体に夢が到来するかのようだ[8]」。しかしながら、皆がこの映画を観て歓喜したわけではない。ヤングは『ハリウッド報』誌によせた映画評において「十六世紀美術の傑作を探求・分析・翻案しようとする野心的な試みではあるが、いらいらするほど平板である[9]」と評した。『フィラデルフイア・インクワイアラー』誌の映画評者リッキーは「視覚的には非常に美しいが、語り口には観るべきものがない」と述べた。彼女は締めくくりにこう書いている。「この映画を最後まで観た我慢強い観客は、画家ブリューゲルの立場で考えることができるだろう。しかし、マイェフスキの慎重な歩調は、ブリューゲルの『ゴルゴタの丘への行進』の空気をしゃぶっているのであって、絵画に命を吹きこんだのではない」[10]。

超越と感情

さまざまな映画がさまざまな観客を相手にして、超越の経験を引き起こすのに成功したり失敗したりしているが、映画の作り手が観客に特定の感情を体験させたいと熱望しているのははっきりしている。プランティンガが強調するように、「感情の経験は、映画を観ようとする主要な動機の一つである」[11]。

映画の語り手は、その映画についての自身の感情を観客が追体験してくれるように期待している[12]。したがって彼らは、映画メディアそのものの基本をなす技術や特徴をとおして、観客の感情や反応を引き出す。そこには語りの構造や登場人物の成長のほか、観る者を映画に引きこむ3Dやカメラワークといった技術も含まれる。こうした感情の経験はあらかじめ構造化されていて、それこれの慣例に対応して予測可能である[13]。たとえば聖書叙事詩映画の壮麗さは、観客をゾクゾクさせようと意図して造られており、観客の反応は、その意図がたいていうまくいったことを示している。さまざまな慣例やジャンルによって引き起こされる感情は、映画の進展につれて展開するという時間的プロセスを持つ[14]」。プランティンガは、感情の生成における登場人物の役割や登場人物への関わり方に注意を向けている。彼の定義によると、登場人物への関わり方とは「観る者が映画の登場人物との間に形成した心的な活動と反応の軌跡[15]」である。ここには反感も葛藤も無関心も含まれるだろう。しかしながら最も力強いのは共感である。

ハリウッドのもっとも古典的な映画作品は、一人あるいはそれ以上の登場人物への強い共感を呼び起こす。共感はそれ自体が快いし、強い感情的反応をも確約する。なぜなら、観客がある登場人物のことを深く気にかける時には、物語の展開にも思い入れを持つものだからだ。そして深い思い入れは、たいてい強い感情を導く。[16]

慣例と超越

さて映画は、他の芸術形態が用いた技術も活用する。ベラーは、イコン・音楽・詩・文章・概念の提示といった技法にも言及している。[17]とりわけ映画は、人が物語に夢中になることを活用する。私たちは先天的にも後天的にも、自分自身のものではないにせよ、自分が追体験できるような物語に容易に惹きつけられる。[18]

聖書は、神が人間界にどう関わってくるか、神の天国的領域への幻想の到来、神が預言者たちに向かって直接語りかけ、間接的に民衆全体に語りかけた多くの言葉について詳しく述べる。聖書は象徴的な言葉――鷲の翼、光、言葉――を用い、燃える柴や羽ばたく智天使《ケルビム》といった劇的な出来事、雲・煙・雷といった自然事象ではあるが畏怖を引き起こすような出来事、そして時には、神を意味し表現するために完全な沈黙――動かぬ小さな声――というような畏るべき体験を描いて、聖書の読み手や聞き手に畏怖の念を喚起する。

一九五〇年代から六〇年代にかけての聖書叙事詩映画は、こうした出来事を忠実に文字どおり表現しようと、当時、芸術の域だと捉えられていた特殊効果、そして大空や壮大な風景や豪華な音楽など、神や神の領域を表現すると考えられていた慣例を用いた。そうした映画的場面は当時、畏怖を呼び起こしただろうが、どんな時代にも超越の感情なり体験なりを促進するとは限らない。二つの理由が考えられるだろう。一つ目には、こういった場面は壮観さや叙事詩的な性格を持ってはいるが、観客を純粋に観る側として扱うためである。こういった場面は、観客が映画に我がこととして参加するべく中に招き入れはしない。これは少なくとも部分的な理由としては、強調して描かれている体験が私たちには起こりえない事柄だったためである。私たちはモーセやイエスではありえない。二つ目には、こうした慣習的作法が常套句《ステレオタイプ》やクリシェの特徴になったためである。その慣例で表現しようとしている神的なものに注意を向けるよりも、神的なものを意味するものとしてどこでもかしこでも現れる特質のほうに注意を向けてしまうのだ。慣例的要素のせいで、意味されているものへの注意が散漫になり、その慣例のクリシェとしての性格そのものに注意が向いてしまう。これとは対照的に、表象的なレベルであれ物語るレベルであれ、私たちには予測もつかないような事柄によって驚かされ、私たちのボキャブラリーにない反応をしてしまう場合に、その映画は超越的なのだ。

筋書き

観る者に二つの世界の相互関係――たとえば『ショーシャンクの空に』では現実の世界（ショーシャンク刑務所）と現世の限界の外側にある世界（大西洋岸）――を提示することによって、現世と超越の対比に注意を向けさせる映画もある。[19] 主人公はこの二つの世界を行き来し、その過程で根本的に変貌していく。[20] アンディは彼を閉じ込めている壁の向こうに行くだけでなく、たとえ自分の囚人仲間が一緒に脱獄できないとしても、超越を約束しようとしている。

そうした試みがある晴れた五月の午後に起こる。アンディと彼の友だちは、監獄の壁の外側で短期業務をする幸運に恵まれる。工場の屋根にタールを塗る仕事だ。アンディは看守たちの会話を耳にし、一番意地の悪い看守ハドリーが相続した合計三万五千ドルもの金額を国税庁の手から隠したがっていることを知る。アンディはその金を奥さんに贈与するように命がけでハドリーに示唆する。贈与は非課税になるからだ。アンディは贈与にかかわる手続きをする代わりに、「仲間」に三杯のビールを払ってほしいと言う。そこに居た者はハドリーも含めて驚き果てて賛成し、囚人たちはふたたび自由の身になったかのような一時を味わう。

音楽

『ショーシャンクの空に』が二つ目の超越として描いているのは、いっそう驚くべき超越の契機である。数年間にわたる努力の末、アンディは刑務所の図書室に書籍やレコードを大量に獲得する。彼は看守をトイレに閉じ込めて、モーツァルトのアリアの録音をレコードプレイヤーに乗せ、ラウドスピーカーに配線する。美しい音楽が刑務所の壁を越えて舞い上がり、囚人たちは天国的な音響に驚いて、天を見上げる。アンディの友で、映画のナレーターをつとめるレッドは思い起こす。

　この美しい歌声が、われわれが夢見ることのできた高みや遠さよりも高く遠く舞い上がった。それはまるで美しい鳥が俺たちの小さなカゴに飛んできて、その檻を消し去るかのようだった。短い時間ではあったが、ショーシャンクの野郎が一人残らず自由を感じた。所長は怖ろしい形相をまきちらした。アンディはこの無謀な挑戦のために懲罰房に二週間入れられた。[21]

音楽は、パゾリーニの『奇跡の丘』（一九六四）の重要な要素である。パゾリーニは映像と音楽を並置することによって、思いもよらない仕方で、私たちを若いマリアとヨセフの感情世界へと引きこむ。オープニング・クレジットがまわる間に流れる第一のサウンドトラックは、アフリカ系のミサ曲《ミサ・ルーバ》の楽しげで気取らない「グローリア」である。《ミサ・ルーバ》は、ラテン語ミサ文がベルギーのフランシスコ会の修道士であるG・ハーゼンの手で翻案調整され、コンゴの伝統的楽曲に付けられたもので、コンゴの少年少女合唱団によって一九五八年に録音された。《ミサ・ルーバ》に続くのは、より伝統的で耳に馴染みのあるバッハの《マタイ受難曲》の第六八楽曲「我らは涙流してひざまずき」であり、この楽曲は一転して深刻で悲しげなムードを形成する。音楽は急に消えて映画が始まる。まるでピエロ・デラ・フランチェスカのフレスコ画「出産の聖母」（一四五九～六七）のように美しく構図化された臨月間近のマリアを映し出し、やがてヨセフが失望して立ち去る姿がゆっくりと丁寧に描かれる。混乱し苦悩した彼が村の小径で休憩をとっていると、音楽がふたたび急に止まる。ヨセフが目を開けると、流れるような白い衣をまとった天使が目に入り、天使はヨセフに、赤子は聖霊によるものだと安心させる。天使はヨセフにマリアのところにもどって結婚し、赤子をイエスと名付けるように指図する（マタ一20～21）。《ミサ・ルーバ》の「グローリア」がふたたび力強く鳴る。ヨセフは家路を急ぎ、マリアは微笑む。それからパンアウトして、彼らの顔を交互に映し出す。パゾリーニは信頼の失墜と回復の短いドラマを創り出した。音楽と見事なカメラワークとピエロ・デラ・フランチェスカの絵画の引喩が、「マタイ福音書」の第一章を、神的な啓示の物語からマリアとヨセフの愛の物語へと変容させ、悲しみの雰囲気から歓喜の雰囲気へと転換している。パゾリーニはこのようにして、福音書の説くことを一句も変えることなしに、福音書の限界を超越し、人間の愛――ヨセフとマリアの間の愛――が、マリアの胎に赤子を宿らせた神的な愛をも超越する可能性を暗示した。

『モントリオールのジーザス』（一九八九）における超越の契機もまた、音楽と映像の相互作用によって作り出されているが、この場合は、映画の始まりと終わりの建築的な空間における音楽と映像の相互作用である。オープニング・クレジットがまわるあいだ、カメラは観る者を、街全体の最上の場所である聖ヨセフ礼拝堂の美しい丸天井に引きこむ。そこでは二人のソリストをはじめとする音楽家たちが、見事なステンドグラス張りの窓を前にして、ペルゴレージの《スターバト・マーテル》の最後から二番目の楽章を練習している。最後の場面でも、私たちはこの二人のソリストと出会う。今回鳴っているのは、彼らが通行人から施しを求めて、膝に乗せている小っぽけなCDラジカセである。今回の背景は礼拝堂の荘厳なステンドグラスではなく、「野生の男」と名づけられた香水の巨大広告であり、その手前には映画冒頭でダニエルがモントリオール劇場に到着したことを知らせた俳優の頭が大写しになっている。彼らはなんと落ちぶれてしまったことか。だがイエスの墓を思わせるようなこの最後の瞬間になってさえ、カメラは終わりなく上昇して観る者を墓穴の深みから復活の天国的高みへと引き上げ、最後のクレジットロールに至る。

『人の子』

筋書き

最近の南アフリカ映画『人の子』（二〇〇六）では、イエスと彼の家族、彼の弟子、彼の敵が、一世紀のパレスチナから今世紀の「ユダヤ国」へと置きかえられている。ユダヤ国はアフリカのどこかにある架空の国で、地元の権力者が市井の人々を暴力で震え上がらせ、そのような権力者が支持する国外の非友好的な統率者がこの軍事政府を操作している。イエスはこの政権に対して非暴力の抵抗運動を開始し、多くの信奉者を得る。イエスは一世紀の人物と同様に権力者によって処刑されるが、彼の家族と信奉者たちは、彼の並外れた人柄のもつ静かな力に鼓舞され、彼に倣って、彼が開始した仕事を継承する。この映画は現代の物語と古代の福音物語の筋書きや登場人物を融合させることで、映画自体の語りの文字どおりのレベルと寓話的レベルを同化させている。

この映画は、イエスが青年に達して誘惑に遭う場面で始まり、その後、降誕の物語に戻る。そこにはマリアが天使と出会う（ルカ）際や、ヨセフが天使と出会う（マタイ）際の語りは牧歌的なものではなく、耐えがたい暴力の最中に天使が顕現するさまが描かれる。若いマリアが学校に来てみると、十人あまりの子どもたちが虐殺されている。実行犯たちはまだ構内に居て、見つかれば危険なので、彼女も死んだふりをして、死んだ子どもの間に横たわる。実行犯たちが去ると一人の天使が彼女の前に現れて、男の子を身ごもることになるだろうと告げる。その天使と、つきしたがう子どもの天使たちは手を繋いでいて、まだ身体が冷たくなっていない子どもたちと対照的である。

マリアと村人たちは、村を取り囲んでいる軍隊から逃げるために自分たちの家を後にするが、道すがら襲撃され、多くの子どもが目の前で容赦なく殺される（「二歳以下の男の子を一人残らず殺させた」マタ二16）。イエスは難を逃れた。マリアとヨセフが危険を察知して彼を隠したからである。茂みから覗くあいだ、マリアははじめ息子の目を覆うが、圧政者の残忍さをしっかり見せようと、息子の目から覆いを取る。この少年の非暴力的抵抗への道を切り開いたのは、この光景――この凝視――であった。

映画はその後、イエスの青年時代に続き、彼は信奉者たちを集め、彼自身も驚きつつ奇跡を起こしていく。この奇跡は雄弁な壁画によって人々に伝わっていく。イエスはマグダラのマリアを石打ちから救う。彼女はイエスの下に集まった男女と一緒に弟子になり、イエスの母マリアがたどり着いて一団に加わるのを歓迎する。ユダははじめのうち、他の者と同じく弟子であるが、命令されて殺戮を行う少年戦士としての体験があ

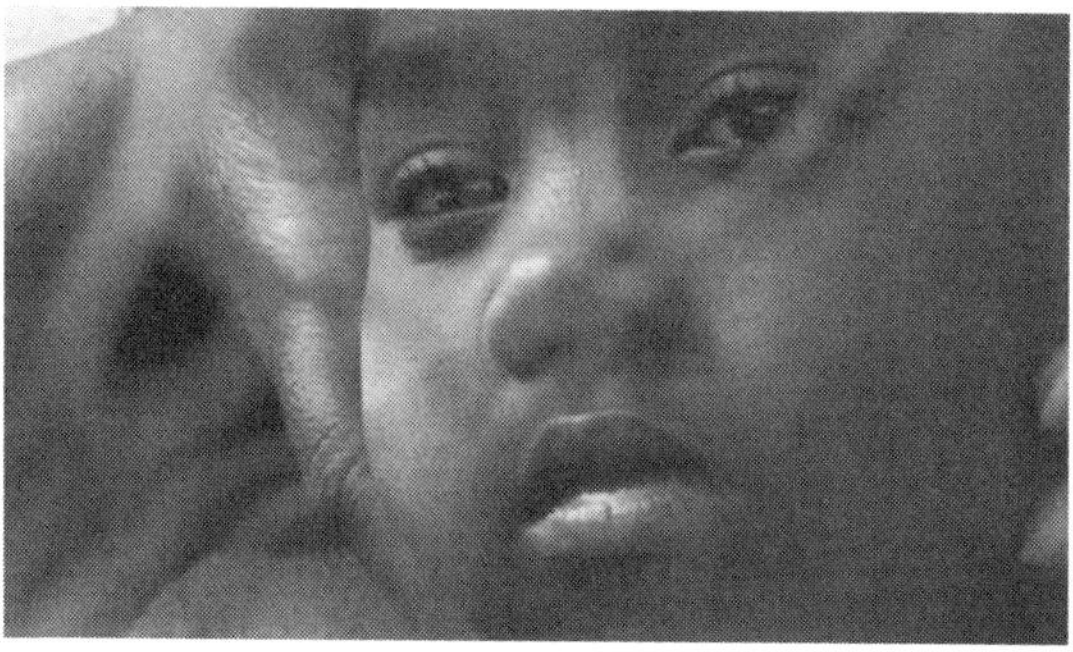

少年イエスは虐殺を凝視する　『人の子』

って傷ついている。彼にとって銃を捨てるのは難しく、これまでのイエス物語の中でもユダが行ってきたとおり、最終的にイエスを裏切る。今回のユダは、イエスのスピーチと活動の録画ビデオを、カイアファならびにアンナスと名づけられた地元権力者に提供するかたちで裏切りを実行する。外国の執政官（ピラト）がこの二人に、暗黙裡にイエスを消してしまうように指示する。この録画は、イエスの反逆罪の証拠提出のために行われている。

超越の諸契機

超越の契機が最も強く起こるのは、映画の最終場場面である。この場面ではイエスの磔刑にまつわる従来の物語が覆される。イエスはこの政権の手先によって殺害されて無縁墓地に埋葬されるが、イエスの直弟子とマリアが彼を見つけて掘り出すのである。マリアは古典的なピエタの姿勢をとって死せる息子を膝に乗せ、小型トラックの荷台に座っている。

観る者は、母と弟子たちがイエスを尊厳あるかたちで埋葬に付すと予期するだろう。ところが正反対のことが起こる。彼らはイエスを十字架にかけるのである。イエスを釘打ちにする代わりに、彼らはイエスの手を赤いリボンで十字架に結びつける。今や、福音書の語りから

ピエタ　『人の子』

かけはなれているのだから、驚きの準備は完了した。死と磔刑の順序を変えるとは、衝撃的で、冒瀆的でさえある映画だ。

人々はその場所に集って参詣する。マリアは静かで悲しげで、観念している。マリアと少数の弟子たちは、集った群衆を演壇から見下ろす。そしてマリアが目を閉じて悲しげに《大地は闇に包まれた》と歌うと、カメラはズームして超クローズアップになる。一人また一人と声が重なっていき、やがて一人がハモって歌いだす。女たちが、そして男たちが加わって、歌声は次第に強くなっていく。群衆は今や共に歌い演壇に群がっている。マリアは今やすっくと立ち、彼女の背後の十字架には息子が高く掲げられている。群衆は踊り、手を打ち鳴らしている。哀悼歌は《トイ・トイ》の歌声——抗議の歌と踊り——へと変わり、未だ平穏ではあるものの、ますます反抗的になる。軍のヘリコプターが一機、頭上を旋回している。カメラは抗議しながら歌い踊る人々の頭上にいる軍用機にショットを向ける。兵士が演壇に突進してきて、指導格の男が叫ぶ。「逃げる時間を五分やるぞ」。多くの者が逃げ去るが、数十名の男女は依然として演壇上で歌い踊る。突然、発砲音が聞こえ、人々が悲鳴をあげ、詠唱が止む。抗議行動をする人々は兵士の銃に屈したのだろうか。私たちが予測したのはこのことだ。なにしろ映画の始まりの虐殺から、イエスその人をこそこそと殺害し

マリアは十字架にかかっている息子を見、ゆっくりと兵士に向き直る
『人の子』

埋葬するまで、すべて暴力ずくめであったから。

しかし違う。マリアは演壇上で他の人々と同様に身を屈めていたが、一瞬の放心状態の後、ゆっくりと立ち上がる。彼女はまだカメラに背中を向けているが、肩越しに、背後の兵士を見て、それから傍の十字架にかかっている息子を見る。彼女はゆっくりと兵士に向き直る。

他の人々もゆっくりと膝を立てる。銃口はまだ彼らに向けられているが今は発射されない。マリアは静まりかえった中で、足を肩幅に開き、もう一度《大地は闇に包まれた》を歌い始める。信奉者たちが加わり、今回は素早く力強く《トイ・トイ》の歌声のパワーが増していく。彼らはカメラを真っ直ぐに見据えており、私たち観客は兵士の立場に居る。しかし、彼らの抗議にかける決意と能力を前にして、私たちにはただ黙っていることしかできない。カメラは一団の前にいるマリアたちにズームアップするが、その後素早く、地元の人々がフェンスに描いた絵に焦点をあてる。そこに描かれているのは、信奉者が踊り、マリアの息子が十字架にかけられているさまだ。

ほとんど静寂といえる時が流れる。環境騒音が消されてい

空になった十字架をめざして、彼らは丘を駆け上る　『人の子』

るのだ。カメラはそれから、草のない丘と影を映し出す。新しい歌《春の太陽が山を越えていく。今日私たちは団結した》は、しかしこの映画の中ですでに幾度も現れて、イエスの運動のしるしと希望を生みだしてきたものにほかならない。はだかの大地の窪みには影が差し、大きな影には多くの小さな影が重なっていく。希望の歌は次第に強くなっていき、私たちはその大きな影がイエスの影だと気づく。今やイエスは楽しく喜ばしい子どもの天使たちのあいだで、命への復活を享受している。今や空になった演壇、今や空になった十字架を目指して、彼らは丘を駆け上っていき、彼らの慟哭が天国的な合唱の響きと出会う。

　イエスはカメラを振り返り、喜びと勝利の思いを込めて両手を挙げる。映画は終わる。スクリーン上に全人類の尊厳と神性を宣言する文章がまわる。「神言給けるは我儕《われら》に象《かたど》りて我儕の像の如くに我儕人を造り」（創一26／欽定訳）。このクレジットロールは、タウンシップ〔アパルトヘイト時の非白人の居住地域〕から毎日提示されていた風景だ。[23]

　この終わり方は福音書における受難物語から逸脱しているが、この映画は、十字架を死の道具としてでなく昇華の道具として扱っている点で、「ヨハネ福音書」を思い起こさせる。この最終場面の緊張感とその喜びに満ちた解決は、キリストのメッセージを被抑圧者の勝利として伝えつつ、希望や信仰・歌・踊りといったものが、人々を結びつけて彼らに逆境に立ち向かう強さを与えうることを、いっそう力強く伝える。

超越を撮影すること

今みた二つの映画作品『ショーシャンクの空に』と『人の子』において、超越の契機は儚く、メインテーマに勝るものではない。したがって今度は、超越が主たるテーマになっており、したがって、観る者を継続的にあらゆる手を尽くして超越の契機に引きこもうとしている二つの映画をとりあげることにしよう。

『バベットの晩餐会』

筋書き

デンマーク映画『バベットの晩餐会』（一九八七）は、イサク・ディーネセン（カレン・ブリクセン）の小説に基づいて、十九世紀末のデンマーク、ユトランド半島の小さな村を舞台にしている。映画が焦点をあてるのは、年配の姉妹マーチーネとフィリパである。彼女たちの父親はきわめて厳格な禁欲的キリスト教の教区を開拓した人物だ。物語の「現在形語り」において、姉妹は、老化して不満の多い小さな集団を招いて、父親の生誕百年を記念する会を開こうと準備している。二人の簡素で清廉な持ちものや宗教的な禁欲主義からすると驚くべきことだが、二人はバベットという名の家政婦を雇っている。自分たちの暮らしや集会を手伝ってもらうためだ。長い回想場面では、この二人が若い頃に求婚してきた外国人たちのことが示される。マーチーネには、ローレンス・レーヴェンイェルムという恋人がいた。ハンサムで裕福だが浪費癖のある若い士官だ。彼はマーチーネの傾倒しているようなライフスタイルを共にすることはできないと判断し、突然去って行ったのだ。フィリパの崇拝者は、著名なフランス人バリトン歌手アシール・パパンである。彼は歌唱レスナーとして、フィリパの美声と容姿に入れ込み、恋に落ちたのだ。彼女は彼のお節介が息苦しく、また彼が提示するレパートリーがあまりに恋愛的な内容に傾くのが煩わしくなり、このロマンスに終止符をうった。姉妹は二人とも小さな村での暮らしに十分満足し、父の死後は教区をまとめてきた。

バベットは、二人の青年が去って三五年ほどして現れた。暗い嵐の夜に、疲れてびしょびしょになっていた。彼女はパパンからの紹介状を携えていた。その手紙には、彼女の夫と息子は一八七一年春のパリ・コミューンの暴動で、ガストン・アレクサンドル・オギュストとマルキ・ド・ガリフェの手で殺され、パリには身寄りがいないこと、そして彼女は「料理ができる」と書かれていた。

バベットは、掃除から賄いまで家事一切で姉妹に仕え、十四年がたった頃、フランスから手紙を受け取る。そこには、パリの宝くじで一万フランが彼女にあたったと書かれていた。彼女は姉妹二人の亡父の生誕百年を祝うための晩餐を、自分の支出で用意させてほしいと頼む。姉妹二人は食べものとは楽しみのためでなく身体の糧のためのものではないかと懸念しながらも、バベットの希望を受け入れる。入念な支度の末、すばらしい晩餐が出来上がった。メニューに並んだのは、ポタージュ・ア・ラ・トルチュ（亀のスープ）、ブリニ・デミドフ・オ・カヴィア（そば粉ケーキの魚卵《キャヴィア》とサワークリーム添え）、カーユ・アン・サルコファージュ・アヴェク・ソース・ペリグルディヌ（フォアグラとトリュフを添えたうずら肉の貝型パイ）のほか、ベルギー産チコリとクルミのドレッシングサラダ、フロマージュ皿にはブルーチーズ、パパイヤ、いちじく、ぶどう、パイナップル、ざくろが添えられていた。デザートは、サヴァラン・オ・ロム・アヴェク・デ・フィグ・エ・フリュイ・グラセ（いちじくと砂糖漬け果実のラム酒スポンジケーキ）である。この贅沢な料理には、クロ・ド・ヴジョの一八四五年物や、ヴーヴ・クリコの一八六〇年物といった、たいへん上品で高価なワインやシャンパンがそえられ、食器は美しいボーン・チャイナとクリスタルの脚つきグラスだった。この晩餐には、村の小さな共同体に混じって、思いがけないことにローレンス・レーヴェンイェルムがいた。姉妹は、バベットが彼女らのもとを離れてパリに戻るのを惜しみながらも受け入れていた。しかし、彼女はその場に残る。彼女は宝くじの賞金をこの晩餐で使い果たし、今や彼女は姉妹の家族になっていた。

聖書からの引用

姉妹とこの集落のキリスト教信仰からみて、聖書からの引用が行われるのは、なんら驚くべきことではない。ローレンス・レーヴェンイェルムは、当時から五十年を経て賢くなり、この晩餐のために正装しながら、かつて野心旺盛で愚かな若者だった頃の自分の選択をふりかえり、「コヘレトの言葉／伝道の書」を引用する。「なんという空しさ、なんという空しさ、すべては空しい」（コヘ一2）。晩餐の最中には、教区の老人が、ぶどうやいちじくの盛られたデザートに反応して、「民数記」の一節を唱える。

エシュコルの谷に着くと、彼ら（約束の地を偵察するためにモーセが送った偵察隊）は一房のぶどうの付いた枝を切り取り、棒に下げ、二人で担いだ。また、ざくろやいちじくも取った。（民十三23）

バベットはキリスト的人物像である。カメラは彼女が首にかけている十字架を頻繁に映し出す。[24] イエスがパンと魚を増殖させて群衆を驚かせたのと同じく、姉妹はバベットが来てからというもの、二人の持ち金が増えたことに驚いている。その理由は明瞭で、バベットは地元の食品店や漁師と抜け目なく競り買いをしていたからだ。しかし姉妹の目から見ると、彼女によって持ち金が増えるのは神秘的な贈りものである。

救世主的な晩餐

しかし、聖書の引用やバベットの人物像の中に、超越の経験は見いだせない。それが見いだせるのは晩餐のご馳走そのものである。愛情込めて料理され、皿に盛られたものを享受する場に参加する人々だけでなく、それを見ている人々にとっても救世主《メシア》的な晩餐なのである。聖書の本文や聖書以降の時代のユダヤ文献、初期キリスト教徒の文章に示されるとおり、豊富で豪華で異国情緒あふれる食べ物・飲み物は未来、ほかならぬ平和と和解の時代の到来を予感させる。「イザヤ書」二五章で、「その日」「この山で」主がすべての民のために「良い肉と古い酒を供される。それは脂肪に富む良い肉と選り抜きの酒」を饗する祝宴を開くことが約束されている（イザ二五5〜6）。「イザヤ書」五五章でも祝宴という主題がとりあげられており、「渇きを覚える者は皆、水のところに来て」、「銀を持たない者」が「穀物を求めて食べ」、「価を払うことなくぶどう酒と乳を得る」という呼びかけがなされる（イザ五五1〜2）。これはまさに、バベットが姉妹と彼女らをとりまく人々に提供したものだ。

「箴言」によると、知恵の淑女は、見事で豊富な食糧を食べることと精神の成熟とを結びつける。

彼女は獣を屠って酒を調合し、また食卓を整える。彼女ははしためを町の高い所に遣わして呼びかけさせる。「浅はかな者はだれでも立ち寄るがよい」。意志の弱い者にはこう言う。「わたしのパンを食べ、わたしが調合した酒を飲むがよい。浅はかさを捨て、命を得て、分別の道を進むために」（箴九2〜6）。

この聖句で明確に記されているのはとくにパンと酒についてだが、聖書外典の「第二バルク書」は、メニューに異国風の品目を加えて「あれらの部分になるべく定められているすべてが成就される時が来たら、メシアが現れ始める時となるだろう。そしてべヘモットが自分の持ち場から顔をだし、レビヤタンが海から上ってくるだろう。これらは創世の五日目に私が創った二つの怪獣で、その時まで居続けるだろう。そしてこれらは残った者すべての食糧となるであろう」。巨大な亀は、バベットの抜群の亀のスープへと身を捧げることで、たがいに手をとって、われわれが通常考えるべヘモットやレビヤタンのような怪物よりも魅力的な姿をとりうる。「第二バルク書」は想像できないほどの豊富さを約束して、以下のように続ける。

大地は一万倍の実りをも生みだすだろう。ブドウの木には千の枝があり、その枝は千の房を実らせ、その房は千の粒をもたらし、ワインの樽を生みだすだろう。（二バル二九5）

救世主による祝宴というテーマは、カナの婚礼（ヨハ二1〜2）にも通底する。この話では、宴会の世話役が花婿に向かって、初めに出たワインがなくなった後に出てきたワインの質の良さと豊富さを褒める（ヨハ二10）。四福音書のすべてにおいて、イエスは数千の群衆の空腹を満たすべくパンと魚を増殖させている（マタ十四13〜21、同十五32〜39、マコ六31〜44、同八1〜9、ルカ九10〜17、ヨハ六5〜15）。こうした奇跡物語は、イエスの人間離れした能力を強調するだけでなく、私たちの未来たる完全な世界に待ち構える富をも示唆する。[25] 同じメッセージが、「ルカ福音書」の宴会の寓話にも流れている（ルカ十四、同十五、同二二）。

しかし『バベットの晩餐会』がもっとも明瞭に示唆している聖書的な食事とは、イエスが死の前に弟子たちと分け合った「最後の晩餐」である。どちらの場合も、招かれた客は十二名であり、どちらの機会も記念的なものである。しかしながら、その雰囲気は大きく異なっている。「最後の晩餐」のほうは憂鬱で、食卓につく者のうちだれかが、もうじきイエスを裏切って死に至らしめることが示される場だが、バベットの晩餐は楽しげで、客を迎えるのであって裏切り者を追い出すのではない。イエスは「最後の晩餐」に同席して弟子たちに直接話しかけるが、バベットはテーブルについていない。彼女の芸術的で霊的な達成が意味するものは、この共同体にとってよそ者であるローレンス・レーヴェンイェルムによって与えられている。彼は彼女に会ったことはなかったし、食事のあいだ、彼女に一瞥も注がなかったが、彼女が誰であるかということ、彼女が提供するものの天上的な威厳を理解するのは彼だけである。おそらく彼は、福音史家のようなものと理解できるだろう。生活する場にいる人々が楽しむためにこの晩餐を提供し、それゆえ現世と霊魂とにおける生き方をめぐる教えを伝えるのが誰であるのかが、彼にはその人々よりもはっきりとわかるのだ。

超越

この映画はさまざまな次元で超越的である。物語世界内的《ディエジェティック》に、つまり映画によって作り出される語りの世界において、バベットの晩餐は、小さな共同体がキリスト教的敬虔の狭い視野を超越するための方法である。バベット自身は、姉妹の禁欲主義を批判しないし変えようともせず、その反対に、彼女は共同体のかなり質素な調理法に順応すべく最大の努力を払っている。しかし、彼女が準備する晩餐は共同体のメンバーに、彼らが安らぐ領域をはるかに越え出て、彼らにとって嫌悪や恐れの分野に入っていくことを要求するものだ。

しかし彼らの恐れは、それを経験しているうちに喜びへと変わっていく。特別な機会を覚えて良い食べ物と飲み物、そして交流をもつという本質的な喜びゆえにである。またいっそう重要なことに、彼らは、富は障害ではなく、むしろ無私の愛の精神で準備し味わう場合に神的な世界への道であると悟るのだ。その料理は本当に、彼らが毎日歌っているイェルサレムの予兆、来たるべき世界の予兆である。祈りや音楽と同様に、料理はたった一晩のことではあっても、彼らが現世の人生の束縛を超えて、もう一つの次元、未来の次元に待ち構えるものを見るのを可能にする。そして、彼らは料理によって自分たちの言い争いを克服し、積年の後悔や恨み節を脇において、思いやりあふれる共同体に戻る。

物語世界外的《エクストラ・ディエジェティック》に、つまり観客にとってだが、この映画は現実的な映画の通常の規範を超えて、通常とは異なる視聴経験を作り出す。食事の豊かさと豪華さは釣り合いがとれていて、しかも映画では、準備の一つ一つの手間に盛んで細かい注意が向けられていたために、食事の豊かさと豪華さは高められていた。私たちは食材の購入や注文の場面を見てはいないが、食材が上陸して姉妹の家に運び込まれるのを目にする。そして食材が調理され、皿に盛られ、テーブルに並べられるのを見ている。そうした場面ではバベットの手仕事が超クローズアップで映し出されており、ゆっくりとしていて長い。料理の変容的性格は、色彩の用い方によってさらに強調される。映画の前半は薄暗いグレイと茶色で、姉妹の質素で厳格な生活様式を伝えるが、「晩餐」にあてられた映画の後半は色彩豊かであり、視聴者がバベットの用意した味覚の晩餐を視覚的な「晩餐」として代替体験できる。

『ツリー・オブ・ライフ』

筋書き

テレンス・マリックの風変わりで密度の高い『ツリー・オブ・ライフ』（二〇一一）は、きわめて珍しい趣向の映画である。この映画は、基本的にはテキサスの一九五〇年代と六〇年代に設定されており、おおまかにいって成年になることをめぐる話である。しかしこのジャンル描写では、説明や大意要約をしりぞけるようなこの映画の複雑さを十分に説明しえない。[26] 大筋は簡単に説明できる。映画の始まりでは、テキサスの三人の息子をもつ母が、そして次には父が、兵役についている息子が死んだという知らせを受ける。息子はおそらくは戦死したのだが、知らせの場面で明瞭には示されていない。[27] 私たちはこのオープニングによって、両親と残りの二人の息子が、愛された青年の突然で早すぎる死をどう受け入れるか、あるいはどう受け入れられないかを扱う映画を予期する。そしてこの映画は、たしかにある意味では、とくに長男ジャックとオブライエン夫妻の目を通じて、その死の悲嘆と甘受のプロセスを扱っている（なお夫妻は丁寧に描かれているものの、彼らのファーストネームは明かされない）。

しかし、この短い描写はこの映画が何を扱っているのか、より正確に言えば、この映画を観るときの感覚が何なのかを少しも語っていない。この映画の構成は非－線的である。私たちは、ある家族とその悲劇に引きこまれ、それから二十分間にわたって、世界の創造と生命の発生・進化をめぐる瞑想的な映像と音楽を味わう。その後、「父は君臨し、母は愛し、エディプスがかき混ぜるという伝統的な家族[28]」においてジャックが成年になることをめぐる話が続く。映画のほとんどの部分は、子ども時代をめぐるジャックの回想シーンで占められている。家にあっては共感あふれる母と、愛情深いが極端に厳格な父がおり、外にあっては牧歌的な草原と小川があって、三人兄弟は一緒だったり、仲違いしたり、友だちと過ごしたりする。こうした回想シーンが焦点を当てているのは、家族の関係を形づくる愛情とつきはなしの両契機である。時折、成長し大人になって、成功した建築家としての人生を営むジャックの「現在形」が差し挟まれる。こういった場面によって、ジャックが設計し、働き、そして生活する場である、鉄とセメントの構造物と、彼の育った緑の葉っぱの環境の対比が強調される。この映画の終盤には、もうひとつの視野が置かれている。これは未来、あるいは代替宇宙の現在を伝える視点であり、そこでは愛し合う者どうしが共に一つの場所で暮らしている。ジャックと母親は死んだ息子と再会し、この家族各自の若い時期の自分たちと再会する。観ている私たちはこの恩寵の契機に頭を悩ませ、これが「本当」なのかジャックの夢なり幻覚（あるいは本当でかつ幻覚）なのか確信をもてなくなる。

この最終場面は、映画の冒頭映像から形成されてきた感情や印象を、力強い山場《クライマックス》へと導く。物語はさまざまに描写されうる。ひとつのレビューの中でさえ、たとえば「ある人生が神の領域へと引き上げられていく物語」であり、「二つの対照的な動きからなる物語だ。つまり魂は、人間の本性がもつ下方への引力のただ中にあって、神の恩寵の神秘へと引きこまれていく[29]」と述べられる。クリステン・スカロルドはこう記している。

映画の最終場面は死後の幻ではなく（ジャックは死んでなどいない）、信仰の道に入っていく体験を高度に抽象化したものである。『ツリー・オブ・ライフ』は、神の恩寵との葛藤を二時間半近くかけて説明した末に、神との和解の契機を表現しているのだ。ショーン・ペンがこの世界のただ中で長い間さすらってきたことを表すべく、彼は砂漠を歩いている。そして視聴者の目には、彼がドアを通り抜けて若き彼自身と出会う場面が映し出されるのだ。時間は永遠によって切り裂かれている。ジャックは輝く砂丘で家族と再会する自分を認識する。ジャックを信仰へと導く彼の記憶のすべての要素がそこにある。つまり愛、苦悩、美、子ども時代、父、兄弟、母だ。視聴者は「私の息子をあなたに捧げます」という信じがたい言葉を耳にする。これこそ信仰の頂点である。そしてカメラがジャックの意識そのものであることをやめ、ふたたび彼を外側から眺める時に変化していることといえば、自分の仕事場の外に立っているショーン・ペンの顔に不思議な笑みが浮かんでいることだけだ。しかしそれで十分なのだ。[30]

オブライエン夫人は息子を神のもとに返す。これは彼女と神との和解の契機である。この上なく優雅な仕草で、彼女は息子を自ら返すことによって、息子を取り上げた神を赦すのだ。最終的には、ジャックも神の恩寵を選択する。その選択は、本質的に彼がなした、つまり父親の過酷な愛のかたちによって彼が背負った傷や、一見冷淡に感じられる神のあり方、そして成人になってから形成された計り知れない悲劇の世界を通じて、彼がなした選択である。

自然欲求の道と恩寵の道

この映画のテーマは、映画の序盤でオブライエン夫人によって語られている。彼女は言う。

> 人生には二通りあると修道女が教えてくれた。自然欲求に生きるか、神の恩寵に生きるかだ。人はどちらの道をとるか選ばなければならない。恩寵の道は自らを喜ばせようとしない。軽んじられ、忘れられ、疎まれることを受け入れる。侮辱され、傷つけられることを受け入れる。自然欲求の道は、自らを喜ば

せることだけをする。他人もその道をとるように仕向ける。他人に威張りちらすことを好む。意のむくままに。自然欲求の道は、まわりの世界が輝いていても、愛が満ちていても、不満の種を見つけだす。修道女はこう教えてくれた。恩寵の道をとる者にはバッド・エンドは訪れないと。

この映画において、オブライエン夫人は恩寵の生き方を代弁している。それは愛し、耐え、包み込み、赦す生き方だ。オブライエン氏は自然欲求の生き方を代弁している。他者を管理しようとし、固い地盤を支配して資産を生みだそうとし、扱いにくく時には怯えてばかりの子どもたちを脅して服従させようとする。しかし、彼はまた子どもたちを愛しており、時にはそのことを示す。息子の死の直後、彼は子どもたちに厳しくしすぎたかもしれないと認めている。おそらく結局は、自然欲求の道は恩寵の道に劣るのだ。彼は知っている。「立派な奴だ、ちゃんとした奴だと慕われたかった。俺は無だ。周りに広がる栄光を見ればわかる。木々や鳥たち。俺は恥の中に生きた。輝くものすべてを拒絶し、栄光に目を留めなかった。俺は愚かだ」。ここへきて、自然欲求の道は否定されているように見えるが、こうした言葉においてさえ、オブライエン氏は自然欲求の別の面を私たちに示している。つまりその栄光についてである。

自然欲求は実は、オブライエン夫人が体現する恩寵の道にも欠かせない。オブライエン夫人は恩寵について考える時、陽のさす樹々にかけられたブランコでぼんやりと揺れている。恩寵がよりよい道であるのは明らかであろうが、二つの道が不可分であることや、両者にひそむ魅力と危険、それゆえに二つのどちらかを選ぶことの難しさをも、この映画は伝えている。ジャックが成人していく上での苦悩もまた同質のものであり、この苦悩を彼が解決するには、映画の最後に提示される永遠の命という至福のビジョンによってのみであった。映画の序盤で、ジャックはこうささやいている。「兄弟。母。私をあなたのドアに導いたのは彼らでした」。後に彼は認めている。「母、父、あなたたちは私の内でいつも格闘しており、これからもいつも格闘しつづけるでしょう」

技術と超越

いくつもの明瞭な映画技術が超越の体験を形成している。筋書きそのもの――ある男が自分の人生を受け入れ、自分の人生を超えたより大きな神秘と真実（おそらく神）を感得する――は観客がこの道筋を追いかけるのを助けている。会話も重要である。とくに、ジャックとその母のささやき声で提示される問いかけ、洞察、聖句、反応は、神への嘆願や神との対話、あるいは議論のように聞こえる。ヴォイスオーバーを使用したことはたいへん効果的である。祈り、そして少なくともなにか力をもった存在との意思疎通をはかる際の衝動を感じさせるだけでなく、映画を観ている者との親密さが醸し出されるからだ。オブライエン夫人とジャックは根源的な思いや問いかけを、私たちの耳に向かってまっすぐにささやく。このため私たちは彼らが語りかけ、答えを求めている相手が自分であるかのように感じる。しかし私たちはこうした実存的な問いにどう答えるべきかを知らない。こうした問いは、より大きな存在、つまり私たちよりも多くを把握しているはずの神に向かって発せられるべきものだ。

映像もまた、この映画を観る者に強い印象を与える中心的な役割を果たしている。一つ目の映像メディテーションは、この世が創造される一瞬前の渦巻く宇宙や森を歩き回る恐竜を提示するとともに、新生児のあまりに小さな脚を見て驚嘆する父親、その子が母親を見つめる愛らしい眼差し、友人がプールで溺れた時にその子が味わう恐怖をも提示する。映画を縁どるのは、始めと終わりにおかれた、ゆらめく炎の映像である（偶然ながら『バベットの晩餐会』の最後の映像と同じだ）。A・O・スコットは映画評に記している。

語り出しと締めくくり――アルファとオメガ――に私たちが目にするのは、ゆらめく炎である。創造主を表すにはこの手法しかあるまい。それはマリック氏（彼自身、公の場に顔を出すことを控えている）ではなく、捉えがたき神性、この映画のメインテーマであるとともに、この映画の最も深いところで最も切望された神秘の根源である捉えがたき神性なのだ。[31]

音楽は、ちょうどパゾリーニの映画と同様に、重要な経験を形成する。アレクサンドル・デスプラの映画オリジナルの音楽に、フランソワ・クープラン、バッハ、ベルリオーズ、ブラームス、スメタナ、マーラー、ホルスト、ゴレツキ、タヴナーの作品が織り合わされているので、この映画のサントラは約三七曲にも及ぶ。[32] 音楽は物語世界外的《エクストラ・ディエジェティック》――映画の登場人物の耳には多分聞こえていないような音楽的随伴――なだけでなく、物語世界内的《ディエジェティック》でもある。オブライエン氏という人物の性格を理解する上で、音楽は重要だ。彼は鍵盤演奏者として卓越した力を持ちながらも、あまりに高圧的で楽しみに欠けた仕草で、息子たちの生活に音楽を持ち込もうとしては挫折している。彼は夕食の席に完全な静寂を求め、家族の食卓用に彼が選んだレコードを聴くことに全意識を傾けている。スコットは、この映画そのものがまるで音楽作品なのだと締めくくっている。映画には四つのセクションがあるが、それは「伝統的な脚本の『幕』というより」音楽でいう楽章に近い。この映画は時を追って物語るよりも、諸主題の層的な積み上げや再構成によって進行するが、そうした点も偉大な音楽と同様だ。

しかもこの映画は、対比的な概念を対位法的に配置している。時間と永遠、過去と現在、男性と女性、無邪気さと経験。そしておそらく何よりも、人間と神である。[33]

聖書の引用

そしてこの映画は神的なことについても語る。聖書は、この映画が観客に魔法をかける力強さに小さからぬ役割を果たしている。これまで見てきたほかの映画と同様に、聖書を用いていることは明白で直接的ではっきりとしている。映画の始まりの瞬間から、「ヨブ記」の文言がスクロールで現れる。「わたしが大地を据えた時、あなたはどこにいたのか。(略)夜明けの星がこぞって喜び歌い、神の子たちが皆喜びの声をあげた時に」(ヨブ三八4、同7)。この映画を観て考え、その力と重みを感じた後になってようやく、この聖句の途方もない適切さが明らかになる。ヨブ的な状況はこの映画のいたるところで喚起される。もっともわかりやすいのは、オブライエン家の人々が量的にではないにせよ質的には、ヨブの喪失と悲劇の深さを体験することだ。ヨブと同様に、ジャックとその母は神に問いかける。真剣にねばり強く、なんらかの折り合いのつけ方がみつかるまでだ。「ヨブ記」は少年の死の後にハイネス司祭が行う説教の主題でもある。「ヨブ記」の脈絡でいうと、三八章4節と7節にみられる文言は、ヨブが自らの不運の原因や目的を問いかけたことを、神が嵐の中から非難する語りの一部である。しかし映画の中では、質問形をとったこの言葉と、突き刺すようでほとんど嘆願のような口調が、映画全体にリフレインのように流れるジャックとオブライエン夫人のヴォイスオーバーに呼応している。それはまるで、神が苦しむ人々——ヨブ的な人物像たち——に問うのではなく、彼らが神に問いかけているかのようだ。また、この質問形は、創世以前の時を思い起こさせる。神と被造物が宇宙でたわむれ、そこに完全な喜びと調和があった時代のことだ。この時代は、世界創造と生物進化をたどる二十分にもわたる豪華なショーで視覚化されている。引用はこのようにして、映像メディテーションと同様に、ヨブと人類に、宇宙の広大さと永遠を前にした時の自らの矮小さを思い起こさせる。さらにこの質問形は、不滅の「恩寵の道」に組み込まれた者の喜びと驚異の感情を思い起こさせるのだ。

オブライエン夫人は息子の死後の深い悲嘆の時期に、詩編の句「わたしから遠く離れないでください。苦難が近づき、助けてくれる者はいないのです」（詩二二11）を囁く。幼いジャックは、弟につらくあたってしまう自身の衝動と罪悪感を「わたしは自分の欲する事は行わず、かえって自分の憎む事をしている」と考える。つまり、使徒パウロが鮮やかに語った人間の本質的な葛藤だ（ロマ七15）。ジャックの場合と同様に、私たちは自身の葛藤を自分だけのものだと思いがちだが、パウロの文言を引用できることからわかるように、自然欲求の道と恩寵の道の間で起こる葛藤は、実は人間の実存そのものなのである。

しかしながら、最も明白で、おそらく最も重要なのは、この映画のタイトルである。命の木《ツリー・オブ・ライフ》が、初めて出てくるのは「創世記」である。「主なる神は、見るからに好ましく、食べるに良いものをもたらすあらゆる木を地に生えいでさせ、また園の中央には、命の木と善悪の知識の木を生えいでさせられた」（創二9）。

この木は、「創世記」であと二回言及されていて、どちらの場合も、原初の夫婦がエデンの園なる楽園からついに放逐されることになる事態との関わりで言及されている。「創世記」は善悪の観念を導入する。「主なる神は言われた。『人はわれわれの一人のように、善悪を知る者となった。今は、手を伸ばして命の木からも取って食べ、永遠に生きる者となるおそれがある』」（創三22）。「創世記」には、原初の夫婦の楽園追放と、命の木を人間の干渉から守る必要性が記述されている。「こうしてアダムを追放し、命の木に至る道を守るために、エデンの園の東にケルビムと、きらめく剣の炎を置かれた」（創三24）。

「創世記」は命の木を、きわめて魅力的で絶妙に創られているが、人間ごときには許されえない木として描いている。「箴言」では、より肯定的で隠喩的な意味を帯びている。聖句によれば「知恵」は「それをとらえる人には命の木となり、それを保つ人が幸せだといわれる」（箴三18）ものと説明される。ユダヤ教的伝統において、この節における知恵はモーセ五書《トーラー》と等しく、トーラーが公共祈禱で読まれて契約の箱に戻される際に典礼の一部としてこの句が詠われる。命の木は「箴言」のいたるところで、幸福や前向きな行動や価値と関連づけられている。「箴言」は、たとえ暴力によって破壊される可能性があるとしても、高潔さの実りは命の木だと説明しているが（箴十一30）、別の箇所では「待ち続けるだけでは心が病むが、かなえられた望みは命の木」（箴十三12）だと宣言し、「優しい舌は命の木だが、舌が強情なら魂を傷つける」（箴十五4）と述べる。命の木は、これら諸節において、肯定的で生命力を持っている。

　命の木と楽園のつながり、つまりエデンの園と神の原初の創造は、「ヨハネの黙示録」で回帰する。この書では、終わりの日《エシャトン》、すなわち現世の秩序が去った時が楽園への回帰として描かれている。「命の水の川」は「都の大通りの中央を流れ、その両岸には命の木があって、十二種の実を毎月みのらせる。そして、その木の葉は諸国民を癒やす」（黙二二2）というし、「勝利を得る者」が「神の楽園にある命の木の実を食べる許し」を得ると約束されている（黙二7）。別の言葉でいえば、命とは、善悪や死を克服することなのである。「自分の衣を洗い清める者は命の木への権利を与えられ、門を通って都に入ることができる」（黙二二14）という約束があるし、こういう警告もある。「この預言の書の言葉から何か取り去る者があれば、神は、この書物に書いてある命の木と聖なる都から、その者が受ける分を取り除かれる」（黙二二19）。

『ツリー・オブ・ライフ』という映画の中には、聖書における「命の木」の様々な意味やニュアンスが保たれている。この映画の映像は、原初の創造を思い起こさせ、この創造を神の行為に帰する。神とは、オブライエン夫人が子どもたちに「天に住まう」と語り聞かせる神のことである。次男の死が家族を切り裂くさまは、死という有限性がもたらされてエデンの園が切り裂かれたのと同じだ。悲劇の後に魂と感情の平静を取り戻したいというジャックと両親の欲求は、映画の最終場面で描かれているような楽園への回帰に似ている。「箴言」の句はオブライエン夫人が子どもたちに教えようとした慎みの作法を説明しており、そこには、あらゆる被造物への愛と善良さと前向きな願望と優しい言葉遣いが含まれる。

たしかに映画は、我を忘れさせるような娯楽メディアとして、私たち各自の思いや心配事や悩みや興味対象から逃れさせてくれるが、それは少なくとも、しばしの時である。しかし、映画はまた――時折ではあるが――私たちを日々の暮らしからはるか遠くに連れ去り、私たちに超越を体験させてくれることがある。アレクサンドリアのフィロンが語ったように、仮に一瞬だけであっても、私たちのありふれた生活に意味を添えるような、私たち自身を超える世界の可能性を垣間見れば、私たちはすでに知る、あるいは垣間見ただけの世界から、はるかに飛び立つことができる。

注

一章　前口上・聖書映画というジャンル

1　こうした見世物の入場料の相場は、「本物の劇」と同様に、五十セントから一ドルであった。ホール（S. Hall）『叙事詩・ショー・大ヒット作』（二〇一〇）、十二頁。

2　『ニューヨーク・タイムズ』一八九七年十一月二三日のレビューより。http://encyclopedia.jrank.org/articles/pages/1960/The-Horitz-Passion-Play.html　ホリッツの町は現在チェコ共和国に組み込まれている。

3　同右。

4　キリスト教の聖書は、映画作者が引用する聖典としては、最も頻度の高いものであり、本書で「聖書」の語を用いる場合は、基本的にキリスト教の聖書を指すことにする。第二章でみるように、ヘブライ語聖書の物語に焦点をあてた映画でさえ新約、とくに福音書やイエスの人物像を思い起こさせる。

5　こういった聖書についての分析や資料としては、ラインハルツ（A. Reihnartz）編『聖書と映画――手がかりとなる五十の映画』（二〇一二）を参照。

6　http://www.imdb.com/title/tt0175880/trivia

7　このジャンルの多数の映画を分析したものとして、以下がある。ワイク（M. Wyke）『過去の投影――古代ローマと映画と歴史』（一九九七）。ソロモン（J. Solomon）『映画の中の古代世界』（二〇〇一）。ライト（M. J. Wright）『アメリカのモーセ――聖書の語り口の文化的用法』（二〇〇三）。マラマッド（M. Malamud）「冒険スキャンダル映画――大恐慌期ハリウッド映画におけるローマ」（『紅蘭』誌、二〇〇八）、一五七〜一八三頁。コーネリアス（M. G. Cornelius）『筋肉と男たちについて――冒険映画論集』（二〇一一）。

8　たとえば以下を見よ。ボー（L. Baugh）『聖なるものを想像すること――映画におけるイエスと救世主像』（一九九七）。オストワルト（C. Ostwalt）「黙示録的」（ライデン編『ラウトレッジ版　宗教と映画の研究手引き』、二〇〇九）。ビーヴィス（M. A. Beavis）「偽外典――黙示的恐怖映画で発明された聖典」（『映画を通じた啓示』、二〇一〇）。バック（A. Bach）『聖書の魅惑とハリウッドのけばけばしさ』（一九九六）。エグジュム（J. C. Exum）『映画における聖書――聖書と映画』（二〇〇六）。同『書きくだされたもの――文学・音楽・美術・映画の中の映画』（二〇〇七）。シェパード（D. Shepherd）編『御言葉のイメージ――ハリウッドの描く聖書その他』（二〇〇八）。『宗教と映画』誌や『宗教とポピュラー文化』誌に掲載の映画評をも参照のこと。http://digitalcommons.unomaha.edu/jrf/; http://www.utpjournals.com/Journal-of-Religion-and-Popular-Culture.html

9　スターン（R. C. Stern）他『銀幕の救世主』（一九九九）、三三二頁。

10　テレビ番組は本書の範囲を超えるが、聖書に対する関心の高さは、二〇一三年三月現在ヒストリー・チャンネルで放映されている『ザ・バイブル』のような新たな連続テレビ番組によってもわかる。エヴァレット゠グリーン（R. Everett-Green）「『生存者』のマーク・バーネットはいかにして聖書の出来事を描くシリーズに信者を集めたか」（『グローブ・アンド・メール』紙、二〇一三年一月二八日）を見よ。件の映画は、『オタワ・シチズン』紙、二〇一三年三月十二日付のハーロウ（J. Harlow）筆「聖書映画は叙事詩論争を再燃させるか」でも言及されている。

11　たとえば、マイルズ（M. R. Miles）『見ることと信じること――映画における宗教と諸価値』やライデン編、前掲書の諸論文を見よ。

12　たとえば、マーシュ（C. Marsh）『映画と感情――映画作品による神学への挑戦』（二〇〇四）やクリスチャンソン他編『神聖なる映画――映画における宗教・神学・聖書』（二〇〇五）を見よ。

13　バビントン＆エヴァンス（B. Babington and P. W. Evans）『聖書叙事詩映画――ハリウッド映画における聖なる語り』（一九九三）。

14　とくに以下を見よ。クライツァー（L. J. Kreitzer）『フィクションと映画における新約聖書――解釈学的流れの遡行』（一九九三）。同『フィクションと映画における旧約聖書――解釈学的流れの遡行』（一九九四）。同

『フィクションや映画におけるパウロのイメージ――解釈学的流れの遡行』（一九九九）。同『フィクションと映画における福音のイメージ――解釈学的流れの遡行』（二〇〇二）。バーチ（B. C. Birch）「諸芸術とミドラシュと聖書教育」（『神学と宗教の教育』誌、二〇〇五）、一一四～一二二頁。

15　聖書学においては以下を見よ。ファイ＝オルセン（A. Phy-Olsen）『アメリカにおける聖書とポピュラー文化』誌（一九八五）。ウェインライト＆カルバートソン（E. M. Wainwright and Ph. L. Culbertson）編『ポピュラー文化と／における聖書――創造的対決』（二〇一〇）。クラントン（D. Clanton）「〝ここ、そこ、あそこに〟――アメリカのポピュラー文化におけるイエスの表象」（ウェインライト＆カルバートソン編、前掲書）、四一～六〇頁。

16　アメリカを形成する上での映画の役割について雄弁に語る文献として、ウッド（M. Wood）『映画におけるアメリカ――または「聖マリアよ、うっかり忘れていました」』（一九七五）、二三頁ほか各所に。

17　グートヤール（P. C. Gutjahr）『アメリカの聖書――一七七七～一八八〇年の合衆国における良き書物の歴史』（一九九九）、一四六頁。

18　同書、一四七頁。

19　スクラール（R. Sklar）『映画でつくられたアメリカ――アメリカ映画の文化史』（一九九四）、四～五頁。

20　ロス（S. J. Ross）『労働者階級のハリウッド――アメリカにおけるサイレント映画と階級の形成』（一九九九）、二七～三〇頁。

21　ピアソン（R. A. Pearson）「聖書映画」（アーベル編『初期映画事典』、二〇〇五）、六九頁。

22　テイタムによれば、デミルの映画は発表後五十年にわたり、きわめて広く鑑賞された。テイタム（W. B. Tatum）『映画館のイエス――はじめの百年とその後についてのガイド』（二〇一三）、四九頁。ギブソンの映画は、全期間を通じて最も興行収入の高かった作品の一つに数えられる。同書、二六八頁。

23　ピアソン、前掲論文、六九頁。

24　レフ（P. Lev）『映画スクリーンの変容一九五〇～五九』（二〇〇六）、一一八～一一九頁。

25　最近の再演には、二〇〇九年夏ロンドン、二〇一一年十月シドニー、そして二〇一〇年七月にフロリダ大学生がロボットを使って実施したレゴの戦車競争も含まれる。この場面はまたアメリカ西部劇映画における追跡場面を思い起こさせる。同じような砂漠・山岳の風景で起こり、速足で進む馬たち、感情の昂ぶり、活発な音楽が含まれているからだ。しかし、おそらく最も近いのは、スリラー映画やポリスものの慣例になっている追跡場面であろう。フォン＝ドヴィアック（S. Von Doviak）『田舎をスイッチオン――田舎《レッドネック》映画の台頭と衰退』（二〇〇五）、十九頁。『スター・ウォーズ』のポッド・レース場面についても、比較がなされている。たとえば以下を参照のこと。http://www.youtube.com/watch?v=HwgyCmSYI9Q　この観察に関しては、テルフォード（W. Telford）に感謝している。

26　シャッツ（Th. Schatz）『ハリウッドの諸ジャンル――定型・映画製作・スタジオシステム』（一九八一）、vii頁。

27　ハッチオン（L. Hutcheon）『アダプテーションの理論』（二〇〇六）、四頁。

28　シャッツ、前掲書、vii〜viii頁。

29　同右、二二頁。

30　ベルトン（J. Belton）「序論」（ベルトン編『映画とマスカルチャー』、一九九六）、一頁。

31　スコット（A. J. Scott）「ハリウッドと世界――映画の配給とマーケティング」（『国際政治経済』誌、二〇〇四）、三三三頁。

32　世界的なマーケティングと配給のおかげで、ハリウッドは、一方ではわれわれの映画理解を、一方ではわれわれのアメリカ理解を形づくっており、それは力強い国民映画を持っているインドのような国においてさえ同様である。モナコ（P. Monaco）『アメリカ映画の歴史――美術工芸と映画ビジネス』（二〇一〇）、一九五〜二一六頁と三三五頁。ハリウッドが世界規模で映画界を掌握し損ねたのは、たった二度、一九二〇年代と六〇年代に一度ずつである。しかし二度目のスランプには、ビジネスとして動く巨大なハリウッド企業体が台頭することになった。シーグレイヴは、アメリカが国際的な映画市場を支配したのは、映画の企業連合《カルテル》を作って世界規模のアメリカ的「ハリウッド単一文化」を形成するという国家的――政府の支援に基づく――挑戦の一部であったと論じている。シーグレイヴ（K. Segrave）『アメリカ映画、世界へ――一八九〇年から現在までのハリウッドによる世界の映画館支配』（一九九七）、二八〇〜二八二頁。

33　映画で聖書を使用することは、いわゆる「キリスト教徒の」国々以外で生まれた映画にもみられる国際的現象である。インド映画におけるイエスについては、バッカー（F. L. Bakker）『銀幕の挑戦――イエス・ラーマ・ブッダ・ムハンマドの映画的描写の分析』（二〇〇九）、一三～七七頁を見よ。イスラエル映画における聖書的要素・キリスト教的要素についてはクロニシュ＆サファマン（A. Kronish and C. Safirman）『イスラエル映画――参考ガイド』（二〇〇三）、二七～三〇頁を見よ。

34　キンデム（G. A. Kindem）『国際映画産業』（二〇〇〇）、二八五頁。

35　デシー（C. R. Deacy）「キリスト的人物像の映画による無批判な私物化についての考察――聖《ホーリー》なる他者か完全《ホーリー》に不適切か？」（『宗教とポピュラー文化』誌、二〇〇六）。

36　視覚的要素は、台詞以上にとは言わないまでも、同程度には重要である。パノフスキー（E. Panofsky）「活動写真におけるスタイルとメディア」（マスト＆コーエン編『映画理論と映画批評――入門的選集』、一九七四）。

37　シュレーダー（P. Schrader）『映画における超越的様式――小津・ブレッソン・ドライアー』（一九七二）、一六頁。

38　アルンハイム（R. Arnheim）『映画論考と映画批評』（一九九七）、七九頁。

39　ソブチャック（V. Sobchack）「高揚と輝き――ハリウッド歴史叙事映画の現象学」（『表象』誌、一九九〇）、二九頁。

40　同右、二六～二七頁。

41　バビントン＆エヴァンス、前掲書、一五～一六頁。

42　スクラール、前掲書、一四頁。

43　マーティン＆オストワルト（J. W. Martin and C. E. Ostwalt）『聖なるものを映すこと――アメリカ大衆映画における宗教・神秘・イデオロギー』（一九九五）、vii頁。

44　マイルズ、前掲書、三頁。

二章　旧約叙事詩映画

1　強調と感嘆符は原文のままである。

2　ピアソン（R. A. Pearson）「聖書映画」（アーベル編『初期映画事典』、二〇〇五）、六九頁。

3　バビントン&エヴァンス（B. Babington and P. W. Evans）『聖書叙事詩映画――ハリウッド映画における聖なる語り』（一九九三）、七～八頁。

4　サイレント期ならびに黄金期の映画史・映画論については、ヒルシュ（F. Hirsch）『ハリウッドの叙事詩映画』（一九七八）、十一～二八頁を見よ。

5　ピーターセン（D. L. Petersen）「公の場における聖書」（エイムズ&ミラー編『聖書的学識の養成――ケント・ハロルド・リチャーズ記念論文集』、二〇一〇）、一二三頁。また、ハイムリヒ（E. S. Heimlich）の学位論文「『十戒』の預言――その修辞法と系図学」（カンザス大学、二〇〇七）をも参照。

6　デミル映画に歴史的正確さや聖書的な的確さを見出そうとする姿勢については、数多の資料にみられる。たとえばゴールドマン（V. Goldman）『出エジプト記――ボブ・マーリー&ザ・ウェイラーズによるかの世紀のアルバム』（二〇〇六）、一五四頁。エリスが記すように、「監督の死後五十年も経っているのに『十戒』はアメリカ文化に影響を与え続けている。『十戒』は復活祭のたびにテレビで放映され、出エジプト物語についてのアメリカ人の主要知識源になった。今では、モーセ姿のヘストンや、ヘストン自身が神の声を演じた雷の場面は、アメリカ人の記憶に焼き付いている」。エリス（N. Elis）「裁判に上った映画」（『モーメント・マガジン』誌、二〇一〇）。

7　議論については、ウォレン（H. Warren）『「ベジーテイル」みたいな番組は初めてだ――世俗市場における聖なるメッセージ』（二〇〇五）。最近の旧約映画として、あまり知られていないが、バーラニ監督のイラン映画『ソロモンの王国』（二〇一〇）がある。この映画はユダヤ諸文書とクルアーンに基づいている。http://www.imdb.com/title/tt1706450; http://www.storykeepers.com; http://www.friendsandheroes.com

8　シュレッカー（E. Schrecker）『マッカーシズムの時代――記録にもとづく小史』（一九九四）、ならびにミークス（J. D. Meeks）「下院非米活動委員会の臍から――ハリウッドに対する赤の探査一九四七～五二」（二〇〇九）。

9　ヘルツォーク（J. P. Herzog）『スピリチュアル産業の複合体――冷戦期初期におけるアメリカの反共宗教戦争』（二〇一一）、一五八頁。

10　バビントン&エヴァンス、前掲書、三四頁。
11　同右。
12　ハリウッドにおけるユダヤ人の役割については以下を見よ。ギャブラー（N. Gabler）『彼ら自身の帝国——ユダヤ人はいかにハリウッドを発明したか』（一九八八）。
13　ウッド（M. Wood）『映画におけるアメリカ——または「聖マリアよ、うっかり忘れていました」』（一九七五）、一六八頁。
14　バビントン&エヴァンス、前掲書、九～一〇頁。
15　同右、八頁。
16　同右。
17　ソブチャック（V. Sobchack）「〝高揚と輝き〟——ハリウッドの歴史叙事詩映画の現象」（『表象』誌、一九九〇）、四〇頁。
18　グラント（B. K. Grant）『映画ジャンル——図像学から観念学まで』（二〇〇七）、二〇頁。
19　「ユダヤ＝キリスト教的」という表現を用いているのは、しばしばキリスト教徒とユダヤ教徒に共通と考えられる倫理観・価値観・伝統を描写するためである。この語の批判としては、コーエン（A. A. Cohen）『ユダヤ＝キリスト教的伝統の神話』（一九六九）を見よ。
20　デルファットーレ（J. DelFattore）『第四のF——アメリカの公立学校における宗教的対立』（二〇〇四）。ジョンソン（D. L. Johnson）「アメリカにおける聖書的教養の経験的測定事例」（エヴァンス&ジェフリー編『聖書と大学』、二〇〇七）、二四〇～二五二頁。チャンシー（M. Chancey）『聖書と公立学校』http://faculty.smu.edu/mchancey/public_schools.htm　他に、憲法修正第一条センター編「聖書と公立学校——合衆国憲法修正第一条の運用ガイド」がある。映画における倫理／人種の好みをめぐる研究としては、フィショフ（S. Fischoff）「人種・年齢・ジェンダーの機能としての映画や映画ジャンルの好み」（『メディア心理学』誌、一九九八）。
21　アービトロン（Arbitron）編『アービトロン映画宣伝研究——裕福な若年の映画狂のための試写会』（発表年不詳）。

22　二〇〇〇年を起点として、叙事詩映画ジャンルが不死鳥のように再来した。『グラディエーター』（二〇〇〇）、『ロード・オブ・ザ・リング』（二〇〇一～〇三）、『アバター』（二〇〇九）のような大ヒット作は、大戦直後の叙事詩映画と同様だが、今回はテクノロジーの驚異によって低予算で叙事詩映画のスリル——と興行成績——を作り出す、幾千の登場人物、巨大な装置、そして特殊撮影を誇る。しかし、こうした大ヒット作の中には、ギブソンの『パッション』以外に聖書映画はみられない。ホール（S. Hall）『叙事詩映画、見せ場、大ヒット作』（二〇一〇）、二五五頁を見よ。ただ『グラディエーター』が単独で「三十年も空白だった叙事詩映画ジャンルを復活させた」という者もある。テクノロジーのおかげで、数千のエキストラや数千の馬を雇うことなしに、西暦紀元のはじめの数世紀のように、ローマの大競技場やスリル満点の競技場面を観ることができるようになった。ディマーレ（Ph. C. DiMare）『アメリカ史における映画——事典』（二〇一一）、一九九～二〇〇頁。

23　インターネット映画データベースによると、『愛欲の十字路』（一九五一）はメキシコ国境堺のアリゾナで、『ソロモンとシバの女王』（一九五九）はスペインで、『十戒』（一九五六）はカリフォルニアとエジプトで撮影された。中東をめぐる姿勢を形成する上での、これらの映画の重要性については以下を見よ。マカリスター（M. McAlister）『英雄伝の対決——一九四五年以降の中東をめぐる合衆国の関心と文化とメディア』（二〇〇五）、五五頁。

24　スロトキン（R. Slotkin）『ガンマンの国——二〇世紀アメリカにおける開拓者神話』（一九九八）。

25　ソブチャック、前掲書、三五頁。

26　たとえば、「出エジプト記」二八章と三九章には、祭司や大祭司の服装が細々と描かれている。

27　ティソの人気およびデミル映画へのティソの影響については、プロセロ（S. R. Prothero）『アメリカのイエス——神の子はいかにして国家の象徴となったか』（二〇〇三）、八七～八九頁を見よ。ドレの人気とデミルへのドレの影響については、ヒガシ（S. Higashi）『デミルとアメリカ文化——サイレント期』（一九九四）、一八五～一九二頁を見よ。

28　バビントン&エヴァンス、前掲書、一〇一頁。挿絵聖書や美術の使用をめぐるデミル自身の語りについては、『十戒』のために製作された以下の予告編映像を見よ。http://www.youtube.com/watch?v=sRGhOcnmChI

29 美術については以下を見よ。デイヴィス（J. Davis）『信仰の地――十九世紀アメリカの美術と文化における聖地』（一九九六）。マンコフ（D. N. Mancoff）『デイヴィッド・ロバーツ、エジプトへの旅と聖地』（一九九九）。

30 映画技術としての「引喩体系《アリュージョニズム》」についての議論は、キャロル（N. Carroll）「引喩の未来――一九七〇年代（とそれ以降）におけるハリウッド」（『オクトーバー』誌、一九八二）、五一～八一頁。

31 この反復は会話そのものからではなく、特定の俳優とこの反復との連想によって機能している。この連想は引喩体系のもう一つのあり方を形成している。というのも、主要登場人物役として広く知られた俳優を起用すれば、その俳優が他の映画で演じた役柄が想起されるのは避けがたいからである。キャロル「映画スターの問題」（ウォルデン編『写真と哲学――自然の画法をめぐる論集』、二〇〇八）、二四八～六四頁。バビントン＆エヴァンス、前掲書、五三頁。

32 キャロル、前掲書。キャロルの以下の書をも見よ。『映像の解釈』（一九九八）、二四〇～二六四頁。

33 グートヤール（P. C. Gutjahr）「律法の（諸）文字――欽定訳聖書タイポグラフィの四世紀」（グートヤール＆ベントン編『タイポグラフィと文字の解釈』、二〇〇一）、一九～四四頁。アムラン＆ジョーンズ（H. Hamlin and N. W. Jones）『四百年後の欽定訳聖書――文芸的・言語的・文化的影響』（二〇一〇）。

34 歴史的な期待については、カステン（G.F. Custen）『伝記映画――ハリウッドはいかにして公史を構築したか』（一九九二）、七頁。伝記映画や歴史映画に歴史性を盛り込むことへの観客の期待は、二〇一二年のオスカー候補三作『リンカーン』『アルゴ』『ゼロ・ダーク・サーティ』をめぐるメディアの議論に明らかである。ダージス＆スコット（M. Dargis and A. O. Scott）「『リンカーン』『アルゴ』『ゼロ・ダーク・サーティ』の歴史」（『ニューヨーク・タイムズ』二〇一三年二月二二日）http://www.nytimes.com/2013/02/23/movies/awardsseason/the-history-in-lincoln-argo-and-zero-dark-thirty.html.

35 ヴォイスオーバー・ナレーションの役割をめぐる詳細な議論は、コズロフ（S. Kozloff）『見えない語り手――アメリカのフィクション映画におけるヴォイスオーバー・ナレーションの役割』（一九八八）。

36 シフマン（H. F. Schiffman）『言語文化と言葉の政治』（二〇〇二）、六一頁。ゴラック（J. Gorak）『規範 vs. 文化――今日の議論への省察』（二〇〇一）、一〇八頁。

37 この映画は、二〇世紀半ばの映画の観客の中でユダヤ系の人々にとってはお馴染みだったヘブライ語の祈禱のメロディを、少なくとも二つ含んでいる。一つは、「エルナルファ・ナ・ラ（神よ、どうか彼女を癒してください）」（民十二13）と呼ばれる治癒の祈りであり、もう一つは死者の魂のための祈りである「エル・マレ・ラハミム（天にまします慈悲深き神よ）」が、アビシャルの死後に歌われる。後者は、十字軍時代のヨーロッパに由来する。エイゼンバーグ（R. L. Eisenberg）『ユダヤ教出版協会によるユダヤ教的伝統ガイド』（二〇〇四）、八七頁。ゴットリープによると、この旋律はロシアの祈禱文先唱者《カントール》のオシアス・アブラス（一八二〇～八四）の作である。「このような不一致が起こるのは、一九〇〇年代初めのユダヤ人向けのヴォードヴィルの巡業には祈禱文先唱者がよく登場したが、そうした場で『コル・ニドレイ』や『エル・マレ・ラハミム』や『エリ・エリ』その他のアシュケナージの歌がお涙頂戴の定番だったからかもしれない」。ゴットリープ（J. Gottlieb）『おかしいな、ユダヤ人風には聞こえない――イディッシュの歌やシナゴーグの旋律はいかにしてポピュラー音楽業界《ティン・パン・アレー》・ブロードウェイ・ハリウッドに影響を与えたか』（二〇〇四）、一〇二頁。あわせて以下二点も見よ。ニュルマン（M. Nulman）『ユダヤ教の祈禱事典――アシュケナジとセファルディの儀式』（一九九三）、六四頁。バーリン&グロスマン（A. Berlin and M. Grossman）『オックスフォード版　ユダヤ教辞典』（二〇一一）、二四一頁。ヘブライ語聖書における祈りについては、バレンタイン（S. E. Balentine）『ヘブライ語聖書における祈禱――神と人との対話のドラマ』（一九九三）。ユダヤ教祈禱唱《ハザヌート》の起源については、エデルマン（M. B. Edelman）『ユダヤ音楽の発見』（二〇〇三）。

38　シロアー（A. Shiloah）『ユダヤの音楽的伝統』（一九九二）、四一頁。

39　映画において音楽が担う役割について良い入門となるのは、カリナーク（K. M. Kalinak）『映画音楽――小さな小さな序論』（二〇一〇）。

40　レフ（P. Lev）『映画スクリーンの変容』（二〇〇六）、一六三頁。

41　同右。

42　聖書の語り口の古典的な取り扱いについて、またそのホメーロスの語り口との対比については、アウエルバッハが「オデュッセウスの傷」を扱うにあたり模倣《ミメーシス》について書いた第一章に見いだされる。アウエルバッハ（E. Auerbach）『模倣《ミメーシス》――西洋文学における現実感の表現』（一九五三）、一～二〇頁。

43　アレクサンドリアのフィロン（Philo）『モーセの生涯』第六巻、コルソン英訳（一九六六）。

44　フィロンとヨセフスによるモーセ描写をめぐる詳細な議論としては、以下を見よ。フェルドマン（L. H. Feldman）『古代ユダヤ教の文脈におけるフィロンのモーセ描写』（二〇〇七）。同「ヨセフスによるモーセ描写I・II・III」、『ユダヤ文化季報』誌、八二巻3／4号（一九九二）、二八五～三二八頁。八三巻1／2号（一九九二）、七～五〇頁。八三巻3／4号（一九九三）、三〇一～三三〇頁。

45　デミルは、フィロンやヨセフスが『死海文書』を読んだとは言っていない（おそらく読んでいなかった）が、彼の発言はそう聞こえてもおかしくない。アレクサンドリアに住んでいて、ヘブライ文化への素養がたいして深かったとも思えないフィロンにとって、この文書はたいして大きな関心事でもなさそうである。バーンバウム（E. Birnbaum）『フィロンの思想におけるユダヤ教の位置づけ――イスラエル人、ユダヤ人、改宗者』（一九九六）。ザンドメル（S. Sandmel）「フィロンのヘブライ語知識――問題の現代的状況」（『フィロン研究』誌、一九七八）、一〇七～一一二頁。メンデルソン（A. Mendelson）『フィロンのユダヤ的身元』（一九八八）。シュワルツ（D. R. Schwartz）によれば、ヨセフスが死海文書を知っていたかどうかはともかく、彼は直接に引用したことはない（二〇一一年八月七日の個人的会話）。ヨセフスが死海文書を知っていたかを議論しようとすると、ヨセフスが言及したエッセネ派が死海文書を所持していたクムラン教団と同一であることや、ヨセフスがエッセネ派内で暮らしていた時に彼自身が文書を利用できたことを証明しなければならないだろう。両方とも推論的であり論争されてきたが、その可能性を完全に排除することはできない。

46　律法は、死罪に相当する事件の目撃者が女性であっても無効だとは述べていない（申十九15～20、出二十16、出二三1～2）。そしてクムラン共同体においては明らかに、女性が目撃者の役割を果たしていた。ワッセン（C. Wassen）『ダマスカス文書における女性たち』（二〇〇五）、八八頁。しかしながら一世紀以降の他の文書は、目撃者としての女性の役割を制限している。以下を見よ。ヨセフス『ユダヤ古代誌』十七64～65、同『ユダヤ戦記』一584～590、ならびにラビによるユダヤ律法（ミシュナの『ロシュ・ハ・シャナー』一8、『申命記シフレー』一九〇）。エルスター（J. Elster）『聖書と初期ラビ文書における公法判事ならびに目撃者としての女性の役割』（二〇〇七）。クレーマー（R. S. Kraemer）『信頼に足りぬ目撃者――ギリシャ・ローマ期の地中海地域における宗教・ジェンダー・歴史』（二〇一一）。

47　グリンドン（L. Grindon）『過去の影――歴史的フィクション映画の研究』（一九九四）、一頁。

48 「当時」を「今」のごとく構築する試みは、意識的で故意のものである場合も、つい無意識的に行われている場合もある。『十戒』（一九五六）でデミル自身が登場する導入部は、少なくとも独裁政権からの解放という主要主題については、過去と現在の類比関係を描こうとしている意図が見てとれる。しかしながら、他の類比関係についてはずっと微妙であるし、バビントン&エヴァンスが言うように、この密接な平行関係は「歴史を観る際の無意識の産物であり、ある種の映画の形式ならびに慣例」であろう。バビントン&エヴァンス、前掲書、五三頁。

49 戦後期のアメリカにおける女性については、ウォラック（N. Woloch）『女性とアメリカの経験』（二〇〇六）、四九三〜五五四頁を見よ。

50 グーリー（C. Gourley）『ギジェットと女性戦士——五〇年代・六〇年代における女性への認識』（二〇〇八）、十六〜四〇頁。

51 スタンバーグ（M. Sternberg）『聖書の語りの感受性——観念的文学と読みのドラマ』（一九八五）、一八六〜二二九頁。

52 マルヴェイ（L. Mulvey）「視覚的喜びと物語映画」（『スクリーン』誌、一九七五）、六頁。

53 アイルバーグ＝シュワルツ（H Eilberg - Schwartz）『人と一神教に関わる神の男根その他の諸問題』（一九九四）、九六〜九七頁。

54 エグジュムはこの聖句を分析して、バト・シェバとダビデの出会いはレイプとみなされうるかどうかを問うている。件の文には、権力／腕力《フォース》づくだったかどうかは示されていないが、エグジュムの考えによれば、要点は、バト・シェバが行動したかや感じたかではなく、読み手の私たちがバト・シェバの観点を知る方法を与えられていない点である。女性には口説きの相手としての役割さえ与えられず、改竄される余地さえない。エグジュムは、主体性の否認がレイプにおける重要な要素であると記している。被害者はモノとして扱われ、まさにその目的は主体性を破壊することである。権力／腕力《フォース》づくか同意のもとかという問いかけは、女性側の視点を組み立てていく上で必要不可欠だが、これはまったく取り上げられていない。聖書の語り手は、バト・シェバの主体性を認めないことで、象徴的には彼女をレイプしており、彼女の観点を公表しないことで、彼女を誘惑した側として告発されやすい曖昧な描き方を提示している。エグジュム（J. C. Exum）『断片化された女性たち――フェミニスト版聖書物語』（一九九三）、一七三～一七四頁。

55 ガン（D. M. Gunn）「バト・シェバはハリウッドで沐浴する――言葉・映像・社会的位置づけ」（『セメイア――聖書批評の実験』誌、一九九三）、一七三～一七四頁。

56 ウォラック、前掲書、四九三～五三四頁。

57 ミリアムは伝統的に預言者とみなされており（出十五20～21）、「ミカ書」六4では、エジプト脱出の期間におけるモーセやアロンと並ぶ、ユダヤ民衆の三大指導者の一人として言及されている。彼女はモーセの結婚への反対派としても言及されているが（民十二1～16）、行いの償いとしてミリアムの肌の状態が打撃を受けた際、民の全体は、彼女が完治し隔離が解けて宿営に戻ってくるまで出発を拒んだ。資料として、ギンズバーグ（L. Ginzberg）『ユダヤ人の諸伝説』（一九〇九～三八）、五～一二頁を見よ。

58 これは、シバの女王のソロモン訪問を詳述したエチオピアのキリスト教徒による文書『王たちの栄光』に対応する。バッジ（E.A.Budge）翻訳の電子版『シバの女王とその一人息子メニエレク』は以下で入手できる。http://www.yorku.ca/inpar/kebra_budge.pdf　伝承そのものは以下で参照可能である。http://www.sacred-texts.com/chr/kn　エチオピアにおけるシバの女王伝承については、バウアーソック（G. W. Bowersock）「ヘレネーの馬勒とエチオピアの戦車」（『古代の中の古代――ギリシャ・ローマ世界におけるユダヤ教徒・キリスト教徒の過去』、二〇〇八）、三八三～三九三頁。

いくつかのユダヤ伝承は、ソロモンとシバが恋人だった、あるいは少なくとも一夜の関係があったことを示唆している。偽ベン・シラは、彼女がソロモンの息子を生み、彼は後のバビロニア王にして、ソロモン神殿の破壊の首謀者であったネブカドネザルであると述べている。この伝説への参照は、ラシー（一〇四〇～一一〇五）による聖書注解への書き込みにも見られる。ラスナー（J. Lassner）『シバの女王の悪魔扱い――聖書以降のユダヤ教と中世イスラム教の文化ならびにジェンダー境界』（一九九三）、二二一～二二三頁。

59 スミス（G. Smith）『叙事詩映画――歴史スペクタクル映画三五十点のキャスト・製作者・記録』（二〇〇四）、二五三頁。

60 同右。

61 一例として、ユーリス（L. M. Uris）の小説『出エジプト』（一九五八）を挙げよう。この小説は一九六〇年に映画化された。

62　コズロフ、前掲書、七六頁。

63　バビントン&エヴァンスは『聖書叙事詩映画』の三四頁で、一九五〇年代の旧約叙事詩映画における親イスラエル感情は、ユダヤ人の民族的プライドと、ハリウッドの全活動においてユダヤ人が果たす並外れた役割、ならびにアメリカ人の親イスラエル感情やホロコーストを償う責任を反映しているとほのめかす。

64　ハリス（D. Harris）「アメリカとイスラエルは仲良しだ」（『ターゲシュピーゲル』紙、二〇一一年五月二六日）。デミルの『十戒』とイスラエルについては以下を見よ。ライト（M. J. Wright）『アメリカのモーセ』（二〇〇三）、八九〜一二七頁。ペイリー（M. Paley）「ハリウッド式ミドラシュ」（『ユダヤの民間伝承と民族学』誌、一九九四）、三四〜三七頁。

65　清教徒にとって「出エジプト記」は、「人間の救済と贖いの全歴史の反映である。（中略）アメリカに移住した清教徒にとって、イングランドからニュー・イングランドへの飛躍は、エジプトにおける隷属からの脱出を鮮明かつ具体的に象徴」した。ザーカイ（A. Zakai）『脱出と王国——清教徒のアメリカ移住における大惨事と歴史』（一九九二）、六五頁。スリーパー（J. Sleeper）「アメリカ兄弟団——ヘブライ人と清教徒」（『世界の大事件』誌、二〇〇九）、五二頁。

66　ラボトー（A. J. Raboteau）「アフリカ系アメリカ人と出エジプト、そしてアメリカ式のイスラエル」（ジョンソン編『アフリカ系アメリカ人のキリスト教——歴史論文集』、一九九四）、一〜十七頁。グロード（E. S. Glaude）『脱出！——十九世紀初期の黒いアメリカにおける宗教・人種・国家』（二〇〇〇）。

67　バビントン&エヴァンス、前掲書、五五頁。

68　ウッド、前掲書、一八七頁。

69　シュレーダー（C. T. Schroeder）「銀幕における古代エジプトの宗教——人種・民族性・宗教に関する今日的懸念」（『宗教と映画』誌、二〇〇三）。シュレーダーの述べるところによれば、この映画では「宗教が真実と民主主義の価値を吹聴する道具である。この映画の社会的背景は、合衆国による対共産主義戦争と萌芽期の公民権闘争である。デミルにとって、この両方を解決するのは「ユダヤ=キリスト教的」一神教、すなわち自由な社会の基礎である。映画の中で専制政治からの自由が呪文のように繰り返され、終始モーセは「人民の解放」の代理人である。ネイデル（A. Nadel）「神の律法とワイドスクリーン――冷戦〝叙事詩〟としての『十戒』」（『米国現代語学文学協会出版』誌、一九九三）、四一五～四三〇頁をも見よ。

70 ヘルツォーク、前掲書、一六〇頁。

71 戦前の公民権運動については、タック（S. Tuck）「一九四〇年代における黒人の反対運動――ジョージア州における全国有色人種向上協会」（ミラー他編『公民権運動再考――合衆国における人種間平等の闘争への批判的視野』、二〇〇一）、六一～八一頁ならびに八三～八六頁をも見よ。

72 ライト、前掲書、四九頁。

73 ベンショフ（H. M. Benshoff）『映画のアメリカ――映画における人種・階級・ジェンダー・性行動の表現』（二〇〇四）、七五頁。

74 同右、八一頁。

75 同右、七五頁。

76 ブラッドフォード（R. Bradford）『人アダムと彼の子ら《オル・マン・アダム・アンド・ヒズ・チルルム》――主が自然人のごとく地を歩いた頃のことを彼らが語るお話』（一九二八）。舞台製作をめぐる議論については、コネリー（M. Connelly）『舞台裏の声――回想の本』（一九六八）、一四四～二〇二頁を見よ。

77 ワイゼンフェルド（J. Weisenfeld）『願わくは御名をハリウッドとさせたまえ――一九二九～四九年のアメリカ映画におけるアフリカ系アメリカ人の宗教』（二〇〇七）、五八頁。

78 コネリー、前掲書、一四八頁。同時期の他の「黒人」映画としては、『ハレルヤ』（一九二九）、『ディキシーの心』（一九二九）、『空の小屋』（一九四三）、『荒れ模様の天気』（一九四三）、『カルメン・ジョーンズ』（一九五四）、『ポーギーとベス』（一九五九）がある。ベンショフはこう記している。「こうした映画は、黒人文化と黒人音楽の表現上の特徴をめぐるものだと主張するが、いずれも白人が製作・脚本・監督した映画である。したがって映画に示されるのは、理想化され、保護者的統制《パターナリズム》の色眼鏡を通した黒人文化であり、今日なら一般に侮蔑的だとみなされる固定観念に満ちている。興味深いことに、こうした映画の多くにおいて社会的許容力を申し立てるためにキリスト教が用いられており、このことは、一九五〇年代の公民権運動がキリスト教によって活気づいたのとも似ている。しかしながら、沢山の白人優越論者団体が、白人の優位性に関する自分たちの確信を擁護するにあたってキリスト教を引き合いに出していた（そして今なお同様）ことも忘れるべきではない」。ベンショフ、前掲書、八一頁。

79　ヘストンは二〇〇四年公開のＤＶＤで神の声を提供したと述べているが、デミルの広報係兼伝記著者のヘイン（D. Hayne）は、シナイ山での十戒授与の場面において神の声を提供したのはデミル自身であると述べている。論争の詳細については、http://www.imdb.com/title/tt0049833/trivia

80　現代の異教信仰はキリスト教原理主義者の怒りを招くかもしれないが、叙事詩映画の多くが製作されていた一九五〇年代にはまだ問題ではなかったし、こうした団体は今日の合衆国の公の一神教精神にとって大きな脅威にはならない。

81　アメリカ人は共産主義が無神論的立場にあることを強く意識していた。ヘルツォーク、前掲書、一七一頁。

82　バビントン&エヴァンス、前掲書、五七頁。

83　ヘルツォーク、前掲書、一七一頁。

84　『ヴェニスの商人』三幕一場50～58行を見よ。ルドヴィク（E. F. C. Ludowyk）編『シェークスピア「ヴェニスの商人」――注付の新しいシェークスピア』（一九六四）。モーセ映画群における多義性の役割についてはブリット（B. M. Britt）『モーセの書き換え――語ることによるテクストの失墜』（二〇〇四）、四〇～五八頁。

85　レビラト婚は「申命記」で以下のように命じられている。「兄弟が共に暮らしていて、そのうちの一人が息子を残さずに死んだら、死んだ者の妻は家族以外の他の者と結婚してはならない。亡夫の兄弟が彼女のところに入り、めとって妻とし、夫の兄弟の義務を果たすべきであり、彼女の産んだ長子は死んだ兄弟の名を継いで、その名がイスラエルの外に汚点を残さぬようにすべきである」（申二五5～6）。以下も見よ。ワイスバーグ（D. E. Weisberg）「われらの不満の種の寡婦――聖書と古代イスラエルにおけるレビラト婚」（『旧約研究』誌、二〇〇四）、四〇三頁。ワイスバーグ『古代ユダヤ教におけるレビラト婚と家族』（二〇〇九）。

86　歓待は厳格なユダヤ教徒にとって律法的義務と見なされている（レビ十九34、出十二49）。よく知られるとおり、アブラハムが「ユダヤ人の考え方における歓待の枠組み」をなすと考えられるほどに、アブラハムは変装した三人の天使を歓待した（創十八2～5）。ハント（S. A. Hunt）「そして言葉はまた肉になったか？――ヨハ八31～59節におけるイエスとアブラハム」（ハント編『父祖アブラハム展望――マーヴィン・R・ウィルソン記念論文集』（二〇一〇）、八八頁。歓待はミシュナの『ピルケ・アヴォト』一5において義務として言及されており、「タルムード」の中では、とくに「シャバット」127aで、歓待が他の様々な義務よりもはるかに重要であると論じられている。アルターベリー（A. E. Arterbury）「ユダヤ教ならびに初期キリスト教の書き手におけるアブラハムの歓待――創十八1～16の伝承史と新約聖書研究におけるその妥当性」（『宗教研究展望』誌、二〇〇三）、三五九～三七六頁をも見よ。

87 公共の建物や公共空間に刻まれている十戒は論争を呼ぶもので、この位置づけについては以下を見よ。ガーヴァー（E. Garver）「十戒――力強い象徴、力の象徴」（『律法・文化・人文科学』、二〇〇七）、二〇五～二二四頁。ヘルツォーク、前掲書、一六九頁。

88 バビントン&エヴァンス、前掲書、三五頁。

89 この姿勢は、いくつかのプロテスタントの一派がパウロ書簡を解釈する際に、ユダヤ律法を厳格な律法主義として描く根拠として機能している可能性がある。サンダース（E. P. Sanders）『パウロとパレスチナのユダヤ教――宗教の諸型の比較』（一九七七）、三三～五九頁。ムーア（G. F. Moore）「ユダヤ教をめぐるキリスト教徒の作家たち」（『ハーヴァード神学レビュー』誌、一九二一）、一九七～二五四頁。

90 バビントン&エヴァンス、前掲書、三五頁。

91 コズロヴィチ（A. K. Kozlovic）「デミルの一九五六年版『十戒』ならびに一九二三年版『十誡』におけるキリスト的人物像の構築」（『宗教と映画』誌、二〇〇六）、十頁。ヨシャベルという名はヨセフス『ユダヤ古代誌』二217に由来する。

92 デイヴィス、前掲書、三頁と一五頁。

93 ベンショフ、前掲書、七〇頁。

94 ゲーリング（W. D. Gehring）『映画ジャンルとしてのパロディ――「武勇伝《サーガ》」に公平なチャンスなど与えるな』（一九九九）。ハリエス（D. Harries）『映画パロディ』（二〇〇〇）。

95 喜劇としての「エステル記」については、オコーナー（K. O'Connor）「エステル記におけるユーモア・報復・生き残り」（ブレナー編『楽しめた？――聖書世界の女性をめぐるユーモア』、二〇〇三）、五一～六四頁。

96 映画では、王が戦地から予想外に戻ってエステルとモルデカイの接近を覗き見する短い場面内に、この主題が垣間見える。彼らはユダヤ人に差し迫っている状況について語り合っているにすぎないのだが、彼は妻が自分を裏切ったと思いこむのだ。しかし観る者は、二人が甥と姪以外の何ものでもないと信じる必要はない。

97　http://www.imdb.com/title/tt0120794/parentalguide　この映画ではミリアムがアロンの影を薄くしている。アロンは、まずモーセを不審に思い、次にモーセが解放者かどうかをミリアムと議論する疑い深い兄として描かれる。この映画では、モーセとツィポラの触れあいや優しい愛情が、他の叙事詩映画で普通に行われるよりも盛り上がりには欠けるが淡くて魅力的な形で描かれている。この抑制された描き方は、映画における恋愛規範が変化しつつあったためでもあろうし、また、長篇アニメーションが引き寄せるであろう未成年の観客のためでもあろう（それでもレイティングは「主題要素の強烈な描写」という理由で「ＰＧ（親同伴）」となっている）。

98　ミシュナの「ピルケ・アヴォト」五6。

99　モーセが生まれてこれるように、ミリアムが両親を説得して性交渉させたという伝説については、ギンズバーグ、前掲書、五巻、三九六頁、注38を見よ。

100　「メキルタ・シェモート」十五20、「メギラー」十四a、「ソター」十二b、「出エジプト記ラッバー」一22。フリードマン&サイモン（H. Freedman and M. Simon）訳『ミドラシュ・ラッバー』（一九七七）、二巻。ギンズバーグ、前掲書、二巻、二六四頁。

101　典型的なキリスト教徒のモーセ理解については、ライアマン（J. Lierman）『新約聖書のモーセ――ユダヤ教の設定内におけるモーセやイスラエルの民についてのキリスト教徒の認識』（二〇〇四）を見よ。

102　コズロヴィチ、前掲論文、二頁他。

103　マッケンナ（G. McKenna）『アメリカ的愛国心の清教徒的起源』（二〇〇七）、四九頁。

三章　銀幕のイエス

1　この数字はインターネット映画データベースによるものである。テレビ番組『サウス・パーク』は、「ユダヤ人の受難」（二〇〇四年三月三一日放送）の回でこの映画をパロディにした。

2　ブラント（J.-A. A. Brant）『会話とドラマ——第四福音書におけるギリシャ悲劇の諸要素』（二〇〇四）、四〜七頁。

3　オルソン（R. E. Olson）『SCM版　福音神学のいろは』（二〇〇五）、一五三頁。

4　「モーセのような預言者」の現れる将来への期待は、「申命記」に基づいている。この箇所でモーセは民に向かって「あなたの神、主はあなたの中から、あなたの同胞の中から、わたしのような預言者を立てられる」と述べる（申十八15）。「ヨハネ福音書」における「モーセのような預言者」の主題については、ラインハルツ（A. Reinhartz）「預言者としてのイエス——ヨハネ福音書における予弁法」（『新約研究』誌、一九八九）、三〜十六頁。

5　ソロモン（J. Solomon）『映画における古代世界』（二〇〇一）、一七九頁。

6　同右。

7　テイタム（W. B. Tatum）『映画のイエス——はじめの百年のガイド』（二〇〇四、二〇一三）、一九一〜一九二頁、一九九〜二〇〇頁。

8　キナード&デイヴィス（R. Kinnard and T. Davis）『神のイメージ——スクリーン上のイエスの歴史』（一九九二）、三二頁。

9　『アビエイター』（二〇〇四）の中で、ハワード・ヒューズの相棒ジョニー・メイアはデミルの『キング・オブ・キングス』について語る。「デミルがどうやったか、耳を傾けるべきだ。聖書映画を撮っていた。フレズノで磔刑を撮ることにしたんだ」

10　ソロモン、前掲書、三頁。スターン（R. C. Stern）他『銀幕の救い主』（一九九九）、六二頁。

11　パゾリーニ映画の会話は、マタイ福音書のみから採られているが、この映画の他の要素——とくに構図設定《ミザンセヌ》と音楽トラック——は、イエスをめぐる芸術上の広範な思考と、他の三福音書を思い起こさせるような仕方で、物語を強化・拡大している。

12　テイタムは自著の第二版で、第一版の後にどのように考えが変わって一章を付け加えることにしたかを語っている。テイタム、前掲書。

13　メドヴェド（M. Medved）『ハリウッド対アメリカ——ポピュラー文化と伝統的諸価値における戦争』（一

九九二)、三七~四九頁。バビントン&エヴァンス『聖書叙事詩映画』(一九九三)、一〇六頁。

14 『キング・オブ・キングス』(一九二七)はハリウッドのスタジオで、『偉大なる生涯の物語』(一九六五)はユタ州モアブのアーチーズ国立公園で撮影された。

15 西部劇映画ジャンルがイエス映画群に与えた影響については、ウォルシュ(R. G. Walsh)『暗闇で福音書を読む——映画におけるイエスの描写』(二〇〇三)、七四頁。ボー(L. Baugh)『神を想像すること——映画におけるイエスとキリスト的人物像』(一九九七)、二七頁。

16 プロセロ(S. R. Prothero)『アメリカのイエス——神の子はいかにして国家の肖像となったか』(二〇〇三)、八八頁。

17 この全般的な描写の例外として、『十字架の色』(二〇〇六)におけるアフリカ系アメリカ人のイエスと、クレイアニメーション『奇跡をおこす人』(二〇〇〇)のセム系イエスがある。一世紀の中東系のイエスのイメージについては、ロイターとBBCワールドワイドが、二千年前のエルサレムに埋葬された男性の頭蓋骨に基づき、一世紀のユダヤ属州の男性の顔をコンピュータ生成して再現した。http://www.lightplanet.com/mormons/basic/christ/physical_appearance.htm

18 ヘンダーソン(C. Henderson)「ワーナー・サルマンによるキリストの頭部——アメリカの偶像《アイドル》」http://www.godweb.org/sallman.htm　サルマンの像に関するより詳細な議論としては、プロセロ、前掲書、一一六~一二三頁。モーガン(D. Morgan)『聖なる視線——理論と実践における宗教的な視覚文化』(二〇〇五)、一五五~一五七頁。サルマンの像を最もよく再現しているのは、ゼフィレッリの『ナザレのイエス』(一九七七)でイエスを演じたロバート・パウエルである。

19 この映画が、ギブソン自身の既作を含めた他のジャンルの作品群に多くを負っていることについては、ティスレスウェイト(S. Thistlethwaite)「メルが戦争映画を作る」(『映画「パッション」をめぐるパースペクティヴ——識者と記者が論争を呼ぶ映画が提起した諸問題を探る』、二〇〇四)、一二七~一四五頁。ホラー映画ジャンルの影響については、ウォルシュ「ホラー映画としての受難——十字架の聖なるメル」(『宗教とポピュラー文化』、二〇〇八)。

20 裁判場面に四福音書の中心的な役割がある以上、あらゆるイエス映画に裁判が登場するのは驚くべきことではない。共観福音書は、大祭司の前での裁判を提示してから、ピラトの裁判がある（マタ二六59～66、同二七11～14）。「ヨハネ福音書」は大祭司の義理の父であるアンナスの審理を置き（ヨハ十八19～24）――ただし裁判ではない――、大祭司カイアファを訪れ（同十八24）、それからピラトの前での裁判に至る（同十八28～38）。しかしこの特徴もまた、イエス映画が全体として伝記映画にぴったり当てはまることを示している。カステン(G. F. Custen)『伝記映画――ハリウッドはいかにして公史を構築したか』（一九九二）、一八一頁。

21　ギブソンが歴史をどう用いているかの議論については、コーリー&ウェブ（K. E. Corley and R. L. Webb）編『イエスとギブソンの「パッション」――映画、福音書、歴史的主張』（二〇〇四）を見よ。

22　二〇一三年二月二〇日時点。〔二〇一七年二月二三日時点で約千四百か国語。*The Jesus Film*, "Translating the 'Jesus' Film," http://www.jesusfilm.org/strategies-and-tools/strategies/project-detail-translating.html〕

23　二〇一三年一月一日時点。

24　「トマスによる幼年期福音」二2。カルマン（O. Cullmann）「幼年期福音諸書」、シュニーメルヒャー&ウィルソン編『新約外典一巻――福音諸書と関連文献』（一九九一）、四四四頁。

25　「トマスによる幼年期福音」九3。しかし、驚くほどのことでもないが、映画は感心しがたい物語、たとえばイエスが体当たりしてきた子どもを殺害したといった物語（四1）は知らぬふりをしている。同書四四六頁。

26　ラインハルツ「イエス映画ジャンルにおける幸せな聖家族」（シャバーグ他編『聖書世界の女性に関する研究の最先端――E・S・フィオレンツァ記念論文集』、二〇〇四）、一二三～一四二頁。

27　こうした描き方は、その地域の採鉱権を掌握している一家によって、貧しい村民たちが罪を着せられるといった『ペイルライダー』（一九八五）のような西部劇映画の描き方と酷似している。『ペイルライダー』の分析については、ラインハルツ『銀幕の聖典』（二〇〇三）、一七七～一八四頁。

28　たとえば以下を見よ。マディガン&オシーク（K. Madigan and C. Osiek）『初期教会における女性聖職者の任命――公文書記録からみる歴史』（二〇〇五）。アイゼン（U. E. Eisen）『初期キリスト教における女性儀式主宰者――碑文研究と文学研究』（二〇〇〇）。テルフォード（W. R. Telford）「フィクションと映画におけるイエスと女性」（キッツバーガー編『世界が一変するような出会い――イエスと女性たち再考』、二〇〇〇）、三五三～三九一頁。

29　マグダラのマリアを娼婦として描く歴史については、サリスベリー（J. E. Salisbury）『古代世界の女性事典』（二〇〇一）、二一六～二一八頁。

30　最も衝撃的な例はミケランジェロの「ピエタ」であり、イエスの十字架降下の後、美しく若いマリアが成人した息子を膝に抱いている。ミケランジェロ自身の説明によると、マリアの若さは彼女の不変の純潔を反映している。ヴァードン&ロッシ（T. Verdon and F. Rossi）『西洋美術におけるマリア』（二〇〇五）、一五八頁。

31　ブルネット（P. Brunette）『ロベルト・ロッセリーニ』（一九八七）、三四六～三四七頁。

32　この表現は、カトリックのマリア神学の中心的要素を模倣している。マリアは弁護者・扶助者・援助者・仲介者として、救済に向かう上で不可欠の役割を担うと見なされている。このマリアは、他の弟子たちよりも高く上げられる格別に優れた弟子である。ジョンソン（E. A. Johnson）『まことわが聖母――聖徒の交わりにおけるマリアの神学』、一三〇頁。

33　ラコフ（G. Lakoff）『政策論――リベラルと保守はどう考えるか』（二〇〇二）を参照。

34　スターン他『銀幕の救い主』（一九九九）、八五頁。

35　ユダ王国内の生活の質の向上にローマが貢献したことは、バビロニア・タルムードでも言及されている。「シャバット」三三b。これを論じたものとしては、ラインハルツ『ハリウッドのイエス』（二〇〇七）、六一頁。

36　たとえば以下を見よ。ルーサー（R. R. Ruether）『信仰と同胞殺し――反ユダヤ主義の神学的起源』（一九七四）。トラクテンバーグ（J. Trachtenberg）『悪魔とユダヤ人――中世におけるユダヤ人理解と近代における反ユダヤ主義との関係』（一九四三）。ラインハルツ『イエスの愛しておられた弟子と親しくなること――ヨハネ福音書のユダヤ的読解』（二〇〇一）。

37　ラインハルツ『大祭司カイアファ』（二〇一一）、一八〇～一九二頁。

38　バビントン&エヴァンス、前掲書、一二二頁。

39　同右。

40　美術・演劇・文学・映画におけるカイアファのさまざまな描き方についてはラインハルツ『大祭司カイアファ』（二〇一一）を見よ。

41　このことについては、私も参加していた学識者による顧問グループが何度も話し合った。きわめて些細な省略（「彼は言った」「彼女は言った」）のみが認められた。
42　ハリウッド映画においては、伝記映画の場合も含めて恋愛が中心的役割を果たすことについては、たとえば、カステン、前掲書、一五九頁を見よ。
43　この句の文言の歴史については、ブラウン（R. E. Brown）『ヨハネ福音書』（一九六六）、一巻、三三二〜三三四頁を見よ。この物語のその後については、ナスト（J. W. Knust）「熱すぎて扱えない？——姦通の物語とヨハネ福音書」（ジョインス編『新約聖書の女性たちと彼女たちの余生』、二〇〇九）、一四三〜一六三頁。
44　イエスのユダヤ的習慣について徹底的に議論したものとして、メイアー（J. P. Meier）『非本流のユダヤ人——歴史的イエスの再考』全四巻（一九九一〜二〇〇九）を見よ。
45　メリエスのような初期映画の作家たちは、映画が奇跡をはじめとする尋常ならざる経験を描くのに適しているという点を新しい可能性として活用した。リチャードソン（M. Richardson）『シュルレアリズムと映画』（二〇〇六）、二一頁。福音書がイエスの特徴として付与している癒やしや悪魔払いについて、デミルをはじめとする幾名かの映画作者はかなり抑制している。
46　ジョーダン&ブリンノール（M. D. Jordan and K. L. Brintnall）「メル・ギブソン、キリストの花嫁」（ビール&リナフェルト編『ギブソン・バイブル——宗教、ポピュラー文化、そして「パッション」』、二〇〇六）、八一〜八七頁。ブリンノール『この人を見よ——救済像としての苦痛にあえぐ男性の身体』（二〇一一）。

四章　古代活劇映画とキリスト教

1　両用語の簡略な説明として以下を見よ。コーネリアス（M. G. Cornelius）「序」（コーネリアス編『筋肉と男たちについて——古代活劇映画についての論文集』、二〇一一）、二〜四頁。
2　このイタリア映画のジャンル史については、ボンダネッラ（P. E. Bondanella）（『イタリア映画の歴史』、二〇〇九）、一五九〜一七九頁。
3　この議論については、ヒルシュ（F. Hirsch）『ハリウッドの叙事詩映画』（一九七八）、二二頁を見よ。

4　ワイク（M. Wyke）『過去を映すこと――古代ローマ・映画芸術・歴史』（一九九七）、二九～三一頁。

5　ジョンストン（K. M. Johnston）『近日公開――映画の予告編映像とハリウッド技術の売り込み』（二〇〇九）、四九～五八頁。

6　レフ（P. Lev）『映画スクリーンの変容、一九五〇～五九』（二〇〇六）、一〇七～一二六頁。

7　同右、一一八頁。

8　ホール（S. Hall）『叙事詩映画・見せ場・大ヒット作』（二〇一〇）、一五八頁。

9　この映画の中でペトロは重要な役割を演じている。そもそもタイトルが「どこへ行かれるのですか？」のラテン語である。この句はペトロが最後の晩餐の席でイエスに尋ねる質問として現れるが（ヨハ十三36）、映画やその原作となった本では、外典の「ペトロ言行録」（ヴェルチェッリ言行録三五章）に基づき、ペトロがローマから逃げようとしていた際に磔刑された主に出会うという伝承を直接参照している。ペトロがイエスに「どこへ行かれるのですか？《クオ・ヴァディス》」と尋ねると、イエスは「私はもう一度十字架にかかるためにローマに行くところだ」と答えるのだ。そこでペトロはローマに戻り、宣教を続け、映画に描かれているような運命に遭う。ジェームズ（M.R.James）訳「初期キリスト教文書――ペトロ言行録」http://www.earlychristianwritings.com/text/actspeter.html

10　ショーとしての戦争映画については、ホール、前掲書、五八～六一頁。

11　ソロモン（J. Solomon）『映画における古代世界』（二〇〇一）、三四～七二頁。この慣例は、聖書とは直接関連のない『スペルタカス』（一九六〇）から『グラディエーター』（二〇〇〇）まで、他の剣闘士映画にも共有され、ローマに対する反逆者を競技場で罰する場面が描かれている。

12　これは、歴史的なというより、観念的な誕生年である。多くの学者は、「マタイ福音書」と「ルカ福音書」がイエス誕生の時点では大ヘロデが存命中だったと述べている点に基づいて、イエスが実際には紀元前六年から紀元前四年の頃に生まれたと考えている。ブルムベリ（C. Blomberg）『イエスと四福音書――序論と概観』（一九九七）、二二二頁。

13　戦車競争の製作中にスタントマンが死んだという風説は誤りのようである。ミッケルソン（D. Mikkelson）「行き過ぎたスタント――『ベン・ハー』におけるスタントマンの死」（『スノープス』一九九七年七月十二日）。

http://www.snopes.com/movies/films/benhur.asp

14　「映画製作倫理規定（一九三〇～一九六七）」http://productioncode.dhwritings.com/multipleframes_productioncode.php　映画製作倫理規定における性行動の検閲については、ハミルトン（M. Hamilton）「善良さは何もしなかった――メイ・ウエストを検閲すること」（クーヴァース編『映画検閲とアメリカ文化』、一九九六）、一八七～二一一頁。

15　映画製作倫理規定の全文は、注14のウェブサイトの他、以下の著作の補遺で入手できる。レフ&シモンズ（L. J. Leff and J. Simmons）『キモノを着た女性――ハリウッド・検閲・映画製作倫理規定』（一九九〇）、二八三～二九二頁。

16　バルタザールは通常アフリカ人として描かれるが、『ベン・ハー』の場合は異なる。ヴァルデス（M. Valdes）「ヨーロッパの象徴体系における黒人の賢者」（『アフリカ文明』誌、一九八一）、六七～八五頁。

17　北米プロテスタント運動における網羅的な女性史については、ケラー（R. S. Keller）他『北米における女性と宗教の事典』（二〇〇六）、二二一～五〇五頁。

18　バーナム（J. C. Burnham）「アメリカ医療の黄金期――そこで何が起こったか」（リーヴィット&ナンバーズ編『アメリカにおける疾病と健康――医療と公衆衛生の歴史選集』、一九七八）、二八四～二九四頁。バーナムは、一九五〇年代の初めまでは威信と権威の両面で医療の「黄金期」だったが、一九五〇年代の半ばにかけて医療を批評することができるようになったと述べている。医療関連業を映画で描くことについての一般的な事柄については、グラッサー（B. Glasser）『医療映画――映画の中の医者たち』（二〇一〇）を見よ。

19　アメリカのアイデンティティにおける国家への忠誠心と愛国心の役割については以下を見よ。オレアリー（C. E. O'Leary）『死んでもかまわない――アメリカの愛国心における矛盾』（一九九九）。マッケンナ（G. McKenna）『アメリカ的愛国心の清教徒的起源』（二〇〇七）。

20　共産主義に対するアメリカの闘争における宗教や映画の役割については、ヘルツォーク（J. P. Herzog）『スピリチュアル産業の複合体――冷戦初期におけるアメリカの反共宗教戦争』（二〇一一）。

21　ダビデの星は他の時代にも現れるが、ユダヤ教を示す記号としてあちこちで目にされるようになったのは十九世紀になってからである。初めて用いられたのは一八四五年、ボルティモア・イスラエル人会によってロイド通りのシナゴーグにおいて聖櫃の上方に設置されたステンドグラスである。シュトルツマン（H. Stolzman）他『アメリカにおけるシナゴーグ建築――信仰・魂・アイデンティティ』（二〇〇四）、二八頁、四一頁。

22　『愛欲の十字路』（一九五一）のような旧約映画と同様に、時代設定の疑わしい儀式や祈禱が含まれるが、これは神聖さと本物らしさを醸し出すためである。古代におけるカトリック・ミサの発祥は、五、六世紀より前には遡らないであろうから、このフィクション映画の歴史設定よりも四世紀ほど後のことになる。クンツラー（M. Kunzler）『教会典礼』（二〇〇二）、一八二頁。

23　奴隷制度をめぐるパウロの姿勢は、未だに議論の余地の多い問題である。様々な見解の中で、以下二点を挙げておこう。バイロン（J. Byron）『パウロと奴隷制をめぐる近年の研究』（二〇〇八）。ホースリー（R. A. Horsley）「パウロと奴隷制――近年の文献とは別の批判的見解」（『セメイア――聖書批評の実験』誌、一九九八）、一五三～二〇〇頁。

24　愛の戒律の歴史性については、メイアー（J. P. Meier）『非本流のユダヤ人――歴史的イエスの再考』（全五巻、一九九一～二〇一五）、第四巻、四七八～六四六頁。キリスト教国としてのアメリカについては、フィー（J. Fea）『アメリカはキリスト教国家として建国されたのか？――歴史的序論』（二〇一一）。

五章　叙事詩映画と寓喩

1　デミル（C. B. DeMille）『セシル・B・デミル自伝』（一九五九）、二四九頁。

2　聖書成立後の文学ジャンルとしての「書き直された聖書」については、たとえば以下を見よ。ハリントン（D. J. Harrington）「聖書の物語と預言のパレスチナ的脚色――書き直された聖書」（クラフト&ニッケルスバーグ編『初期ユダヤ教と近代の解釈者たち』、一九八六）、二三九～二四七頁。ニッケルスバーグ（G. W. E. Nickelsburg）「書き直され拡大された聖書」（ストーン編『第二神殿期のユダヤ的著作』、一九八四）、八九～一五六頁。ピーターセン（A. K. Petersen）「境界現象としての書き直された聖書――ジャンル・テキスト戦略・カノン形式のアナクロニズム？」（ヒルホースト他編『フロレンティーノ・ガルシア・アルティネス記念フロレンティーノの花――死海文書と他の初期ユダヤ教研究』、二〇〇七）、二八五～三〇六頁。ラインハルツ

(A. Reinhartz)「書き直された福音書——大祭司カイアファの場合」(『新約研究』誌、二〇〇九)、一六〇～一七八頁。

3 紅海での溺死と教会の崩壊の平行関係といった、映画内の二か所の類比性をリストアップしたものが以下にある。バビントン&エヴァンス『聖書叙事詩映画』(一九九三)、四四～四七頁。

4 コル・ニドレイのメロディの歴史については、イデルゾーン (A. Z. Idelsohn)「コル・ニドレイの調べ」(『ヘブライ・ユニオン大学紀要』、一九三一)、四九三～五〇九頁。またゴットリープ (J. Gottlieb)『おかしな、ユダヤ風には聞こえない』(二〇〇四) をも見よ。『イントレランス』における音楽については、アルトマン (R. Altman)『サイレント映画の音』(二〇〇四)、二九六～三〇〇頁。しかしながらアルトマンの詳細な議論は、この映画の「ユダヤ期の物語」における音楽についてではなく、コル・ニドレイのメロディの使用は言及されていない。デミルの『十誡』(一九二三) にも、少なくともDVD版にはコル・ニドレイが含まれている。このメロディを使っている他の映画として、『ジャズ・シンガー』(一九二七) やデンマーク映画『ヘクサン——魔女』(一九二二) もある。『ジャズ・シンガー』におけるこのメロディの使用については、ローゼンバーグ (J. Rosenberg)「あなたがまだ聞いていないもの——『ジャズ・シンガー』の諸言語」(『プルーフテキスト——ユダヤ文学史』誌、二〇〇二)、一一～五四頁を見よ。また以下も見よ。ウォーカー (A. T. Walker)「サイレント映画の音——B・クリステンセンの『ヘクサン』における聴覚刺激と中世」(マーシャル編『大衆市場の中世——ポピュラー文化における中世をめぐる論文集』、二〇〇七)、四二～五六頁。ウォーカーの論文はとくに、映画がこのメロディを反ユダヤ的狙いでどう用いているかに焦点をあてている。

5 ゴットリープ、前掲書、一〇二頁。

6 バビントン&エヴァンス、前掲書、四六頁。

7 デミル、前掲書、二五八頁。

8 同右、二五二～二五三頁。

9 これは二〇一〇年五月、オーバーアマガウにて、この年の受難劇公演の初日に訪れた際の個人的な体験である。この訪問中、助監督のオットー・フーバー氏の案内で小さな教会墓地を巡ったが、彼は墓石から墓石へと案内し、そこに埋葬された村民の演じた役柄を挙げてくださった。この旅で出会った大きな宿屋の所有者は、自分のことを「イエスの母です」と名乗った。この年の上演でイエス役を一日おきに演じることになっていた二人の青年の母だという意味である。

10　シャピロ（J. S. Shapiro）『オーバーアマガウ――世界一有名な受難劇の波乱の物語』（二〇〇〇）、四頁。

11　同右、五頁。

12　受難劇は聖金曜日の直前から数日間かけて、中世のヨーロッパで広く演じられていた。同右、十九～二二頁。

13　詳細な分析については、ラインハルツ「イエス映画ジャンルにおける歴史と偽史」（エグジュム編『映画における聖書――聖書と映画』、二〇〇六）、一～十七頁を見よ。

14　以下のレビューを見よ。ウズニアン（R. Ouzounian）「評――ストラットフォード演劇祭のスーパースターは完璧に心を奪う」（『トロント・スター』紙、二〇一一年六月四日）http://www.thestar.com/entertainment/2011/06/04/review_stratfords_superstar_is_an_absolute_knockout.html　クシュマン（R. Cushman）「演劇評――『ジーザス・クライスト・スーパースター』と『怒りの葡萄』」（『ナショナル・ポスト』紙）。

15　このことは、グッドエーカーがこの映画を大目に見る傾向について述べた際の事情ではなかったかもしれない。グッドエーカー（M. Goodacre）「あなたは語られているとおりの方でしょうか？――『ジーザス・クライスト・スーパースター』についての考察」（『宗教と映画』誌、一九九九）、一～十三頁を見よ。この映画の研究については以下を見よ。テイタム（W. B. Tatum）『映画のイエス――はじめの百年のガイド』（二〇〇四）、一〇九～一四一頁。ラインハルツ『ハリウッドのイエス』（二〇〇七）諸所。ステイリー&ウォルシュ（J. L. Staley and R. G. Walsh）『イエスと福音書と映画的想像力――DVDに載ったイエスのハンドブック』（二〇〇七）、六三―六八頁。

16　本の翻案についていえば、映画は小説に全面的に従っているとはいえない。ビヤン（P. Bien）「映画になったカザンザキスの小説群」（『近代ギリシャ研究』誌、二〇〇〇）、一六四頁。

17　キナード&デイヴィス（R. Kinnard and T. Davis）『神のイメージ』（一九九二）、一〇二頁。

18　ヘロデ・アンティパスをめぐる詳しい議論については、イェンセン（M. H. Jensen）『ガリラヤのヘロデ・アンティパス――ヘロデ・アンティパスの治世とそのガリラヤへの社会的・経済的影響に関する文学的・考古学的資料』（二〇〇六）。

19 ヴォルカン&イツコヴィッツ（V. D. Volkan and N. Itzkowitz）『トルコ人とギリシャ人――衝突する隣人』（一九九四）。

20 クリフトン（N. R. Clifton）『映画の中の人物像』（一九八三）、九一頁。

21 この映画が公開された当時、映画が伝えているのはマルクス的な観点だと捉えられ、まさにダッシン自身、下院非米活動委員会の要注意人物リストに挙げられていた。プライム（R. Prime）「妥協に覆い隠されて――ダッシンの『裸の町』（一九四八）」（マギリガン&ビューレ編『優しき共産党員《コムラード》――ハリウッドの要注意人物の背景』、一九九七）、一四二～一五一頁。ニーヴ（B. Neve）『アメリカの映画と政治――社会的伝統』（一九九二）、一一五～一一九頁。

22 同右、一〇〇頁。

23 ローディ&パゾリーニ（S. Rohdie and P. P. Pasolini）『パゾリーニの情熱《パッション》／受難』（一九九五）、一〇頁、二五頁。

六章　現代的な見かけの旧約聖書

1 この映画の詳細な分析については、ラインハルツ（A. Reinhartz）「『ペイルライダー』と『ネル』と聖典の乱用」（『銀幕の聖典』、二〇〇三）、一七七～一七八頁。

2 ラインハルツ「使徒と書物の力――ヨハネ」（『銀幕の聖典』）、一一四～一二八頁。

3 同「『フライド・グリーン・トマト』と女の友情――ルツ」（『銀幕の聖典』）、五四～六六頁。

4 同「『パルプ・フィクション』と信仰の力――エゼキエル」（『銀幕の聖典』）、九七～一一三頁。

5 同「『マグノリア』と蛙の災い――出エジプト記」（『銀幕の聖典』）、二四～三八頁。

6 ブラウン（D. Brown）『ダ・ヴィンチ・コード』（二〇〇三）。

7 むろん、嵐も島も合衆国悪天候省も、完全に架空のものである。

8 ホワイト（E. W. White）『ベンジャミン・ブリテン――その生涯とオペラ群』（一九八三）、二一四頁。

9 ブリテンの「ノアの洪水」の紹介、ならびに彼の聖歌劇《オペラ》領域の用法については、シェパード（W. A.

Sheppard）『仮面をはずして——近代音楽劇における異国的影響と儀式的上演』（二〇〇一）、一一七～一二一頁を見よ。

10　映画内の自己参照の諸側面については、ネース&ビシャーラ（W. Nöth and N. Bishara）共編『諸メディアにおける自己言及』（二〇〇七）所収のヴィトーム（G. Withalm）の論文「自己言及的なスクリーン——包括的モデルの概要」を見よ。

11　ボー（S. L. Baugh）『ラテン・アメリカ映画——作品・役者・着想・流行の事典』（二〇一二）、二二頁、二一七頁。

12　アウグスティヌスは『神の国』十六巻四章において、バベルの塔を傲慢と高慢の行いとして描いている。「天国に至る確かで真実な方法は謙虚さである。謙虚さは心を主に向けさせ、主に刃向かわせない」

13　ロリンズ&オコナー（P. C. Rollins and J. E. O'Connor）『なぜわれわれは戦ったのか——映画と歴史におけるアメリカの戦争』（二〇〇八）。

14　美術におけるカインの表象については、メリンコフ（R. Mellinkoff）『カインのしるし』（一九八一）を見よ。文学におけるカインについては、クインオーンズ（R. J. Quinones）『カインの変化——カイン－アベル文学における暴力と失われた兄弟』（一九九一）を見よ。

15　この文は、たとえば一九五五年の映画『エデンの東』に現れる。アダムが、下の息子アロンの行方不明に関わっている上の息子キャルと出会うくだりである。またこの文は、ロックグループの「ケイン・アンド・アベル Kane and Abel」の一九九八年のアルバムのタイトルにもなっている。http://www.stlyrics.com/songs/k/kaneable2119.html

16　カインという素材についてのアウグスティヌスの使用例については、フレドリクセン（P. Fredriksen）『アウグスティヌスとユダヤ人——キリスト教徒によるユダヤ人とユダヤ教の弁護』（二〇〇八）、二六〇～二八九頁を見よ。キリスト教神学におけるカインについては、ウンターゼーアー（L. A. Unterseher）『カインのしるしとユダヤ人——ユダヤ人とユダヤ教をめぐるアウグスティヌスの神学』（二〇〇九）を見よ。

17　物語については以下を見よ。http://memoriesofrichard.tripod.com/id6.html

七章　キリスト的人物像の映画

1　ボー（L. Baugh）『神を想像すること——映画におけるイエスとキリスト的人物像』（一九九七）、viii～ix頁。

2　同右、二一〇頁。

3　本書九章では、終末世界的映画をより詳しく検討する。

4　これらの映画作品におけるイエスや他の宗教的モチーフの分析としては、ローレンス&ジュウェット（J. S. Lawrence and R. Jewett）『アメリカ的スーパーヒーローの神話』（二〇〇二）やギャレット（G. Garrett）『聖なるスーパーヒーローたち！——コミック・グラフィックノベル・映画における聖なる存在の探究』増補版（二〇〇八）。

5　マローン（P. Malone）『映画のキリストたちとアンチキリストたち』（一九九〇）、十七～十八頁。

6　ボー、前掲書、二〇五～二一〇頁。

7　コズロヴィチ（A. Kozlovic）の議論全体については論文「映画上のキリスト的人物像の構造的な諸性格」（『宗教とポピュラー文化』誌、二〇〇四）を見よ。

8　イエスをスクリーン上に映しだすことの困難については、本書三章を見よ。

9　この映画作品についての議論は以下を見よ。ショート（K. R. M. Short）「チャップリンの『独裁者』と英国一九三九年の検閲」（『映画・ラジオ・テレビの歴史』誌、一九八五）、八五～一〇八頁。クロッケ（A. Klocke）「衝撃的な諷刺——ヒルセンラートの小説『ナチと美容師』とチャップリンの映画『独裁者』」（『ホロコースト・ジェノサイド研究』誌、二〇〇八）、四九七～五一三頁。

10　ヒトラーが自身をあらゆることについて「救い主《セイヴァー》」だと実際に考えていたことは、有頂天となった追随者を前に自説を説いている彼のポスターに「初めに言《ことば》があった」というキャプションがついていることからも明白である。http://www.nobeliefs.com/mementoes/HoyerHitler.jpg. 自己を救い主と妄想するヒトラーについての議論はレドレス（D. Redles）『ヒトラーの千年王国——黙示録的信念と救済の追求』（二〇〇五）、一〇八頁。

11　コズロヴィチ、前掲論文、四一～六六頁。

12　マーシュ（C. Marsh）『映画と感傷――映画的神学への挑戦』（二〇〇四）、四八～四九頁。オストワルト（C. E. Ostwalt）「黙示録的」（ライデン編『ラウトレッジ版 宗教と映画の手引き』、二〇〇九）、三六八～三八三頁。

13　この企てへの批評については、コズロヴィチ、前掲論文、十二～十四段落。マーシュ、前掲書、四八～四九頁。デシー（C. R. Deacy）「映画上のキリスト的人物像を無批判に充当することについての考察」（『宗教とポピュラー文化』誌、二〇〇六）、十三段落。オストワルト「新千年紀の始まりにおける『アルマゲドン』」（『宗教と映画』誌、二〇〇〇）。

14　ボー、前掲書、一〇九頁。

15　デシー、前掲論文、十三段落。

16　ストーン（B. P. Stone）『信仰と映画――映画における諸主題』（二〇〇〇）、六頁。

17　マーティン＆オストワルト（J. W. Martin and C. E. Ostwalt）『聖なるものを映すこと』（一九九五）、一二五～一三三頁。

18　マイルス（M. R. Miles）『観ることと信じること――映画における宗教と諸価値』（一九九六）、xiii頁。

19　同右、一〇頁。

20　ライト（M. J. Wright）『宗教と映画――序論』（二〇〇七）、二九頁。

21　クライツァー（L. J. Kreitzer）『フィクションと映画における新約聖書』（一九九三）、十二頁。

22　アンカー（R. M. Anker）『光をとらえる――映画に神を見いだすこと』（二〇〇四）、二五一頁。

23　スコット（B. B. Scott）『ハリウッドの夢と聖書物語』（一九九四）、十一頁。

24　マーシュ、前掲書、三七頁。

25　テルフォード（W. R. Telford）「『スルー・ア・レンズ・ダークリー』――神学と映画への批判的アプローチ」（クリスチャンソン他編『映画の神性――映画における宗教・神学・聖書』、二〇〇五）、十五～四三頁。

26　ラインハルツ（A. Reinhartz）『銀幕の聖書』（二〇〇三）。

27　牢獄破り映画については、ゴンシエ（D. Gonthier）『一九三〇年以降のアメリカの監獄映画――「ビッグ・ハウス」から「ショーシャンクの空に」まで』（二〇〇六）を見よ。

28 ホーグ（P. Hogue）「男は逃げた」（『映画コメント』誌、一九九九年六月）、四四～四八頁。
29 この映画についての議論は、ピポロ（T. Pipolo）『ロベール・ブレッソン――映画への情熱』（二〇一〇）、一〇二頁。
30 キング（S. King）「刑務所のリタ・ヘイワース」（『恐怖の四季』、一九八二）。
31 ボードウェル&トンプソン（D. Bordwell and K. Thompson）『映画芸術入門』（一九九七）、五四頁。
32 ケベックの「静かなる革命」については、ゴヴロー（M. Gauvreau）『ケベックの「静かなる革命」におけるカトリックの起源、一九三一～七〇』（二〇〇五）、ならびにディキンソン&ヤング（J. A. Dickinson and B. J. Young）『ケベック小史』（二〇〇三）。
33 ヘルム（Z. Helm）『主人公は僕だった――撮影台本』（二〇〇六）、一〇九頁。
34 カルヴィーノ（I. Calvino）『冬の夜ひとりの旅人が』第一巻（一九八一）、二五九頁。
35 キャンベル（J. Campbell）『千の顔を持つ英雄』（一九四九）、三五六～三六四頁。
36 ボードウェル&トンプソン、前掲書、五三頁。
37 同右、五二頁。

八章　映画と道徳

1 レザース（S. Leathes）『道徳の基礎――その起源と権威に関して十戒に格別な参照をおく対話』（一八八二）、iii頁。
2 同右、viii頁。
3 ミュッサー（Ch. Musser）「受難と受難劇――一八八〇～一九〇〇年のアメリカにおける演劇・映画・宗教」（『映画史』誌、一九九三）、四五〇頁。
4 ブラック（G. D. Black）『検閲されたハリウッド――倫理規定・カトリック・映画』（一九九四）、五六～五七頁。
5 ブラック「検閲されたハリウッド――一九三〇～四〇年代における映画製作倫理規定とハリウッド映画産

業」（『映画史』誌、一九八九）、一六七頁。

6　同右、一六八頁。

7　http://www.artsreformation.com/a001/hays-code.html

8　同右。

9　しかしながら本書一章に記したように、映画製作倫理規定の影響が甚大な聖書叙事詩映画は、イスラエルの律法が異教の習慣に対して倫理的に勝っていることを主張しつつも、しばしば聖書に基づく倫理的な戒律を違反することを正当化した。もっとも露骨な例が『愛欲の十字路』（一九五一）に見いだされる。ダビデ王は、姦淫と殺人に関する戒律を明らかに軽視している。なるほど彼はこうした違反を罰せられている。バト・シェバとの不義の関係によって生まれた幼い息子は死に、預言者ナタンは激怒し、神は地を干魃にさらす。しかし映画は、戒律違反が悪意や本質的な邪悪によって起こったものではなくバト・シェバへの情熱的な愛ゆえなのだと示唆し、こうした違反を大目に見たまま、あるいは違反に共感を示しながら進み、結局、愛がすべてを克服する。かくしてこの映画は、道徳的な違反行為と恋愛の喜びとの間の細い線の上を歩くのである。

10　前文の詳細については以下を見よ。http://productioncode.dhwritings.com/Code_1966.html.

11　プリンス（S. Prince）『残酷映画――サム・ペキンパーと超暴力映画の増加』（一九九八）、十二〜十四頁。ラウシュ（A. J. Rausch）『映画史の転回点』（二〇〇四）、一六二〜一七〇頁。

12　映画のレイティング体系の変更については、バーンスタイン（M. Bernstein）『ハリウッドの操縦――スタジオ時代の検閲と規制』（一九九九）。ファーバー（S. Farber）『映画レイティングというゲーム』（一九七二）。

13　聖書と倫理をめぐる文献を一覧化したものは数多ある。たとえばフリードマン&ドランスキー（R. E. Friedman and S. Dolansky）『聖書の今』（二〇一一）。ヘイズ（R. B. Hays）『新約聖書の道徳的視野――共同体・十字架・新しい創造――新約倫理への今日的序論』（一九九六）。ルーカー&クレンドネン（M. F. Rooker and E. R. Clendenen）『十戒――二一世紀の倫理』（二〇一〇）。死刑の賛否をめぐる聖書の用法については、バイリー（L. R. Bailey）『死刑――聖書はどう語っているか』（一九八七）。ハンクス（G. C. Hanks）『死刑と聖書』（二〇〇二）。リンド（M. Lind）『真の沈黙の音と殺す国家――死の代償と聖書』（二〇〇四）。

14　フィリップス&フェウェル（G. A. Phillips and D. N. Fewell）「倫理、聖書、そのようなものとしての読み」

（『セメイア――聖書批評の実験』誌、一九九七）、二頁。

15　プロー＆スタイン（W. G. Plaut and D. E. Stein）『モーセ五書《トーラー》――現代的解説』（二〇〇五）、四八八頁。十戒の基本的な役割は、ポーランドの映画監督キェシロフスキによる十部構成のテレビ番組『十戒《ザ・デカローグ》』（一九八九）の基礎になっており、キェシロフスキはここで現代ポーランドにおける倫理的問題を探求している。

16　「黄金律」は、イエスの作とみなされるのみならず、ファリサイ派の教師《ラビ》ヒレルの作だとも言われている。彼は繰り返し述べる。「されたくないと思うことを人にしてはならない。それが律法のすべてであり、他のことは説明なのだ。行って学べ」。バビロニア・タルムードの「シャバット」三一a、マタ七12、ルカ六31を見よ。

17　この映画は二〇一一年にリメイクされた。

18　この句は、偽証の法的位置づけをとりあげて語られているように思われるが、あらゆる状況において偽りを語ることに関わることとして、しばしば一般化されている。

19　映画『ビッグ・ライアー』（二〇〇二）、『恋する40デイズ』（二〇〇二）、『ルイスと未来泥棒』（二〇〇七）を見よ。また、テレビ番組（『M☆A☆S☆H』の一エピソード「歯があなたを自由にする」）や、ビデオゲーム（たとえば『レッド・デッド・リデンプション』には「自由があなたを自由にする」と呼ばれるミッションがある）も見よ。

20　この映画をめぐる議論としては、ステイリー（J. L. Staley）「ヨハネ七1から八59に読み解く『この女』――間テクスト的に舞う姦通の一節《ペリカピー・アダルトリー》」（エイシェル＆ウォルシュ編『それ以外の者たち――非正典による正典福音の読解』、二〇〇五）、八五～一〇七頁を見よ。

21　世界の諸宗教における死後の生については以下を見よ。大林浩（H. Obayashi）『死と来世――世界の諸宗教における諸視点』（一九九二）。シーガル（A. F. Segal）『死後の生――西洋の諸宗教における来世の歴史』（二〇〇四）。エリアーデ（M. Eliade）『死、来世、終末論――諸宗教の歴史をめぐる主題別起源』（一九七四）。

22　吃音一般とモーセの吃音については、シェル（M. Shell）『吃音』（二〇〇五）、一〇二～一三六頁を見よ。

23　「民数記」十一～十二を見よ。

24　コリンズ（A. Collins）『アメリカを鼓舞する賛歌の裏話――われわれの国を団結させる歌』（二〇〇三）、八三〜八八頁を見よ。

25　メイ（J. R. May）「ゴッドファーザー映画——ドンの誕生、ファミリーの死」（メイ編『心象と似姿——アメリカの古典映画の宗教的光景』、一九九二）、六五〜七五頁を見よ。

26　たとえば以下を見よ。「警察はゴッドファーザーを捕らえた後にマフィアの『十戒』をみつける」（『デイリーメイル』紙、二〇〇七年十一月八日）。http://www.dailymail.co.uk/news/article-492449/Police-discover-Mafias-Ten-Commandments-arresting-Godfather.html

27　レオナード（E. Leonard）『ユマ行き3時10分——そして他の物語』（二〇〇六）。

28　「自分の口を警戒する者は命を守る。いたずらに唇を開く者は滅びる」（箴十三3）。

29　ベンがこの聖書を持ち歩いていたのか、ホテルの部屋で見つけたのかは定かではない。ギデオン協会がホテルの部屋に聖書を配り始めたのは一九〇八年以降のことである。

30　二〇一三年十月には再びリメイク版が出る予定である。http://www.imdb.com/title/tt1939659

31　ここでは、ビーヴィス（M. A. Beavis）による分析や描写を参考にしている。「残酷な武器を携える天使たち——現代ホラー映画における聖書の使用」（『宗教と映画』誌、二〇〇三）。ビーヴィスの「偽外典——終末世界的ホラー映画で発明された聖典」（ウォリス&キンビー編『聖書的黙示録』、二〇一〇）、七五〜九〇頁をも見よ。

32　詳しい分析は、エイトケン（T. Aitken）「狩人の夜」（ラインハルツ編『聖書と映画——手がかりとなる五十の作品』、二〇一二）、一九二〜一九六頁を参照。

33　ラインハルツ「マグノリアと蛙の災い——出エジプト記」（『銀幕の聖典』、二〇〇三）、二四〜三八頁を見よ。

34　一九六二年版の映画には、聖書は使用されていない。

35　ケイディの弁護士は、一九六二年版でサム・ボーデンを演じたグレゴリー・ペックが演じていることから、間テクスト的な皮肉が生まれている。

36　二〇〇九年にスウェーデンでも製作されているが、私は二〇一一年製作のアメリカ版について述べる。

37　この部分の聖書の引用は二〇一一年版から書き取った。

38　聖典を引用する悪玉という着想は、シェイクスピアの時代以降、英文学に数多く実施されてきた。ここでは傑出した事例を二つほどあげる。『ヴェニスの商人』の中では、アントニオがシャイロックのことをこう語る。「悪魔も必要とあらば聖典を持ち出せる。邪悪な魂が聖なる証をたてるのは、悪党が頬面だけ笑ってみせるのと同じだ」（一幕三場93行）。ディケンズの一八四三年の小説『マーティン・チャズルウィット』では、ナレーターがこう語る。「ジョナス殿があのような目的でかくなる本を参照するのに驚く方はいらっしゃろうか？この年寄りめが、死に際に悪魔が聖典を引用するのを見たとしても、疑うことはあろうか」（ディケンズ『マーティン・チャズルウィットの人生と冒険』全二巻の第一巻、一八六六）、二六六頁。

九章　破壊と救済

1　「ドゥームセイヤーが今日の終末世界を予言する」（『テレグラフ』紙、二〇一一年五月二十日）http://www.telegraph.co.uk/news/worldnews/northamerica/usa/8525047/Doomsayers-predict-apocalypse-now.html

2　「終末世界は今すぐには来ない——携挙による世界の終わりは実現しそこねる」（『テレグラフ』紙、二〇一一年五月二一日）http://www.telegraph.co.uk/news/religion/8527582/Apocalypse-not-right-now-Rapture-end-of-world-fails-to-materialise.html

3　同右。この媒体は二〇一二年十二月にも狂乱した。マヤ暦から見て取れる予言では、二〇一二年十二月二一日に世界が終わるためである。説明は以下を見よ。http://www.timeanddate.com/calendar/mayan.html

4　ポピュラー文化表象にとっての「黙示録」の重要性については、オストワルト（C. E. Ostwalt）「黙示録的」（ライデン編『ラウトレッジ版 宗教と映画の手引き』、二〇〇九）、三六八頁。

5　終末世界的文学についての網羅的な入門は以下を見よ。コリンズ（J. J. Collins）『終末世界的イメージ——ユダヤ教の黙示文学入門』（一九九八）。キャリー（G. Carey）『一番最後の事柄——ユダヤ・キリスト教における黙示文学入門』（二〇〇五）。

6　アマナト&バーナードソン（A. Amanat and M. Th. Bernhardsson）編『終わりをイメージすること——古代中東から近代アメリカにかけての終末世界の幻想』（二〇〇二）。

7　トンプソン（K. M. Thompson）『終末世界への恐れ——世紀転換期のアメリカ映画』（二〇〇七）、一～二頁。

8　同右、二頁。

9　ミッチェル（Ch. P. Mitchell）『終末世界映画ガイド』（二〇〇一）、xi頁。

10　同右、xii〜xv頁。

11　マーテンス（J. W. Martens）『世界の終わり――映画とテレビにおける終末世界のイメージ』（二〇〇三）、八九〜九〇頁。

12　同右、九一〜九三頁。原爆映画はマーテンスの第四領域に入るだろう。こうした映画を個別のジャンルとして扱った研究としては、シャピロ（J. F. Shapiro）『原爆映画――映画における終末世界のイメージ』（二〇〇二）を見よ。

13　オストワルト「黙示録的」、三六八頁。

14　同右、三七一頁。

15　同右、三七六頁。またオストワルト「千年紀の黎明におけるアルマゲドン」も見よ。

16　オストワルト「黙示録的」、三六八頁。

17　トンプソン、前掲書、九〜十二頁。

18　ジャンルとしてのSFについて、また本章で検討する終末世界的映画周辺とSFの重なりについては、ジョンストン（K. M.Johnston）『SF映画――批判的序説』（二〇一一）を見よ。終末世界映画における苦難の役割についてはコピア（L. Copier）『不条理な黙示――一九八〇〜二〇〇〇年のハリウッド映画における終末世界と苦難の光景』（二〇一二）を見よ。

19　アルファ・ケンタウリ惑星群については、天文学者がいくつも研究を行っている。「アルファ・ケンタウリ惑星群の家族的肖像――VLT干渉計による近隣星群の研究」二〇〇三年三月十五日。http://www.eso.org/public/news/eso0307　エルセッサー（Th. Elsaesser）「ジェームズ・キャメロンの『アバター』――すべての人のための接近路」（『新映画テレビ研究』誌、二〇一一）、一四九頁。テレビ番組に含まれるのは、『ロスト・イン・スペース』（一九六五ー六八）や『宇宙大作戦《スタートレック》』の「大変容」の回（一九六七）、『ドクター・フー』（「ペラドンの呪い」一九七二、「ペラドンの怪物」一九七四）である。映画に含まれるのは、『ロスト・イン・スペース』（一九九八）、『クローン』（二〇〇二）、『トランスフォーマー』（二〇〇七）である。

20 エルセッサーは以下のように記している。「平和を愛する原住民——ネイティヴ・アメリカ、アフリカ、ヴェトナム、イラクその他の文化の断片を混合させてできあがっている——は、その他幾百の映画で見覚えのある平和主義の原住民と同様である。彼らは背が高く、筋肉が発達しており、見惚れるほどすらりとしている。彼らはほとんど裸で歩き回る。彼らは驚くべきアスリートであり、踊りも歌もうまい」。エルセッサー、前掲論文、二四九頁。アレッシオ&メレディスの指摘によれば、この映画は現地の人々を「森の小さな子どもたち」のように描く紋切り型の描写に陥っている。アレッシオ&メレディス（D. Alessio and K. Meredith）「ジェームズ・キャメロンのパンドラ星を独立させること——帝国史とSF」（『植民地主義と植民史』誌、二〇一二）。

21 ヘシオドス作品における「希望」の重要かつ多義的な役割の分析には、クレイ（J. S. Clay）『ヘシオドスの宇宙』（二〇〇三）、一〇三頁を見よ。

22 Y2K《ミレニアム》年不安は映画の中だけでなく、あらゆる本、雑誌記事、ニュース談話でも明らかである。たとえば、レフコン（D. Lefkon）『Y2K——二〇〇〇年の切換期のコンピュータの最良の取り扱い』（一九九八）を見よ。そもそもこうした本の題名は終末世界的台本を反映している。ゼトリン（M. Zetlin）『コンピュータの時限爆弾を生き延びること——Y2K爆発から復旧する方法』（一九九九）。もう少し落ち着いた分析としては、ファインスタイン（S. Feinstein）『湾岸戦争からY2Kまでの九〇年代』（二〇〇一）を見よ。

23 これはトンプソンの前掲書に一貫する主要焦点である。

24 ミッチェル、前掲書、四八頁。マーテンス、前掲書、九二頁。オストワルト『世俗の尖塔——ポピュラー文化と宗教的イメージ』（二〇〇三）、一七三頁。

25 魚は、たとえば、奇跡的な大漁の描写（ルカ五1〜11、ヨハ二一）でイエスと結びつけられている。しかしながら、キリストの象徴として魚を用いるのは、一般的には「救い主にして神の子であるイエス・キリスト Jesus Christ God's Son Savior」のギリシャ語頭文字が魚を意味する点に帰せられている。ファーガソン（G. Ferguson）『キリスト教美術における記号と象徴』（一九五四）、十八頁。一方この映画では、魚《フィッシュ》といえばファシストを、フージーズといえば難民《レフュジー》を連想することも可能だ。

26 直接には「創世記」が言及されているわけではないが、種を蒔くべき農作地の復興に言及することで、聖書の方舟物語もまた暗示されている。

27　オストワルト「千年紀の黎明におけるアルマゲドン」（『宗教と映画』誌、二〇〇〇）、十一段落。

28　『エバン・オールマイティ』（二〇〇七）と『ブルース・オールマイティ』（二〇〇三）を見よ。

29　ヨシュ十二21、ヨシュ十七11、士五19、王上四12、王上九15、王下九27、王下二三27、代上七27、代下三五22、ゼカ十二11。

30　現代における終末世界的な語り口を検討するには、オレアリー（S. D. O'Leary）『黙示録を論じること——千年紀のレトリックの理論』（一九九八）を見よ。

31　この映画には異なる市場用の七つの版がある。違いが最も際立つのは終わり方である。本研究はディレクターズ・カット版に基づいている。この映画の製作と諸バージョンの詳細についてはサンモン（P. Sammon）『未来的ノワール——「ブレードランナー」の製作』（一九九六）を見よ。

32　ブーザー（J. J. Boozer）「内面への入り口を壊すこと——ブレードランナー」（カーマン編『「ブレードランナー」への点火——リドリー・スコットの「ブレードランナー」とPh・K・ディックの「電気羊はアンドロイドの夢を見るか」をめぐる諸問題』、一九九一）、二二五〜二二六頁。

33　カーマン（J. Kerman）「ミレニアム以降のブレードランナー」（ブルッカー編『ブレードランナー体験——SFの古典的遺産』、二〇〇五）、三一〜三九頁。

34　ブーザー、前掲論文、二一四頁。

35　同右。

36　カーマン「ミレニアム以降のブレードランナー」（二〇〇五）、三五頁。

37　デッサー（D. Desser）「新しきエバ——『ブレードランナー』における『失楽園』と『フランケンシュタイン』の影響」（カーマン編『「ブレードランナー」への点火』、一九九一）、六十頁。

38　同右。

39　原文は「天使たちは薔薇《ローズ》色に燃え、彼らが立ち上がった《ローズ》時、深き雷鳴が流れた。その岸辺にて怒れる地獄の劫火」である。ピーチ編『ウイリアム・ブレイクのアメリカ詩』（一九七七）、二一六頁。

40　コーエン（J. Cohen）『モーセ誕生物語の起源と発展』（一九九三）、九三頁。

結び　映画と超越

1 「アブラハムの契約」をも見よ。http://www.newadvent.org/fathers/1007.htm
2 アレクサンドリアのフィロン（Philo）『十戒各論』三巻、一～六章。http://www.earlychristianwritings.com/yonge/book29.html　キケロの『スキピオの夢』八章16節も見よ。「その場所から全方向を凝視すると、他のあらゆるものが驚嘆するほど美しく現れました。地上からは見たことのない星々があり、その星々はことごとく私たちがこれまで想像できなかったほどに大きいのでした。（中略）星々の球体は地球の大きさを軽く凌駕するほどでした。その地球はといえば、あまりにも小さく見えて、我が帝国は地球の表面の一点をおさえているにすぎず、情けなく感じてしまうほどでした」
3 ベラー（R. N. Bellah）『人類の進化における宗教――旧石器時代から枢軸時代まで』（二〇一一）、三頁。
4 同右。
5 プランティンガ（C. R. Plantinga）『動きつつ観る者――アメリカ映画と観客の経験』（二〇〇九）、五頁。「霊的」あるいは「宗教的」映画における超越についての現象学的分析としては、ソブチャック（V. Sobchack）の論文「超越の具体化――文字どおりの崇高、物の崇高、映画の崇高」（『マテリアルな宗教――事物と芸術と信仰の雑誌』、二〇〇八）、一九四～二〇三頁。
6 ギブソン（M. Gibson）『ブリューゲルの動く絵――ピーテル・ブリューゲルの「ゴルゴタの丘への行進」』（二〇〇〇）。
7 トゥマルキーヌ（D. Toumarkine）「映画評――ブリューゲルの動く絵」（『国際映画ジャーナル』誌、二〇一一年九月十二日）http://www.filmjournal.com/content/film-review-mill-and-cross
8 レガット（G. Leggat）「ブリューゲルの動く絵」（サンフランシスコ国際映画祭）http://fest11.sffs.org/films/film_details.php?id=61
9 ヤング（N. Young）「ブリューゲルの動く絵――ベルリン評」（二〇一一年九月二日）http://www.hollywoodreporter.com/review/mill-cross-berlin-review-97627

10 リッキー（C. Rickey）「絵が実現するまでを再現」（二〇一一年九月二三日）http://www.philly.com/philly/columnists/carrie_rickey/20110923_The_restaging_of_how_a_painting_came_to_be.html

11 プランティンガ『動きつつ観る者』（二〇〇九）、五頁。

12 同右。

13 同右、七八頁。

14 同右、八〇頁。

15 同右、一一一頁。

16 同右。

17 ベラー、上掲書、二一～四三頁。

18 人間の本性と経験における語り《ナラティブ》の役割については、ガットシャル（J. Gottschall）『物語る動物――物語はわれわれをいかにして人間たらしめるか』（二〇一二）を見よ。

19 もう一つの顕著な例として『トゥルーマン・ショー』がある。この映画の主人公はテレビ番組の中に閉じ込められるが、最終的に抜け出す。ラインハルツ「『トゥルーマン・ショー』と楽園からの逃避――創世記」（『銀幕の聖典』、二〇〇三）、五～二三頁。

20 上記とともに、ラインハルツ「『ショーシャンクの空に』と内的な救い――コリントの信徒への手紙一」（『銀幕の聖典』、二〇〇三）、一二九～一四三頁。

21 鳥たちは映画全体を通じて自由の象徴として用いられている。たとえば年老いた受刑者ブルックスは、ジェイクという小鳥を飼っていて、自分が仮釈放になる直前にこの鳥を逃がす。アンディがモーツァルトのアリアの録音を流す場面では、刑務所の庭の上を鳥たちが舞う姿が映し出される。さらに詳しい議論としては、ジュウェット（R. Jewett）「『ショーシャンクの空に』にみる名誉を汚された者の自信なき希望」（『聖パウロの映画への帰還――羞恥に対する勝利』、一九九九）、一六八頁を見よ。

22 「トイ・トイ」は、政治的異議を伝え、人権や正義への渇望を表現するリズムである。「姿勢を変えないまま激しく踊ることで生み出される規則的なビートが特徴で、単調なオフビートの区切れ目に政治的モットーが発される」。ペディー（I. Peddie）『ポピュラー音楽と人権』（二〇一一）、四〇頁。

23　この素晴らしい映画の詳細な分析は、ウォルシュ（R. Walsh）他編『人の子——アフリカのイエス映画』（二〇一三）を見よ。

24　ジアー（S. D. Giere）「バベットの晩餐会」（ラインハルツ編『聖書と映画——手がかりとなる五十の映画』（二〇一二）、十八〜二三頁。ボー（L. Baugh）『神を想像すること』（一九九七）、一三七〜一四五頁。

25　五千人の共食は、四つの正典福音書すべてに現れる（マタ十四13〜21、マコ六31〜44、ルカ九10〜17、ヨハ六5〜15）。四千人の共食については、マルコとマタイが報告している（マコ八1〜9、マタ十五32〜39）。

26　この映画について書くことはほとんど不可能である。ストーン（A. A. Stone）は「私はこの映画を三回観て、マリックの視覚的傑作について、良きにつけ悪しきにつけ言葉で解釈を行っても美的に誠実なものとはなりえないと確信している」と記している。「ツリー・オブ・ライフ評」（『宗教と映画』誌、二〇一一）、五頁。http://digitalcommons.unomaha.edu/jrf/vol15/iss2/14

27　マリック自身の弟が憂鬱症で自殺に至っており、この弟のモデルになっているとの指摘もある。http://www.thepointmag.com/2011/reviews/terrence-malicks-song-of-himself

28　ストーン、前掲論文。

29　シャロルド（K. Scharold）「ツリー・オブ・ライフ評」http://www.booksandculture.com/articles/webexclusives/2011/june/treelife.html

30　同右。

31　スコット（A. O. Scott）「ツリー・オブ・ライフ評」（『ニューヨーク・タイムズ紙』、二〇一一年五月二六日）。

32　カルチャー・モンスター（Culture Monster）「テレンス・マリックの『ツリー・オブ・ライフ』——クラシック音楽の要素」（『ロサンゼルス・タイムズ』紙、二〇一一年七月五日）。

33　スコット「歴史と記憶のためのフーガ」（『ニューヨーク・タイムズ』紙、二〇一一年十二月三十日）。

訳者あとがき

本書は、Adele Reinhartz, *Bible and Cinema: An Introduction*（Routledge, 2013）の全訳である。

本文第一章に示されているとおり、「聖書と映画」「宗教と映画」は今や英米圏の多くの大学がゼミナールを開設する成長領域である。訳者は勤務先の西南学院大学付属図書館の予算措置を受けて、このトピックにもとづく図書の収集にあたってきたが、図書コレクションは英語圏だけでも既に二六〇点を超えた。そのほぼ全てが実質的に「ケーススタディ集」か「説教題材集」となっている中、本書はほぼ唯一、体系的な考察としての構えに則っている点で特筆に値する。そこで訳者は二〇一六年の夏から一年間、著者のラインハルツ氏が教鞭をとるオタワ大学にて訪問研究員の職を与り、著者と緊密に連絡をとりながら訳業にあたらせていただいた。

ラインハルツ氏は、イディッシュ語を話す家庭で育った敬虔なユダヤ教徒で、一九九〇年代にヘブライ的知見からのヨハネ福音書の解釈者として知名度を高め、日本でも論文「ヨハネ福音書の中のユダヤ教」が宮崎修二氏の手で紹介されている（『日本版インタープリテイション』八五号所収）。二〇〇〇年代に入って、彼女にとって第二の研究領域である「映画と聖書」のトピックでも顕著な成果をあげ、近年は二つの研究領域を統合して、大祭司カイアファをめぐる諸表象を分析し、西洋文化史における反セミティズム的土壌について考察している。

本書『ハリウッド映画と聖書』の中で、著者は、ヨハネ福音書（著者が好む呼称は「第四福音書」）を専門とする聖書学者として、基本的には旧約・新約の両聖書を「聖書」ととらえている。その姿勢は、日本における用語の扱いと基本的に同様であるし、広い読者層にとって受け入れやすいものとなっている。しかし時折、伝統的ユダヤ教の信仰者としての「聖書」への眼差しが顔を出しているように感じられる瞬間もある。たとえば「イザヤ書」「第二バルク書」「ヨハネ福音書」の三書に言及する際に、「聖書の本文や聖書以降の時代のユダヤ文献や初期キリスト教徒の文章」と述べる際などである。「ヨハネの黙示録」を聖書から切り離して初期キリスト教徒の文章と呼んでみせる言葉遣いは、旧約聖書のみを聖書と言及する立場のように感じられまいか。この点について著者に意見を求めたところ、ユダヤ－キリスト教の文献を広く見わたす上で、キリスト教諸派が分類・選別してきた文書をより広い視点から再解釈するために、必要にして自然な言葉遣いなのだという。

本書の最大の特徴は、聖書の受容史の一面としての聖書映画（第Ⅰ部）の分析と、表面的には聖書と直接関係のないアクション系なりスリラー系なりの映画において表現上の深みとして用いられている聖書（第Ⅱ部）への視点を、聖書学と映画学の両領域における膨大な参考文献を渉猟しつつ深めている点である。

第Ⅰ部で扱われるのは、モーセ、ダビデ、ソロモン、ルツといった旧約聖書の英雄たちを描く「旧約叙事詩映画」、福音書の記述を映像的に翻案した「イエス映画」、そして新約両聖書の人物伝を交えながら全体としては架空の人々が織りなす「古代活劇映画」である。すでにしばしば指摘されているように、ハリウッド映画においては、古代風の描写に現代のアメリカ社会やその価値観が表象されている。これに加えて本書では、モーセやダビデのような旧約聖書の人物像を描く映画の中に、十字架やマリアの賛歌《マニフィカート》のような新約聖書のモチーフがいかに頻繁に織り込まれているかが、「置換神学」すなわちヘブライ語聖典信仰のキリスト教的塗り替えの問題として指摘される。

これが端的に示されるのは、本書の表紙カバーにも用いられているモーセの渡海の図であろう。聖書の「出エジプト記」では、モーセが「杖を高く上げ、手を海に向かって差し伸べ」（出十四16）ると、主が「海は乾いた地に変わり、水は分かれた」（同21）。ところがデミル監督による『十戒』（一九五六）では、チャールトン・ヘストンが両手を広げて全身で十字の形をとる。十字型のポーズこそが当時のアメリカの大部分を占めたキリスト教徒にとっての「救い」の表象だったからである。旧約聖書（つまりユダヤ教）の中心人物が新約聖書的（つまりキリスト教的）な構えで「救い」を体現することの不自然さについて、日本ではほとんど気にかける機会もない。しかしユダヤ文化圏においては、イエスの到来にユダヤ教の完成をみてとる「置換神学」的な表象として摩擦を喚起するし、モーセがイスラム教社会においても重要な預言者であることをふまえると、この摩擦の問題はかぎりなく大きい。映画『十戒』が欧米文化圏で復活祭《イースター》のたびにテレビ放映される文字どおり「不朽の名作」であることに変わりはないが、多文化的・相対的視点がますます求められている今日の世相をふまえると、こうした摩擦は、意識され問い直されるべきテーマとして、ここ日本でもそろそろ認識すべき時が来ているといえるだろう。

第Ⅱ部では、牢獄破り、戦争、ＳＦといった、より一般的なテーマにもとづくフィクション映画が扱われる。リドリー・スコット監督の傑作『ブレードランナー』（一九八八）について、著者は「創世記の問い」が扱われているのだと説く。アンドロイド殺害を運命づけられた主人公デッカードは、瞳や記憶を手がかりに「人間と非人間」の境界を問うが、その舞台は、ノアの洪水の季節と同様にいつも雨で彩られている。タランティーノ監督による痛快アクション映画『イングロリアス・バスターズ』（二〇〇九）については、米軍将校役のブラッド・ピットが敵陣の額に刻みつける鉤十字を「カインの印」として読み解き、中世の教父アウグスティヌスによる「創世記」四章の釈義を紹介した上で、神の摂理とこの映画に通底する「反転」というテーマをあぶり出す。同監督の『パルプ・フィクション』（一九九四）やスコセッシ監督の『ケープ・フィアー』（一九九一）などのフィルム・ノワール、サスペンス映画やホラー映画には、聖書の句を好んで引用する悪玉や偏執者が登場する。こうした事例について、ラインハルツ氏は、聖句を引用して悪行を正当化する悪玉のレトリックは、「マタイ福音書」四章に遡ることができると指摘する。

このように聖書学的な知見が縦横に駆使されている書ではあるが、映画ジャンルにおける黙示《アポカリプス》／終末世界の語について、神学者が繰り広げてきた用語分析に深入りするのを控えるバランス感覚を持ち合わせているのも、ラインハルツ氏の筆致の魅力である。その理由は、本書の関心は「聖書と映画」であって「宗教と映画」や「神学と映画」といったものではないからだという。

体系性が本書の特徴ではあるが、個々の作品に敷衍するに際して、聖書学はもとより、映像観察や音響観察の細部にわたる映画論的指摘も見事になされている。「聖書と映画」の領域でこれまでに蓄積されている数多のケーススタディは、今一度このような体系性の下に置かれることが必要だと実感できる書である。

本訳書の出版にあたり、みすず書房編集部の川崎万里さんには、企画段階から丁寧に編集の労をとっていただいた。お礼申し上げる。オタワ大学モリセ図書館ならびにオタワ・セントポール大学ジャン＝レオン・アリー図書館の豊富な資料ならびに司書諸氏のご親切には、多くの恩恵を与った。また、平成二九年度西南学院学術研究所出版助成金の給付を受けたことを記しておく。

二〇一八年新春　栗原詩子

映画作品名索引

［　］は未邦訳作品

ア　行

愛欲の十字路　David and Bathsheba（ヘンリー・キング　1951）　25, 27, 32, 36, 37, 40, 43, 46-47, 49-53, 55, 61, 66, 70, 159, 160, 217
［アダムとエバ］　Adán y Eva（アルベルト・グート　1956）　27
［アダムとエバ］　Adam and Eve（ヴァイタグラフ・スタジオ　1912）　26
［アダムの肋骨］　Adam's Rib（セシル・B・デミル　1923）　158
アッシリアの遠征　Judith of Bethulia（デイヴィッド・ウォーク・グリフィス　1914）　9
アバウト・ア・ボーイ　About a Boy（クリス・ワイツ、ポール・ワイツ　2002）　223
アバター　Avatar（ジェームズ・キャメロン　2009）　314, 319, 333, 345
アモーレス・ペロス　Amores Perros（アレハンドロ・ゴンザレス・イニャリトゥ　2000）　201
アラビアのロレンス　Lawrence of Arabia（デヴィッド・リーン　1962）　31
アルカトラズからの脱出　Escape from Alcatraz（ドン・シーゲル　1979）　240, 242, 243, 262
アルマゲドン　Armageddon（マイケル・ベイ　1998）　311-312, 319, 324-328
［INRI――ユダヤ人の王ナザレのイエス］　I.N.R.I.（ロベルト・ヴィーネ　1923）　80, 92, 104, 110
意志薄弱な男　La ricotta（ピエル・パオロ・パゾリーニ　1963）　177, 184, 185, 187
偉大な生涯の物語　The Greatest Story Ever Told（ジョージ・スティーヴンス　1965）　9, 82, 85-87, 96, 97, 113, 248
E. T.　E.T.the Extra-Terrestrial（スティーヴン・スピルバーグ　1982）　220
イングロリアス・バスターズ　Inglourious Basterds（クエンティン・タランティーノ　2009）　200, 206, 207, 217, 218
インデペンデンス・デイ　Independence Day（ローランド・エメリッヒ　1996）　3
イントレランス　Intolerance（デイヴィッド・ウォーク・グリフィス　1916）　8, 9, 162, 169, 221
ウォーク・オン・ウォーター　ללכת על המים/ Walk on Water（エイタン・フォックス　2004）　20, 222, 227

ウォーリー　WALL-E（アンドリュー・スタントン　2008）　337-339, 340
ウソから始まる恋と仕事の成功術　The Invention of Lying（リッキー・ジャーヴェイス、マシュー・ロビンソン　2009）　274, 275-282
ウディ・アレンの重罪と軽罪　Crimes and Misdemeanors（ウディ・アレン　1989）　3
［エジプトのヨセフ］　Joseph in the Land of Egypt（ユージン・ムーア　1914）　26
エステル勇戦記　One Night with the King（マイケル・O・サイベル　2006）　28, 69-71, 72
エデンの東　East of Eden（エリア・カザン　1955）　3, 197
エバン・オールマイティ　Evan Almighty（トム・シャドヤック　2007）　193, 194, 196, 197, 217
［選ばれた王子　別名、ダビデとヨナタンの友情］　The Chosen Prince, or The Friendship of David and Jonathan（ウィリアム・モング　1917）　26
オズの魔法使い　The Wizard of Oz（ヴィクター・フレミング　1939）　87
［オーバーアマガウ受難劇］　The Passion Play of Oberammergau（ヘンリー・C・ヴィンセント　1898）　80
オー・ブラザー！　O Brother, Where Art Thou?（ジョエル・コーエン　2000）　3, 194
恩寵の海　Karunamayudu（A. ビム＝シン　1978）　20

カ　行

［飼い葉桶から十字架まで］　From the Manger to the Cross（シドニー・オルコット　1912）　80, 89, 164
風と共に去りぬ　Gone with the Wind（ヴィクター・フレミング　1939）　31
風の遺産　Inherit the Wind（スタンリー・クレイマー　1960）　270-271, 272, 273, 282
カッコーの巣の上で　One Flew Over the Cuckoo's Nest（ミロス・フォアマン　1975）　222
カラー・オブ・ハート　Pleasantville（ゲイリー・ロス　1998）　19
狩人の夜　Night of the Hunter（チャールズ・ロートン　1955）　298
［ガリラヤの人］　Der Galiläer（ディミトリー・ブコエツキー　1921）　100
奇跡の丘　Il Vangelo secondo Matteo / Gospel According to Saint Matthew（ピエル・パオロ・パゾリーニ　1964）　78, 82, 99, 113, 185, 359-360
［奇跡をおこす人］　The Miracle Maker（デレク・W・ハイエス、スタニスラフ・ソコロフ　2000）　84
キャリー　Carrie（ブライアン・デ・パルマ　1976）　297
［救世主］　Christus（ジュリオ・アンタモロ　1916）　80
［救世主］　Il messia / The Messiah（ロベルト・ロッセリーニ　1975）　95
銀河　La Voie lactée / The Milky Way（ルイス・ブニュエル　1969）　110

キング・オブ・キングス　The King of Kings（セシル・B・デミル　1927）　9, 81, 86, 87, 89, 90, 92, 101, 104–105, 113, 167, 171, 191, 265
キング・オブ・キングス　King of Kings（ニコラス・レイ　1961）　81, 89, 96, 98, 184, 259
キング・ダビデ——愛と闘いの伝説　King David（ブルース・ベレスフォード　1985）　2, 28
銀の盃　The Silver Chalice（ヴィクター・サヴィル　1954）　119
クオ・ヴァディス　Quo Vadis?（エンリコ・ガッツォーニ　1913）　118
クオ・ヴァディス　Quo Vadis?（マーヴィン・ルロイ　1951）　10, 17, 119, 120, 123–125, 127–130, 137–139, 143, 145, 148, 151, 153–157
グッド・シェパード　The Good Shepherd（ロバート・デ・ニーロ　2006）　19, 21, 195, 222, 224
グッドフェローズ　Goodfellas（マーティン・スコセッシ　1990）　223
グラン・トリノ　Gran Torino（クリント・イーストウッド　2008）　3, 19, 194, 219–220, 225, 282
グリーンマイル　The Green Mile（フランク・ダラボン　1999）　222, 227
C.R.A.Z.Y.　C.R.A.Z.Y.（ジャン＝マルク・ヴァレ　2003）　246–251, 253, 257, 261
クレオパトラ　Cleopatra（セシル・B・デミル　1934）　265
黒の報酬　Bigger Than Life（ニコラス・レイ　1956）　194, 195, 197
[携挙]　The Rapture（マイケル・トルキン　1991）　311
ケープ・フィアー　Cape Fear（マーティン・スコセッシ　1991）　21, 299–300
荒野の用心棒　Per un pugno di dollari（セルジオ・レオーネ　1964）　220
告発のとき　In the Valley of Elah（ポール・ハギス　2007）　195, 200, 212–217, 218
[ここはソドム]　This is Sodom（アダム・サンダーソン、ムーリ・セゲフ、アサフ・シャルモン　2010）　69
ゴッドスペル　Godspell（デヴィッド・グリーン　1973）　82, 87, 112
ゴッドファーザー I, II, III　Godfather I, II, III（フランシス・フォード・コッポラ　1972, 1974, 1990）　223, 284
ゴルゴタの丘　Golgotha（ジュリアン・デュヴィヴィエ　1935）　92
コーンヘッズ　Coneheads（スティーブ・バロン　1993）　194

サ　行

最後の誘惑　The Last Temptation of Christ（マーティン・スコセッシ　1988）　2, 15, 80, 83, 95, 103, 106–111, 255
ザ・ウォーカー　The Book of Eli（アルバート・ヒューズ、アレン・ヒューズ　2010）　194, 343–347
砂漠の女王　The Story of Ruth（ヘンリー・コスター　1960）　27, 33, 39, 40, 41, 44–45, 46, 61, 63, 64, 67, 159
ザ・マスター　The Master（ポール・トーマス・アンダーソン　2012）　195

サムソンとデリラ　Samson and Delilah（セシル・B・デミル　1949）　26–28
3時10分、決断のとき　3:10 to Yuma（ジェームズ・マンゴールド　2007）　283–297
シェーン　Shane（ジョージ・スティーヴンス　1953）　85, 221
地獄の黙示録　Apocalypse Now（フランシス・フォード・コッポラ　1979）　206
ジーザス　Jesus（ジョン・ヘイマン　1979）　78, 82, 90
[ジーザス――奇蹟の生涯]　Jesus（ロジャー・ヤング　1999）　82, 87, 91, 94, 103
ジーザス・クライスト・スーパースター　Jesus Christ Superstar（ノーマン・ジュイソン　1973）　82, 87, 175–177, 187
十誡　The Ten Commandments（セシル・B・デミル　1923）　27, 31, 65–66, 74, 162–167, 169, 221, 264, 265, 306
十戒　The Ten Commandments（セシル・B・デミル　1956）　6, 10, 28, 31–35, 42, 44, 47, 54, 56, 58, 60, 61, 64, 65, 67, 68, 74, 144, 145, 159, 191, 217, 280, 324
シックス・センス　The Sixth Sense（M・ナイト・シャマラン　1999）　19
使徒　The Apostle（ロバート・デュヴァル　1997）　3, 194, 224
十字架の色　The Color of the Cross（ジャン＝クロード・ラマール　2006）　85, 97, 98
宿命――死なねばならない男　Celui qui doit mourir（ジュールズ・ダッシン　1957）　177, 179, 181, 186
シャーロットのおくりもの　Charlotte's Web（ゲイリー・ウィニック　2006）　223
守護神　The Guardian（アンドリュー・デイヴィス　2006）　19
主人公は僕だった　Stranger Than Fiction（マーク・フォースター　2006）　252–261
ショーシャンクの空に　The Shawshank Redemption（フランク・ダラボン　1994）　19, 220, 225, 227, 235, 242–246, 247, 261, 262, 282, 358–359, 367
シリアスマン　A Serious Man（コーエン兄弟　2009）　3, 19, 194, 198
シンデレラマン　Cinderella Man（ロン・ハワード　2005）　222
スター・ウォーズ　Star Wars（ジョージ・ルーカス　1977–2005）　222
スパイダーマン I, II, III　Spider-Man I, II, III（サム・ライミ　2002, 2004, 2007）　220, 223
スーパーマン リターンズ　Superman Returns（ブライアン・シンガー　2006）　220, 223, 234
スパルタカス　Spartacus（スタンリー・キューブリック　1960）　31, 118
スリング・ブレイド　Sling Blade（ビリー・ボブ・ソーントン　1996）　21, 194, 200.222, 224, 226, 227
聖衣　The Robe（ヘンリー・コスター　1953）　9, 35, 117, 119, 120, 122, 125, 127, 130, 135, 138, 139, 141, 142, 144, 148, 150–155
聖なる漁夫　The Big Fisherman（フランク・ボーゼイギ　1959）　119
ゼロ・ダーク・サーティ　Zero Dark Thirty（キャスリン・ビグロー　2012）　206

続・夕陽のガンマン　Il buono, il brutto, il cattivo / The Good, the Bad and the Ugly（セルジオ・レオーネ　1966）　221
ソドムのロト　Lot in Sodom（シブリー・ワトソン、メルヴィル・ウェッバー　1933）　27
ソロモンとシバの女王　Solomon and Sheba（キング・ヴィダー　1959）　27, 31, 33-35, 40, 45, 46, 54-55, 61, 63, 65, 67, 70, 160, 168

タ　行

第七の予言　The Seventh Sign（カール・シュルツ）　311
タクシードライバー　Taxi Driver（マーティン・スコセッシ　1976）　15
［ダビデの物語］　A Story of David（ボブ・マクノート　1960）　27
ターミネーター　Terminator（ジェームズ・キャメロン、ジョナサン・モストウ、マックG　1984–2009）　222
チャンス　Being There（ハル・アシュビー　1979）　3, 222, 227
珍説世界史パート1　History of the World Part I（メル・ブルックス　1981）　69, 86, 126
ツリー・オブ・ライフ　The Tree of Life（テレンス・マリック　2011）　19, 196, 374, 375, 382
ディパーテッド　The Departed（マーティン・スコセッシ　2006）　223
ディープ・インパクト　Deep Impact（ミミ・レダー　1998）　222, 226, 311, 319-328
抵抗——死刑囚は逃げた　Un condamné à mort s'est échappé ou le vent souffle où il veut / A Man Escaped（ロベール・ブレッソン　1956）　237, 242, 262
デメトリアスと剣闘士　Demetrius and the Gladiators（デルマー・デイヴィス　1954）　119, 155
デッドマン・ウォーキング　Dead Man Walking（ティム・ロビンス　1995）　20, 268-269, 273, 282 283, 305
天地創造　The Bible…In the Beginning（ジョン・ヒューストン　1966）　28
トイ・ストーリー　Toy Story 3（リー・アンクリッチ　2010）　223, 337
トゥモロー・ワールド　Children of Men（アルフォンソ・キュアロン　2006）　222, 340
トゥルー・グリット　True Grit（コーエン兄弟　2010）　193
トゥルーマン・ショー　The Truman Show（ピーター・ウィアー　1998）　19, 227
独裁者　The Great Dictator（チャーリー・チャップリン　1940）　3, 228-230
トミー　Tommy（ケン・ラッセル　1975）　87
ドラゴン・タトゥーの女　The Girl with the Dragon Tattoo（デヴィッド・フィンチャー　2011）　300-305

ナ　行

ナイロビの蜂　The Constant Gardener（フェルナンド・メイレレス　2005）　222, 227
ナザレのイエス　Jesus of Nazareth（フランコ・ゼフィレッリ　1977）　92, 112
ナルニア国物語　The Chronicles of Narnia（アンドリュー・アダムソン　2005）　223
21グラム　21 Grams（アレハンドロ・ゴンザレス・イニャリトゥ　2003）　201, 202
ネル　Nell（マイケル・アプテッド　1994）　194, 222, 235
［ノアと大洪水］（テレビシリーズ「神秘と奇跡」3）　Noah and the Flood（チャールズ・ウォレン　1965）　27
ノアの方舟　Noah's Ark（マイケル・カーティス　1929）　26

ハ　行

パッシェンデールの戦い　Passchendaele（ポール・グロス　2008）　20
パッション　The Passion of the Christ（メル・ギブソン　2004, 2005）　2, 5, 9, 77, 84, 87, 102, 113, 191
ハート・ロッカー　The Hurt Locker（キャスリン・ビグロー　2008）　206
バートン・フィンク　Barton Fink（ジョエル・コーエン　1991）　195
バベットの晩餐会　Babettes gæstebud（ガブリエル・アクセル　1987）　367-373, 378
バベル　Babel（アレハンドロ・ゴンザレス・イニャリトゥ　2006）　19, 193, 200, 201-206, 217, 218
［バラバ］　Barabbas（リチャード・フライシャー　1961）　119-122, 125, 127, 135, 138, 146, 148, 150, 152, 154-156, 147, 149-151, 153, 155
パルプ・フィクション　Pulp Fiction（クエンティン・タランティーノ　1994）　195, 207, 208, 283
人の子　Son of Man（マーク・ドーンフォード＝メイ　2006）　20, 361-367
フィフス・エレメント　Le Cinquième élément / The Fifth Element（リュック・ベッソン　1997）　222
復活　Resurrection（ラッセル・マルケイ　1999）　298
フットルース　Footloose（ハーバート・ロス　1984）　271-273, 282
フライド・グリーン・トマト　Fried Green Tomatoes（ジョン・アヴネット　1991）　194
フランケンシュタイン　Frankenstein（ジェイムズ・ホエール　1931）　19, 222, 331
プリティ・ウーマン　Pretty Woman（ゲイリー・マーシャル　1990）　223
ブリューゲルの動く絵　The Mill and the Cross（レフ・マイェフスキ　2011）　355

プリンス・オブ・エジプト　The Prince of Egypt（ブレンダ・チャップマン、スティーブ・ヒックナー、サイモン・ウェルズ　1998）　2, 6, 28, 37-38, 60, 72-73
ブレードランナー　Blade Runner（リドリー・スコット　1982）　222, 328-337, 339, 345
ヘアー　Hair（ミロス・フォアマン　1979）　87
ベイブ／都会へ行く　Babe: Pig in the City（ジョージ・ミラー　1998）　223
ペイルライダー　Pale Rider（クリント・イーストウッド　1985）　19, 220, 221
ペルシャ大王　Esther and the King（ラオール・ウォルシュ、マリオ・バーヴァ　1960）　27
ベン・ハー　Ben-Hur（ハリー・T・モレイ、シドニー・オルコット、フランク・ローズ　1907）　118
ベン・ハー　Ben-Hur（フレッド・ニブロ　1925）　118
ベン・ハー　Ben-Hur（ウィリアム・ワイラー　1959）　10, 17, 72, 118-121, 124, 126-128, 130, 132-135, 136, 140-143, 144, 146-149, 150, 152, 154, 155, 250
暴君ネロ　The Sign of the Cross（セシル・B・デミル　1932）　119
暴力脱獄　Cool Hand Luke（スチュアート・ローゼンバーグ　1967）　227
［ホリッツ受難劇］　The Horitz Passion Play（クロー＆アーランガー　1897）　1, 80, 191, 349
ポンペイ最後の日　The Last Days of Pompeii（アーネスト・B・シュエードサック　1935）　119

マ　行

マグノリア　Magnolia（ポール・トーマス・アンダーソン　1999）　3, 21, 196
マダム・サタン　Madam Satan（セシル・B・デミル　1930）　265
マトリックス　The Matrix（ラリー・ウォシャウスキー、アンディ・ウォシャウスキー　1999）　19, 222, 234
マリア　The Nativity Story（キャサリン・ハードウィック　2006）　84
マンマ・ローマ　Mamma Roma（ピエル・パオロ・パゾリーニ　1962）　184
［水からあげられたモーセ］　Moïse sauvé des eaux / The Infancy of Moses（パテ兄弟社　1911）　26
Mr. インクレディブル　The Incredibles（ブラッド・バード　2004）　223
緑の牧場　The Green Pastures（マーク・コネリー　1936）　27, 59-61
ミリオンダラー・ベイビー　Million Dollar Baby（クリント・イーストウッド　2004）　220, 222
ムーンライズ・キングダム　Moonrise Kingdom（ウェス・アンダーソン　2012）　198-200
［モーセの生涯］　La Vie de Moïse / The Lifé of Moses（パテ兄弟社　1905）　26
［モーセの生涯］　The Life of Moses（ヴァイタグラフ・スタジオ　1909-1910）　9, 26
モントリオールのジーザス　Jesus of Montreal（ドゥニ・アルカン　1989）　5,

174, 175, 187, 360

ヤ　行

ユナイテッド 93　United 93（ポール・グリーングラス　2006）　206
許されざる者　Unforgiven（クリント・イーストウッド　1992）　221, 224, 225
［ヨハネの福音書］　The Gospel of John（フィリップ・サヴィル　2003）　5, 78, 84, 92, 94, 102, 259

ラ　行

ライアー ライアー　Liar Liar（トム・シャドヤック　1997）　195, 274, 275
ライオン・キング　The Lion King（ロジャー・アレーズ、ロブ・ミンコフ　1994）　19, 197, 223
ライフ・オブ・パイ——トラと漂流した 227 日　The Life of Pi（アン・リー　2012）　195
ライフ・オブ・ブライアン　Monty Python's Life of Brian（テリー・ジョーンズ　1979）　82-83, 96, 103, 112, 248
ラブソングができるまで　Music and Lyrics（マーク・ローレンス　2007）　223
レイジング・ブル　Raging Bull（マーティン・スコセッシ　1980）　15
レインマン　Rain Man（バリー・レヴィンソン　1988）　222
ロゴパグ　RoGoPaG（ロベルト・ロッセリーニ、ジャン＝リュック・ゴダール、ピエル・パオロ・パゾリーニ、ウーゴ・グレゴレッティ　1963）　184
ロッキー　Rocky（ジョン・G・アヴィルドセン　1976）　220, 222, 232

文献一覧

Aitken, Tom. “Night of the Hunter (1955).” In *Bible and Cinema: Fifty Key Films*, edited by Adele Reinhartz, 192–96. New York: Routledge, 2012.

Alessio, Dominic and Kristen Meredith. “Decolonising James Cameron's Pandora: Imperial History and Science Fiction.” *Journal of Colonialism and Colonial History*. 13, no. 2 (2012).

Altman, Rick. *Silent Film Sound*. New York: Columbia University Press, 2004.

Amanat, Abbas and Magnus Thorkell Bernhardsson. *Imagining the End: Visions of Apocalypse from the Ancient Middle East to Modern America*. London; New York: I. B. Tauris, 2002.

Anker, Roy M. *Catching Light: Looking for God in the Movies*. MI: W. B. Eerdmans, 2004.

Arbitron. The Arbitron Cinema *Advertising Study: Appointment Viewing by Young, Affluent, Captive Audiences*. 2003. http://mlcinemas.com/wp-content/uploads/Cinema-Advertising-Study-copy.pdf.

Arnheim, Rudolf. *Film Essays and Criticism. Madison*. WI: University of Wisconsin Press, 1997.

Arterbury, A. E. “Abraham's Hospitality among Jewish and Early Christian Writers: A Tradition History of Gen 18:1–16 and Its Relevance for the Study of the New Testament.” *Perspectives in Religious Studies*. 30, no. 3 (2003): 359–76.

Auerbach, Erich. *Mimesis: The Representation of Reality in Western Literature. Princeton*. NJ: Princeton University Press, 1953.

Augustine, *The City of God*. Trans. Marcus Dods. From Nicene and Post-Nicene Fathers, First Series, vol. 2, ed. Philip Schaff. Buffalo, NY: Christian Literature Publishing Co., 1887. Rev. ed. by Kevin Knight. http://www.newadvent.org/fathers/120116.htm.

Babington, Bruce and Peter William Evans. *Biblical Epics: Sacred Narrative in the Hollywood Cinema*. Manchester; New York: Manchester University Press; St. Martin's Press, 1993.

Bach, Alice. *Biblical Glamour and Hollywood Glitz*. Atlanta, GA: Scholars Press, 1996.

Bahrani, Shahriar. “The Kingdom of Solomon. Drama, History, 2010.” *IMDb*.

http://www.imdb.com/title/tt1706450.

Bailey, Lloyd R. *Capital Punishment: What the Bible Says*. Nashville, TN: Abingdon Press, 1987.

Bakker, Freek L. *The Challenge of the Silver Screen: An Analysis of the Cinematic Portraits of Jesus, Rama, Buddha and Muhammad*. Leiden; Boston, MA: Brill, 2009.

Balentine, Samuel E. *Prayer in the Hebrew Bible: The Drama of Divine-human Dialogue. Overtures to Biblical Theology*. Minneapolis, MN: Augsburg Fortress, 1993.

Barton, William and Michael Capobianco. *Alpha Centauri*. New York: Avon Books, 1997.

Baugh, Lloyd. *Imaging the Divine: Jesus and Christ-Figures in Film*. Kansas City, MO: Sheed & Ward, 1997.

Baugh, Scott L. *Latino American Cinema: An Encyclopedia of Movies, Stars, Concepts, and Trends*. Santa Barbara, CA: Greenwood, 2012.

Beavis, Mary Ann. "'Angels Carrying Savage Weapons': Uses of the Bible in Contemporary Horror Films," *Journal of Religion and Film*. 7 (2003).

——. "Pseudapocrypha: Invented Scripture in Apocalyptic Horror Films." In *Reel Revelations*, edited by John Walliss and Lee Quinby, 75–90. Sheffield: Phoenix, 2010.

Bellah, Robert Neelly. *Religion in Human Evolution: From the Paleolithic to the Axial Age*. Cambridge, MA: Belknap Press of Harvard University Press, 2011.

Belton, John. "Introduction." In *Movies and Mass Culture*, 1-22. New Brunswick, NJ: Rutgers University Press, 1996.

Benshoff, Harry M. *America on Film: Representing Race, Class, Gender, and Sexuality at the Movies*. Malden, MA: Blackwell Pub., 2004.

Bercovitch, Sacvan. *The Puritan Origins of the American Self*. New Haven, CT: Yale University Press, 1975.

——. "The Biblical Basis of the American, Myth." In *The Bible and American Arts and Letters*, edited by Giles B. Gunn, 219–29. Philadelphia, PA; Chico, CA: Fortress Press; Scholars Press, 1983.

——. *The Rites of Assent: Transformations in the Symbolic Construction of America*. New York: Routledge, 1993.

Berlin, Adele and Maxine Grossman. *The Oxford Dictionary of the Jewish Religion*. Oxford University Press, 2011.

Bernstein, Matthew. *Controlling Hollywood: Censorship and Regulation in the Studio Era*. New Brunswick, NJ: Rutgers University Press, 1999.

Bien, Peter. "Nikos Kazantzakis's Novels on Film." *Journal of Modern Greek Studies*. 18, no. 1 (2000): 161–69.

Birch, Bruce C. "The Arts, Midrash, and Biblical Teaching." *Teaching Theology and Religion*. 8, no. 2 (2005): 114–22.

Birnbaum, Ellen. *The Place of Judaism in Philo's Thought: Israel, Jews, and Proselytes*. Atlanta, GA: Scholars Press, 1996.

Black, Gregory D. "Hollywood Censored: The Production Code Administration and the Hollywood Film Industry, 1930–40." *Film History*. 3, no. 3 (1989): 167–89.

——. *Hollywood Censored: Morality Codes, Catholics, and the Movies*. Cambridge; New York: Cambridge University Press, 1994.

Blake, William. *America: Poem*. Edited by Paul Peter Piech. Bushey Heath, Herts.: Taurus Press of Willow Dene, 1977.

Blomberg, Craig. *Jesus and the Gospels: An Introduction and Survey*. Nashville, TN: Broadman & Holman, 1997.

Bondanella, Peter E. *A History of Italian Cinema*. New York: Continuum International Pub. Group, 2009.

Boozer, Jack J. "Crashing the Gates of Insight: Blade Runner." In *Retrofitting Blade Runner: Issues in Ridley Scott's Blade Runner and Philip K. Dick's Do Androids Dream of Electric Sheep?* edited by Judith Kerman, 212–29. Bowling Green, OH: Bowling Green State University Popular Press, 1991.

Bordwell, David and Kristin Thompson. *Film Art: An Introduction*. New York: The McGraw-Hill Companies, 1997.

Bowersock, Glen W. "Helena's Bridle and the Chariot of Ethiopia." In *Antiquity in Antiquity: Jewish and Christian Pasts in the Greco-Roman World*, edited by Gregg Gardner and Kevin Lee Osterloh, 383–93. Tübingen: Mohr Siebeck, 2008.

Bradford, Roark. *Ol' Man Adam An' His Chillun Being The Tales They Tell About The Time When The Lord Walked The Earth Like A Natural Man*. New York: Harper, 1928.

Brant, Jo-Ann A. *Dialogue and Drama: Elements of Greek Tragedy in the Fourth Gospel*. Peabody, MA: Hendrickson Publishers, 2004.

Brintnall, Kent L. *Ecce Homo: The Male-Body-in-Pain as Redemptive Figure*. Chicago, IL: University of Chicago Press, 2011.

Britt, Brian M. *Rewriting Moses: The Narrative Eclipse of the Text*. London: New York: T & T Clark International, 2004.

Brooks, Peter. *Reading for the Plot: Design and Intention in Narrative*. New York: Alfred A. Knopf, 1984.

Brown, Dan. *The Da Vinci Code: A Novel.* New York: Doubleday, 2003.

Brown, Raymond Edward. *The Gospel According to John.* Garden City, NY: Double-day, 1966.

Brunette, Peter. *Roberto Rossellini.* New York: Oxford University Press, 1987.

Budge, E. A. *The Queen of Sheba and Her Only Son Menyelek (I) Being the Book of the Glory of Kings*, Kebra Nagast, 2000.

Burnett, Ron. *Explorations in Film Theory: Selected Essays from Ciné-Tracts.* IN: Indiana University Press, 1991.

Burnham, John C. "American Medicine's Golden Age: What Happened to It?" In *Sickness and Health in America: Readings in the History of Medicine and Public Health*, edited by Judith Walzer Leavitt and Ronald L. Numbers, 284-94. Madison, WI: University of Wisconsin Press, 1978.

Byron, John. *Recent Research on Paul and Slavery. Recent Research in Biblical Studies.* Sheffield: Sheffield Phoenix Press, 2008.

Calvino, Italo. *If on a Winter's Night a Traveler.* New York: Harcourt Brace Jovanovich, 1981.

Campbell, Joseph. *The Hero with a Thousand Faces,* edited by Northrop Frye. New York: Pantheon Books, 1949.

Carey, Greg. *Ultimate Things: An Introduction to Jewish and Christian Apocalyptic Literature.* St. Louis, MO: Chalice Press, 2005.

Carroll, Noël. "The Future of Allusion: Hollywood in the Seventies (And Beyond)." *October.* 20, Spring (1982): 51-81.

——. *Interpreting the Moving Image.* Cambridge; New York, NY: Cambridge University Press, 1998.

——. "The Problem with Movie, Stars." In *Photography and Philosophy: Essays on the Pencil of Nature*, edited by Scott Walden, 248-64. Malden, MA: Blackwell Pub., 2008.

Chancey, Mark. The Bible and Public Schools. http://faculty.smu.edu/mchancey/public_schools.htm.

Christianson, Eric S., Peter Francis, and William R. Telford, eds. *Cinéma Divinité: Religion, Theology and the Bible in Film.* London: SCM, 2005.

Clanton, Dan. "'Here, There, and Everywhere': Images of Jesus in American Popular Culture." In *The Bible In/and Popular Culture: Creative Encounter*, edited by Elaine Mary Wainwright and Philip Leroy Culbertson, 41-60. Leiden; Boston, MA: Brill, 2010.

Clay, Jenny Strauss. *Hesiod's Cosmos.* Cambridge, UK; New York: Cambridge University Press, 2003.

Clifton, N. Roy. *The Figure in Film.* Newark, NJ; London: University of Delaware Press; Associated University Presses, 1983.

Cohen, Arthur A. *The Myth of the Judeo-Christian Tradition.* New York: Harper & Row, 1969.

Cohen, Jonathan. *The Origins and Evolution of the Moses Nativity Story.* Leiden; New York: Brill, 1993.

Collins, Ace. *Stories Behind the Hymns that Inspire America: Songs that Unite our Nation.* Grand Rapids, MI: Zondervan, 2003.

Collins, Jim, *Hilary Radner, and Ava Collins. Film Theory Goes to the Movies.* New York: Routledge, 1993.

Collins, John J. *The Apocalyptic Imagination: An Introduction to Jewish Apocalyptic Literature.* Grand Rapids, MI: William B. Eerdmans, 1998.

Connelly, Marc. *Voices Offstage: A Book of Memoirs.* Chicago, IL: Holt, Rinehart & Winston, 1968.

Copier, Laura. *Preposterous Revelations: Visions of Apocalypse and Martyrdom in Hollywood Cinema 1980–2000.* Sheffield: Sheffield Phoenix Press, 2012.

Corley, Kathleen E. and Robert L. Webb, eds. *Jesus and Mel Gibson's The Passion of the Christ: The Film, the Gospels and the Claims of History.* London; New York: Continuum, 2004.

Cornelius, Michael G. *Of Muscles and Men: Essays on the Sword and Sandal Film.* Jefferson, NC: McFarland & Company, Inc., Publishers, 2011.

——. "Introduction," In *Of Muscles and Men: Essays on the Sword and Sandal Film*, edited by M. G. Cornelius. Jefferson, NC: McFarland & Company, Inc., Publishers, 2011.

Creed, Barbara. *Pandora's Box: Essays in Film Theory.* Victoria: Australian Centre for the Moving Image, 2004.

Cullmann, Oscar. "The Infancy Gospels." In *New Testament Apocrypha. Volume I: Gospels and Related Writings*, edited by Wilhelm Schneemelcher and Robert MacLachan Wilson, 421–37. Cambridge; Louisville, KY: Westminster - J. Knox Press, 1991.

Culture Monster. "Terrence Malick's 'Tree of Life': The Classical Music Factor." *LA Times*, 5 July 2011.

Custen, George Frederick. *Bio/pics: How Hollywood Constructed Public History.* New Brunswick, NJ: Rutgers University Press, 1992.

Dargis, Manohla and A. O. Scott. "The History in 'Lincoln,' 'Argo' and 'Zero Dark Thirty'." *The New York Times*, 22 February 2013.

Davis, John. *The Landscape of Belief: Encountering the Holy Land in Nineteenth-*

Century American Art And Culture. Princeton, NJ: Princeton University Press, 1996.

Deacy, C. R. "Reflections on the Uncritical Appropriation of Cinematic Christ-Figures: Holy Other or Wholly Inadequate?" *Journal of Religion and Popular Culture*. 13, no. 1, June 2006.

DelFattore, Joan. *The Fourth R: Conflicts over Religion in America's Public Schools*. New Haven, CT: Yale University Press, 2004.

DeMille, Cecil B. *The Autobiography of Cecil B. DeMille*. Englewood Cliffs, NJ: Prentice-Hall, 1959.

Desser, David. "The New Eve: The Influence of Paradise Lost and Frankenstein on Blade Runner." In *Retrofitting Blade Runner: Issues in Ridley Scott's Blade Runner and Philip K. Dick's Do Androids Dream of Electric Sheep?*, edited by Judith Kerman, 53–65. Bowling Green, OH: Bowling Green State University Popular Press, 1991.

Dickens, Charles. *The Life and Adventures of Martin Chuzzlewit*. In Two Volumes. Vol. 1. London: Chapman and Hall, 1866.

Dickinson, John Alexander and Brian J. Young. *A Short History of Quebec*. Montreal; Ithaca, NY: McGill-Queen's University Press, 2003.

DiMare, Philip C. *Movies in American History: An Encyclopedia*. Santa Barbara, CA: ABC-CLIO, 2011.

Edelman, Marsha Bryana. *Discovering Jewish Music*. Philadelphia, PA: Jewish Publication Society, 2003.

Eilberg-Schwartz, Howard. *God's Phallus and Other Problems for Men and Monotheism*. Boston: Beacon Press, 1994.

Eisen, Ute E. *Women Officeholders in Early Christianity: Epigraphical and Literary Studies*. Collegeville, MN: Liturgical Press, 2000.

Eisenberg, Ronald L. *The JPS Guide to Jewish Traditions*. Philadelphia, PA: Jewish Publication Society, 2004.

Eliade, Mircea. *Death, Afterlife, and Eschatology: A Thematic Source Book of the History of Religions*. New York: Harper & Row, 1974.

Elis, Niv. "The Film That Launched a Thousand Court Cases." *Moment Magazine*, 2010.

Elsaesser, Thomas. "James Cameron's Avatar: Access for All." *New Review of Film and Television Studies*. 9, no. 3 (2011): 247–64.

Elster, Janice. *Women's Public Legal Roles as Judges and Witnesses in the Bible and Early Rabbinic Literature*. Cincinnati, OH: Hebrew Union College-Jewish Institute of Religion, 2007.

Everett-Green, Robert. "How Survivor's Mark Burnett Gathered Believers for His Epic Bible Miniseries." *The Globe and Mail.* 1 March 2013.

Exum, J. Cheryl. *Fragmented Women: Feminist (Sub) Versions of Biblical Narratives.* Valley Forge, PE: Trinity Press International, 1993.

——. *The Bible in Film - the Bible and Film.* Leiden; Boston, MA: Brill, 2006.

——. *Retellings: The Bible in Literature, Music, Art and Film.* Leiden; Boston, MA: Brill, 2007.

Farber, Stephen. *The Movie Rating Game.* Washington, DC: Public Affairs Press, 1972.

Fea, John. *Was America Founded as a Christian Nation? A Historical Introduction.* Louisville, KY: Westminster John Knox Press, 2011.

Feinstein, Stephen. *The 1990s from the Persian Gulf War to Y2K.* Berkeley Heights, NJ: Enslow Publishers, 2001.

Feldman, Louis H. "Josephus' Portrait of Moses," *The Jewish Quarterly Review.* 82, no. 3/4 (1992): 285.

——. "Josephus' Portrait of Moses: Part Two," *The Jewish Quarterly Review.* 83, no. 1/2 (1992): 7-50.

——. "Josephus' Portrait of Moses: Part Three," *The Jewish Quarterly Review.* 83, no. 3/4 (1993): 301-30.

——. *Philo's Portrayal of Moses in the Context of Ancient Judaism.* Notre Dame, IN: University of Notre Dame Press, 2007.

Ferguson, George. *Signs & Symbols in Christian Art.* New York: Oxford University Press, 1954.

First Amendment, Center. *The Bible and Public Schools: A First Amendment Guide.* 1999.

Fischoff, Stuart, Joe Antonio, and, Diane, Lewis., "Favorite, Films and Film Genres as a Function of Race, Age, and Gender." *Journal of Media Psychology.* 3, no. 1 (1998).

Fredriksen, Paula. *Augustine and the Jews: A Christian Defense of Jews and Judaism.* New York: Doubleday, 2008.

Freedman, H. and Maurice, Simon trans. *The Midrash Rabbah,* vol. 2. London: Soncino Press, 1977.

Friedman, Richard Elliott, and Shawna Dolansky. *The Bible Now.* New York: Oxford University Press, 2011.

Gabler, Neal. *An Empire of Their Own: How the Jews Invented Hollywood.* New York: Crown Publishers, 1988.

Garrett, Greg. *Holy Superheroes! Exploring the Sacred in Comics, Graphic Novels,*

and Film. Rev. and expanded. Louisville, KY: Westminster John Knox Press, 2008.

Garver, Eugene. "The Ten Commandments: Powerful Symbols and Symbols of Power." *Law, Culture and the Humanities*, 3, no. 2 (2007): 205–24.

Gauvreau, Michael. *The Catholic Origins of Quebec's Quiet Revolution, 1931–1970*. Montreal, QC: McGill-Queen's University Press, 2005.

Gehring, Wes D. *Parody as Film Genre: "Never Give a Saga an Even Break."* Westport, CT: Greenwood Press, 1999.

Gibson, Michael. *The Mill and the Cross: Peter Bruegel's "Way to Calvary."* Lausanne: Editions Acatos, 2000.

Giere, S. D. "Babette's Feast (1987)." In *Bible and Cinema: Fifty Key Films*, edited by Adele Reinhartz, 18–23. New York: Routledge, 2012.

Ginzberg, Louis. *Legends of the Jews*. Philadelphia, PA: Jewish Publication Society, 1909–38.

——. *Legends of the Jews: Notes. Vol. 2*. Hildesheim [u.a.]: Olms, 2000.

Glasser, Brian. *Medicinema: Doctors in Films*. Oxford; New York: Radcliffe Pub., 2010.

Glaude, Eddie S. *Exodus! Religion, Race, and Nation in Early Nineteenth-century Black America*. Chicago, IL: University of Chicago Press, 2000.

Goldman, Vivien. *The Book of Exodus: The Making and Meaning of Bob Marley and the Wailers' Album of the Century*. New York: Three Rivers Press, 2006.

Gonthier, David. *American Prison Film since 1930: From the Big House to The Shaw-shank Redemption*. Lewiston, NY: Edwin Mellen Press, 2006.

Goodacre, Mark. "Do You Think You're What They Say You Are? Reflections on Jesus Christ Superstar," *Journal of Religion and Film*, 3, no. 1 (1999): 1–13.

Gorak, Jan. *Canon vs. Culture: Reflections on the Current Debate*. New York: Garland, 2001.

Gottlieb, Jack. Funny, *It Doesn't Sound Jewish: How Yiddish Songs and Synagogue Melodies Influenced Tin Pan Alley, Broadway, and Hollywood*. Albany, NY: State University of New York Press in association with the Library of Congress, 2004.

Gottschall, Jonathan. *The Storytelling Animal: How Stories Make Us Human*. Boston, MA: Houghton Mifflin Harcourt, 2012.

Gourley, Catherine. *Gidgets and Women Warriors: Perceptions of Women in the 1950s and 1960s*. Minneapolis, MN: Twenty-First Century Books, 2008.

Grant, Barry Keith. *Film Genre: From Iconography to Ideology*. London; New York: Wallflower, 2007.

——. *Film Genre Reader IV*. Austin, TX: University of Texas Press, 2012.

Grindon, Leger. *Shadows on the Past: Studies in the Historical Fiction Film*. Philadelphia: Temple University Press, 1994.

Gunn, David M. "Bathsheba Goes Bathing in Hollywood: Words, Images, and Social Locations." *Semeia*, 74 (1996): 75-101.

Gutjahr, Paul C. *An American Bible: A History of the Good Book in the United States, 1777-1880*. Stanford, CA: Stanford University Press, 1999.

——. "The Letter(s) of the Law: Four Centuries of Typography in the King James Bible." In *Illuminating Letters: Typography and Literary Interpretation*, edited by Paul C. Gutjahr and Megan Benton, 19-44. Amherst, MA: University of Massachusetts Press, 2001.

Hall, Sheldon. *Epics, Spectacles, and Blockbusters: A Hollywood History*. Detroit, MI: Wayne State University Press, 2010.

Hamilton, Marybeth. "Goodness Had Nothing To Do With It: Censoring Mae West." In *Movie Censorship and American Culture*, edited by Francis G. Couvares, 187-211. Washington, DC: Smithsonian Institution Press, 1996.

Hamlin, Hannibal and Norman W. Jones. *The King James Bible after 400 Years: Literary, Linguistic, and Cultural Influences*. New York; Cambridge: Cambridge University Press, 2010.

Hanks, Gardner C. *Capital Punishment and the Bible*. Scottdale, PA: Herald Press, 2002.

Harlow, John. "Biblical Films May Spark Epic Controversy." *The Ottawa Citizen*. Ottawa, Canada, 12 March 2013, sec. Arts & Life, p. C7.

Harries, Dan. *Film Parody*. London: BFI Pub., 2000.

Harrington, Daniel J. "Palestinian Adaptations of Biblical Narratives and Prophecies: The Bible Rewritten." In *Early Judaism and Its Modern Interpreters*, edited by Robert A. Kraft and George W. E. Nickelsburg, 239-47. Philadelphia, PA: Fortress Press, 1986.

Harris, David. "America and Israel are Inseparable," *Der Tagesspiegel*, 26 May 2011.

Harrison, M. John. *The Centauri Device*. Garden City, NY: Doubleday, 1974.

Hays, Richard B. *The Moral Vision of the New Testament: Community, Cross, New Creation: A Contemporary Introduction to New Testament Ethics*. San Francisco, CA: HarperSanFrancisco, 1996.

Heimlich, Evan Samuel. "Divination by 'The Ten Commandments': Its Rhetorics and their Genealogies." Thesis, University of Kansas, Lawrence, 2007.

Helm, Zach. *Stranger Than Fiction: The Shooting Script*. New York: Newmarket

Press, 2006.
Herzog, Jonathan P. *The Spiritual-Industrial Complex: America's Religious Battle Against Communism in the Early Cold War*. New York: Oxford University Press, 2011.
Higashi, Sumiko. *Cecil B. DeMille and American Culture: The Silent Era*. Berkeley, CA: University of California Press, 1994.
Hirsch, Foster. *The Hollywood Epic*. South Brunswick, NJ: Barnes, 1978.
Hogue, Peter. "A Man Escaped." *Film Comment*, 35, no. 3 (June 1999): 44–48.
Horsley, Richard A. "Paul and Slavery: A Critical Alternative to Recent Readings." *Semeia*, 83–84 (1998): 153–200.
Hunt, Steven A. "And the Word Became Flesh - Again? Jesus and Abraham in John 8:3159." In *Perspectives on our Father Abraham: Essays in Honor of Marvin R. Wilson*, edited by Steven A. Hunt, 81–109. Grand Rapids, MI: W. B. Eerdmans Pub. Co., 2010.
Hutcheon, Linda. *A Theory of Adaptation*. New York: Routledge, 2006.
Idelsohn, A. Z. "The Kol Nidre Tune." *Hebrew Union College Annual*, 8 (1931): 493–509.
Jensen, Morten Hørning. *Herod Antipas in Galilee: The Literary and Archaeological Sources on the Reign of Herod Antipas and its Socio-Economic Impact on Galilee*. Tubingen: Mohr Siebeck, 2006.
Jewett, Robert. "A Problematic Hope for the Shamed in The Shawshank Redemption." In *Saint Paul Returns to the Movies: Triumph over Shame*, 162–78. Grand Rapids, MI: William B. Eerdmans, 1999.
Johnson, David L. "The Case for Empirical Assessment of Biblical Literacy in America." In *The Bible and the University*, edited by C. Stephen Evans and David L. Jeffrey. 240–52. Grand Rapids, MI: Zondervan, 2007.
Johnson, Elizabeth A. *Truly Our Sister: A Theology of Mary in the Communion of Saints*. New York: Continuum, 2003.
Johnston, Keith M. *Coming Soon: Film Trailers and the Selling of Hollywood Technology*. Jefferson, NC: McFarland, 2009.
——. *Science Fiction Film: A Critical Introduction*. Oxford; New York: Berg, 2011.
Jordan, Mark D., and Kent L Brintnall. "Mel Gibson, Bride of Christ." In *Mel Gibson's Bible: Religion, Popular Culture, and The Passion Of The Christ*, edited by Timothy K. Beal and Tod Linafelt, 81–87. Chicago, IL: University of Chicago Press, 2006.
Kalinak, Kathryn Marie. *Film Music: A Very Short Introduction*. New York: Oxford University Press, 2010.

Keller, Rosemary Skinner, "Rosemary Radford Ruether, and Marie Cantlon," *Encyclopedia of Women and Religion in North America.* Vol. 1. Bloomington, IN: Indiana University Press, 2006.

Kerman, Judith. "Post-Millennium Blade Runner." In *The Blade Runner Experience: The Legacy of a Science Fiction Classic*, edited by Will Brooker, 31–39. London; New York: Wallflower, 2005.

Kervella, Pierre and Frederic Thevenin. "A Family Portrait of the Alpha Centauri System - VLT Interferometer Studies the Nearest, Stars." http://www.eso.org/public/news/eso0307.

Kindem, Gorham Anders. *The International Movie Industry*. Carbondale, IL: Southern Illinois University Press, 2000.

King, Stephen. "Rita Hayworth and the Shawshank Redemption." In *Different Seasons.* New York: Viking Press, 1982.

Kinnard, Roy and Tim Davis. *Divine Images: A History of Jesus on the Screen.* New York, NY: Carol Pub. Group, 1992.

Klocke, Astrid. "Subverting Satire: Edgar Hilsenrath's Novel Der Nazi und der Friseur and Charlie Chaplin's Film The Great Dictator." *Holocaust and Genocide Studies*, 22, no. 3 (1 December 2008): 497–513.

Knust, Jennifer Wright. "Too Hot to Handle? A Story of an Adulteress and the Gospel of John." In *Women of the New Testament and Their Afterlives*, edited by Christine E Joynes, 143–63. Sheffield: Sheffield Phoenix Press, 2009.

Kozloff, Sarah. *Invisible Storytellers: Voice-Over Narration in American Fiction Film.* Berkeley, CA: University of California Press, 1988.

Kozlovic, Anton. "The Structural Characteristics of the Cinematic Christ-figure." *Journal of Religion and Popular Culture*, 8, no. 1 (2004): 38.

——. "The Construction of a Christ-figure within the 1956 and 1923 Versions of Cecil, B. DeMille's The Ten Commandments." *Journal of Religion and Film*, 10, no. 1 (2006).

Kraemer, Ross Shepard. *Unreliable Witnesses: Religion, Gender, and History in the Greco-Roman Mediterranean.* New York: Oxford University Press, 2011.

Kreitzer, L. Joseph. *The New Testament in Fiction and Film: On Reversing the Hermeneutical Flow*. Sheffield: JSOT Press, 1993.

——. *The Old Testament in Fiction and Film: On Reversing the Hermeneutical Flow*. Sheffield: Sheffield Academic Press, 1994.

——. *Pauline Images in Fiction and Film: On Reversing the Hermeneutical Flow.* Sheffield: Sheffield Academic Press, 1999.

——. *Gospel Images in Fiction and Film: On Reversing the Hermeneutical Flow.*

London; New York: Sheffield Academic Press, 2002.

Kronish, Amy and Costel, Safirman. *Israeli Film: A Reference Guide*. Westport, CT: Praeger, 2003.

Kunzler, Michael. *The Church's Liturgy*. London; New York: Continuum, 2001.

Lakoff, George. *Moral Politics: How Liberals and Conservatives Think*. Chicago, IL: University of Chicago Press, 2002.

Lassner, Jacob. *Demonizing the Queen of Sheba: Boundaries of Gender and Culture in Postbiblical Judaism and Medieval Islam*. Chicago, IL: University of Chicago Press, 1993.

Lawrence, John Shelton and Robert, Jewett. *The Myth of the American Superhero*. Grand Rapids, MI: W. B. Eerdmans, 2002.

Leathes, Stanley. *The Foundations of Morality: Being Discourses on the Ten Commandments with Special Reference to their Origin and Authority*. London: Hodder and Stoughton, 1882.

Leff, Leonard J. and Jerold, Simmons. *The Dame in the Kimono: Hollywood, Censorship, and the Production Code from the 1920s to the 1960s*. New York: Grove Weidenfeld, 1990.

Lefkon, Dick. *Year 2000: Best Practices for Y2K Millennium Computing*. Upper Saddle River, NJ: Prentice Hall, 1998.

Leonard, Elmore. *Three-Ten to Yuma: And Other Stories*. New York: Harper, 2006.

Lev, Peter. *Transforming the Screen, 1950–1959*. Berkeley, CA: University of California Press, 2006.

Lierman, John. *The New Testament Moses: Christian Perceptions of Moses and Israel in the Setting of Jewish Religion*. Tubingen: Mohr Siebeck, 2004.

Lind, Millard. *The Sound of Sheer Silence and The Killing State: The Death Penalty and the Bible*. Telford, PA: Cascadia Pub. House, 2004.

Lyden, John. *The Routledge Companion to Religion and Film*. London; New York: Routledge, 2009.

McAlister, Melani. *Epic Encounters: Culture, Media, and U.S. Interests in the Middle East Since 1945*. Berkeley, CA: University of California Press, 2005.

McKenna, George. *The Puritan Origins of American Patriotism*. New Haven, CT: Yale University Press, 2007.

Madigan, Kevin and Carolyn, Osiek. *Ordained Women in the Early Church: A Documentary History*. Baltimore, MD: Johns Hopkins University Press, 2005.

Malamud, Margaret. "Swords-and-Scandals: Hollywood's Rome during the Great Depression." *Arethusa*, 41, no. 1 (2008): 157–83.

Malone, Peter. *Movie Christs and Antichrists.* New York: Crossroad, 1990.

Mancoff, Debra N. *David Roberts: Travels in Egypt and the Holy Land.* San Francisco, CA: Pomegranate, 1999.

Marsh, Clive. *Cinema and Sentiment: Film's Challenge to Theology.* Milton Keynes; Waynesboro, GA: Paternoster Press, 2004.

Martens, John W. *The End of the World: The Apocalyptic Imagination in Film and Television.* Winnipeg, MB: J. Gordon Shillingford, 2003.

Martin, Joel W. and Conrad Eugene Ostwalt, eds. *Screening the Sacred: Religion, Myth, and Ideology in Popular American Film.* Boulder, CO: Westview Press, 1995.

Mast, Gerald and Marshall Cohen, eds. *Film Theory and Criticism: Introductory Readings.* New York: Oxford University Press, 1974.

May, John R. "The Godfather Films: Birth of a Don, Death of a Family." In *Image and Likeness: Religious Visions in American Film Classics,* edited by John R. May, 65–75. New York: Paulist Press, 1991.

Medved, Michael. *Hollywood vs. America: Popular Culture and the War on Traditional Values.* New York, NY; Grand Rapids, MI: HarperCollins; Zondervan, 1992.

Meeks, Jack D. "From the Belly of the HUAC: The Red Probes of Hollywood, 1947–52," 2009. http://hdl.handle.net/1903/9140.

Meier, John P. *A Marginal Jew: Rethinking the Historical Jesus. Volume 4, Law and Love.* New Haven, CT: Doubleday, 2009.

Mellinkoff, Ruth. *The Mark of Cain.* Berkeley, CA: University of California Press, 1981.

Mendelson, Alan. *Philo's Jewish Identity.* Atlanta, GA: Scholars Press, 1988.

Miles, Margaret R. *Seeing and Believing: Religion and Values in the Movies.* Boston, MA: Beacon Press, 1996.

Mitchell, Charles P. *A Guide to Apocalyptic Cinema.* Westport, CT: Greenwood Press, 2001.

Monaco, Paul. *A History of American Movies: A Film-by-Film Look at the Art, Craft, and Business of Cinema.* Lanham, MD: Scarecrow Press, 2010.

Moore, George Foot. "Christian Writers on Judaism." *The Harvard Theological Review,* 14, no. 3 (1921): 197–254.

Morgan, David. *The Sacred Gaze: Religious Visual Culture in Theory and Practice.* Berkeley, CA: University of California Press, 2005.

Mulvey, Laura. "Visual Pleasure and Narrative Cinema." *Screen,* 16, no. 3 (1975): 618.

Musser, Charles. "Passions and the Passion Play: Theatre, Film and Religion in America, 1880-1900." *Film History*, 5, no. 4 (1993): 419-56.

Nadel, Alan. "God's Law and the Wide Screen: The Ten Commandments as Cold War 'Epic'." *PMLA*, 108, no. 3 (1993): 415-30.

Neve, Brian. *Film and Politics in America: A Social Tradition*. London; New York: Routledge, 1992.

Nickelsburg, George W. E. "The Bible Rewritten and Expanded." In *Jewish Writings of the Second Temple Period*, edited by Michael E. Stone, 89-156. Assen, Netherlands: Van Gorcum, 1984.

Nulman, Macy. *The Encyclopedia of Jewish Prayer: Ashkenazic and Sephardic Rites*. Northvale, NJ: Jason Aronson, 1993.

Obayashi, Hiroshi. *Death and Afterlife: Perspectives of World Religions*. New York: Greenwood Press, 1992.

O'Connor, Kathleen. "Humour, Turnabouts and Survival in the Book of Esther." In *Are We Amused? Humour about Women in the Biblical Worlds*, edited by Athalya Brenner, 52-64. London; New York: T & T Clark International, 2003.

O'Leary, Cecilia Elizabeth. *To Die For: The Paradox of American Patriotism*. Princeton, NJ: Princeton University Press, 1999.

O'Leary, Stephen D. *Arguing the Apocalypse: A Theory of Millennial Rhetoric*. New York: Oxford University Press, 1998.

Olson, Roger E. *The SCM Press A-Z of Evangelical Theology*. London: SCM, 2005.

Ostwalt, Conrad Eugene. "Armageddon at the Millennial Dawn." *The Journal of Religion and Film*, 4, no. 1 (2000).

—— *Secular Steeples: Popular Culture and the Religious Imagination*. Harrisburg, PA: Trinity Press International, 2003.

——. "Apocalyptic." In *The Routledge Companion to Religion and Film*, edited by John, Lyden, 368-83. London; New York: Routledge, 2009.

Paley, Michael. "The Hollywood Midrash." *Jewish Folklore and Ethnology Review*, 16, no. 1 (1994): 34-37.

Panofsky, Erwin. "Style and Medium in the Motion Pictures." In *Film Theory and Criticism: Introductory Readings*, edited by Gerald, Mast and Marshall, Cohen, 151-69. New York: Oxford University Press, 1974.

Pearson, Roberta A. "Biblical Movies." In *Encyclopedia of Early Cinema*, edited by Richard, Abel, 68-71. London: Taylor & Francis, 2005.

Peddie, Ian. *Popular Music and Human Rights*. Farnham; Burlington, VT: Ashgate, 2011.

Petersen, Anders Klostergaard. "Rewritten Bible as a Borderline Phenomenon -

Genre, Textual Strategy, or Canonical Anachronism?" In *Flores Florentino: Dead Sea Scrolls and Other Early Jewish Studies in Honour of Florentino Garcia Martinez*, edited by A. Hilhorst, Eibert J. C. Tigchelaar, and Emile, Puech, 285–306. Leiden: Brill, 2007.

Petersen, David L. "The Bible in Public View." In *Foster Biblical Scholarship: Essays in Honor of Kent Harold Richards*, edited by Frank Ritchel Ames and Charles William Miller, 117–33. Atlanta, GA: Society of Biblical Literature, 2010.

Phillips, Gary A. and Danna Nolan Fewell. "Ethics, Bible, Reading As If." *Semeia*, 77 (1997): 1–21.

Philo. *Philo: In Ten Volumes (and Two Supplementary Volumes)*. Translated by F. H. Colson, G. H. Whitaker, and Ralph Marcus. Vol. 6. Cambridge, MA; London: Harvard University Press: W. Heinemann, 1966.

Phy-Olsen, Allene. *The Bible and Popular Culture in America*. Philadelphia, PA Chico, CA: Fortress Press; Scholars Press, 1985.

Pipolo, Tony. *Robert Bresson: A Passion for Film. Oxford/* New York: Oxford University Press, 2010.

Plantinga, Carl R. *Moving Viewers: American Film and the Spectator's Experience*. Berkeley, CA: University of California Press, 2009.

Plaut, W. Gunther and David E. Stein. *The Torah: A Modern Commentary*. New York: Union for Reform Judaism, 2005.

"Police Discover Mafia's 'Ten Commandments' After Arresting, Godfather. " *Mail Online*. 8 November 2007.

Prime, Rebecca. "Cloaked in Compromise: Jules Dassin's Naked City." In *Tender Comrades: A Backstory of the Hollywood Blacklist*, edited by Patrick McGilligan and Paul Buhle, 142–51. New York: St. Martin's Press, 1997.

Prince, Stephen. *Savage Cinema: Sam Peckinpah and the Rise of Ultraviolent Movies*. Austin, TX: University of Texas Press, 1998.

Prothero, Stephen R. *American Jesus: How the Son of God Became a National Icon*. New York: Farrar, Straus, and Giroux, 2003.

Quinones, Ricardo J. *The Changes of Cain: Violence and the Lost Brother in Cain and Abel Literature*. Princeton, NJ: Princeton University Press, 1991.

Raboteau, Albert J. "African Americans, Exodus, and the American Israel." In *African-American Christianity: Essays in History*, edited by Paul E. Johnson, 1–17. Berkeley, CA: University of California Press, 1994.

Rausch, Andrew J. *Turning Points in Film History*. New York: Citadel Press, 2004.

Redles, David. *Hitler's Millennial Reich: Apocalyptic Belief and the Search for Salvation*. New York: New York University Press, 2005.

Reinhartz, Adele. "Jesus as Prophet: Predictive Prolepses in the Fourth Gospel." *Journal for the Study of the New Testament*, 11, no. 36 (1989): 3-16.

—— *Befriending the Beloved Disciple: A Jewish Reading of the Gospel of John*. New York: Continuum, 2001.

—— *Scripture on the Silver Screen*. Louisville, KY: Westminster John Knox Press, 2003.

—— "The Happy Holy Family in the Jesus Film, Genre." In *On the Cutting Edge: The Study of Women in Biblical Worlds: Essays in Honor of Elisabeth Schussler Fiorenza*, edited by Jane Schaberg, Alice Bach, and Esther Fuchs, 123-42. New York: Continuum, 2004.

—— "History and Pseudo-History in the Jesus Film, Genre." In *The Bible in Film - and The Bible and Film*, edited by J. Cheryl Exum, 1-17. Leiden: Brill, 2006.

—— *Jesus of Hollywood*. Oxford; New York: Oxford University Press, 2007.

—— "Playing with, Paradigms: The Christ-Figure Genre in Contemporary Film." *Australian Religious Studies Review*, 21, no. 3 (2008): 298-317.

—— "'Rewritten, Gospel': The Case of Caiaphas the High Priest." *New Testament Studies*, 55, no. 2 (2009): 160-78.

—— "The Jesus, Movies." In *The Continuum Companion to Religion and Film*, edited by William L. Blizek, 211-22. London; New York: Continuum, 2009.

—— *Caiaphas the High Priest*. Columbia, MO: University of South Carolina Press, 2011.

——, ed. *The Bible and Film: Fifty Key Films*. London; New York: Routledge, 2013.

Richardson, Michael. *Surrealism and Cinema*. Oxford; New York: Berg, 2006.

Rohdie, Sam and Pier Paolo Pasolini. *The Passion of Pier Paolo Pasolini*. Bloomington, IN; London: Indiana University Press; British Film Institute, 1995.

Rollins, Peter C. and John E. O'Connor. *Why We Fought: America's Wars in Film and History*. Lexington, KY: University Press of Kentucky, 2008.

Rooker, Mark F. and E. Ray Clendenen. *The Ten Commandments: Ethics for the Twenty-First Century*. Nashville, TN: B & H Academic, 2010.

Rosenberg, Joel. "What You Ain't Heard Yet: The Languages of The Jazz Singer." *Prooftexts*, 22, no. 1/2 (2002): 11-54.

Ross, Steven J. *Working-class Hollywood: Silent Film and the Shaping of Class in America*. Princeton, NJ: Princeton University Press, 1999.

Ruether, Rosemary Radford. *Faith and Fratricide:The Theological Roots of Anti-Semitism.* New York: Seabury Press, 1974.

Runions, Erin. *How Hysterical: Identification and Resistance in the Bible and Film.* New York: Palgrave Macmillan, 2003.

Salisbury, Joyce E. *Encyclopedia of Women in the Ancient World.* Santa Barbara, CA: ABC-CLIO, 2001.

Sammon, Paul. *Future Noir: The Making of Blade Runner.* New York: HarperPrism, 1996.

Sanders, E. P. *Paul and Palestinian Judaism: A Comparison of Patterns of Religion.* Philadelphia, PA: Fortress Press, 1977.

Sandmel, Samuel. "Philo's Knowledge of Hebrew: The Present State of the Problem," *Studia Philonica,* 5(1978): 107–12.

Scharold, Kristen. "The Tree of Life (Review)." *Books and Culture,* 29 June 2012.

Schatz, Thomas. *Hollywood Genres: Formulas, Filmmaking, and the Studio System.* Philadelphia PA: Temple University Press, 1981.

Schiffman, Harold F. *Linguistic Culture and Language Policy.* London; New York: Routledge, 2002.

Schrader, Paul. *Transcendental Style in Film: Ozu, Bresson, Dreyer.* Berkeley, CA: University of California Press, 1972.

Schrecker, Ellen. *The Age of McCarthyism: A Brief History with Documents.* Boston, MA: Bedford Books of St. Martin's Press, 1994.

Schroeder, Caroline T. "Ancient Egyptian Religion on the Silver Screen: Modern Anxieties About Race, Ethnicity, and Religion." *Journal of Religion and Film,* 7, no. 2 (2003).

Scott, A. O. "Fugue for History and Memory." *The New York Times,* 30 December 2011, sec. Movies/Awards Season.

——. "The Tree of, Life (Review)." *The New York Times,* 26 May 2011.

Scott, Allen J. "Hollywood and the World: The Geography of Motion-Picture Distribution and Marketing." *Review of International Political Economy,* 11, no. 1 (2004): 33–61.

Scott, Bernard Brandon. *Hollywood Dreams and Biblical Stories.* Minneapolis, MN: Fortress Press, 1994.

Segal, Alan F. *Life after Death: A History of the Afterlife in the Religions of the West.* New York: Doubleday, 2004.

Segrave, Kerry. *American Films Abroad: Hollywood's Domination of the World's Movie Screens from the 1890s to the Present.* Jefferson, NC: McFarland, 1997.

Shakespeare, William. *The Merchant of Venice.* Edited by E. F. C. Ludowyk.

Cambridge: Cambridge University Press, 1964.

Shapiro, James S. *Oberammergau: The Troubling Story of the World's Most Famous Passion Play*. New York: Pantheon Books, 2000.

Shapiro, Jerome Franklin. *Atomic Bomb Cinema: The Apocalyptic Imagination on Film*. New York: Routledge, 2002.

Shell, Marc. *Stutter*. Cambridge, MA: Harvard University Press, 2005.

Shepherd, David, ed. *Images of the Word: Hollywood's Bible and Beyond*. Atlanta, GA: Society of Biblical Literature, 2008.

Sheppard, William Anthony. *Revealing Masks: Exotic Influences and Ritualized Performance in Modernist Music Theater*. Berkeley, CA: University of California Press, 2001.

Shiloah, Amnon. *Jewish Musical Traditions*. Detroit, MI: Wayne State University Press, 1992.

Short, K. R. M. "Chaplin's 'The Great Dictator' and British Censorship, 1939" *Historical Journal of Film, Radio and Television*, 5, no. 1 (1985): 85-108.

Sklar, Robert. *Movie-Made America: A Cultural History of American Movies*. New York: Vintage Books, 1994.

Sleeper, Jim. "AMERICAN BRETHREN: Hebrews and Puritans." *World Affairs*, 172, no. 2 (2009): 46-60.

Slotkin, Richard. *Gunfighter Nation: The Myth of the Frontier in Twentieth-century America*. Oklahoma paperbacks ed. Norman, OK: University of Oklahoma Press, 1998.

Smith, Gary. *Epic Films: Casts, Credits and Commentary on over 350 Historical Spectacle Movies*. 2nd ed. Jefferson, MO: McFarland, 2009.

Sobchack, Vivian. "'Surge and Splendor': A Phenomenology of the Hollywood Historical Epic." *Representations*, 29, Winter (1990): 24-49.

——. "Embodying, Transcendence: On the Literal, the Material, and the Cinematic Sublime." *Material Religion: The Journal of Objects, Art and Belief* ,4, no. 2 (2008): 194-203.

Solomon, Jon. *The Ancient World in the Cinema*. New Haven, CT: Yale University Press, 2001.

Staley, Jeffrey L. "Reading 'This Woman' Back into John 7:1-8:59: Liar Liar and the 'Pericope Adulterae' in Intertextual Tango." In *Those Outside: Noncanonical Readings of Canonical Gospels*, edited by George, Aichele and Richard G. Walsh, 85-107. New York: T & T Clark International, 2005.

Staley, Jeffrey L. and Richard G. Walsh. *Jesus, the Gospels, and Cinematic Imagination: A Handbook to Jesus on DVD*. Louisville, KY: Westminster John

Knox Press, 2007.

Steffen, Therese Frey. "Introduction to Part II." In *The Civil Rights Movement Revisited: Critical Perspectives on the Struggle for Racial Equality in the United States*, edited by Patrick B. Miller, Therese Frey Steffen, and Elisabeth, Schafer-Wunsche, 83–86. Lit; Distributed in North America by Transaction Publishers, 2001.

Stern, Richard C., Clayton N. Jefford, and Guerric DeBona. *Savior on the Silver Screen*. New York: Paulist Press, 1999.

Sternberg, Meir. *The Poetics of Biblical Narrative: Ideological Literature and the Drama of Reading*. Bloomington, IN: Indiana University Press, 1985.

Stolzman, Henry, Tami, Hausman, and Daniel, Stolzman. *Synagogue Architecture in America: Faith, Spirit and Identity*. Mulgrave, Vic.; Woodbridge: Images; ACC Distribution, 2004.

Stone, Alan A. "The Tree of Life (Review)." *Journal of Religion and Film*, 15, no. 2 (2011): 5.

Stone, Bryan P. *Faith and Film: Theological Themes at the Cinema*. St. Louis, MO: Chalice Press, 2000.

Tatum, W. Barnes. *Jesus at the Movies: A Guide to the First Hundred Years*. Rev. and expanded. Santa Rosa, CA: Polebridge Press, 2004.

——. *Jesus at the Movies: A Guide to the First Hundred Years and Beyond*. 3rd Edition. Santa Rosa, CA: Polebridge Press, 2013.

Telford, William R. "Jesus and Women in Fiction and Film." In *Transformative Encounters: Jesus and Women Re-Viewed*, edited by Ingrid R. Kitzberger, 353–91. Leiden; Boston, MA: Brill, 2000.

——. "Through a Lens, Darkly: Critical Approaches to Theology and Film." In *Cinema Divinite: Religion, Theology and the Bible in Film*, edited by Eric S. Chris-tianson, Peter, Francis, and William R. Telford, 15–43. London: SCM, 2005.

Thistlethwaite, Susan. "Mel Makes a War Movie." In *Perspectives on The Passion of the Christ: Religious Thinkers and Writers Explore the Issues Raised by the Controversial Movie*, 127–45. New York: Miramax Books, 2004.

Thompson, Kirsten Moana. *Apocalyptic Dread: American Film at the Turn of the Millennium*. Albany, NY: State University of New York Press, 2007.

Trachtenberg, Joshua. *The Devil and the Jews: The Medieval Conception of the Jew and Its Relation to Modern Antisemitism*. New Haven, CT; London: Yale University Press, 1943.

Tuck, Stephen. "Black Protest During the 1940s: The NAACP in Georgia." In *The*

Civil Rights Movement Revisited: Critical Perspectives on the Struggle for Racial Equality in the United States, edited by Patrick B. Miller, Therese Frey Steffen, and Elisabeth, Schafer-Wunsche, 61–81. Lit; Distributed in North America by Transaction Publishers, 2001.

Unterseher, Lisa A. *The Mark of Cain and the Jews: Augustine's Theology of Jews and Judaism*. Piscataway, NJ: Gorgias Press, 2009.

Uris, Leon M. *Exodus*. Garden City, NY: Doubleday, 1958.

Valdes, Mario. "The Black Wiseman in European Symbolism." *Journal of African Civilizations*, 3, no. 1 (1981): 67–85.

Verdon, Timothy and Filippo, Rossi. *Mary in Western Art*. New York: In Association with Hudson Mills Press, 2005.

Volkan, Vamik D. and Norman, Itzkowitz. *Turks and Greeks: Neighbours in Conflict*. Huntingdon: Eothen Press, 1994.

Von Doviak, Scott. *Hick Flicks: The Rise and Fall of Redneck Cinema*. Jefferson, NC: McFarland, 2005.

Wainwright, Elaine Mary, and Philip Leroy Culbertson. *The Bible In/and Popular Culture: Creative Encounter*. Leiden; Boston, MA: Brill, 2010.

Walker, Alison Tara. "The Sounds of Silents: Aurality and Medievalism in Benjamin Christensen's Haxan." In *Mass Market Medieval: Essays on the Middle Ages in Popular Culture*, edited by David W. Marshall, 42–56. Jefferson, NC: McFarland & Co., 2007.

Walsh, Richard. "The Passion as Horror Film: St. Mel of the Cross." *Journal of Religion and Popular Culture*, 20 (2008).

Walsh, Richard G. *Reading the Gospels in the Dark: Portrayals of Jesus in Film*. Harrisburg, PA: Trinity Press International, 2003.

Walsh, Richard G., Jeffrey L. Staley, and Adele Reinhartz, eds. *Son of Man: An African Jesus Film*. Sheffield: Sheffield Phoenix Press, 2013.

Warren, Hillary. *There's Never Been a Show Like Veggie Tales: Sacred Messages in a Secular Market*. Lanham, MD: AltaMira Press, 2005.

Wassen, Cecilia. *Women in the Damascus Document*. Atlanta, GA: Society of Biblical Literature, 2005.

Weisberg, Dvora E. "The Widow of Our Discontent: Levirate Marriage in the Bible and Ancient Israel." *Journal for the Study of the Old Testament*, 28, no. 4 (2004): 403.

——. *Levirate Marriage and the Family in Ancient Judaism*. Waltham, MA; Hanover, NH: Brandeis University Press; University Press of New England, 2009.

Weisenfeld, Judith. *Hollywood Be Thy Name: African American Religion in American Film, 1929–1949*. Berkeley, CA: University of California Press, 2007.

Wenzel, Uwe. "Blacks and Interracial Cooperation: African American Interest Groups and the Fight for Civil Rights from the 1930s to the 1950s." In *The Civil Rights Movement Revisited: Critical Perspectives on the Struggle for Racial Equality in the United States*, edited by Patrick B. Miller, Therese Frey Steffen, and Elisabeth, Schafer-Wunsche, 39–60. Lit; Distributed in North America by Transaction Publishers, 2001.

White, Eric Walter. *Benjamin Britten: His Life and Operas*, ed. John Evans, 2nd ed. Berkeley, CA: University of California Press, 1983.

Withalm, Gloria. "The Self-Reflexive Screen: Outlines of a Comprehensive Model." In *Self-Reference in the Media*, edited by Winfried, Noth and Nina, Bishara, 125–42. Berlin; New York: Mouton de Gruyter, 2007.

Woloch, Nancy. *Women and the American Experience*. 4th ed. Boston, MA: McGraw-Hill, 2006.

Wood, Michael. *America in the Movies: Or, "Santa Maria, It Had Slipped My Mind."* New York: Basic Books, 1975.

Wright, Melanie Jane. *Moses in America: The Cultural Uses of Biblical Narrative*. Oxford; New York: Oxford University Press, 2003.

——. *Religion and Film: An Introduction*. London; New York: I. B. Tauris; Distributed in the US by Palgrave Macmillan, 2007.

Wyke, Maria. *Projecting the Past: Ancient Rome, Cinema, and History*. New York: Routledge, 1997.

Zakai, Avihu. *Exile and Kingdom: History and Apocalypse in the Puritan Migration to America*. Cambridge; New York: Cambridge University Press, 1992.

Zetlin, Minda. *Surviving the Computer Time Bomb: How to Plan for and Recover from the Y2K Explosion*. New York: AMACOM, 1999.

著者略歴

(Adele Reinhartz)

聖書学者．トロント大学にて学士号（宗教学），マクマスター大学にて修士号ならびにPh.D.取得．トロント大学准教授，マクマスター大学教授，ウィルフリッド・ローリエ大学教授を経て，現在，オタワ大学古典宗教学研究科教授．カナダ聖書学会では1997年度に会長を務め，2003年聖書文芸学会「助言者」賞，2004年ロックフェラー財団「ベッラージョ」レジデンス，2016年ボストン・カレッジ・コルコラン研究所客員議長．2005年よりカナダ王立協会会員．*Scripture on the Silver Screen*（2003）; *Jesus of Hollywood*（2007）; *Bible and Cinema:Fifty Key Films*（2012）などの著作がある．邦訳論文に「ヨハネ福音書の中のユダヤ教」（宮崎修二訳，『日本版インタープリテイション』85号）．
http://www.adelereinhartz.com/

訳者略歴

栗原詩子〈くりはら・うたこ〉1973年，東京生まれ．音楽学・映画学を専攻．東京藝術大学にて学士号・修士号（音楽学），九州大学にて博士号（芸術工学）を取得．九州大学助教を経て，現在，西南学院大学国際文化学部准教授．著書に『物語らないアニメーション――ノーマン・マクラレンの不思議な世界』（春風社，2016）．訳書に，ジャン＝イヴ・ボスール著『現代音楽を読み解く88のキーワード――12音技法からミクスト作品まで』（音楽之友社，2008）など．http://sound.jp/musiclef/

アデル・ラインハルツ
ハリウッド映画と聖書
栗原詩子訳

2018 年 2 月 15 日　第 1 刷発行

発行所　株式会社 みすず書房
〒113-0033 東京都文京区本郷 2 丁目 20-7
電話 03-3814-0131(営業) 03-3815-9181(編集)
www.msz.co.jp

本文組版 キャップス
本文印刷・製本所 中央精版印刷
扉・表紙・カバー印刷所 リヒトプランニング

ISBN 978-4-622-08677-2
［ハリウッドえいがとせいしょ］